誰でも歩ける中山道六十九次

上巻

日本橋〜和田宿編

Hitono Iunari

日殿言成

文芸社

誰でも歩ける
中山道六十九次
上巻

日殿　言成
Hitono Iinari

はじめに

自然とのふれあい、何げなく過ごす毎日……。
私たち健常者と違い、一日一日を大切に、一生懸命過ごしてきた著者（実弟）の夢であり、強い望みであった「中山道」の本を、この度私は彼の生きた証として、本人に代わり世に送りだす決心をしました。

彼は十五年もの間、人工透析を続けながら、二〇〇一年には『誰でも歩ける東海道五十三次』（文芸社刊）として、一冊の本にまとめました。その第二弾として、中山道のガイドブックを作りたくて、病気と闘いながら、それこそ、一日一歩の思いで歩き続け、自分の足で調べながら、少しずつ記録していったのです。おかげで歴史的にも、旅日記としても、どなたにも興味をもって読んでいただけるような内容になったと、身内ながら思っております。ぜひ、多くの方々に読んでいただき、お役に立てていただければ、こんな嬉しいことはありません。

ふと、「青空が見たい」「おいしい空気が吸いたい」と思った時に、この本を片手に歩いてみたら、著者「日殿言成」の思いと感性にふれ、彼が一緒に道案内してくれるのではないかと期待してしまうのです……。

横田　広子

挿絵：横田広子

本書の使い方について

この本は、五街道のひとつである中山道の宿場と関連する名所旧跡を西暦二〇〇〇年から歩き始め、書きためた文章と地図を一つの形にしたものです。中山道を訪れてみたいと思っている方、または、これから歩こうと計画を立てている方々の参考になれば幸いです。

本書は、五街道の起点である「日本橋」を出発点として、草津宿手前の所まで書かれております。京都方面から日本橋に向かう方には、読みにくいところもあるかもしれませんが、ご了承お願いいたします。

以前に出版した『誰でも歩ける東海道五十三次』（文芸社）は、とてもボリュームがあり、持ち歩きができるような本ではありませんでしたが、今回は、三巻に分けて出版いたしましたので、旅をする際のお供が可能になりました。

上巻は「日本橋～和田宿」、中巻は「下諏訪宿～御嵩宿」、下巻は「伏見宿～守山宿」までとなっております。草津宿と京都に関しては、『誰でも歩ける東海道五十三次』を参考にしていただきたいと、著者が守山宿で筆をおいてしまいました。

手書きの地図は自分たちの足で歩き、メモを取りながら書きためていったものを形にしました。本という形になるまで、六年もたってしまいましたので、旧跡、名所の読み違いや、道の変わってしまった場所も多々あると思いますが、その辺はご了承ください。

この本を参考に歩かれる方々のお力になれたら、著者も喜ぶことと思います。

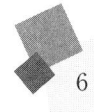

〈地図の記号一覧表〉

	本陣跡		郵便局	14	国道標識	松	松並木
	古い民家		銭湯・温泉	142	国道標識	杉	杉並木
	民家１		バス停	312	県道標識		役所
	民家２	S	ストア		工場		県庁
	ビル	公園	公園		一里塚跡不明		その他
	その他の家	休憩	休憩所		一里塚跡現存		遺跡
GS	ｶﾞｿﾘﾝｽﾀﾝﾄﾞ	踏	踏切		杉		滝
C	コンビニ	地	地下鉄		松		果樹園
	病院	P	駐車場		その他の木		梅
	喫茶店	H	宿泊		桜		名所・史跡
	飲食店		常夜灯		道路案内		教会
文	学校		標石・石碑		道路案内		カエデ
	交番		〃・kmポスト		道路案内		道の駅
火	消防署・団		高札		道路案内	落石注意	道路標識
	トイレ		説明板		道路案内	侍マラソン	〃
	銀行		信号		中山道碑	危険注意	〃
JA	農協		夢舞台道標		発電所	安政遠足	〃
卍	寺		句碑・歌碑		見附跡	地 地 地 地	地下道
	神社		道祖神・地蔵		城址	送電線	木
幼	幼稚園		石碑・道祖神		熊鈴		

〈地図の見方〉

地図はすべて日本橋を起点に京都方面へ向かうように書かれたものです。下が日本橋、上が京都方面として描かれております。

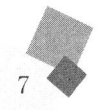

1 日本橋《にほんばし》

次は板橋宿
2里半
（9.75キロ）

お江戸日本橋

「お江戸日本橋七つ立ち」と「道中唄」にも唄われたように、「日本橋」は「東海道」の起点として有名だが、ここは「五街道」（注1）すべての出発点でもあり、「中山道」もここが始まりだった。

徳川家康は関ヶ原の合戦で勝利をおさめると、まず街道整備に取りかかり、いわゆる五街道と呼ばれる五つの道を重点的に整えていった。

中山道・東山道

中山道は慶長七年（一六〇二）に整備され、道幅は広い所で五間（九メートル）ほど、普通は二間から三間ほどで（三・六メートルから五・四メートル）街道両側には土手を築いて「松」（注2）を植え、夏の日除けや冬の雪除けにしたという。

中山道の歴史は古く、古代から中世にかけては「東山道《とうさんどう》」とも呼ばれ、かなり昔から存在していたことがわかっている。

そのことはすでに「日本書紀」にも見られ、「日本武尊《やまとたけるのみこと》」が東国平定のおりに使ったことが記されている。

しかし、奈良時代以降、日本武尊が通ったという「神坂峠《みさかとうげ》」を越えて「伊奈」に至る道はしだいに「木曽路」を通るルートへ変わり、その後、江戸幕府が開かれると（慶長六年・一六〇一）「五街道」の一つとして整備され、「中山道」と呼ばれるようになった。

当初は「中仙道」と仙の字を使う事の方が多かったが、享保元年（一七一六）、幕府は仙の字を山に統一し、以後は中山道と書かれるようになったという。

それまでの東山道とはかなりルートも変更されているが、江戸時代、この道は東海道と並んで「江戸と京都」を結ぶ二大幹線道路として重要な役割を果たしていたのだ。

中山道は普通日本橋から京都「三条大橋」までを言うが、その距離はおよそ一三五里二

注1　幕府は日本橋を起点として、東海道、中山道、甲州街道（甲州道中）、日光街道（日光道中）、奥州街道（奥州道中）を整備した。

注2　松並木には夏の日除けや冬の雪除けの他、いざ合戦が起こった時、切り倒してバリケードを作り、砦の役割をさせる目的もあったという。

日本橋全景

日本橋のたもとに立つ日本橋由来記。

四丁八間（約五三三キロ）だった。しかし、実際には「日本橋」から「草津」までを中山道と呼ぶこともあり、その距離は一二九里一〇丁八間だった。これは草津〜京都間が東海道と重なるからで、東海道は日本橋から三条大橋までの一二四里二九丁だった。

中山道は東海道と比べてみると、実際には四一キロ（本によっては三九キロ）ほどしか長くないのだが、筆者の感覚ではとてつもなく遠回りしているように感じてしまうのだ。

このような錯覚に陥る原因を考えると、明治に入ると東海道にはすぐに鉄道が敷かれ、その後も道路や鉄道、新幹線などが次々に整備されていったからではないだろうか。

ところが中山道は京都に向かうにもかかわらずいきなり北上していて、しかも東海道に比べると整備がなかなか進まなかったからだろう。日本橋を出立するとまるで逆方向に進んでいるようにも見えるから、これが中山道を長く感じさせる最大の原因のようだ。

さらに、高崎を過ぎるとどんどんと山間部に入って行くから、益々離れて行ってしまうように感じられるのかもしれない。

人にもよるだろうが、筆者にはどうしてもそんな感覚が最初にあって、とてもとっつきにくい道に思えたのだ。しかし、最後まで歩かれればわかるが、東海道に比べるとまだまだ当時の宿場の雰囲気が残っている場所も多く、歩いて楽しく、歴史が学べる道、それが中山道と言えるだろう。

一日中山道

ここで最近聞いた中山道に関する面白い出来事を紹介しておこう。

これは少し前の話しだが、とあるテレビ局の女性アナウンサーが横書きされていた「旧中山道」を一日中山道《いちにちじゅうやまみち》と読んでしまい、その後、多くの視聴者から苦情が寄せられ、怒られたというエピソードが伝わっている。

これは不注意でたまたまそのように読んでしまったようだが、全行程を歩かれれば、きっとこのアナウンサーは間違っていないのではと、なんとなく同情してしまう気がするのだ。

特に「碓氷峠」に入ってからは山道が続き、「木曽」に入ればどこまでも山の中だから、一日中山道の言葉がぴったりなのだ。

これから中山道に足を踏み出すわけだが、

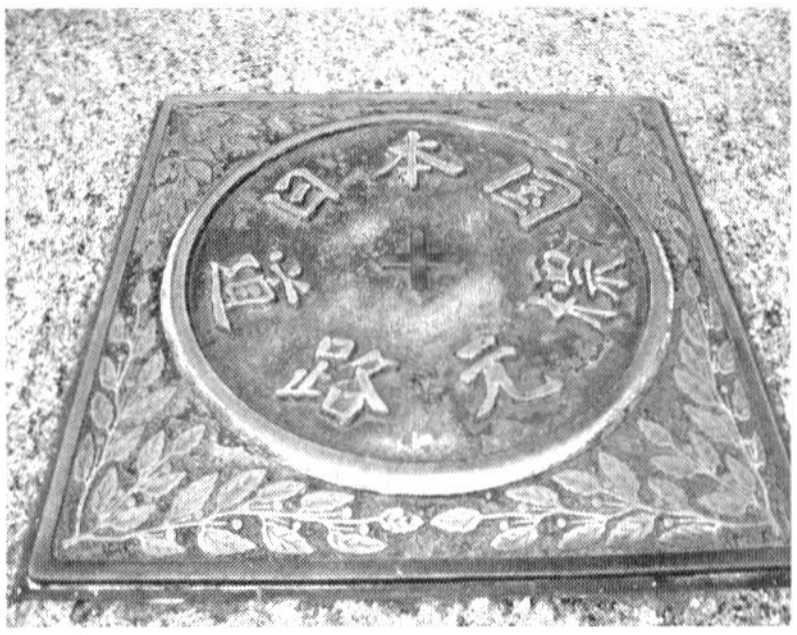

日本国道路元標の起点。
橋の中央分離帯のまん中と、道路元標の広場にある。

乙女の像・魚河岸跡。

道路元標の広場。

歩いているといつの間にか一日中山道になってしまうのが中山道だと覚えておかれるといいだろう。

木曽街道

ところで、東海道は宿駅（宿場）が五十三あったことから「東海道五十三次」と呼ばれていたが、中山道の方は「中山道六十九次」、あるいは「木曽街道六十九次」とも呼ばれていた。

木曽街道と呼ばれたのは長野県（信州）に宿場が二十六（注3）もあって、しかも中間部に山深い「木曽十一宿」があったからだった。

また、全体の宿場数を見ると東海道よりも一六も多いが、これは峠や難所をいくつも越えなければならないことに関係していたようだ。

宿場数だけ比べると知らない人にはやはり中山道は遠いと感じてしまうが、実際の距離は東海道とそんなにも違わなかったことがわかっていただけたのではないだろうか。

江戸時代の人々が日本橋をたって京、大坂に向かう場合、東海道か中山道のどちらかを選ぶわけだが、東海道の方が早くから整備されていたから、一般的にはこちらを通る人の方が圧倒的に多かったという。ところが、東海道には「大きな河川」が何カ所もあり、危険な川を渡らなければならなかったから、川留めで日程が狂うことも多く、「今切りの渡し」や「七里の渡し」なども待ち受けていたから、それらを嫌う人もいたのだ。

特に「女性」（注4）は危険な川越しを嫌ったと言われ、中山道が多く利用されていたようだ。

また、東海道に比べると中山道は少し遠回りになるが、順調に歩けばかならず目的地に到着できたから、わざわざこちらを選択する旅人もいたという。もちろん中山道は峠を何カ所も越えなければならなかったから、足に自信のある人向きの道だったことは確かだが、行きは東海道を歩き、帰りには中山道を選ぶ人も多かったと言われている。

歌川広重

ちなみに、「広重」は東海道五十三次（保永堂）で「朝之景」と題した日本橋を描いたが、「広重と渓斎英泉」の合作になる「木曽街道六十九次」は英泉による絵で、広重に対抗して

注3　軽井沢、沓掛、追分、小田井、岩村田、塩名田、八幡、望月、芦田、長久保、和田、下諏訪、塩尻、洗馬、本山、贄川、奈良井、藪原、宮ノ越、福島、上松、須原、野尻、三留野、妻籠、馬籠の二六宿である。

注4　女性が多かった理由は小田井宿を参照。

日本銀行・金座跡

三越のライオン像。

か「雪之曙」と題されている。

この絵は日本橋から北西方向を眺めている構図で、様々な人物が登場しているのが特徴と言えるだろう。

河岸から天秤棒をかついでくる棒手振《ぼてふり》姿の人物や大八車を押す男達、そして芸者、さらにはそれらに混じって廻《まわ》し合羽《がっぱ》で旅立つ旅人などだ。いかにも「お江戸八百八町」の賑わいを感じさせてくれるこの絵はこれから始まる旅立ちを祝福しているとも言えるだろう。

町並み

さて、前置きはこのぐらいにして、我々もそろそろ日本橋を旅立つことにしたい。

日本橋に立って東海道と逆に踏み出せばそこが中山道で、現在この道は国道一七号線と呼ばれている。

日本橋を渡るとすぐ目に飛び込んでくるのは「三越デパート」（注5）で、ここの前身は「三井越後屋」と呼ばれた呉服商で有名だった。当時の店は江戸でも一、二を争う人気店でも知られ、ここで着物を買う事は江戸庶民の憧れでもあったという。

また、江戸時代この付近は「駿河町」と呼ばれていたが、それはここからいつも美しい「富士山」が見えたからだった。今では高いビルに阻まれ、富士山を見るのは不可能だが、江戸っ子たちはここから雄大な富士山を拝んでいたのだ。

なお、三越デパート裏は当時「金座」と呼

注5　明治三七年（一九〇四）に現在のような百貨店になった。

広重の六十九次「日本橋」の絵に見える時の鐘。現在は近辺の十思公園に保存されている。

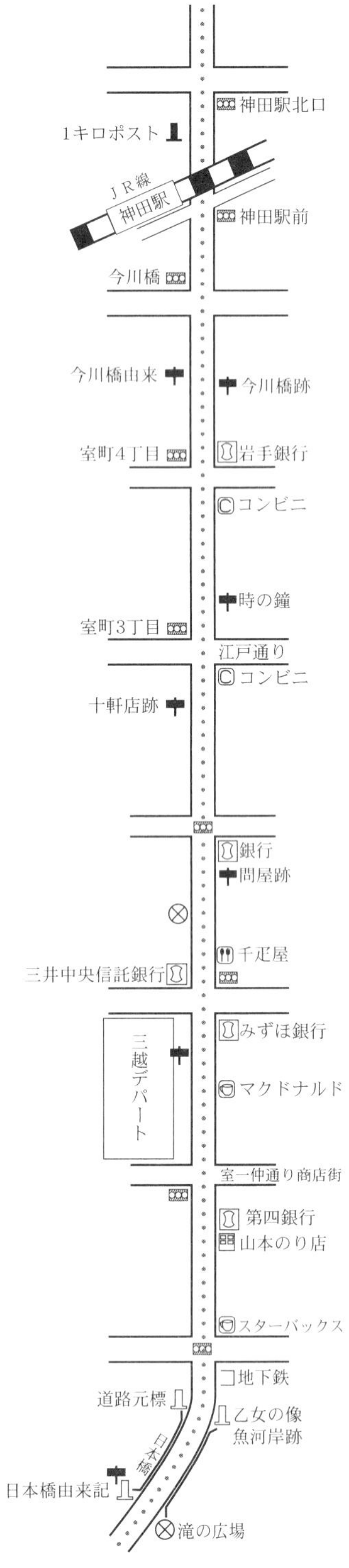

ばれていた場所で、ここでは「小判」などの「金貨」を鋳造していた。跡地はすでに「日本銀行」（日銀）ビルや「貨幣博物館」に変わっていて、当時の面影はまったく失われたが、そんな重要な施設がこの中山道裏にはあったのだ。

元の国道に戻ると左手には「十軒店跡」の説明板も設置されているが、これはこの付近に「五代将軍綱吉」が京都から雛人形師を十人招き、ここに長屋を十軒与えたからだった。

雛人形と言えば中山道ではこれから訪れる「鴻巣宿」が有名だが、江戸時代、この付近は「鴻巣」、「越谷」とともに「関東三大雛人形」の生産地として賑わっていた。

今川橋跡

ビル街の中を歩くと「今川橋跡」も見られるが、当時ここには川が流れていて、橋が架けられていたからだった。

ここに流れていた川は江戸時代初期「井之頭池」から水を引いてきたもので、井之頭池とは三鷹市と武蔵野市にまたがる現在の「井之頭公園」のことで、公園奥には今でも源流だった「お茶の水」と呼ばれる「湧き水」が出ている場所が残っている。すでに雀の涙ほどしか湧き出ていないが、ここから引いてきた水が飲めたというのは東京に住んでいる人には想像さえできない出来事と言ってもいいだろう。

神田・秋葉原

賑やかなビル街を抜け出すと前方にＪＲ高架が見えてくるが、ちょうど高架下は現在の「神田駅」で、高架をくぐった一帯は「須田町」と呼ばれていた。当時の須田町左手には「青物市場」があったから、この付近はお江戸の台所として賑わっていたのだ。

なお、現在の「国道一七号線」は須田町交差点を過ぎると右に曲がって電気街で賑わう「秋葉原」に出てしまうが、旧中山道はここで曲がらず、「交通博物館」脇を通ってそのまま高架と平行に細い路地に続いていた。

線路沿いを歩くと左手に「消防署」が見えてきて「昌平橋」に出てしまうが、当時は昌平橋の六〇メートルほど手前に「筋違い見附」があって、ここに架かる橋を渡っていたという（すでにこの橋はない）。

現在の昌平橋には「昌平橋の由来」を説明

昌平橋親柱

今川橋モニュメントは向かい側ビルにも見ることができる。

今川橋跡モニュメント

した標識が見られるが、ここは「湯島聖堂」が作られた時、中国は孔子の生誕地である魯（山東省）の昌平郷にちなんでつけられたという。

交差点を渡ったらすぐ先を左折するのが道筋で、緩い上りぎみになった道路左手には「湯島聖堂」、右手には「神田明神」が見えてくる。

湯島聖堂にはいかにも古そうな塀が残っているが、ここは元禄四年、「将軍綱吉」が「林羅山」の開いた私塾を移した物だという。その後、寛政二年（一七九〇）からは幕府の「直轄学問書所」となっている。

ちなみに現在の建物は昭和一〇年に再建されたもので、塀もその頃のものだという。

また、湯島聖堂向かいに見られるのが「神田明神」で、ここは江戸っ子達の人気がとても高い神社で有名だった。

元々は現在の大手町一丁目付近にあったが、江戸城拡張に伴ってここに移ってきたという。

神田明神と言えば、筆者などはすぐに神田明神下の「銭形平次」と口ずさんでしまうが、この神田明神、元々は「平将門」の霊を祀るために建立されたのが始まりという。

ちなみに、当時江戸の祭りと言えば「神田明神と赤坂日枝神社」が有名で、共に「天下祭り」とも呼ばれていたが、特に神田明神は将軍家が武蔵国総社兼江戸城下の総鎮守とし

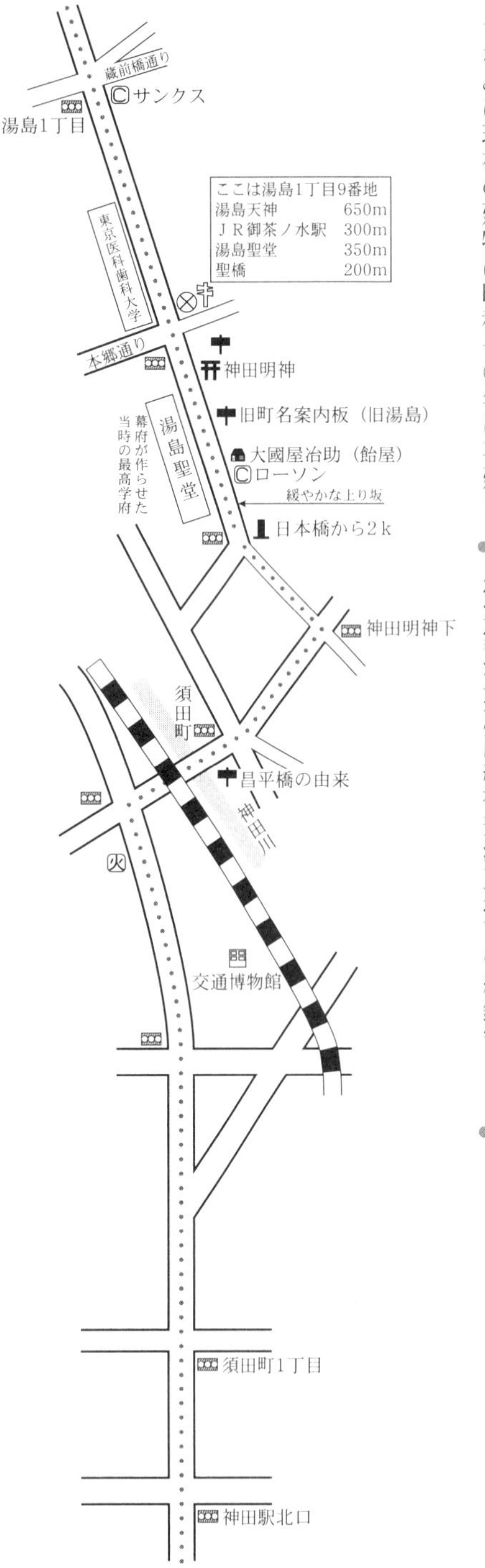

神田明神の歴史は古く、天平２年（730）の創建と言われる。神田祭は５月に行われる。

たため人気が高かった。

　神田明神を出ると左手に見えてくるのは「東京医科歯科大学」ビルだが、ちょうどこの裏が「御茶の水」で、昔はここからきれいな「清水」が湧き出ていて「将軍家」に献上され、「お茶」に使われたからこの名がある。

　また、先に見えてくるのは「東京大学」で、手前を右手に入ると三大将軍家光の乳母で絶大の権力を握っていた「春日の局」の墓所「麟祥院」や受験生で賑わう「湯島天神」もあるから、これらも時間があれば立ち寄ってみるといいだろう。

赤門

　東京大学は元「加賀前田家」上屋敷があった跡で、こんなにも広大な敷地を持っていたとはちょっと驚きだが、ご存じのように江戸時代の加賀藩は「加賀百万石」でも知られる強大な権力を持っていたからだった。

　塀沿いを歩くとすぐ見えてくるのが有名な「赤門」で、ここは十一代将軍「家斉」の娘である「溶姫《やすひめ》」が前田齋泰に嫁いだ時に建てられた物だという。現在は国の「重要文化財」にも指定されていて、多くの学生が赤門をくぐって校舎に向かうのだ。

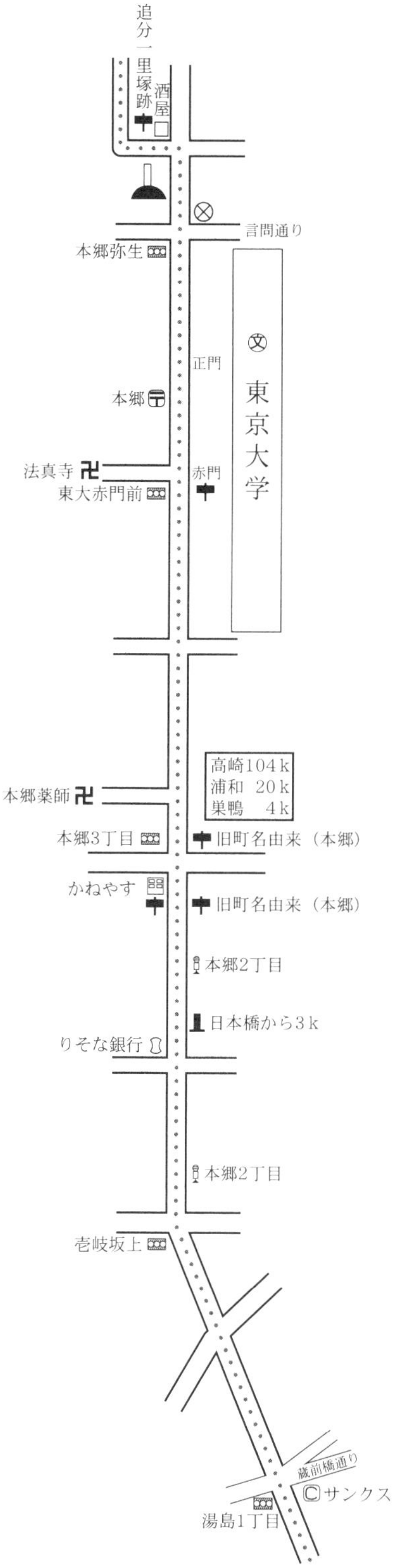

文政10年（1827）前田齊泰に嫁いだ11代将軍家斉の息女溶姫のために建てられた朱塗りの御守殿門。現在、重要文化財に指定されている。

追分一里塚

東大正門前を通り過ぎ、広大な東京大学の敷地に沿ってしばらく歩くとやがて大きな交差点に出るが、ここは当時の「追分」で、右手に曲がれば「王子方面」、直進すれば「岩槻街道」で、「中山道」はここで左に曲がっていた。

また、当時この追分には中山道最初の「一里塚」があったことも知られていて、信号を渡った酒店の自動販売機前に一里塚跡の説明板が立てられている。

当時、ここの一里塚は「追分の一里塚」と呼ばれていたという。

ちなみに、一里塚とは街道一里ごとに築かれた塚で、「宿場間の駄賃」などを算出する大切な目印だった。基本的な一里塚は一里（約四キロ）ごとに五間（九メートル）四方の塚を築かせ、その上に木を植えて目印にしていた。

幕府は日本橋を起点として「五街道」や「往還」（往還とは脇道などを言う）を整備し、一里ごとに塚を築いて目印にしたが、一里塚は宿間の駄賃を決める目安でもあり、旅行者もこれで旅程を計っていたのだ。

最初はどの街道筋にも設けられていたが、すべてが一里ごとにあるわけではなかった。

幕府が天保末に調査した記録が残っていて、中山道では板橋宿から草津宿間に一里塚が一〇七カ所あったという。

（冒頭でも述べたが、日本橋～草津間は一二九里一〇丁八間あり、天保末にはすでに二〇カ所が行方不明だった。）

そして両側共に塚があると確認できたのが一〇三カ所だったと報告している。

しかし、そんな塚も明治以後の道路拡幅によって多くが破壊され、現在残っている塚はかなり少なくなってしまった。

江戸時代末期の調査でもすでに失われていた塚があったように、これから中山道を歩いてもかならず一里塚跡が残っているとは限らないのだ。

すでに不明の場所も多く、調べるのも困難だが、この本では筆者の独断で勝手に一里塚があった事にする場所もあるからご了承願いたい。

なお、塚に植えられていた木には「榎」が多かったが、塚によっては「杉、松、桜、栗、欅」などが植えられていた場所もあった。

円乗寺には八百屋お七の墓がある。

「追分一里塚跡」は日光御成道との分岐点にある。現在はこの説明板のみが一里塚跡を示している。

さらに変わったところでは「竹、梅、ひいらぎ、桑、桍」を植えている塚もあったようで、一つの塚に二本、三本と違った木を植えているところも見られたという。

一里塚はこのように里程の目安として重宝がられていたが、道路が整備されると失われ、現在残っている塚は非常に少なくなっている。

八百屋お七

一里塚跡の残る追分を出ると旧中山道は現在国道一七号線と呼ばれている道路を歩くが、今では隣にバイパスが通り交通量は少ない。しばらく歩くと左手に税務署があって「白山一丁目信号」に出るが、ここを左手に入ると急坂（浄心寺坂）を下った先に「八百屋お七」の墓で知られる「円乗寺」がある。

寺といっても小さい所で、お七延命地蔵堂脇の細い路地を入ると左手に墓が見られるだけだが、興味があれば立ち寄ってみるといいだろう。

ご存じのようにお七は東海道品川宿はずれの「鈴ケ森刑場」で「火炙りの刑」に処されたが、中央にあるのが寺の住職が建てた供養塔だという。

また、左右にあるのは初代岩井半四郎が百十三回忌に建立した供養塔と、昭和二七年二

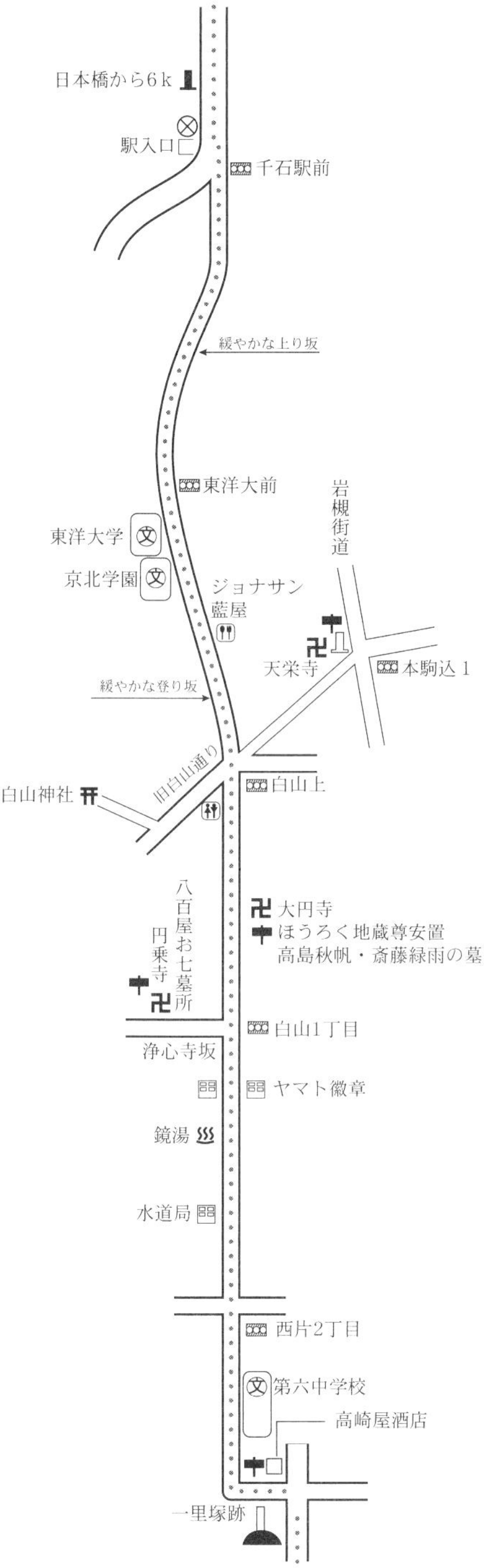

ほうろく地蔵はやけどや頭痛治しの信仰で有名だという。寺の墓地内には高島秋帆の墓がある。

百七十回忌に町の有志によって建立された供養塔だという。

元の中山道に戻ると、右手には「大円寺」があって「ほうろく地蔵尊」が見られるが、ここには幕末の砲術家「高島秋帆《たかしましゅうはん》」の墓があることでも知られている。

また、ここのほうろく地蔵尊もお七を供養するため建立された地蔵尊だという。

駒込追分

中山道はやがて「白山上」交差点に出るが、ここは当時「駒込追分」と呼ばれていて、ここから「岩槻道」とに分かれていたという。

なお、左手の道路を少し下った所にあるのは「白山神社」で、昔は白山権現とも呼ばれて信仰があつかった。

少し道は外れるが、この近くには中山道と関係が深い「大田南畝《おおたなんぽ》」こと「大田蜀山人」の墓がある「本念寺」を訪ねてみるといいだろう。

大田南畝

白山神社から急な階段を下り、新しくできた広い国道（白山通り）に出ると「京華学園」があるが、ちょうどこの学校向かい側の白山四丁目にあるのが本念寺だ。

ここは家の裏がお墓になっていて、ちょっと入りにくいが、その中に「南畝大田先生之墓」と彫られた高さ一・七メートルほどの石碑が見られるはずだ。

大田南畝についてはこれから訪れる「本山宿」などでも述べているが、南畝は幕臣であり、狂歌師や戯作者としても知られていた。

特に享和二年（一八〇二）に大坂から中山道を辿って江戸に戻った際の紀行文「壬戌紀行《じんじゅつきこう》」は有名で、大坂をたって一日目は大津に泊まったが、それから蕨までは十三日の行程だった。

中山道についての記述はかなり参考になるから、これからも度々この「壬戌紀行」が登場することを覚えておかれるといいだろう。

なお、南畝自身はほとんど駕籠《かご》（実際は輿《こし》だったという）に乗っての旅だったが、南畝一行は一日九里余りを歩いているというから驚きと言えるだろう。

籠を担ぐ人々もかなりの健脚だったのはこれをみてもわかるが、江戸時代の人々がどのくらいの距離を歩いていたかを知る貴重な資

江戸六地蔵

大田南畝（1749〜1823）は町人文学の中心的存在だった。

白山神社は歯痛に効く神様でもある。

白山上の交差点付近。

料でもある。

江戸六地蔵

元の白山上から中山道に戻ってしばらく歩くと現在の国道一七号線に合流するが、広い国道に変わった道路を歩くと右手に「JR巣鴨駅」が見えてくるように、「大江戸八百八町」の賑わいもちょうどこの「巣鴨」付近までだったと言われている。

中山道はここから国道と分かれて左手の「地蔵通り商店街」に入って行くが、ちょうど入口に見られるのは「真性寺」で、ここには「江戸六地蔵」（注6）の一つが置かれていた。

江戸六地蔵とは江戸の出入口六カ所に置かれていた地蔵様のことで、「旅の安全」を願って建立されたという。ここは江戸から見るとちょうど中山道の出入口に当たっていたからで、日本橋を出立した旅人がようやく江戸を離れる気分になった所でもあった。現在の地蔵様は笠をかぶっていて、元禄四年（一六九一）に造立されたという。元禄四年といえば、まだ芭蕉も生きている頃だから、おそらく芭蕉も「ぴかぴか」に輝くお地蔵様の姿を見たのではないだろうか？（地蔵様は正徳四年、一七一四年造立との説もある。）

そんなわけでもないが、ここには芭蕉句碑

注6　江戸六地蔵とは江戸の出入口六カ所にあった地蔵様のことで、ここの他、品川の品川寺、新宿の太宗寺、東浅草（下谷）の東禅寺、江東区（深川）の霊巌寺と永代寺にあった。しかし永代寺の地蔵様は失われてしまったという。

真性寺の芭蕉句碑。

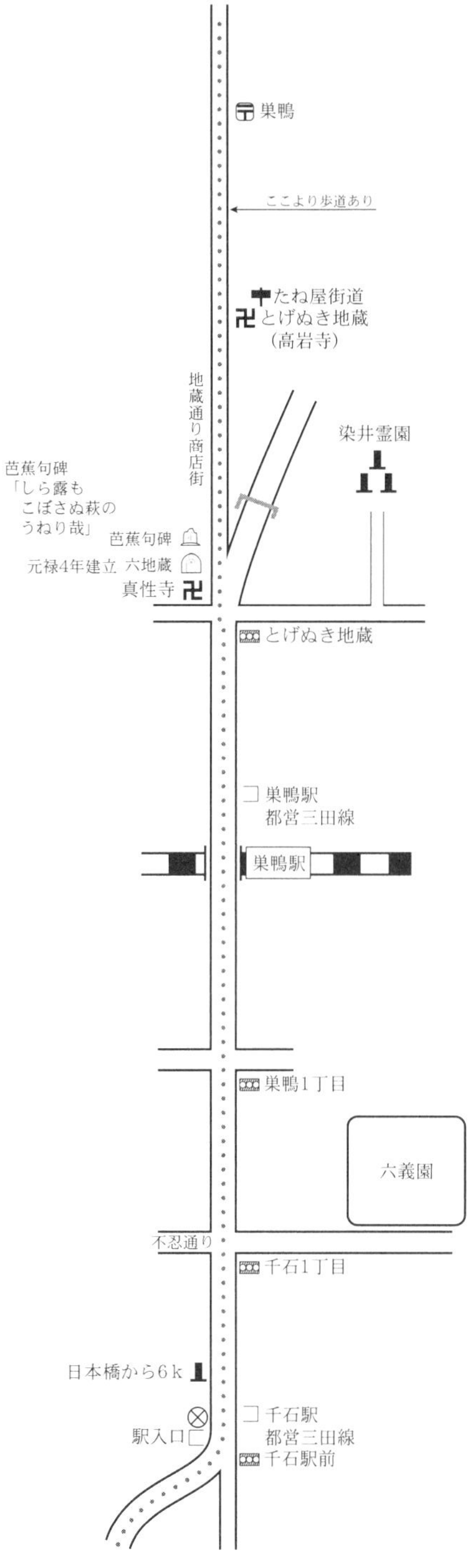

も見られるのだ。

芭蕉句碑

「しら露もこぼさぬ萩のうねり哉」

この句は芭蕉自身とても気に入っていたと言われ、「自画自賛」していたという。

よく味わうとその表現のしかたに深い趣が感じられるが、この句の意味はだいたい次のようになるだろう。

芭蕉は枝いっぱいたわわに萩の白い花が咲いていたのを見たのだ。その萩は、しら露もこぼさんばかりにはちきれそうでみずみずしい様子だった。

萩と言っても最近ではあまり注目もされないが、古来よりこの花は愛されていて、春の桜に対局される秋の代表的な花だった。

桜はパーッと咲いてパーッと散ってしまうが、萩は咲き出すと次から次へと咲き続け、およそ数週間見られたからだった。

そんな花を当時の人々は風流な花だと愛でていて、「秋の花見」も行われていたという。

芭蕉が見た萩もおそらく枝いっぱいに広がり、露もこぼさぬような見事さだったのではないだろうか。

巣鴨

なお、現在の地蔵通り商店街は「おばあちゃんの原宿」ともいわれ、多くのお年寄りで賑わっているが、ここの名前にもなっている地蔵様は入口にある六地蔵ではなく、二〇〇メートルほど中に入った「高岩寺」にある通称「とげぬき地蔵」によってである。

病人がこの地蔵様をこすると「とげを抜く」ように治ってしまうといわれ、いつも多くのお年寄りで賑わっているのだ。

ちなみに、この寺も江戸時代からここにあるわけではなく、元々は「下谷」にあったものが明治二四年ここに移ってきたという。地蔵通り商店街は活気があって色々な商品を安く売っているから、時間があれば色々な店に立ち寄ってみるのも面白いだろう。

賑やかな地蔵通り商店街も六〇〇メートルほど歩くとしだいに賑やかさも薄れてしまうが、ちょうど出口には「庚申塚」(注7)が残っている。

「仲仙道庚申塚　猿田彦大神庚申堂」と彫ら

注7　庚申信仰とは、十干、十二支の組み合わせによって六〇日に一度巡ってくる「庚申の日」を「庚申待ち」といい、仏教では帝釈天や青面金剛、神道では猿田彦を祀り一夜を明かす行事だった。その夜に眠ってしまうと、命を縮めると言われ、盛んに信じられていた。現在でも一部の人々には信じられているようで、地方によっては今も行われている。

おばあちゃんの原宿と呼ばれ、賑わう旧中山道の地蔵通り商店街。

猿田彦大神庚申堂

れた大きな碑が入口にあって、庚申塚は奥に入ったところに保存されているが、ここはかなり古くから地元の人々に信仰されていたという。

寄り道

ところで、少し寄り道になってしまうが、旧中山道右手を走る国道一七号線奥には有名人の墓が多い「染井霊園」や寺院もあるから、ここで簡単に触れておくことにしたい。

中山道と直接の関係はないが、染井霊園は現在都立公園墓地としても有名で、広大な敷地には「染井吉野」が植えられ、花見の頃には鮮やかな桜で満開になる。

また、ここには「二葉亭四迷」や「高村光太郎、智恵子」など有名人の墓がたくさんあり、多くの人が訪れる。隣の霊園には「富士講」の創始者として知られる「藤原角行」の墓などもあり、見学するには面白い場所と言えるだろう。

さらに、霊園から少し戻った所にあるのは「本妙寺」で、ここには名奉行で知られる「遠山金四郎」こと遠山の金さんの墓や、剣士で有名な「千葉周作」の墓などがある。

また、この寺で有名なのは「明暦の大火」（明暦三年一六五七）で死んだ人々を供養したという供養塔で、この火事は明暦三年一月一八日に出火、一一万人を上回る焼死者が出たと伝わっている。

檀家の娘の供養（一枚の振袖に手を通した三人の娘が続けて同じ日に死んだという）で娘の着ていた振袖を燃やしたところ、強風にあおられて振袖が本堂の屋根に燃え移り、これが原因で江戸市中を焼き尽くしたと言われている「振袖火事」。

この寺も元は東大赤門前の本郷丸山町にあったそうだが、明治四一年にここに移転してきたという。

ちなみに、この事件は作られた話ではないかという説があり、この事件を教訓にして寺社の移転や道路が拡張されたと言われている。そんな事から当時の役人が誇大宣伝したのではないかとも伝わっているのだ。

それにしても、江戸時代、「火事と喧嘩は江戸の華」と言われていたが、火事で命や財産を失った人の数は今以上だったのだ。

この周辺には他にもたくさんの寺があるが、ここで説明していたら切りがないからこの程

近藤勇の供養塔は板橋駅の近くにある。

六義園など、旧道には、自然がたくさん残されている。

振袖火事の火元がここ本妙寺だった。元は本郷丸山にあった。

度で終わらせていただくことにした。

余談

庚申塚のある交差点に戻ると、商店街も名を変えてしまうが、そんな商店街を歩くと中山道は「都電荒川線」の線路を横切っている。

現在では都内唯一の都電になってしまったが、今まで歩いてきた日本橋や須田町交差点界隈にも少し前までは都電が縦横に走っていたのだ。

中山道とはまったく関係ないが、今思うと何故都電を廃止してしまったのか筆者にはとても疑問なのだ。

筆者は高校生の頃まで都電で渋谷に通っていたが、こんなにも便利で安全な乗り物はなかったような気がするからだ。

最近では低公害車も開発されているが、都電は誰でも低料金で乗れるのが魅力だったから、今こそ復活させて欲しい乗り物と言えるだろう。

少し脱線してしまったが、都電荒川線を越えると中山道は大きな道路を横切って北区へ入るが、ちょうどＪＲ踏切を越える手前付近（滝野川四丁目の果物店がある付近）に昔は日本橋から二里目の一里塚があったという。

ここの一里塚は「平尾の一里塚」と呼ばれていたが、すでに一里塚跡は残っていない。

なお、当時は一里塚を越えると板橋宿《いたばしじゅく》入口だったという。

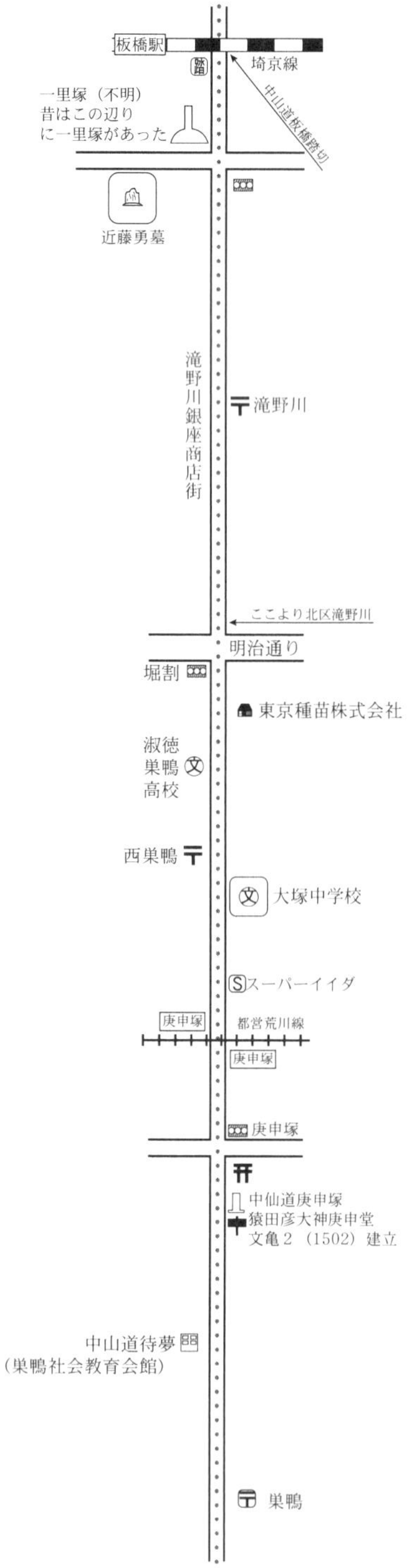

2

板橋宿《いたばしじゅく》

次は蕨宿
2里10丁
（8.88キロ）

江戸四宿の一

日本橋を出立すると、中山道六十九次最初の宿場町は「板橋宿」だ。

ここは江戸からわずか「二里半」と至近距離にあり、とても賑わったが、宿場が作られた当初は東海道の品川宿同様に素通りする人が多く、泊まり客が少なくて苦しんでいた。

江戸時代の宿場には幕府公用の「伝馬制度」が設けられていたから、宿場が潤わないとその費用捻出もままならなかったからだ。

宿場機能を果たすにはなんと言っても泊まり客が必要で、泊まり客がお金を落としてくれることで宿場全体が潤ったからだった。

しかし、ここは江戸に近い事がかえって災いし、先を急ぐ人は素通りが多く、江戸を目指す人々もあともう少しだと通過してしまったから、当初は泊まり客が少なくて困っていた。

ところが、徳川幕府も安定期に入ると江戸に近いことが幸いし、宿場というよりも江戸庶民の盛り場として賑わうようになった。

当時の板橋宿は「江戸四宿」（注１）の一つでもあり、品川宿同様に「飯盛り女」（注２）

注１　幕府は江戸の出入口だった東海道の品川、中山道の板橋、甲州街道の新宿、日光街道の千住を四宿と呼んでいて、ここには特別許可も与えていた。

注２　最初は言葉の通りに食事の世話する女性のことを指す言葉だったが、後には一夜妻の役目もしていた。

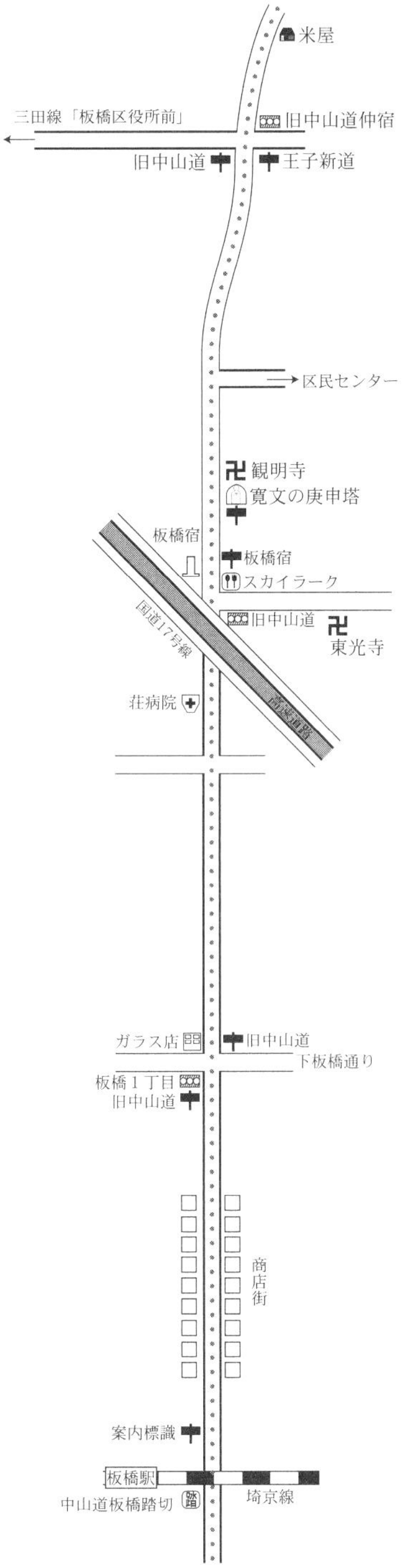

宿の中で最も賑わった板橋付近。
江戸時代の板橋は、太鼓状の橋で、長さ９間（16.2m）・幅３間（5.4m）あったという。

の多い宿場としても有名になったからだった。

幕府は原則的には宿場に飯盛り女を置くことを禁止していたが、それでは宿場が成り立たないと一部では黙認していたからだった。

また、四宿には特別に「宿場女郎」も許可されたから、ここは江戸町民の盛り場的な性格もあわせ持っていたのだ。

このように考えると、板橋宿は中山道の宿場と言うよりむしろ江戸町民の歓楽街として賑わっていたと言っていいだろう。

中山道の宿駅に制定された当初は泊まり客が少なくて苦戦していたが、後には飯盛り女や宿場女郎が大勢いる宿として名を知られ、泊まり客も増えて繁栄した。

当時の宿場はちょうど二番目の一里塚があった付近から始まっていたが、ここは東海道の宿場で言えば「保土ヶ谷宿」と同じで、手前にあった「平尾宿」とここの名前にもなっている「仲宿」（ここを板橋宿とも呼んだ）、そして板橋を渡って現在の清水町付近に至る本町と呼ばれた「上宿」の三宿をあわせて板橋宿と呼んだのだ。

渓斎英泉

このように見ると南北にかなり長い宿場だったのがわかるが、最も賑わったのは石神井川に架かる「板橋」前後で、仲宿が宿場の中心だったという。おそらく夜になって灯りがともる頃にはどこからともなく賑やかな笑い声なども聞こえてきたことだろう。

ちなみに、「英泉」が板橋と題して残したのは宿場入口付近だった。

この絵には裕福そうな夫婦が供の者を従えて宿場に入って行く所が描かれていて、手前には「馬子」や「道中駕籠」も見えている。

英泉の絵が実写かどうかはわからないが、宿場入口にはこのような人々も待機していたようだ。

江戸町民の歓楽街として賑わった板橋宿も中山道最初の宿場に違いはなかったから、朝になれば馬子唄の一つも聞こえてきたわけで、夜明けとともに旅立って行く人々も見かけられたことだろう。

本陣跡

なお、平尾宿と呼ばれていた賑やかな商店街を抜けると国道一七号線を斜めに横切って

大聖寺文殊院は本陣飯田家の菩提寺で、宿場時代の遊女の墓もある事で知られている。

脇本陣跡

板橋本陣跡

いるが、ここで右手に入れば仲宿（板橋宿）だった。

当時の本陣はちょうど右手に見えるスーパーマーケットがある辺りで、今は隣の「飯田家」入口にひっそりと「本陣跡」碑だけが残っている。

本陣跡碑は門のサッシに邪魔されていてちょっと見にくいが、ここに本陣があったわけで、かなり豪華な建物だったのは間違いないだろう。

ちなみに、天保一四年の記録によると、宿場規模は本陣一、脇本陣二、旅籠屋は五四軒だった。

板橋宿はこの先に架けられていた板橋前後が最も賑わっていたというから、おそらく客引きの「留め女」もたくさん見られたはずで、そんな女に引っ張られ、ここに泊まりを決めた旅人もいたことだろう。

飯盛り女

ところで、この本陣があったというスーパー横を右に入ると「文殊院」という寺があるが、ここは本陣を勤めていた飯田家の「菩提寺」でもあり、奥には代々の墓が残っている。

観明寺山門

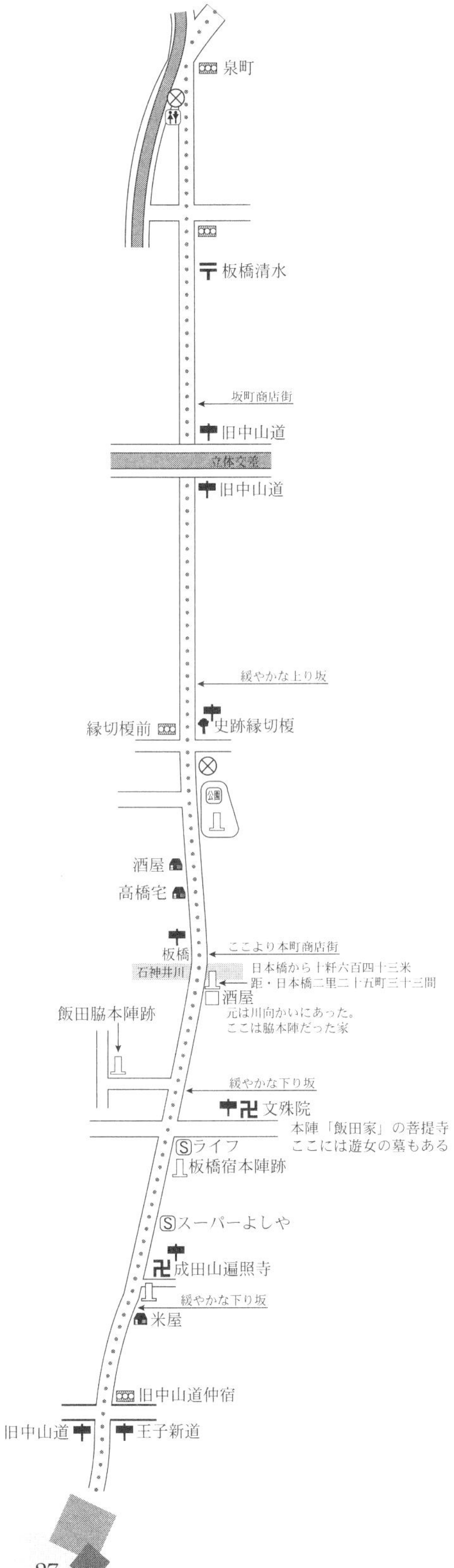

また、ここは「飯盛り女」たちの墓があることでも知られている。

江戸時代は「身分制度」がはっきりとしていたから、「使用人」と「雇われ人」ではまったくと言っていいほど待遇も違っていて、このような形で葬られることはほとんどなかったという。

ましてや飯盛り女の多くは親の「借金」の形《かた》に売られてくることがほとんどだったから、牛や馬などの動物と同じ扱いしか受けていなかったのだ。

多くの飯盛り女達は「無縁仏」になるのが普通で、墓があるのも珍しいのだが、ここには心の優しい人がいた証拠にもなるだろう。

飯盛り女達の墓をじっと見ていると、いつの間にか目頭が熱くなってきてしまうのではないだろうか。

板橋

本陣跡を越えると前方に見えてくるのが板橋宿の由来となった「板橋」で、この橋は「石神井川」に架けられていた橋だった。

板橋の名はここから起こっていると言われ、現在手前に大きな碑が置かれているが、これには「距・日本橋二里二十五町三十三間」と里程が記されている。

江戸時代の橋は長さ九間、幅三間の板橋だったと言われているが、現在の橋は昭和四七年に作られたコンクリート製だ。

ここが板橋発祥地なわけで、江戸時代は多くの人々が行き交う交差点としても賑わっていた。なお、板橋を渡ると本町と呼ばれた「上宿」で、当時の上宿も旅籠屋が多くかなり賑わっていたが、今はすっかり寂れ、わずかに商店が数軒見られる程度に変わっている。

このように当時の旅籠屋は板橋前後に集中していたが、ここが賑わったのは近くに「加賀藩下屋敷」があったことも大きかったという。

宿場には加賀藩下屋敷から侍達もたくさん通ってきたから、泊まり客のお得意様でもあったという。このように見るとここは中山道を通る人ばかりでなく、諸藩の侍もたくさん通ってきたと思っていいだろう。

ここが歓楽街として賑わった背景にはこのような理由もあったわけで、今で言えばサラリーマンも通ってくる繁華街だったのだ。

商店街を入ると観明寺の寛文の庚申塔がある。

旧道にある新しいモニュメント。

新しい道標

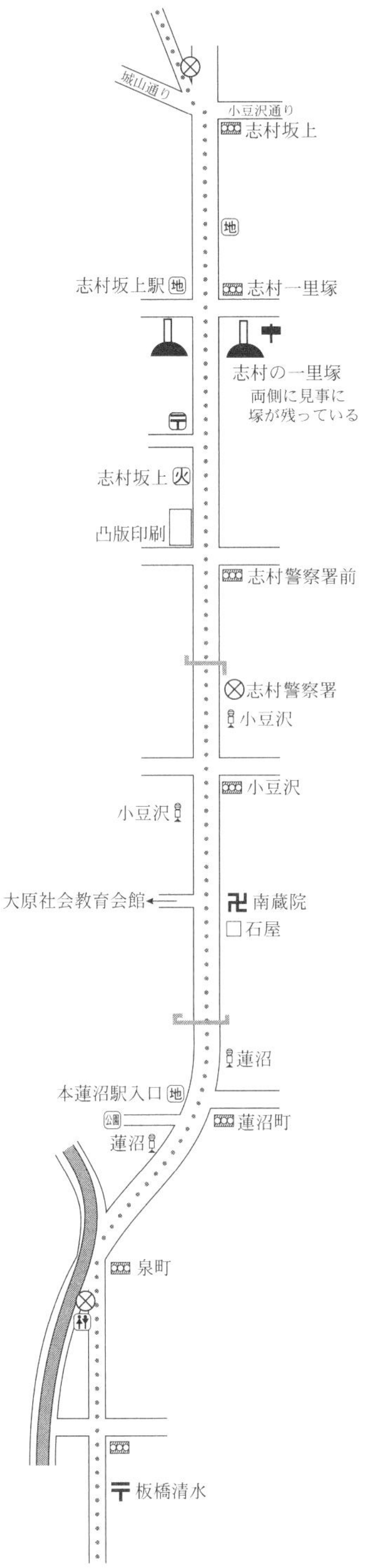

縁切榎

なお、仲宿商店街を歩くと緩い上り坂になっていて、右手に交番が見えてくるが、ちょうど交番隣に見られるのは「縁切榎」と呼ばれる名物榎だった。

江戸時代、ここには樹齢数百年になる「大榎」があって、いつしかこの下を通ると「不縁」になると恐れられていたという。

また、この榎の皮を剥いで水か酒で飲むと「別れられる」と信じられていて、どうしても別れたい人はここに来てそんなこともしていたという。

しかし、反対に仲の良い人達もたくさんいたから、そんな人には縁起が悪いと嫌われていたという。

現在右手に碑が立てられていて、榎近くには説明板も見られるが、元々の木は今の薬局側にあったという。

ちなみに、ここの榎は「皇女和宮」が降嫁された時、縁起が悪いと嫌われ「菰」を被せられたというエピソードも残っている。

現在右手に見える榎は三代目と言われ、すでに古い榎は残っていない。

縁切榎を過ぎると旧道は「環状七号線」にぶつかってしまうが、板橋宿もだいたい環状七号線手前付近までで、ここを越えれば宿はずれだった。

なお、環状七号線を越えるとわずかな旧道部分も残っているが、この道もすぐに現在の

当時の榎は碑の中に残されている。

縁切榎はいつの頃からかこの木の下を嫁入り・婿入りが通ると不縁になると伝えられるようになった。またこの木を折ると男女の縁が切れるという。

国道一七号線に合流する。

志村の一里塚

ここからは国道一七号線を歩くことになるが、しばらく歩くと歩道橋手前に「一里塚」が見えてくるはずだ。

これは「志村の一里塚」と呼ばれていた三番目の一里塚で、今も国道を挟んで両側に見事な塚が残っている。

国道にもかかわらずこのように塚が残ったのはとても貴重で、いつまでも残しておきたい一里塚と言えるだろう。

大山道道標

なお、一里塚を越えると交差点左手に「交番」が見えてくるが、ちょうどここから国道と離れて旧道部分が残っている。

旧道に入ると下り坂に変わる手前に「道標」と「庚申塔」が見られるが、庚申塔には「是より富士大山道　練馬江一里　柳沢（保谷市現・西東京市）江四里　府中江七里」と彫られ、道標には「寛政四年（一七九二）大山道ねりま川こえみち」と彫られている。

これらはここから練馬を越えて「大山」へ行く道があったことを示すもので、大山は特に江戸町民らの信仰があつく、山開きになる

志村の一里塚は江戸から三里目の塚にあたる。今では数少ない貴重なものだ。

写真向かって左側が道標、右側が庚申塔で、その側面に道程が刻まれている。

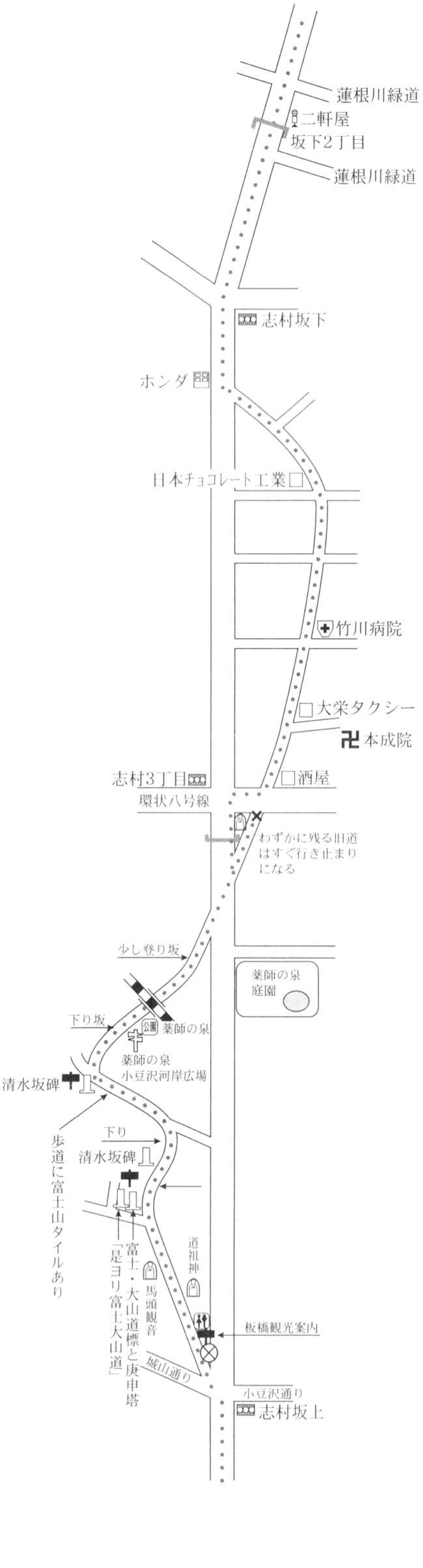

と多くの人々が詣でていたという。

清水坂

なお、下り坂に見られるのは「清水坂」碑で、ここは「清水坂」と呼ばれる曲がりくねった急坂で有名だった。

江戸時代ここは道中でも右手に富士山が見える特別の場所で知られていたから、ここでは多くの人が立ち止まり、右手に富士山を見ては喜んでいたという。

中山道を北上するといつも富士山は左手に見たが、道中ここだけは右手に富士山が見えたから名所になっていたのだ。

江戸時代の人々はいつもと違う富士山が見えただけでもはしゃいでいたわけで、現代人にはピーンとこないが、そんな名所がここだった。

今では高いビルや建物に遮られ、富士山の姿を見ることはほとんどなくなったが、当時ここからは右手に富士山がよく見えたという。

ちなみに、冬の天気の良い日、新幹線に乗って東京から高崎方面に向かうと今でも左手にはかならず富士山が見えているから、昔から富士山が左手に見えていたことはこれからも間違いないだろう。

しかし、ここから右富士が見えたというのを確認するのは今ではもうほとんど不可能と言っていいだろう。

清水碑

清水坂碑先を右折するのが中山道の道筋で、少し歩くとすぐ先に小さな公園があって「清水」碑が置かれている。

当時この付近には「掘り抜き井戸」がたくさんあって清水が流れ出ていたからで、水が流れ出している場所は何カ所も見られたというから、天然の水場が設けられていたのだ。

すぐ先の電車高架下をくぐった辺りは「志村立場」と呼ばれ、とても賑わっていたというから、おいしい清水で一息入れた旅人も多かったのではないだろうか。

戸田の渡し場跡

なお、中山道は志村立場先で国道を横切っていて、歩道橋を渡って国道右手へ入って行く。残っている旧道部分はわずかしかなく、再び国道に合流してしまうが、当時はさらに右手に入る道があり、突き当たった所が「戸

清水坂碑は江戸時代、難所と言われた所で、右富士の名所だった。

旧道にあるレリーフには昔のひとこまが刻まれている。

薬師の泉庭園は、都会のオアシス。園内には池がある。

田の渡し場」だったという。

　この付近の旧道は一部失われてしまい、通行不能の場所もあるが、面白いのはパチンコ店付近にある「舟渡の板」碑だろう。詳しい事は説明板を参照されるといいが、そんな板碑がここには残っている。

戸田川

　板橋と蕨の中間に流れていたのが「戸田川」で、ここはいわゆる「江戸防備」のため舟渡しになっていた。しかし、戸田川は江戸を出ると最初の大河でもあり、多くの旅人が緊張した場所でもあった。

　幕府は主要河川にはなるべく橋を架けなかったが、これは大軍を一度に通さない工夫であり、川越えは徒歩《かち》渡しや舟渡しが多かった。

　江戸時代は今の橋より一〇〇メートルほど下流を渡っていたようだが、残っている記録によると渡し賃は一人「六文」で武士は無料だった。

　「英泉」が「蕨宿」と題して残したのもちょうどこの戸田の渡しで、平時には一〇〇メートルほどの川幅だったが、大雨が降れば川幅は数キロにもなり、川留めにもなったという。

　残念ながら東京側にはすでに渡し場跡は残っていないから、ここは国道の橋を渡って対岸の埼玉県側に出てみることにしたい。

　橋を渡り終え、土手沿いに歩くと歩道に「渡船場跡」碑が立てられているように、ちょうどこの付近に舟渡し場があったという。

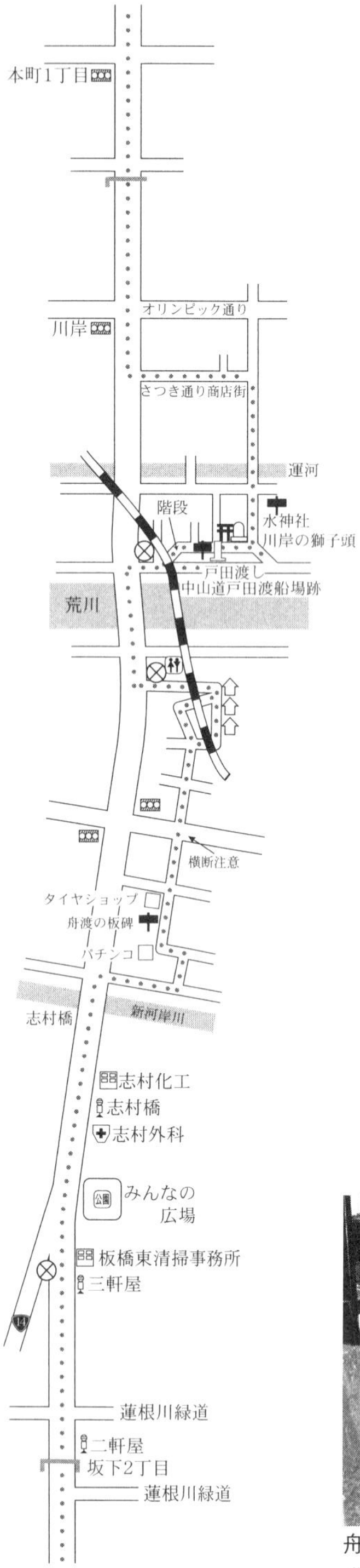

舟渡の板碑は中世に造立された石造の供養塔婆。近年まで、はしかの神様として信仰されていたという。

中山道戸田渡船場跡碑。明治8年に廃止となった。

ここで船から降りていたわけで、おそらく船渡し場には茶屋などもたくさん並んでいたのではないだろうか。

なお、近くには「水神」を祀った神社も残っていて、これを見ると当時の人々が川と深いつながりがあったのもわかってくる。

江戸時代の普通の人で泳げる人はほとんどいなかったから、多くの人々が安全を願ってこのような水神に祈っていたのは間違いないだろう。

先の道は水神から少し戻った民家の中に続いていたが、途中は運河などによって寸断されてしまったようだ。しかたないのでここは運河を渡ったら国道に戻った方がいいだろう。

旧道部分は一部通行不能になってしまったが、当時戸田には四番目の一里塚があったという。ここの一里塚は「戸田の一里塚」と呼ばれていたが、すでに場所などは不明だ。

ここからの中山道は国道を歩くことになるが、国道途中には見所も少ないからここは先を急いだ方がいいだろう。

国道の殺風景な道路を二キロほど歩くと、ここより「蕨市」の標識が見えてくるはずで、標識先で国道と旧道が分岐している。

ちょうど中央分離帯には「中山道」碑（現在の中央六町目付近）も置かれているが、当時はここから右手に入ると蕨宿《わらびじゅく》だったと言われ、六〇メートルほどの所に木戸が設けられていたという。

薬師の泉庭園は、かつてこの地にあった大善寺の境内に湧く清水で有名だった。

水神の碑。船玉大明神と刻まれているのは、船の守り神の事。

3

蕨《わらび》宿《じゅく》

次は浦和宿
1里14丁
(5.41キロ)

宿内

国道と旧道が分岐している蕨市中央六丁目付近には「蕨宿」と彫られた平成一二年建立の「新しい石碑」が立てられているが、ここから旧道に入れば蕨宿で、当時は六〇メートルほど歩くと「木戸」が設けられていたという。

ここは鉄道を通す時に猛反対してしまい、駅は宿場から一キロほど東に通って宿場は次第に寂れてしまった。このような例は中山道だけでなく、東海道などにも数多く見られ、鉄道が通ると客が寄り付かなくなると反対し、結局衰退してしまった宿場も多い。

ところが、反対に駅が出来たおかげで今では中心都市として発展している場所もあり、蕨では鉄道がこんなにも重要になるとは考えてもみなかったようだ。

宿内を歩いてもすでにひっそりと静まり返っているだけだが、宿場だった通りには常夜灯を模した看板が店の入口に置かれているから、これらを見ればここが宿場だったのもわかってくるだろう。

なお、天保一四年の記録によると宿場規模は本陣二、脇本陣一、旅籠屋二三軒だった。

本陣資料館

宿内を歩くと宿場中央左手に「資料館」が見えてくるが、ここは二軒あった本陣の一つで、当時は「岡田加兵衛本陣」と呼ばれていた。

中に入ると中央に宿場模型が箱庭風に置かれ、周りには街道筋にあったと思われる「道祖神」や「庚申塔」のレプリカが配置されている。

また、当時の「旅籠屋」内部の様子が人形によって再現されているなど、無料で入れる資料館にしては設備も充実しているから、ぜひ訪れてみたい資料館と言えるだろう。

なお、説明によるとここの本陣は「皇女和宮」の休憩場所にもなり、明治元年には明治天皇の御小休所としても使われたという。

こちらは蕨市歴史民俗資料館別館。

蕨宿の町並み入口の風景。
最近になって木戸のモニュメントが建てられた。

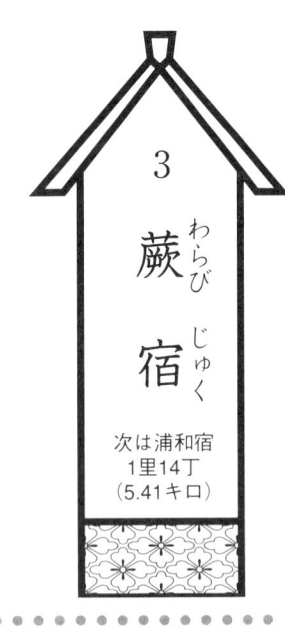

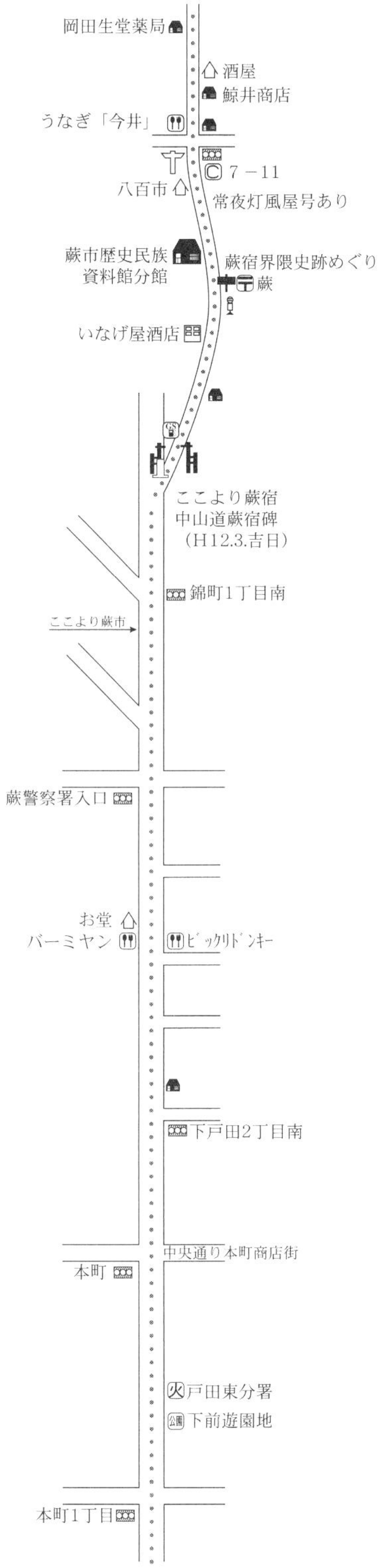

また、外に出ると「本陣跡」碑があって、ここを使用した人々の一覧表なども展示されている。

ところで、資料館を出た先を右折すると右手に「市役所」が見えてくるが、ここからさらに三五〇メートルほど駅方面に歩くと蕨宿の鎮守様として古くから信仰を集めていた「和楽備《わらび》神社」がある。

古くはこの付近に「蕨城」があったと言われ、現在蕨神社に見られる池は「蕨城」の掘りの一部と言われていて、近くには「蕨城跡」碑も建立されている。

元の宿場に戻るとしよう。

資料館の先には古い家もわずかばかり見られ、歩道には中山道六十九次の浮世絵タイル画が張り付けられている。このようなタイルを見ればここが宿場だったのがよくわかるから、いいアイデアと言えるだろう。

三学院

ところで、右手「萬寿屋」前に「地蔵への小径」とあるのは、奥にある「三学院」のことで、正式には「金亀山極楽寺三学院」と呼ばれている。

仁王門前の「子育て地蔵」は元禄七年（一六九四）建立で、古くから地元の絶大な信仰を集めているという。

ちなみに、旧道入口でせんべいを売っている「萬寿屋」の前身は「茶店」だったそうで、ここは一〇代続いている老舗だという。

蕨宿本陣跡　左側に資料館入口がある。
資料館の中には昔の蕨宿を復元した宿場模型があり、これを見るだけでも入ってみる価値はある。

萬寿屋先で宿場は緩く曲がっていて、この付近には古い家も何軒か残っているが、しばらくすると宿内の道は「錦町三丁目」信号で国道一七号線を横切っている。

ちょうど交差点角は小さな公園で、ここには宿場の説明が見られるから、休憩場所に使われると便利だ。

なお、交差点を越えると再び古い家が何軒か見られるが、ちょうど宿場も交差点を越えて二〇〇メートルばかり歩いたバス停「第二中学校」付近が出口で、ここにも入口同様木戸が設けられていたという。

出口の木戸跡もすでに残っていないが、蕨宿もこの付近がはずれだった。

宿外れ

ここで宿場を出てしまうが、当時の蕨名物は「織物」で、蕨で生産されていた織物は「蕨双子織」と呼ばれ、「高橋新五郎」という人物によって始まったという。

今ではほとんど忘れ去られているが、当時はかなりの人気商品で、買い求める人も多か

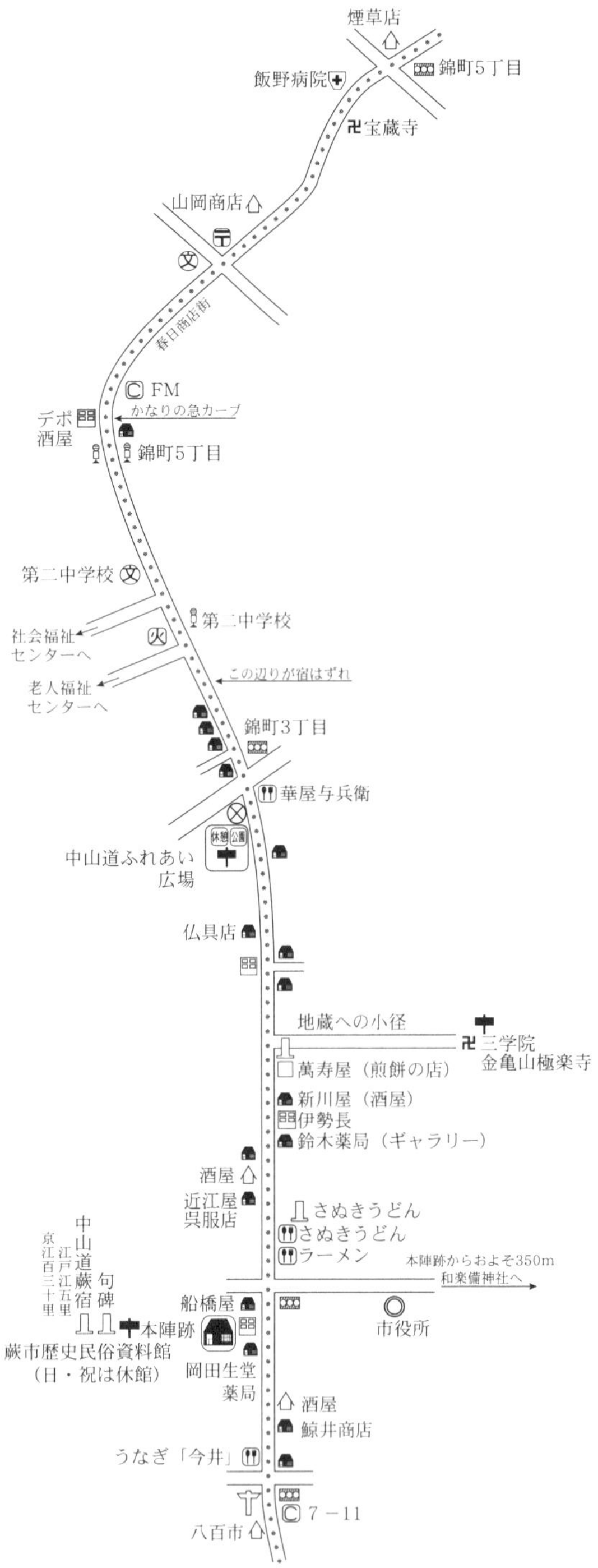

三学院山門
正式名は金亀山極楽寺三学院という。

ったという。

なら茶

なお、これは筆者の勝手な想像だが、『続膝栗毛』十二遍冒頭を見ると「蕨のなら茶は人の気をうかし」と書かれているから、当時は「なら茶」も名物だったのではないだろうか？

なら茶の詳しい説明は筆者が東海道の川崎で説明しているように、元々は奈良の東大寺周辺で売り出され人気になった食べ物で、その後江戸でも評判になり、各地で売られていたという。膝栗毛を信用すれば、ここのなら茶もかなりの評判だったと言っていいだろう。

宿を出ると錦町五丁目付近で右手に曲がっているが、この辺りは昔の「わらびて村」で、今は「春日商店街」と呼ばれている。

一里塚

狭い道路には少しばかり古い家も残っていて、小さな用水路を渡ると「浦和市辻町」に

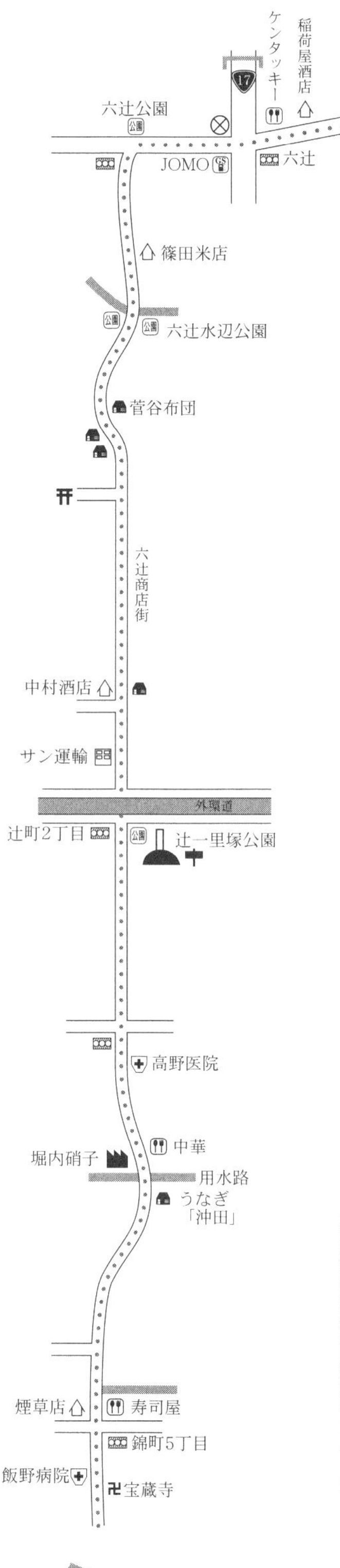

古い建物が所々に見られる蕨宿。
この家は看板に鈴木薬局と掲げてある。1階はギャラリー。

ふれあい広場の時の鐘風モニュメント。時間になると動き出す。

変わってしまうが、ちょうど辻町に入ると高架道路下（東京外環自動車道）手前に「一里塚跡碑」が立てられている。

　ここにあった一里塚は「辻の一里塚」と呼ばれ、五番目のものだった。

焼米坂

　外環自動車道高架下をくぐると先は再び殺風景な道路に変わってしまうが、しばらくすると正面に「六辻公園」が見えてくる。ここは手前で右折し、再び国道一七号線を横切ることになる。

　国道を横切ると旧道は「根岸町四丁目」付近から左手へ入って行くが、しばらく歩くと「浦和文化センター南浦和図書館」信号で上り坂に変わっていて、坂を上り切った「南浦和小学校」前に「焼米坂」碑が立てられている。

　当時この坂は「焼米坂」（正式名は浦和坂）と呼ばれ、この辺りには「焼米」（注1）を売る店が多く、坂の名もそこから名付けられたという。

　焼米とはどんなものかと色々想像された方も多いだろうが、ここで売られていた焼米は籾のままの米を焼き、それをついて殻を取って売られていたという。

　米の食べ方としてはかなり古くからあるもので、そのままでは固くて食べにくいから、

注1　東海道の庄野宿も焼米の名物で知られていたが、すでに食べ物としてではなく、お土産用のおもちゃとして人気だった。

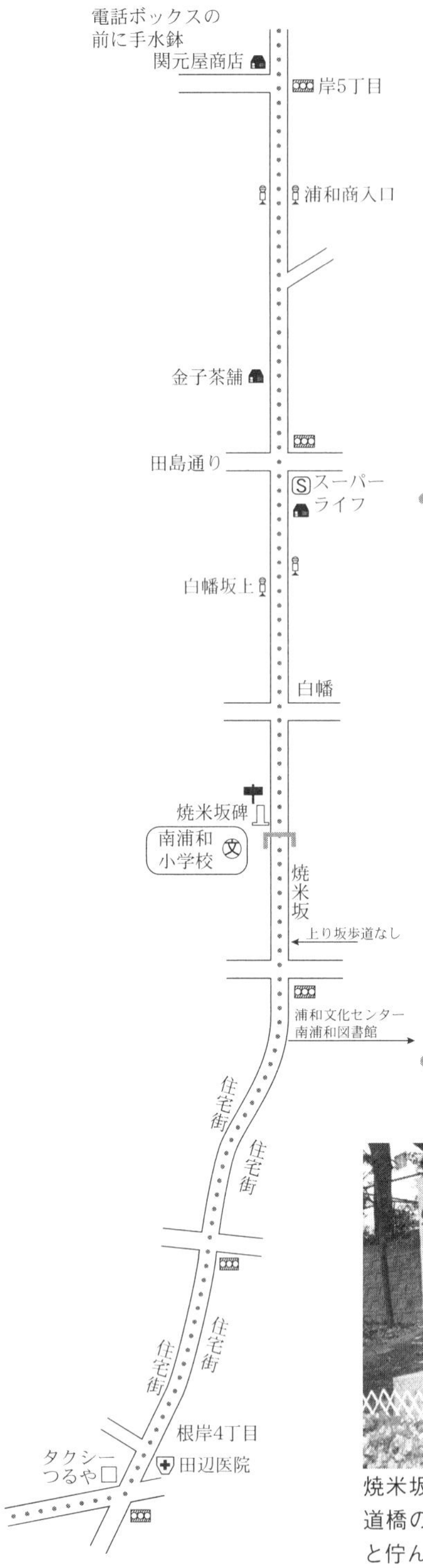

焼米坂の碑は横断歩道橋の下にひっそりと佇んでいる。

辻の一里塚は江戸から5番目の塚。昔はこの辺り湿地が多かったという事で水神もある。

いわゆる「保存食」の一種として考えられたものだった。

もちろんそのままでも食べられたが、多くは湯につけて柔らかくしたり、もう一度蒸し直して食べていたという。

ちなみに、現在浅草名物で有名な食べ物に「雷粔籹《おこし》」というのがあるが、これも古くはこの焼米がルーツだという。

今の作り方は、もち米を蒸した後、乾かして煎ってから胡麻やくるみなどを加え、水飴と砂糖で固めたものだが、古くは焼米から作られていたと言われている。

江戸時代以前から米を加工した保存食は多く、古くは伊勢物語に登場する「乾飯《かれいい》（または、ほしいい）」もその一つだった。

また、江戸時代東海道名物で知られていた「瀬戸の染飯」なども有名だ。

多くの保存食は武士が戦場で使うため発達したと言われ、後には旅人の非常食としても重宝がられていたのだ。

調神社

焼米坂を出るとスーパー「ライフ」先の交差点を越えることになるが、ちょうど左手には古い「金子家」が残っている。

また、「岸五丁目」に変わった所にも古い家が見られるが、そんな通りを歩くと右手に見えてくるのが「調神社」だ。

神社手前に見られるのは「日蓮駒つなぎの欅」と呼ばれる木で、これは「日蓮上人」が佐渡へ流される途中、ここで難産の女性を助けたという伝説が残っていて、そんな事から「安産」の木として信仰されていた。

なお、この調神社で有名なのは入口に鎮座している「兎」だ。

ここには普通の神社に見られるような「狛犬」はなく、「兎」が置かれているのだ。

神社の名前になっている調を普通に読めば「ちょう」だが、調とは誰でも小学校や中学校の社会科で習っているように古代の義務だった「租庸調《そようちょう》」の調の事で、昔の「税金」だった「みつぎ物」の事をこのように呼んでいたのだ。

簡単に言えば「年貢」のことだが、古代にはみつぎ物がこの神社に集められ、「東山道」（古代の中山道）を通って朝廷に運ばれていたという。

宿の入口にある現在の道標。

日蓮上人駒つなぎ碑

狛犬もうさぎ（筆者）。

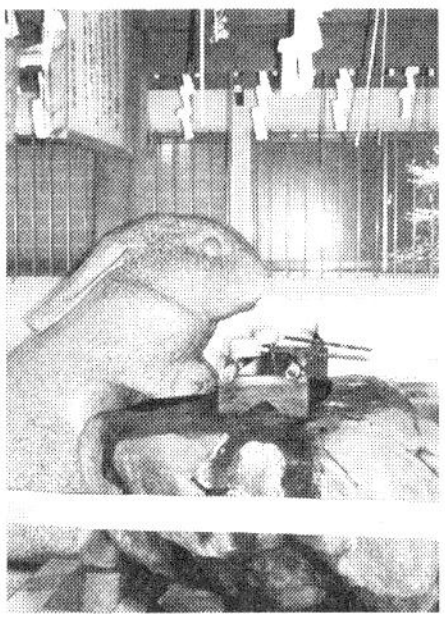
この水は幸運開運の霊水といい、水を汲みに訪れる人々が跡を絶たない。

ところが時代が移るとしだいにその役割も終わり、いつしか調《つき》は「つき」から「月」となり、兎を神の使いとする「月神信仰」と重なってここの守り神になったという。

筆者が子供の頃、月を見ては兎が餅をついている姿だと信じられていたが、人類が月に到着したのもすでに過去の事となり、そんな事を言う人は今では稀だが、当時はまだそんな伝説が真面目に信じられていたのではないだろうか？

ちなみに筆者は「兎年」生まれだからか、ここにくるとなんとなく愛着が湧いてきてしまうのだ。

調神社を出ると古い家がぽつりぽつりと見られようになるが、当時は調神社を出た先が浦《うら》和《わ》宿《じゅく》だった。

三学院の六地蔵風景。
江戸時代の寛永から元禄年間の造立という。

4 浦和宿《うらわじゅく》

次は大宮宿
1里10丁
（4.98キロ）

宿内の規模

現在の浦和は東京に近い事もあって大都市として発展しているが、江戸時代の浦和はそれほど大きな宿場ではなく、天保一四年の記録によると本陣一、脇本陣三、旅籠屋一五軒だった。

これを見れば埼玉県内にあった九宿（蕨、浦和、大宮、上尾、桶川、鴻巣、熊谷、深谷、本庄）の中では宿場規模は小さい方だったと言っていいだろう。

しかし、ここは江戸に近いこともあり、商業はかなり発達していたと言われ、規模以上に賑わっていた。

弥次さん喜多さんが残した狂歌は、「しろものを積みかさねしは商人《あきびと》のおもてうら和のにぎはひ」で、これを見ても旅籠屋の数より商家の方が多く、かなりの賑わいだったのは間違いないだろう。

ところが、「英泉」の描いた浦和は「浅間山」が噴煙をあげており、すでに遠くには隣の大宮宿も顔を覗かせているのだ。晴れていればもちろん浅間山も望めただろうが、かなり誇張している絵で、現在の浦和に住む人からは怒られてしまいそうな情景と言えるだろう。

当時の宿入口は調神社を出てしばらく歩いた所で、今も宿入口近くには「米屋」や「せんべい屋」などの古い建物が残っている。

このような古い家を見ればここが古くから栄えていたことがわかってくるが、すでに宿場の雰囲気を伝える建物などは数軒しか残っていない。

中山道碑

交差点を一つ越えるときれいに鋪装された歩道に変わっていて、ここには新しい「中山道」碑が立てられている。ここから宿場の中心に向かうわけだが、残念ながら先はビル街に変身している。

歩道を歩くとまもなく「浦和駅西口」信号に出るが、ここを右手に入れば「JR浦和駅」だ。また、交差点左手にはつい最近まで「浦

玉蔵院の山門。浦和市指定有形文化財となっている地蔵堂は安永9年（1780）の建立。

足下を見れば、整備された旧道沿いにはこの中山道浦和宿のモニュメントが設置されている。

きれいに整備された旧道の石碑には「中山道浦和宿」と刻まれている。

和県庁」があったが、ここは平成一三年五月一日、「浦和、与野、大宮」が合併して「さいたま市」に変わっている。

玉蔵院

浦和駅西口交差点を越えると賑やかな商店街になっていて、すでに宿場の面影は微塵も感じられないが、左手には「門前通り」碑が置かれていて、この奥には「玉蔵院」と呼ばれている寺がある。

現在は敷地が削られ、手前の宿場側と奥の県庁側に分断されているが、ここは江戸時代「関東十壇林」（注1）の一つにも数えられていたほどの古刹だったという。

「地蔵堂」と「地蔵菩薩」は県の文化財にも指定されていて、いかにも歴史を感じさせる建物も残っている。

再び賑やかな商店街を歩くと「仲町信号」に出てしまうが、交差点手前の「市民会館入口」には新しい「浦和宿」の碑が置かれている。

当時の浦和宿は仲町交差点前後が一番賑わっていたと言われているから、ここに石碑を建ててくれたのだろう。

なお、仲町信号を越えると宿場だった通りは急に閑散とした道路に変わってしまうが、

注1　壇林とは仏教の学問所のことである。

こちらは浦和本陣の門。現在、大谷口の幼稚園にある。

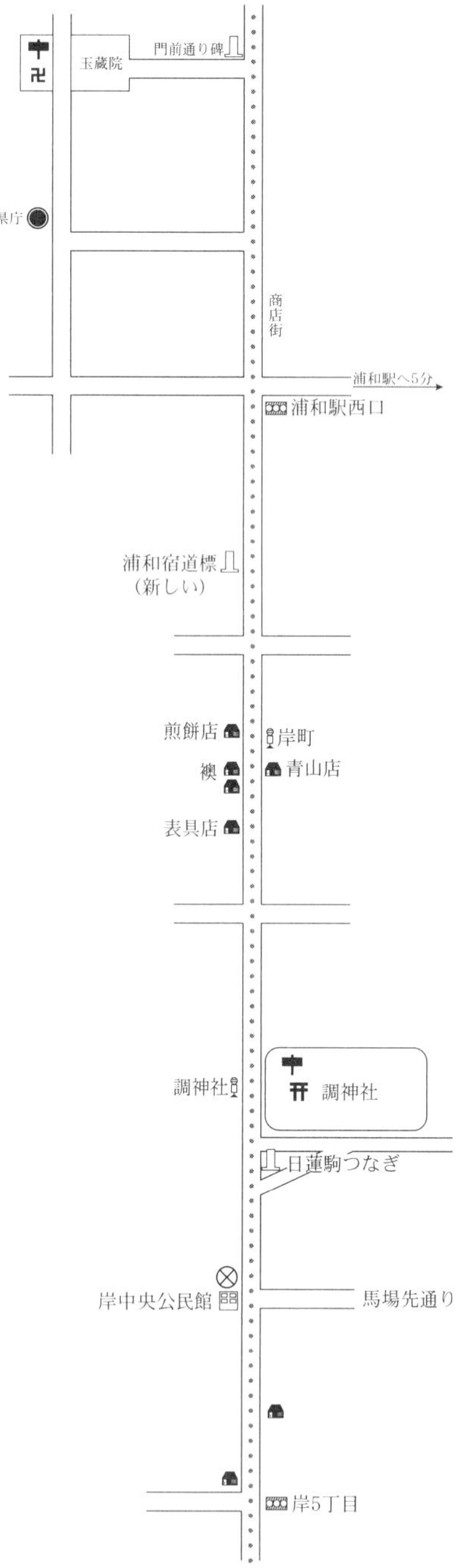

交差点を渡った左手に見える「星野家」が「本陣跡」だ。

　すでに古い建物は残っていないが、今も表札に星野の名が見えるように、当時ここに浦和宿本陣があった。

二・七市

　本陣だった星野家のある通りは現在常盤と呼ばれていて、常盤一丁目から二丁目付近にかけてはまだ古い家も少しばかり残っているが、常盤二丁目バス停近くには「浦和宿二・七市場跡」碑が見られる。

　当時の浦和宿では二と七のつく日に市が立ち、宿場はとても賑わっていたと言われ、

「二・七市」は本陣職だった星野家が勤めていたという。ここの市の歴史はとても古く、豊臣秀吉の家臣だった浅野長政が許可したと伝わっている。

　天正年間に始まった伝統的な市が江戸時代も開かれていたわけで、市が開かれると各地から大勢の人々が集まって来て宿場は大賑わいだったという。

　ちょうど公園入口には市の様子を伝える「野菜を売る女性のブロンズ像」も設置されている。

　なお、常盤二丁目バス停を過ぎると商店街は見られなくなってしまうが、浦和宿の範囲もちょうど先のJR高架になっている「浦和

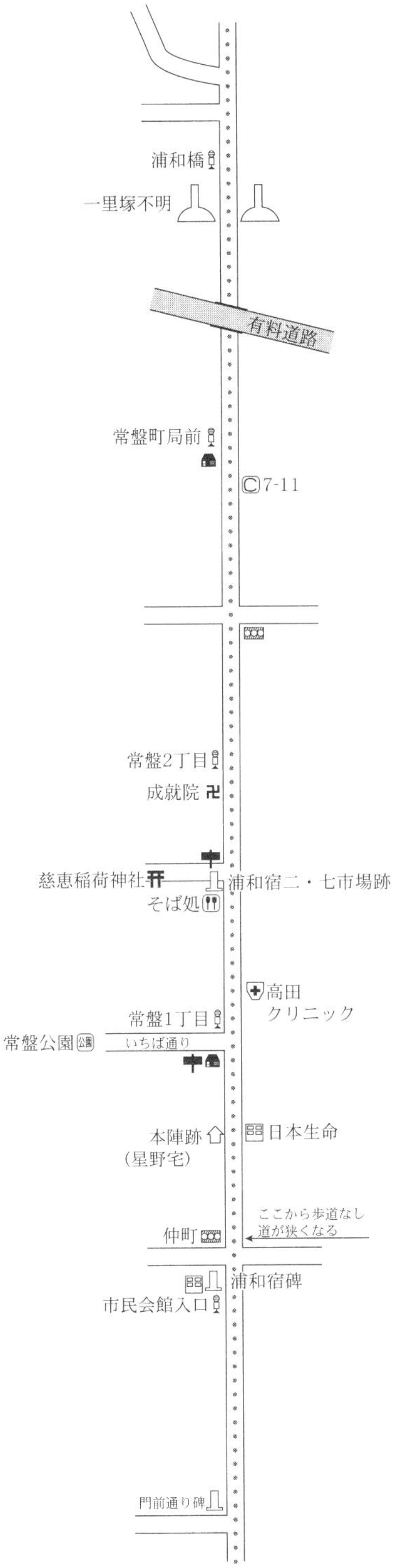

慈恵稲荷神社燈籠の後ろに市場の詳しい説明板も設置してある。

二・七市碑

橋」を横切る手前辺りまでだった。

宿外れ

ここで宿場を出てしまうが、里程から考えると宿はずれには一里塚もあったと考えていいだろう。すでにその場所や存在は不明だが、ここは筆者の独断で六番目の「浦和の一里塚」がこの付近にあったことにしておきたい。

なお、最後になったが、浦和名物は途中にあった「焼米」や、二・七市で売られて人気だった「織物」だった。市で売られていた織物も当時はかなりの人気商品だったが、ここの織物もほとんど消滅してしまったという。

宿を出るとＪＲ高架をくぐって線路右手に出るが、ここから「北浦和駅」に続く通りは現在「中山道遊々通り」と呼ばれている。

廓信寺

また、北浦和駅入口前を通り過ぎると「市立図書館」が見えてくるが、その先の「廓信《かくしん》寺《じ》」には「さつま芋の紅赤発祥地」碑という珍しい碑が置かれている。

現在の浦和周辺はすっかり都市化が進み、今では芋の栽培などまったく見かけなくなったが、この付近が発祥地とは驚いてしまうだろう。

おそらく江戸時代はのどかな田園地帯だったのではないだろうか。

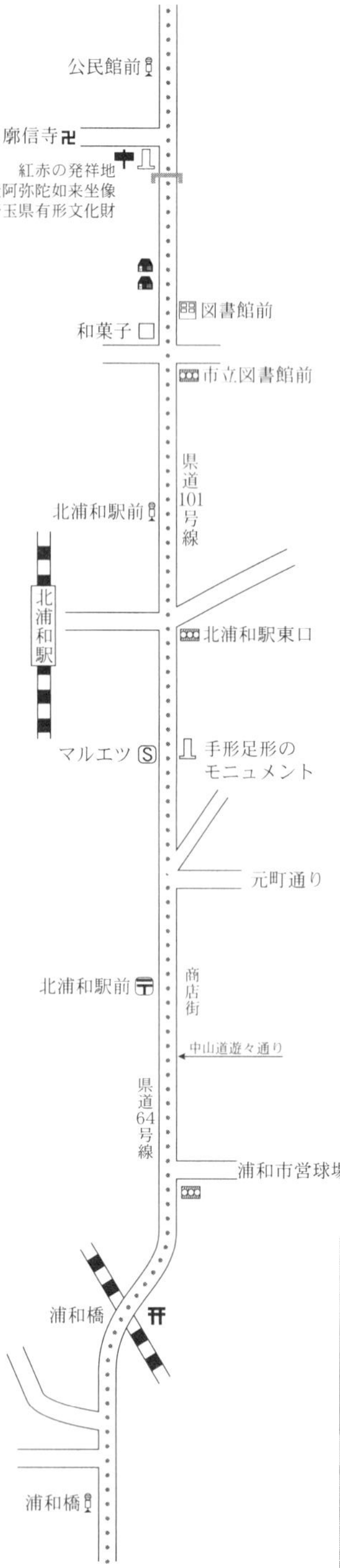

廓信寺山門

野菜を売る女性のブロンズ像。

なお、廓信寺を越えると先は「針ケ谷」と呼ばれている場所に変わっていて、しばらく歩いた「大原陸橋（東）交差点」には見事な「庚申塚」が保存されている。

一本杉

また、交差点を越えると再び殺風景な道路に変わってしまうが、少し歩いた左手歩道には「一本杉」碑がぽつんと残っている。

幕末の文久四年（一八六四）、この付近にあった一本杉の下で「仇討ち」が行われ、その跡に碑が置かれていたという。しかし、今ではひっそりと一本杉碑だけが残り、仇討ち伝説はすっかり風化してしまった。

一本杉碑を越えるとまもなく「JR与野駅東口交差点」に出るが、交差点には大きな「ケヤキ」が残っていて、左手歩道にはわずかに残った「松並木跡」も見られる。おそらく江戸時代は松並木の続くのどかな街道になっていたのではないだろうか。

六国見

なお、この付近から右手奥を見ると竹やぶなどが多いが、昔は「針ケ谷」から「大宮」にかけては「六国見」と呼ばれていたという。

当時ここからは六ケ国が見えたからで、六ケ国とは相模（富士）、浅間（信濃）、甲斐、武蔵、下野（日光）、上州（伊香保）を指していたという。しばらく歩くと見事な「ケヤキ並木」が見えてくる。

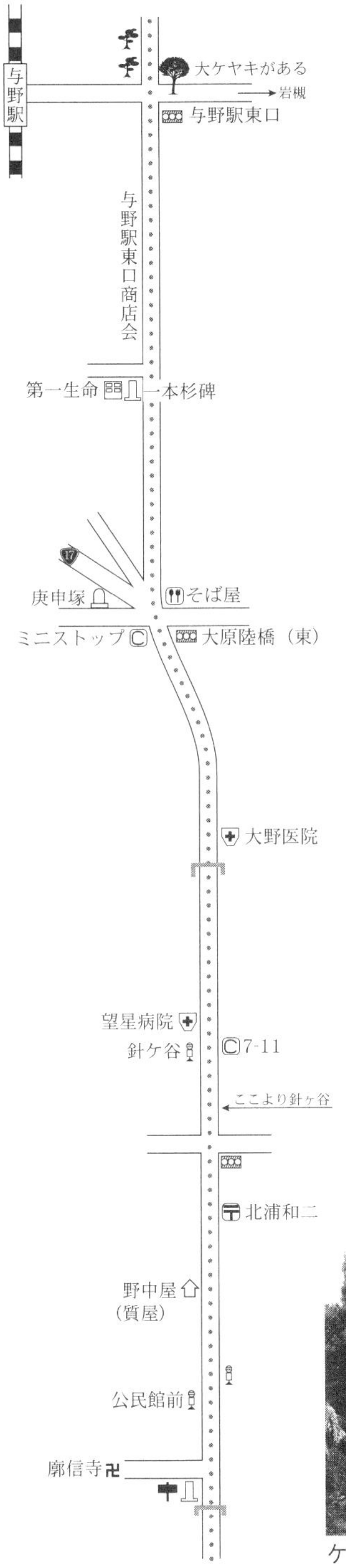

ケヤキ並木風景
秋になると、ケヤキの葉の黄色と他の木の緑のコントラストが美しい通りとなる。

第一生命の前に建つ一本杉の碑は仇討ちがあった所だという。

民間信仰として広まった針ケ谷の庚申塔はおよそ380年以前の建立。

ここのケヤキ並木はちょうど「さいたま新都心駅」付近まで残っているが、これらは昔からあるものではなく、江戸時代は松並木だったと言われている。

なお、現在のさいたま新都心駅近くは「高台橋」とも呼ばれていて、当時ここには「刑場」があったという。

右手歩道を見るとひっそりと「三界万霊供養塔」も置かれているが、そんな刑場跡を示す供養塔など見向きもされず、駅前にできたショッピングセンターなどにかき消されてしまいそうだ。

氷川神社

さいたま新都心駅前を通るとやがて吉敷町四丁目付近に出るが、正面に見えてくるのは「氷川神社」の大鳥居で、初期の中山道はちょうどこの「氷川神社参道」を通っていたという。ところが次第に中山道の交通量が増加し、今のように直進する道に変わったという。筆者は両方歩いてみたが、氷川神社参道は大ケヤキが本殿近くまで残っていて、とても見事な参道だった。ここはどちらを歩いてもいいが、時間があれば参道の方を歩くことをお薦めしておきたい。

当時、刑場跡だった「三界万霊供養塔」。よくみると、卒塔婆には無縁仏という文字がみえる。

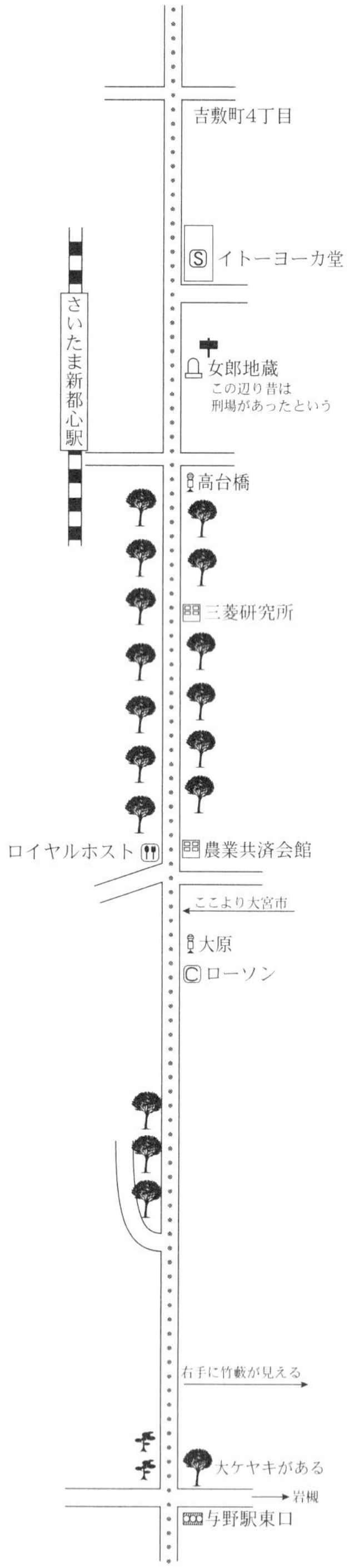

5

大宮宿《おおみやじゅく》

次は上尾宿
2里
（7.8キロ）

氷川神社

大宮の名は「氷川神社」から起こっていると言われ、中山道ができた当初は今も残る「大ケヤキの参道」を通り、神社本殿脇に見られる池裏を斜めに横切って現在の中山道に出てきたという。

宿場の名も氷川神社が「武蔵国の一の宮」と呼ばれていたことから「大宮」と呼ばれるようになったと言われ、古くは「門前町」だった。

しかし、中山道の交通量が増えると街道が「神域」を通ることは不謹慎だと言われ、寛永五年（一六二八）からは今のように駅前を通る道が正式の中山道になったという。

ここはどちらを歩いてもかまわないが、歩

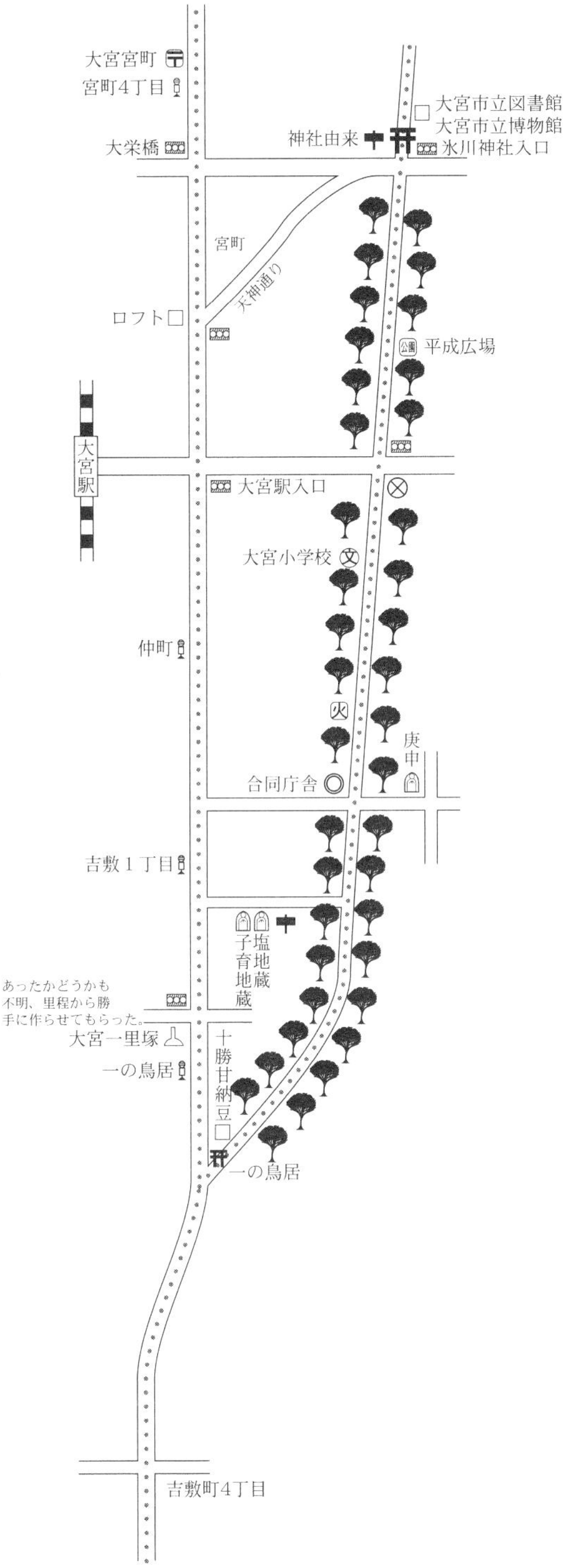

氷川神社参道
これは二の鳥居付近の風景。

いて面白いのは氷川神社参道の方で、およそ二キロも続く見事なケヤキ並木には誰でも感動するだろう。

　時間があれば参道も歩きたいが、ここでは後に正式な中山道となった大宮駅方面に向かうことにした。

宿場の規模

　現在の旧道には歩道がなく、しばらくは段差があって少々歩きにくいが、駅に向かって歩くとようやく鋪装された歩道が出現する。

　ちょうどこの付近が当時の宿入口だと思ってよく、天保一四年の記録によると宿場規模は本陣一、脇本陣九、旅籠屋二五軒だった。

　宿場規模はそれほど大きくもなかったが、脇本陣が九軒もあったというのは特異と言えるだろう。

　これは筆者の想像だが、ここは何らかの理由で大名や公家らに人気があり、このように脇本陣が多かったのではないだろうか？

子育地蔵と塩地蔵

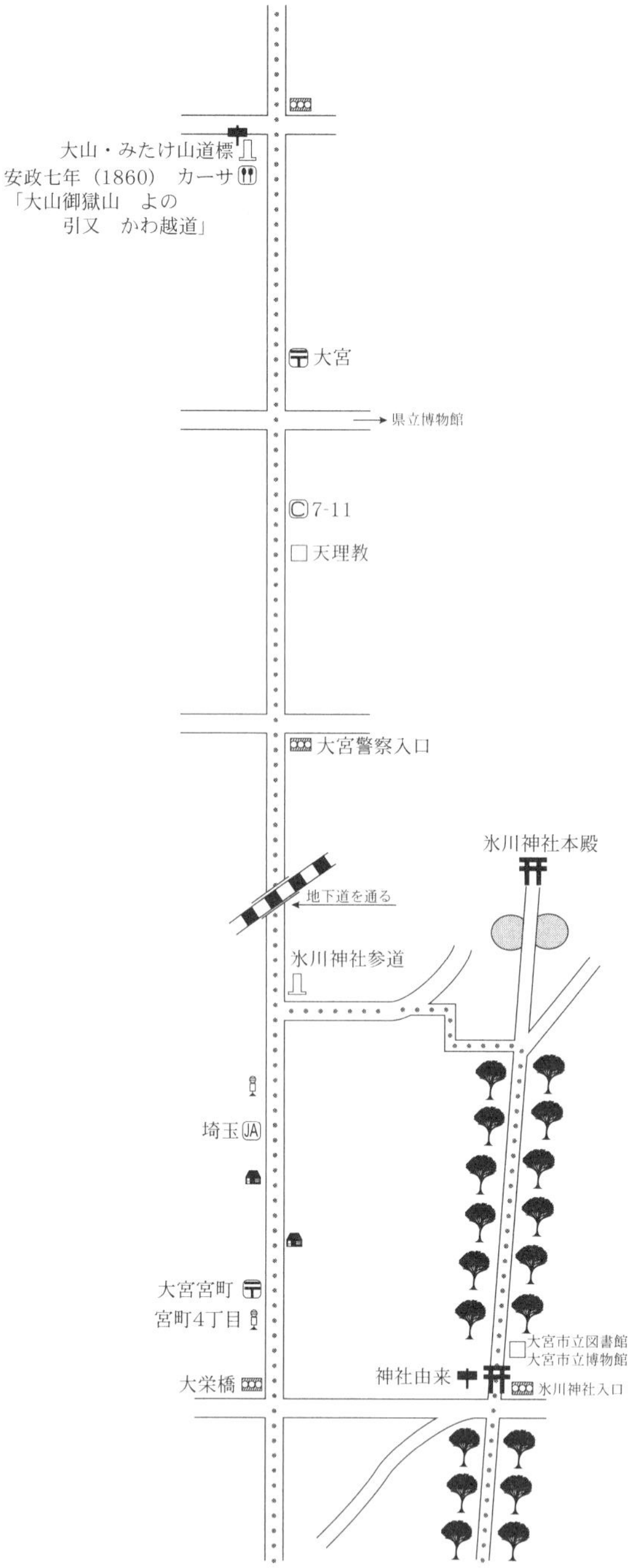

おそらくここを一日目の泊まりに指定していた大名らが多く、予備的な意味で脇本陣をたくさん用意していたのだろう。

他の理由はよくわかっていないが、とにかく脇本陣の数が多かったのがここの特徴だった。

ちなみに、弥次さん喜多さんが大宮で残した狂歌も「商内に格別利生あるならん神のめぐみに大宮の町」だったから、ここも商家が多く、宿場は想像以上に賑わっていたことがわかってくる。

賑やかな商店街はやがて駅前交差点（大宮駅入口信号）に出てしまうが、当時の宿場もこの交差点前後が一番賑わい、本陣や脇本陣もこの近くにあったという。

すでに宿場の雰囲気を残すようなものは残っていないが、大宮宿はこの交差点付近に旅籠屋や商家も集中し、混雑していたという。

氷川神社参道入口

なお、交差点を越えると右手に「天神通り」と呼ばれている通りが見えてくるが、ここからも氷川神社参道入口につながっていて、宿場から参道に出る道は何カ所かあったようだ。

ここは今歩いている通りがそのまま宿場で道路が拡張できず、歩道がない場所が所々に残っている。

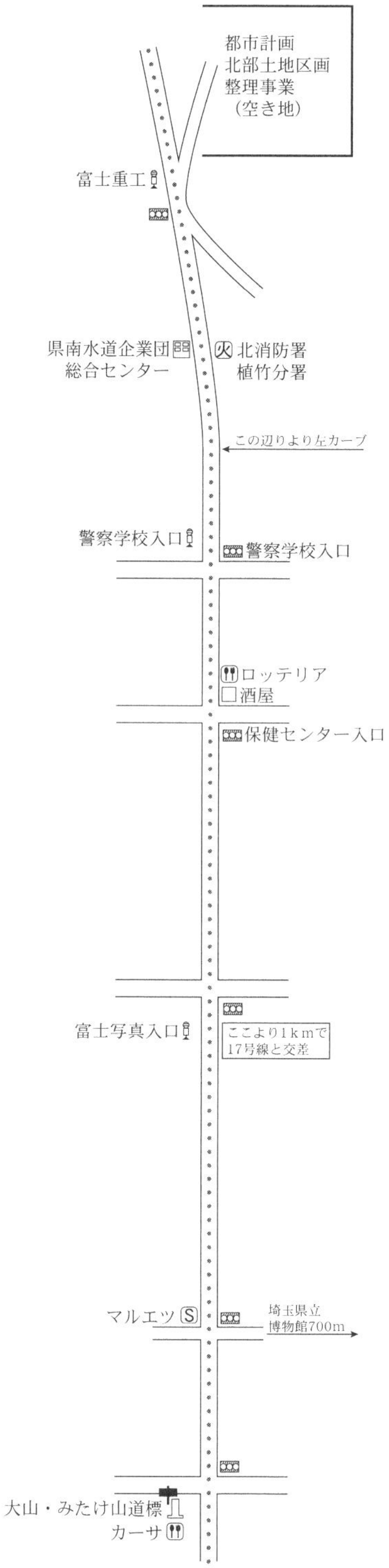

氷川神社参道
観光などで訪れる人も多く見られる。

商店街にもかかわらず歩道がないというのは危険だが、これを見ればようやく宿場だったこともわかってくるだろう。

ところで、商店街の賑やかさが薄れると右手に「裏参道」を示す大きな「道標」が見えてくるが、ここは初期の中山道が通っていた道でもあり、宿場の範囲もだいたいこの裏参道道標のある辺りまでだった。

今では宿場の面影も消え失せてしまったが、この付近が宿はずれだったことを覚えておかれるといいだろう。

なお、裏参道道標から右手に入ると今も鳥居が見られるが、江戸時代初期は本殿横の池裏に通じる道があり、ここに出てきたという。

現在の本殿裏は市民憩いの公園になっており、家族連れなどで賑わっている。

大山　みたけ道

宿場を出るとJR高架下をくぐって立体交差に変わってしまうが、交差点を越えて大宮警察署入口信号を渡ると左手ファミリーレストラン（カーサ）脇に道標が残っている。

これは「大山　みたけ道」を示していたもので、ここからも大山道があったことがわかる。

東大成の庚申

また、バス停「富士写真入口」辺りにはこ

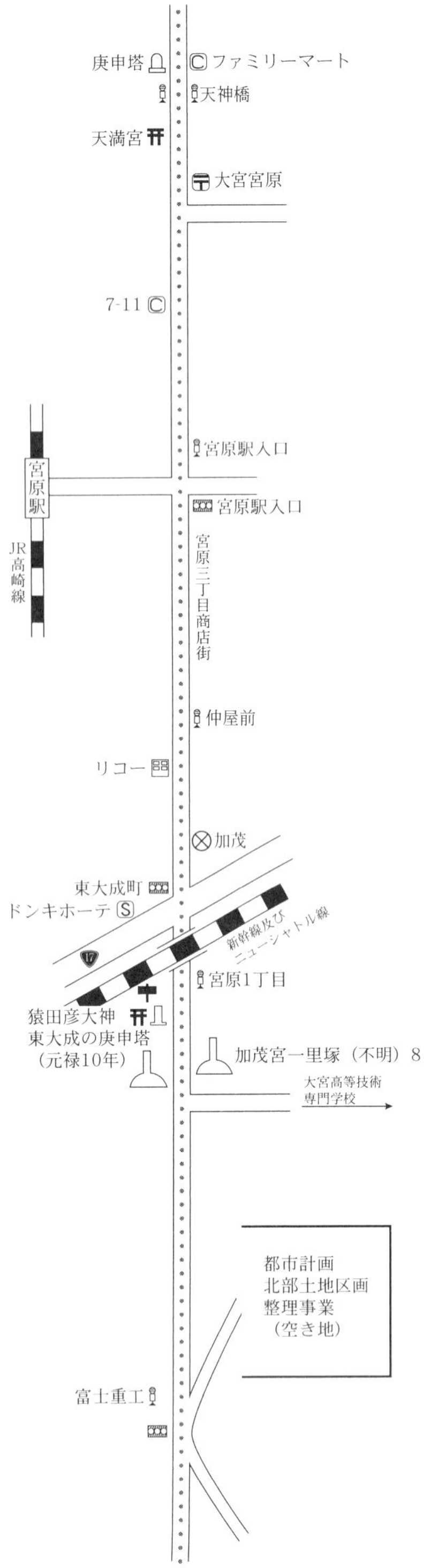

東大成の庚申塔。
元禄10年に建立。

大山道道標
安政７年に建立。
大山は神奈川県の伊勢原市にある。

こより一キロで国道一七号線と交差していると表示されているが、ちょうど一七号線に出る手前には「庚申塔」が残っている。

　これは「東大成の庚申」と呼ばれていたもので、良く見ると「猿田彦大神」が彫られている。

　今も地元の人々に愛されているが、筆者がここの庚申塔を見ていてふと思い出したのは「英泉」が残した大宮の絵だった。

英泉

　英泉は宿はずれを描いたと言われ、遠くに富士山、左手には「青面金剛」と彫られた庚申塔が置かれている。

賑やかな宿を描かなかったのはここも同じだが、筆者にはなんとなくこの付近のような気がしてきてしまうのだ。

　今は高い建物や鉄道の高架などがあってここから富士山を見ることは無理だが、絵を見た事があれば色々と想像してみるのも面白いだろう。

　なお、旧道正面に見えるのは新幹線や新交通システムの高架で、その先で国道一七号を横切っている。

　一七号を越えると旧中山道は県道一六四号線と呼ばれるようになり、ここからしばらく歩くとＪＲ「宮原駅入口」交差点に出る。

　駅入口交差点を越えたバス停「天神橋」付近にも「庚申塔」が残っているが、当時の

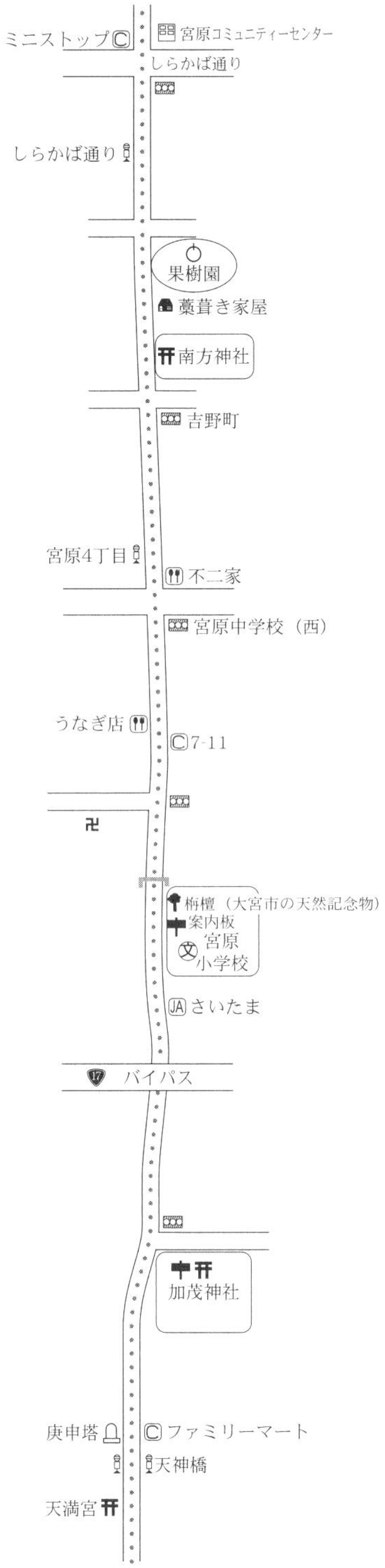

加茂神社は生産・安産守護の神として信仰があつい。

「宮原」も立場でかなり賑わっていたという。

しかし、今は普通の町に変わっていて、古い建物などはまったく残っていない。

加茂神社

宮原を出てしばらく歩くと右手に見えてくるのは「加茂神社」で、すぐ先には国道一七号のバイパス道路が走っているが、「英泉」が次の「上尾」で描いた絵には加茂神社の幟が何本も見えていることが知られている。

今の神社は寂れてひっそりしているが、英泉の絵を見る限り江戸時代の加茂神社はかなり信仰を集めていたと思っていいだろう。


なお、右手の「宮原小学校」校庭には中山道案内板が置いてあり、校庭脇にある「栴檀の木」は大宮市の天然記念物に指定されている。

不動尊を兼ねた道標

中山道は「宮原中学校（西）」信号で再び広い道路を横切るが、ちょうど右手に見えるのは「南方神社」で、ここは当時「諏訪神社」とも呼ばれていた。

やがて旧中山道は大きな「しらかば通り」と交差していて、現在の「上尾市」に入るが、上尾市に入ると左手のバス停「馬喰新田」に見事な不動尊を兼ねた道標が残っている。

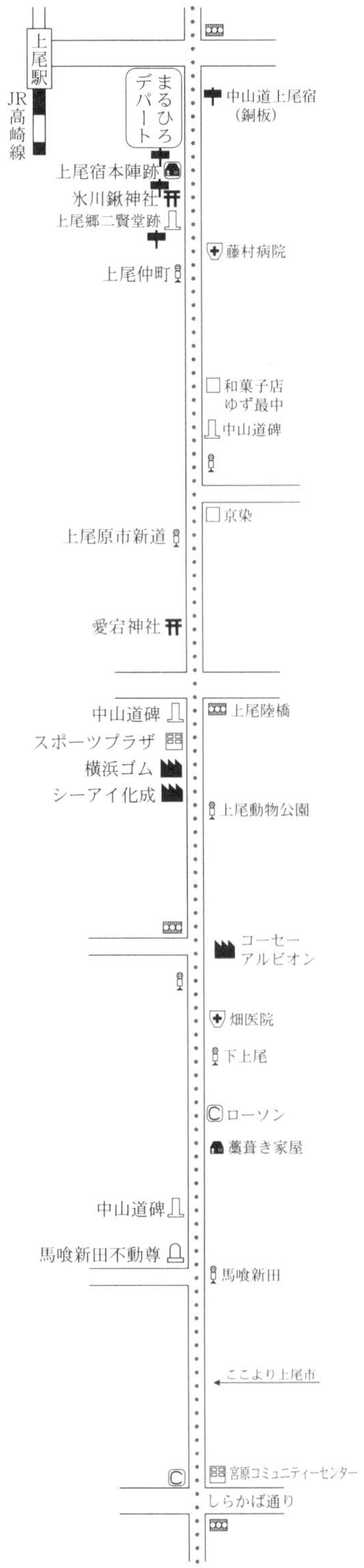

馬喰新田の不動尊道標。

5 大宮宿

道標には「是より秋葉へ壱里十三丁　ひご方へ壱里八丁　川越へ三里」と彫られていて、これは寛政十二年（一八〇〇）に建立されたものだという。

ここからも「川越道」があったわけで、「小江戸」と呼ばれ繁盛していた川越と中山道を結ぶ重要な道がここから伸びていたのだ。

なお、上尾市に入ると所々に「中山道」を示す木の標識が見られるようになり、バス停「下上尾」を過ぎると急に広い整備された歩道に変わってくるが、この付近が上尾宿《あげおじゅく》入口だった。

大宮市内のウォーキングマップ。名所、旧跡もたくさんありそうだ。

6 上《あげ》尾《お》宿《じゅく》

次は桶川宿
34丁
（3.67キロ）

宿場の規模

天保一四年の記録によると宿場規模は本陣一、脇本陣三、旅籠屋四一軒と大きく、宿入口には当時としては非常に珍しい「鉄製常夜灯」が置かれていたという。

今とは違って当時の鉄製常夜灯はまだまだ高価だったから、これを見れば当時の宿場がかなり裕福な宿場だったこともわかってくるだろう。

おそらく、戦時中に物資供出があり、その時に持ち去られてしまったのではないだろうか。

氷川鍬神社

常夜灯は失われてしまったが、ちょうどバス停「下上尾」付近からきれいな歩道に整備されているから、今はここから宿場に入ったと思っていいだろう。

宿場に入るとまもなくバス停「上尾仲町」

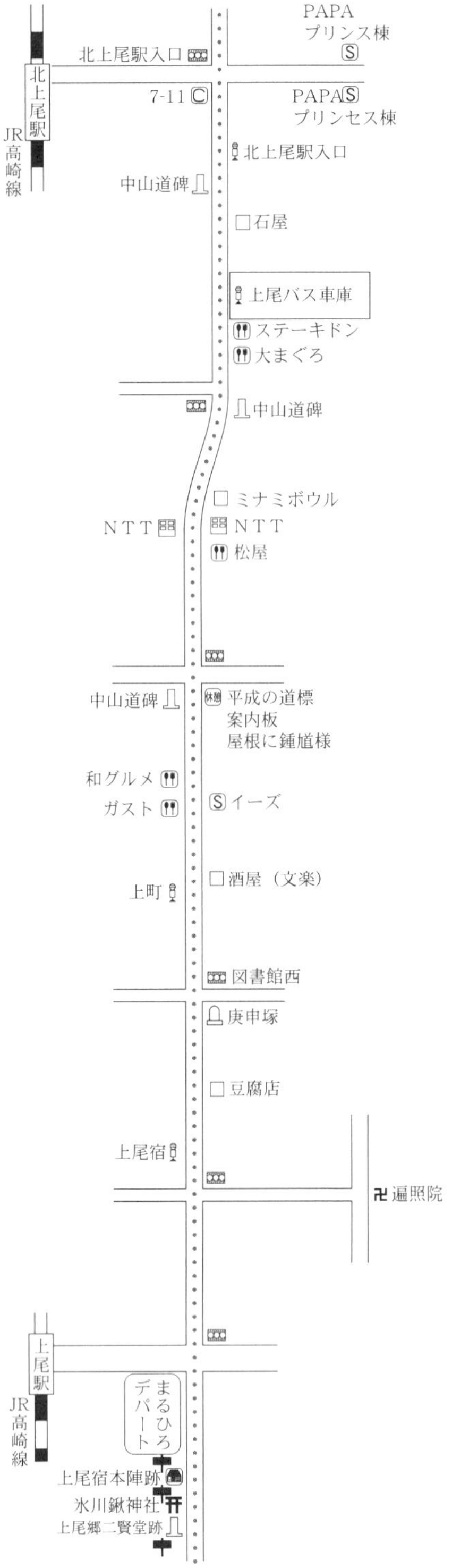

氷川鍬神社参道
通称、お鍬様と呼ばれている。
御利益を授かろうと、たくさんの人々がお参りに訪れる。

6 上尾宿

先に見えてくるのは「氷川鍬神社」で、当時の宿場はちょうどこの仲町辺りを中心に栄えていたという。

神社前には「中山道上尾宿と本陣」について記した案内板が置いてあり、これを見ると当時の宿場の様子が少しはわかってくる。

駅前交差点にある「まるひろデパート」付近に「脇本陣」の一つがあったと言われ、「本陣」はちょうどこの説明板の向かいのパチンコ店付近にあったという。

旅籠屋の多くもこの付近に集中していたが、すでに周りはすべてビル街に変わり、当時の様子を伝えるものは氷川鍬神社ぐらいしか残っていないという。

なお、ここの説明によれば当時宿内には「上尾の一里塚」と呼ばれていた九番目の一里塚が見られたという。

飯盛り女

宿場の様子を伝えるものはほとんど残っていないが、江戸時代の上尾は「飯盛り女」が多くいる宿場でも有名で、かなり人気があった。

実はここの近くには「岩槻道」や「川越道」も通っていたから、規律の厳しい城下町を嫌ってわざわざここまで通ってくる侍も多かったのだ。

ここは中山道の旅人だけでなく、諸藩の侍も通う宿場町として栄えていたわけで、どちらかと言えば板橋宿のような場所だった。

ちなみに、氷川鍬神社は「お鍬さま」とも呼ばれ、今も地元の人々の信仰を集めているが、元々この宿には「鍬《くわ》」や「鋤《すき》」を作る職人（注1）が多く住みつき、名物になっていたからだ。

当時ここで作られた農機具はとても評判が良く、近隣から買い求めに来る人も多く、そんな理由からかつては鍬二丁が御神体として祀られていたという。

遍照院

駅前交差点を越えると商店街も減ってしまうが、少し歩いた右手奥には「遍照院」と呼ばれている寺があり、ここには当時の「遊女」（飯盛り女）で「お玉」と呼ばれていた女性の墓がある。

ここのお玉は美貌をみそめられて江戸へ出

注1　鍬や鋤を作る職人のことを当時は棒屋と呼んでいた。

中山道上尾宿の説明
これによると、上尾宿は後北条氏の時代には宿駅として成立していたと書かれている。

上尾郷二賢堂跡碑

るが、悪い病気をうつされ、わずか二五歳で短い一生を終えてしまったという誠に不幸な女性だった。

　飯盛り女がこのように手厚く葬られているのも珍しいが、ここには心の優しい人がいた証拠で、貴重な墓と言われている。

　なお、遍照院を出ると宿場はすでに「上町」に変わってしまうが、手前の「図書館西信号」にも「庚申塚」がひっそりと残っている。

　また、上尾宿は次の広い交差点付近が宿はずれで、当時の出口にも木戸が設けられていたが、すでに木戸跡は残っていない。

　しかし、ここには木戸に代わって「平成の道標」と呼ばれる立派な案内標識が置かれている。

鍾馗様

　ここで注目したいのは「屋根瓦」で、良く見ると屋根に「鍾馗様」がのせられているのがわかるが、上尾宿では昔から「火事」が多く、このように鐘旭様を屋根にのせておくと火事除けになると信じられていたからだという。

　昭和三〇年代頃まではまだこのような鐘旭様を屋根にのせている家もたくさん見られた

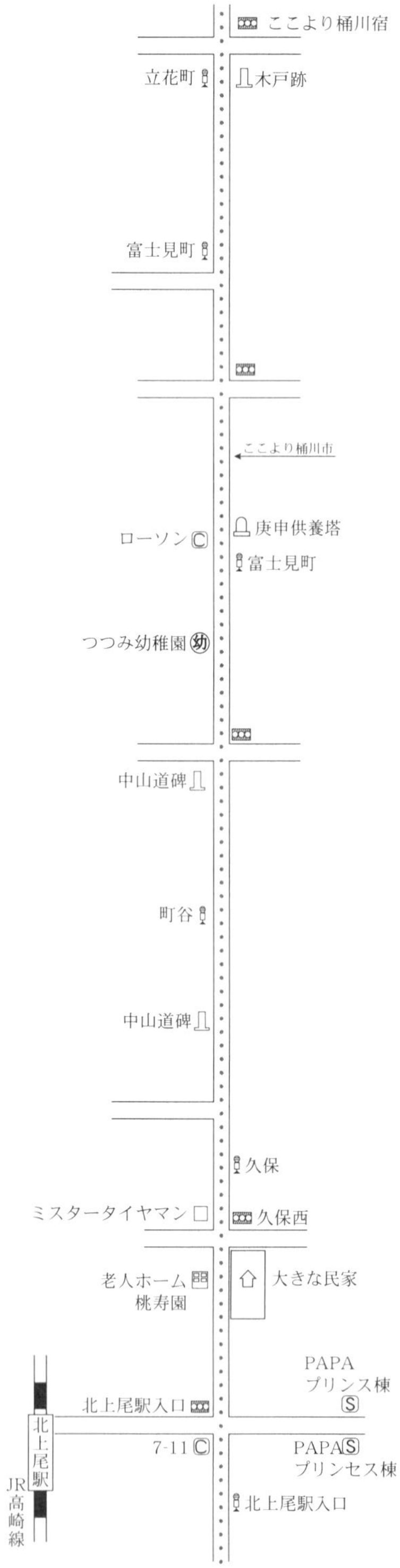

遍照院山門

そうだが、残念ながら今ではほとんど失われてしまったという。

上尾市ではそんな風習をここに残しておこうと案内標識を設置し、屋根に鐘旭様をのせたのだ。

上尾宿名物

ちなみに、当時の名物は鉄製の「鍬や鋤」で、宿入口にあった氷川鍬神社もそんな鍬や鋤を作る職人らに人気だった。

当時ここには優秀な鍛冶職人が多く、近在から鍬や鋤を買いに来る人も大勢いて、商工業も盛んだったという。

なお、『続膝栗毛』十二遍冒頭には「上尾馬喰新田の酒屋その名高く」とあるから、ここはおいしい「酒」も名物だったと考えていいだろう。

どんな酒とは書かれていないが、かなり有名だったことは間違いなく、うまい酒で一杯やった人もいたのではないだろうか。

宿場を出ると急に平凡な通りに変わってしまうが、しばらく歩くと「北上尾駅入口」で、すぐ先は「桶川市」に変わっている。

当時の上尾宿と隣の桶川宿とはわずか「三四丁」しか離れておらず、宿場を出たと思ったらもう桶川宿《おけがわじゅく》入口が見えてきたのだ。

上尾宿の庚申様。向かって左側面には「上尾上町講中」の文字が見える。

平成の道標では、地図が表示されている。その屋根には鍾馗様が見られる。

7

桶川宿《おけがわじゅく》

次は鴻巣宿
1里30丁
(7.14キロ)

宿場の規模

上尾宿を出ると桶川宿へはわずか「三四丁」で到着してしまうが、この三四丁という距離は中山道の中では五番目に短い距離だった。

ちなみに、中山道の短い宿間をあげておくと、「塩名田～八幡」が「二七丁」、「板鼻～安中」「洗馬～本山」がそれぞれ「三〇丁」、そして「八幡～望月」が「三二丁」だった。

上尾とは三四丁しか離れていなかったから、ここの方が寂れていたのではと思われるだろうが、意外にも記録に残っている家数や人別帳人数はここの方が上尾よりも上で、天保一四年の記録によると宿場規模は本陣一、脇本陣二、旅籠屋三六軒だった。

ここは古くから「穀物問屋」が多く、また「桶川臙脂《えんじ》」と呼ばれる「紅花栽培」も盛んで宿場は想像以上に賑わっていたのだ。

当時の宿入口はちょうど右手に見える「木戸址」碑からで、ここは入口と出口に木戸が

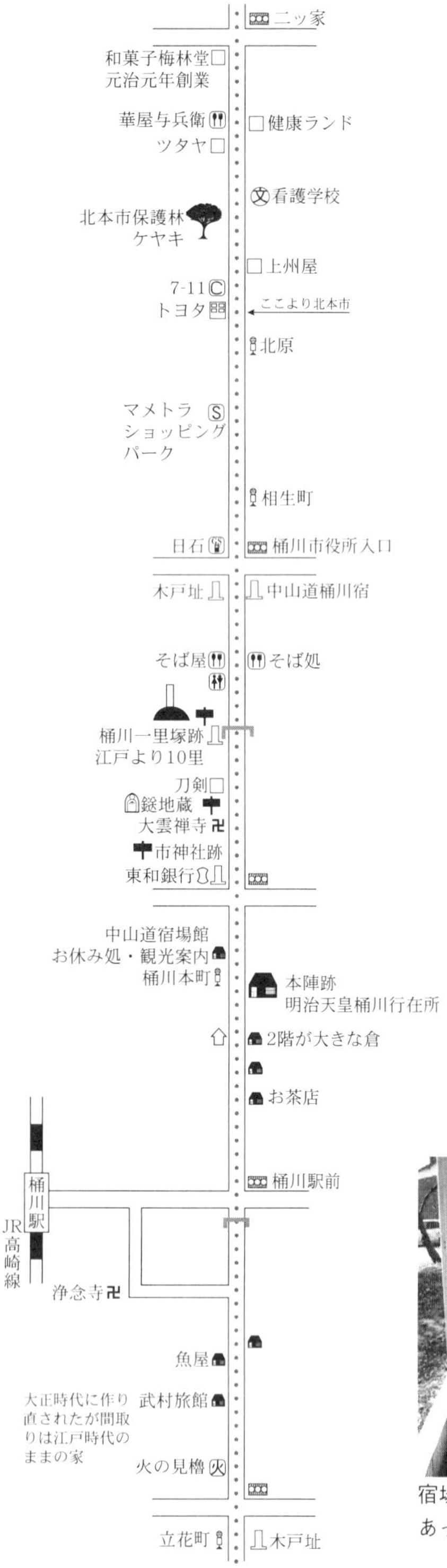

宿場の入口には木戸があった。

昔ながらの古い民家も残っている桶川宿の旧道。

設けられていたという。

宿場に入るとまだまだ古い家や倉のある家も残っていて、中にはちょっと前まで旅籠屋をやっていたような「武村旅館」も健在だ。

ここは当時「紙屋半次郎」と呼ばれた旅籠屋だったという。

現在見られる建物は大正時代に手を加えられたが、中の間取りは旅籠屋をやっていた江戸時代のままだという。時間があれば訪ねて中を見せてもらうといいだろう。

なお、桶川駅前交差点手前の「浄念寺」には元街道にあったという「不動尊を兼ねた道標」も残っている。

駅前交差点を越えると宿場の中心で、ここには古い「お茶屋」さんや三階建ての大きな倉を持つ家も残っている。

このような大きな倉を持っていたのはあきらかに穀物商でもやっていた当時の豪商ではないだろうか。また、左手に見える「木材店」も昔は旅籠屋をやっていたと言われ、当時の古い建物がそのまま残っている。

明治天皇桶川行在所

そして、ちょうどこの木材店向かいに見える家が当時「本陣」だった「府川家」だ。

ここには「明治天皇桶川行在所」と刻まれた石碑が置かれているが、江戸時代は皇女和宮宿泊所にもなり、明治十一年の明治天皇行幸の際には改築されて使われたという。すでに古い建物は壊され個人宅になってしまった

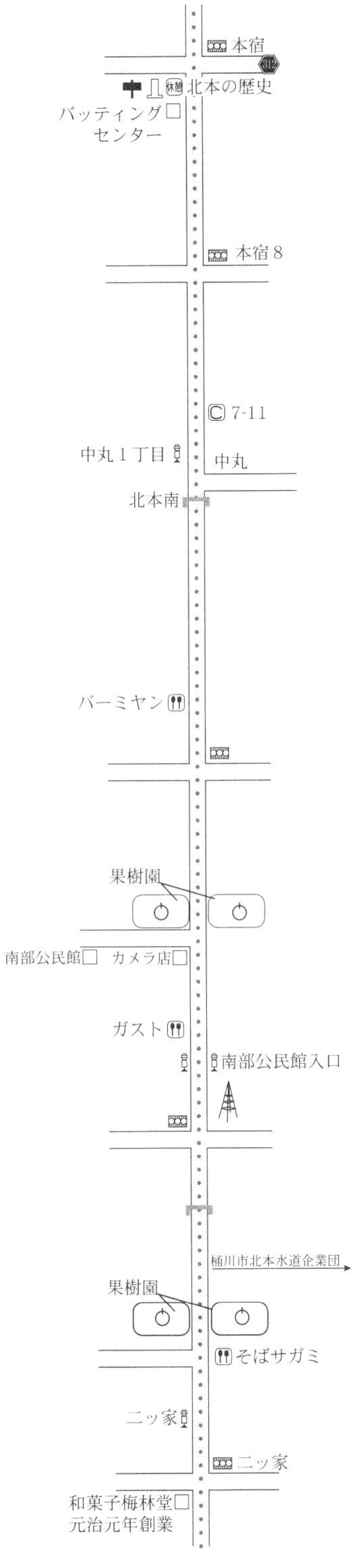

大雲禅寺の境内に三体の地蔵様が並んでいる。

桶川宿本陣
門の先に見えるのは明治天皇桶川行在所跡碑。

7 桶川宿

が、ここには当時の上段の間などが移築されて残っているという。

なお、この辺り昔は「本町」と呼ばれ、桶川宿もこの付近を中心に賑わっていたが、ここも急速に都市化が進み、古い家も少しずつ減っているという。

本陣跡を出ると左手には最近作られた小さな「中山道宿場館」が見えてくる。ここには宿場の様子を手書きしたパンフレットなどがあるからもらっておくと役立つだろう。

大雲禅寺

中山道宿場館を出ると左手に「大雲禅寺」と呼ばれる寺が見えてくるが、ここの奥にはちょっと面白い地蔵様がある。

本堂左手には三体の地蔵様が置かれているが、実はこのうち一体は「女郎買い地蔵」と呼ばれ、良く見ると一番右の地蔵様の背中には「鎹《かすがい》」（注1）が打ち付けられているのだ。

ここの地蔵様、夜な夜な女郎買いに出かけてしまうので、怒った住職が鎹を打ち付けてしまったのだという。

これは若い坊さんを戒めた教えで、真面目に修行しなさいとの警告の意味も含まれているというから面白い。

このような伝説が残っているのは「飯盛り女」が多かった証拠と言われ、ここも穀物商や紅花商らで賑わっていたことがわかってくるだろう。夜ともなればどこの旅籠屋からも大きな笑い声が聞こえてきたわけで、若い修行中の坊さんには酷な毎日だったのではないだろうか。

市神

なお、大雲禅寺を出るとバス停「桶川本町」があって先は交差点になっているが、昔はここに「市神」が祀られていたといわれ、左手銀行前にその跡碑が立っている。市神とは読んで字のごとく「市」の神様を祀ったもので、ここでは五と十のつく日に市が立ち、そんな人々を守る神様として信仰されていた。

桶川の一里塚

また、市神碑の先、歩道橋下に見られるのは一里塚跡で、当時宿内には「桶川の一里塚」と呼ばれる江戸より「一〇番目の一里塚」があった。江戸より一〇里と言えば東海道では戸塚にあたり、江戸時代の旅人の多くが歩き

注1　鎹とは木と木をつなぐ鉄製の金具の事で、地蔵様に打ち付けられているのはそんなにも大きなものではない。

桶川宿のモニュメント。傍らにあるのはイスで、休憩できるスペースになっている。

一里塚碑

市神の碑。

その中の一体の背中には鎹が打ち込まれている。

疲れる距離でもあった。

ところで、ここも少し歩いた「桶川市役所入口」信号付近が宿はずれで、出口には木戸が設けられていたという。

残念ながら今は何も残っていないが、最近になってここには宿はずれを示す大きな「中山道桶川宿碑」が立てられている。

桶川臙脂《おけがわえんじ》

ちなみに、当時の名物は、「穀物問屋」が多かったことでもわかるが、この付近で栽培されていた「大麦」と「紅花」だった。

江戸時代、紅花と言えば「山形の特産品」で有名だったが、ここでは山形から紅花の種を持ち込み、栽培されるようになって名物になったという。

ここの気候風土が紅花栽培に適していたのが大きな理由で、しだいに栽培面積が広がり特産品になったという。

後にこの地方で栽培された紅花は「桶川臙脂」と呼ばれるようになり、多くは中山道を通って「京都」に運ばれていた。

また、当時の桶川周辺では染料の「藍」も栽培が盛んで、ここでは「青と赤」の対照的な染料が生産されていたという。

中山道桶川宿碑を見て宿場を出ると、先は

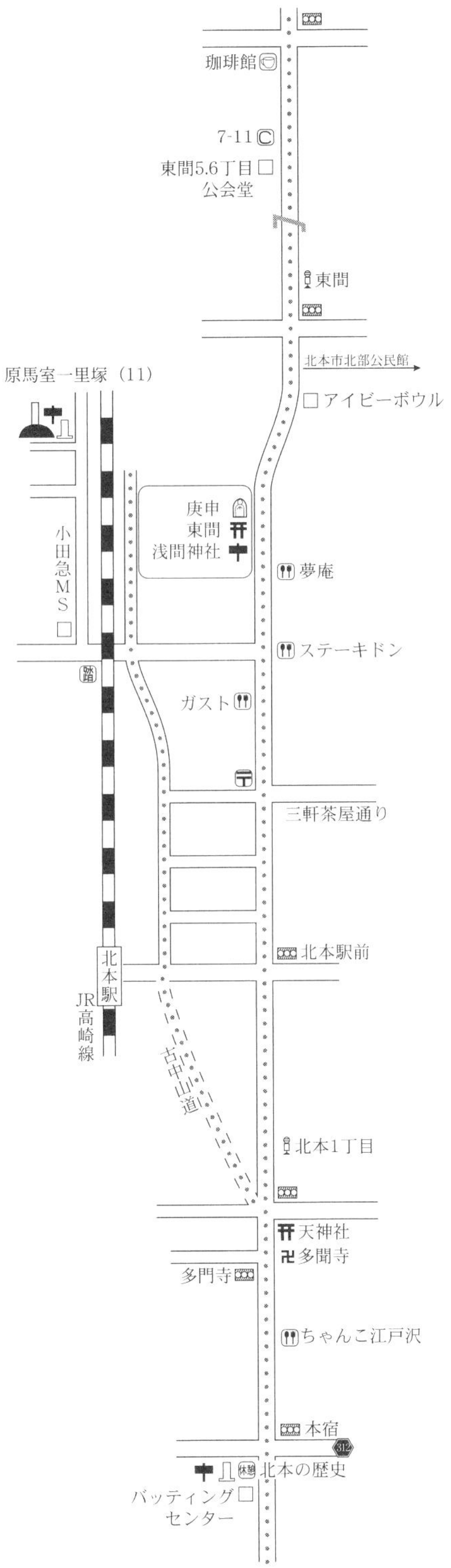

北本宿と書かれた中山道のモニュメントもある。

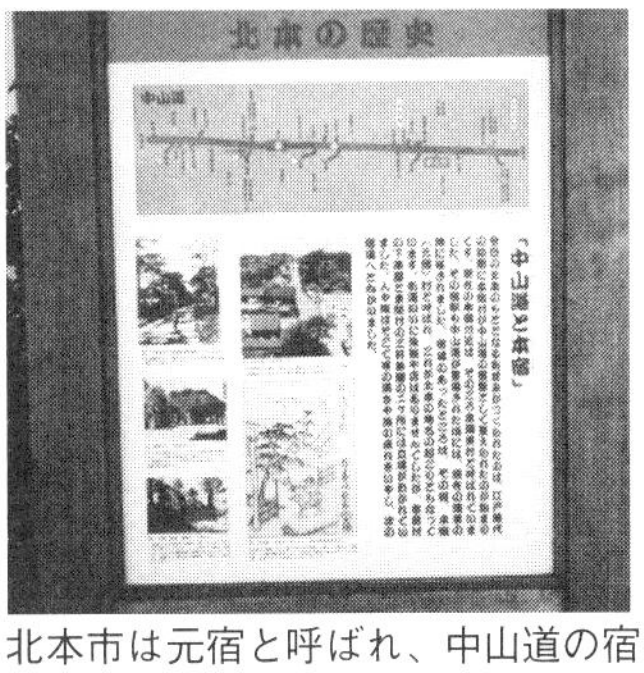

北本市は元宿と呼ばれ、中山道の宿駅のあった所だった。

7 桶川宿

これといった目印もない殺風景な道路に変わってしまうが、ちょうど「英泉」が残したのも「曠原之景」と題した田園風景だった。

この辺り「麦畑」が多かったのか、農家で麦扱《むぎこ》きしているのどかな農村風景が描かれている。

当時の宿はずれはこのような麦畑が広がっていて、農家では忙しそうに働く人々も見られたのだろう。

中山道北本宿・北本の歴史

なお、宿場を出てしばらく歩くと「北本市」に変わっているが、「本宿交差点」には立派な「中山道北本宿・北本の歴史」の案内板が置かれている。

江戸時代初期はここが宿場で賑わっていたという。

しかし、後に宿場は鴻巣に移され、ここは立場に変わってしまうのだ。

詳しい理由はよくわかっていないが、鴻巣には鷹狩りを好んでいた家康の御殿があり、家康の意向で移されたのではないかと推察されているという。

その後の北本は立場に降格してしまうが、立場の中でもかなり大きくて賑わっていたという。

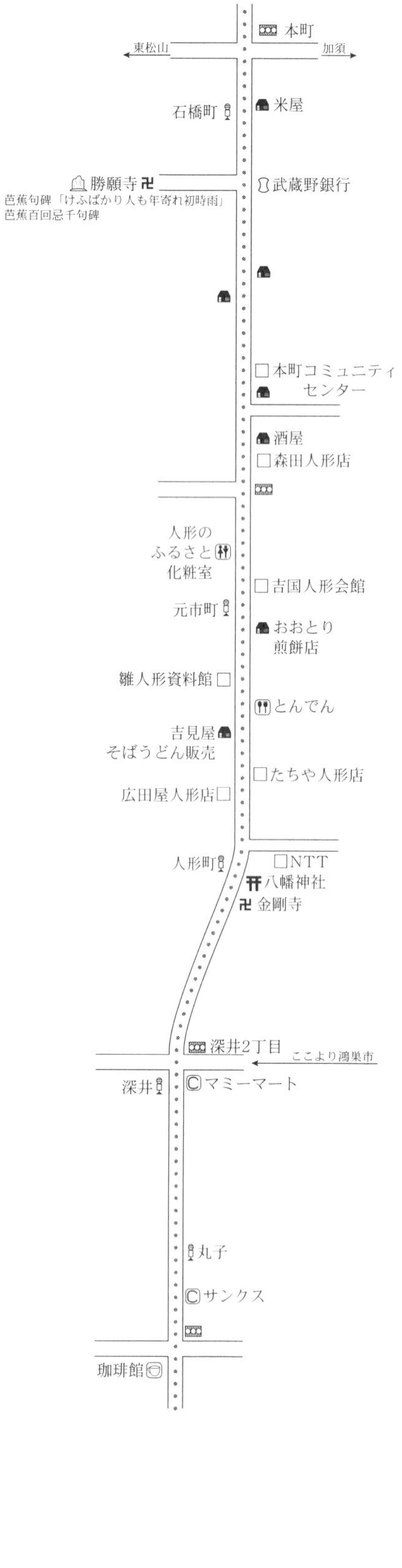

東間浅間神社の境内にある庚申塚。

7 桶川宿

原馬室の一里塚

ところで、中山道はこのまま「北本駅前交差点」を通り越して行くが、JTB出版から出ている今井金吾氏の書かれた『今昔中山道独案内』によると初期の中山道は交差点手前を左手に入り、北本駅前から線路沿いを歩いて「小田急マンション」近くの踏切を渡り、線路左手沿いに続いていたという。

そして、この道沿いには「一里塚跡」があり、「原馬室の一里塚」と呼ばれていたという。

今も小田急マンション前の道を線路沿いに一〇〇メートルほど歩くとその跡が残っているから見てこられるといいだろう。

一里塚跡はちょうど道路から数メートル入った畑の中に残っていて、塚上に榎は見られないが、「一里塚跡」と彫られた石碑が置かれて祠が祀られている。

中山道の道筋が変わって取り残されてしまったわけだが、ここの一里塚跡は昭和二年に史跡に指定されている。

ちなみに、原馬室の名だが、この付近には防空壕のような馬専用の室がたくさんあったという。馬を盗まれないように工夫した室がたくさんあったわけで、名前も原馬室と呼ばれるようになったという。

興味のある方は初期の中山道探索をしてみるのも面白いだろう。

東間浅間神社

元の北本駅前交差点に戻って交差点を越えると左手に見えてくるのは「東間浅間神社」で、ここの入口には「庚申塔」が保存されている。

これを見ればこの付近でも庚申信仰が盛んだったのがわかってくるだろう。

なお、ここから先の旧中山道は再び平凡な道路に変わってしまい、これと言った目印にも乏しい所だ。

殺風景な国道をしばらく歩くとバス停「深井」先で「鴻巣市」へ入るが、ちょうど鴻巣宿手前にあったのが「人形町」で、ここは名前のように人形を売る店が多く、街道名物になっていた。

詳しい話は次の鴻巣宿に書いているが、江戸時代ここは「関東三大雛産地」として知られ、多くの客が買い求めていたという。

原馬室一里塚跡

桶川宿の入口付近には新しくお休み処が設置された。

8

鴻巣宿《こうのすじゅく》

次は熊谷宿
4里6丁40間
(16.32キロ)

人形町

鴻巣宿に入る手前にあったのが「人形町」で、ここは名前のように「人形師」が多く住みつき、人形作りが盛んだったのでその名が起こっている。

由来については二つの説があり、一つは天正年間頃(一五七三〜一五九二)、この付近に「京都伏見」の「人形師」が住みつき、ここで「雛人形」を作り始めたというもの。

また、もう一つは「日光東照宮」を修理した時、多くの人形師が住み着いたので人形町と呼ばれ出したとの説があるという。

どちらにしてもかなり古くから人形が作られていたことは確かで、江戸時代ここで作られていた「古代雛」は特に有名で、「武家や商家」のお金持ちに人気があったという。

人形作りの伝統は今も受け継がれ、街道沿いには多くの店が並んでいるが、最近ここには「雛屋歴史資料館」もオープンしている。

入館すると人形作りのイロハが学べるようになっていてとても興味深いが、その中でも特に注目したいのは「人形の顔」だろう。

顔は人形の命と言われるほど重要だが、雛人形の顔にも凛々しい「京都の公家風」な「京頭」と「江戸の丸顔風」な「江戸頭」があったというから面白い。

当時の鴻巣雛人形は古代雛で知られ、顔は京風のものが主流だったが、現代では二つの顔をミックスした顔がもてはやされていると いう。悪く言えば特徴がなく、当たり障りのない顔が現代風ということなのだろうが、家に雛人形があればどんな顔なのか調べると時代背景などもわかってくるだろう。

人形町を通り過ぎるとバス停「元市町」に出るが、この付近が鴻巣宿入口で、当時の入口には木戸が設けられていたという。

氷川神社

ちなみに、鴻巣の由来だが、ここは「氷川神社」が別名「鴻ノ宮」と呼ばれていたこと

現在の鴻神社入口参道風景。

雛人形は3月3日のひな祭りに飾られる人形の事で、江戸時代以降に年中行事となったものだ。

に起因しているという。

昔、氷川神社境内に大きな木があってコウノトリが住み着き、「コウノトリの巣」が名物になっていたからだという。

当時の日本では自然破壊もなく、まだコウノトリも自由に空を飛び回っていたから、ここにはコウノトリもたくさん住み着いていたのだ。

オランダ人医師シーボルト（注1）の残した「江戸参府紀行」などには、驚く事に江戸時代の日本は野鳥の宝庫で、江戸城下でもコウノトリやトキの姿が普通に見られたと書かれている。

今の日本からは想像もできないが、現在のように環境破壊もなく、自然もたくさん残っていたから人間と野鳥が共存できていたのだ。

現代社会は便利になったが、振り返ると山は崩され、海は汚染が進み、田畑は農薬だらけだという。

このような状態が続くと知らない間にいつしか人間自身が絶滅種になってしまう可能性もあるのではないだろうか?

たかが鳥がいなくなったぐらいにしか考えていないと、大きな代償を払わなくてはならなくなる日も近いだろう。

環境破壊は我々の気がつかない場所でじわ

注1　シーボルトは、オランダ商館の医師として長崎に着任したが、実際はドイツ人。

鴻巣市の路上タイルはやっぱりコウノトリだった。

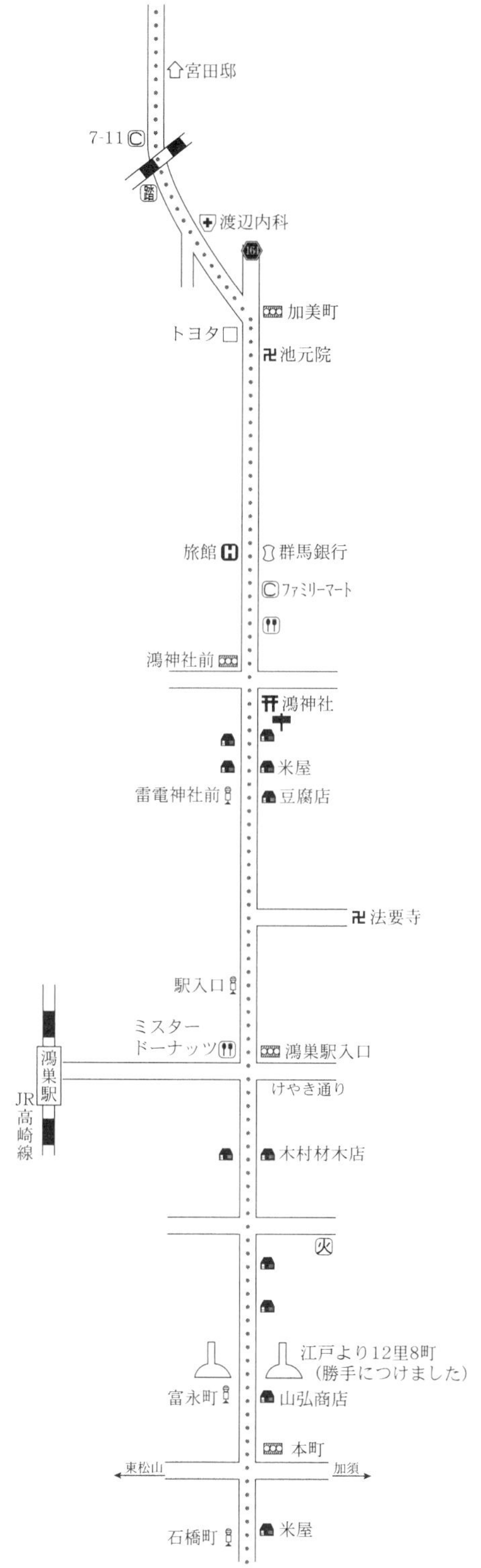

じわと進んでいて、世界で動いている車の台数だけでもなんと七億台だという。このまま放置すればとんでもないことになってしまうのは間違いなく、何らかの対策が必要ではないだろうか。(注2)

宿場の規模

少し寄り道してしまったが、ここは初めから宿場だったわけではなく、元は手前にあった現在の「北本市本宿」が宿場の機能を持っていたという。そのことは桶川でも触れたが、ここは慶長七年(一六〇二)に宿場が移され、大きな宿場になったと言われている。

宿場が移された詳しい理由は良くわかっていないが、ここには鷹狩りを好んだ家康の御殿があったことが大きな理由だと言われている。

天保一四年の記録によると、宿場規模は本陣一、脇本陣一、旅籠屋五八軒と大きかったが、ここが賑わった一番の理由は隣の熊谷宿との間が四里六丁余りとかなり離れていたことだった。

これだけ宿間が離れていると無理して次の宿場まで進むのは難しく、ここを泊まりにする人が多かったのだ。

勝願寺

宿場に入るとわずかに古い家も残っていて、ここが宿場だったこともわかってくるが、右手の「本町コミュニティセンター」を越えると左手に「勝願寺」という寺が見えてくる。

ここは文永年間(一二六四〜一二七五)に創建されたという古刹で、当時は、浄土宗十八檀林の一つでもあったという。

奥の山門には「葵の御紋」が使われていて、本殿もかなりの大きさがあって驚いてしまうが、実はここには家康の家臣だった「伊奈忠次親子」の墓や信州松代城主真田信之夫人「小松姫」の供養塔などがある。

これらの墓は塀に囲まれ一般には入れないようになっているが、山門に葵の御紋が使われているのは鷹狩りを好んでいた家康が頻繁に立ち寄っていたからで、鴻巣には「御殿」もあって伊奈親子とも親しかったからだという。

芭蕉句碑

なお、この寺でもう一つ注目したいのは本

注2 最近のニュースによると、南極や北極の氷が溶け出しており、このまま放置すれば海面が上昇して大きな被害が出ることは間違いないという。

勝願寺の本殿

勝願寺山門

堂左手墓地入口に建立されている「芭蕉句碑」だろう。

この句碑は天明七年（一七八七）一〇月に建立されていて、ちょっと見た目には難しい崩し字で解読するのも一苦労だが、ここには「けふばかり人もとしよれ初時雨」と彫られている。

この句は弟子の「許六」亭で詠まれたもので、芭蕉はちょうど初時雨に遭遇し、この句を詠んだと言われている。

初時雨の音を聞いているととても趣が感じられるが、今日だけは誰もが年寄りの心境になって雨音を感じてもらいたいものだなあ、といった意味だ。

この句碑の願主は鴻巣生まれの俳人で名は「布袋庵柳几」（注3）と称したという。

柳几は俳号で、この人の本名は「横田三九郎盛英」といい、句碑裏には「この碑は芭蕉の百回忌取越しの法要をつとめ、門弟たちの句千句を碑の下に納めた」とあり、「柳几」の詠んだ「夕暮をこらえこらえて初時雨」も彫られている。

なお、宿内に戻ると「本町交差点」に出るが、ちょうど交差点を越えると元「旅籠屋」だったという「中村家」の古い建物が残っている。

また、この先にも古い家が数軒見られるが、

注3　柳几は略字で、柳風でもいいが、ここではそのまま柳几とした。

境内には芭蕉句碑の他、伊奈忠次親子の墓、小松姫供養塔などがある。

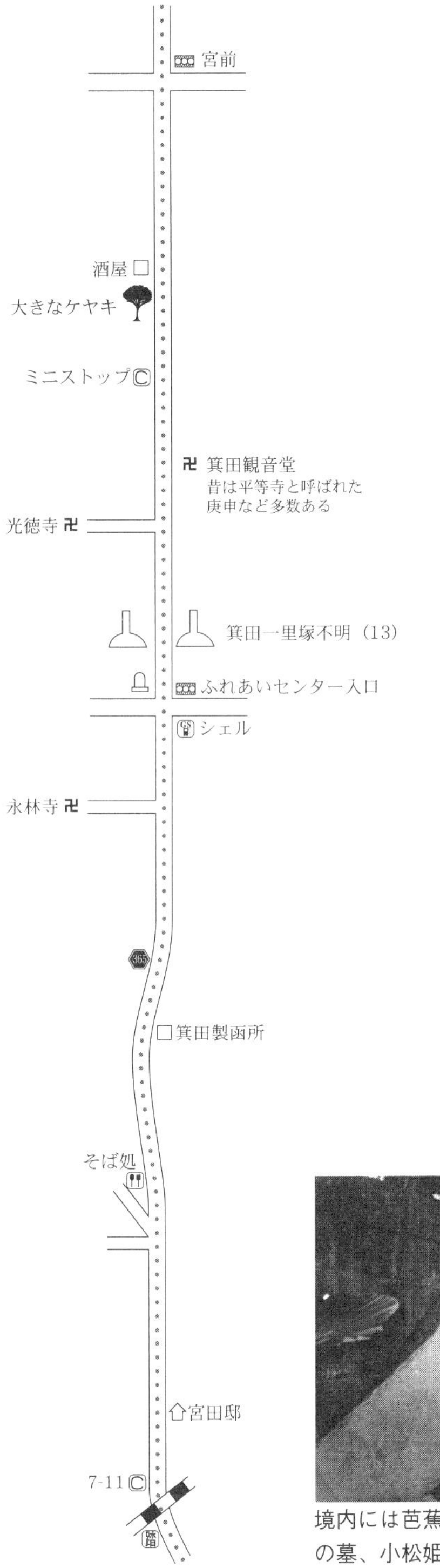

やがて「鴻巣駅入口交差点」で、当時の鴻巣宿はちょうどこの交差点前後が一番賑わっていたという。

本陣や脇本陣もちょうどこの交差点近くにあったが、ここは駅に近い事もあって開発が進み、どこに本陣があったのかはすでにわからないという。

なお、交差点を越えると本町二丁目から本町一丁目へ出るが、ちょうど一丁目辺りにも古い「土蔵作りの米屋」や「とうふ屋」が残っている。

また、本町一丁目付近のバス停名を見ると「雷電神社前」で、交差点名は「鴻神社前」になっているから少し変な感じだが、これは鴻神社が明治六年、「氷川・熊野・竹ノ森」の三社を「雷電神社」に合祀し、初めは「鴻三社」と称していたからだという。

その後、雷電神社もいっしょに合祀され、その名残で名前が違っているのだ。

なお、宿場はここからしばらく歩くと「加美町」へ変わってしまうが、鴻巣宿も加美信号付近が宿はずれで、出口にも木戸が設けられていたという。

鴻巣宿名物

最後に当時の名物に触れておくと、鴻巣と言えば「雛人形」だったが、他には「素麺」や「行田膏薬」なども知られていた。

また、変わったところでは「赤く塗られた人形」も名物で、赤い人形は赤ん坊の魔除けに使われ、これもかなり人気があって買い求める人が多かったという。

鴻巣宿を出ると次の熊谷宿までは四里六丁四〇間（およそ一六・三二キロ）も離れていたが、これは中山道の中では三番目に長い距離だった。

途中には「荒川土手」の「熊谷堤」があり、民家も少なく、当時はかなり寂しい街道でもあったという。

宿場が大きくなった理由も隣の熊谷宿との距離が大きく関係していたと言われ、これだけ離れているとよほど脚力に自信がないと次の熊谷まではたどり着けなかったし、ましてや足弱と呼ばれていた女性や子供連れだとどうしてもここに泊まらざるを得なかったのだ。

当時の熊谷堤は殺風景で物騒な場所でもあったから、日の落ちる前に熊谷に到着できないと途中どんな災難が待っているのかもわか

街角に昔の名残りの石碑群。

加美町付近の風景。この先中山道は左の道へと分かれて行く。

らなかったという。

箕田の一里塚

宿場を出るとJR踏切を横切って「箕田村」と呼ばれていた集落へ入るが、当時この箕田村には一里塚があった。

所在地はすでに不明だが、ここの一里塚は「箕田の一里塚」と呼ばれて一三番目だったという。

なお、箕田集落を歩くと右手に「観音堂」が見られ、入口には「庚申塚」や「石碑群」なども集められているが、ここは古くは「平等寺」とも呼ばれていたという。

旧道はとても殺風景な通りだが、観音堂を出てしばらく歩くと左手の箕田《みた》小学校前に小さな道標が残っていて、これには「左こうのす　右くまがや」と彫られている。

箕田碑

また、ちょうどこの小学校先に見えるのが「氷川神社」で、ここの入口には宝暦九年（一七五九）に建立された「箕田碑」が置かれている。

この碑にはこの地に発祥したという「箕田源氏」の由来が記されているが、箕田源氏と言うのは清和源氏とは異なり、嵯峨天皇の王子源融《とおる》から出ていて、源融の子が東国に下ってこの付近に住み着き、後に箕田源氏と名乗

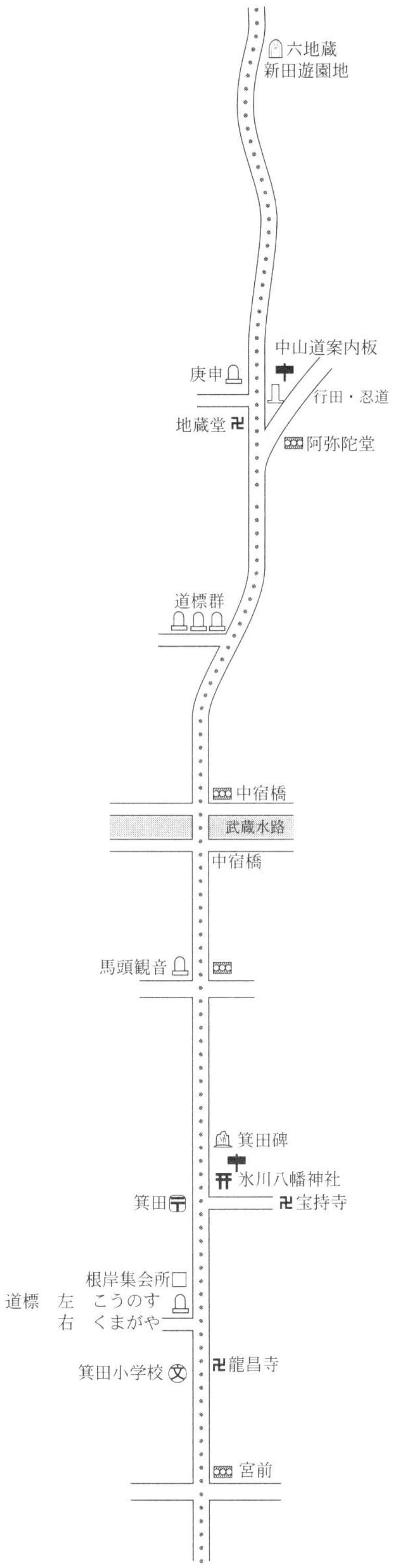

氷川神社の箕田碑。
箕田は武蔵武士の発祥の地。

ったことに由来しているという。

なお、当時ここには羅生門の鬼退治で活躍した「頼光四天王」の一人だった「渡辺綱」も祀られていたから、ここは「綱八幡」とも呼ばれていたという。

追分

氷川神社を出ると「中宿橋」を渡って「地蔵堂」の残る「追分」が見えてくるが、当時ここは「中山道」と「行田・忍道」「日光・館林道」の分岐点で賑わっていたという。

左手には昔から旅人を見送ってきた「地蔵様」が健在で、近くには立派な「中山道碑」と「中山道案内」板も設置されているが、ここに書かれている内容には少し疑問が残るだろう。

なぜかと言えば、ここには朝江戸を出立した旅人はその日の夕方鴻巣宿に着くとあるからで、これだと一日で一二里余りを歩くことになってしまうのだ。

江戸時代の人は健脚ぞろいだったから中にはそんな人もいただろうが、一日五〇キロ近く歩くのが普通だったとは無理があるのではないだろうか。

江戸時代の男性はだいたい九里から一〇里ぐらいは歩いたが、鴻巣まで歩けたのは少数だったと思ってよく、ここの記述は参考程度にされるといいだろう。

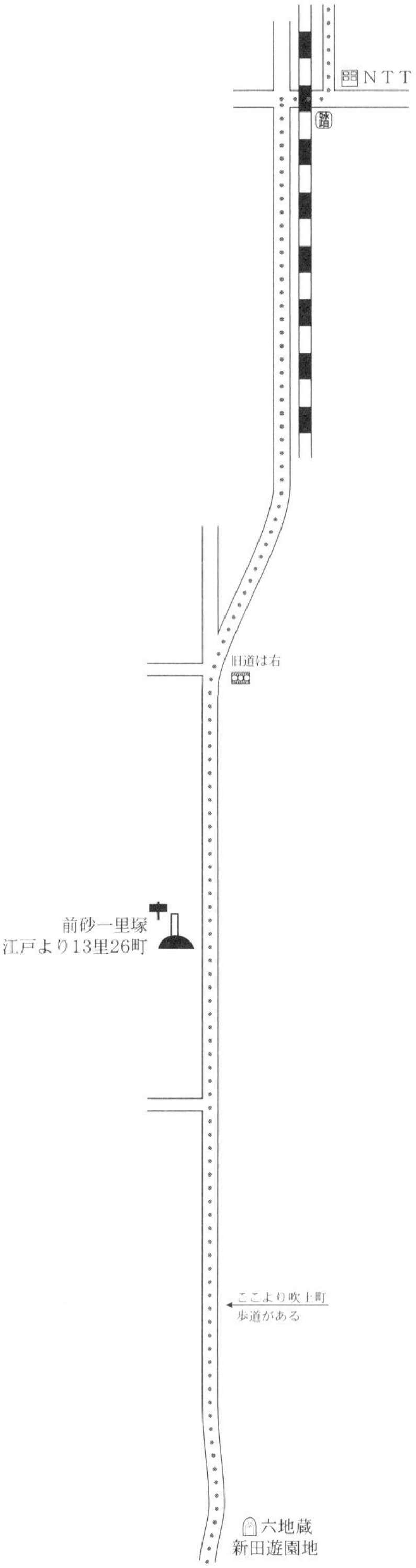

ここ箕田の地は嵯峨源氏の流れをくむ箕田源氏の発祥の地、渡辺綱など三代が活躍した。

8
鴻巣宿

地蔵堂の残る「阿弥陀堂信号」を越えると先は再び殺風景な道路で、今は目印になるような物もあまり見られない。

　しかし、しばらく歩くと「吹上町」に変わっていて、ここからは田園地帯でのどかな感じが残っている。

　先は歩道が整備され、歩く人にとっては一安心だが、注意していると左手に「一里塚跡」が見えてくる。

　この付近、『中山道分間延絵図』（東京美術出版）を見ると「前砂村」とあり、前砂村は江戸より一三里二六丁の所にあったから、ここでは「前砂の一里塚」と呼んで一四番目としておきたい。

　なお、一里塚跡を出ると旧道はやがて整備された二手の道路に分かれているが、ここは右手の線路沿いを歩いて行く。

　線路沿いを歩くと踏切があり、ここで踏切を渡ることになる。

間の宿「吹上」

　わずかに残った旧道部分を歩くとやがて国道一七号線に合流するが、ちょうど国道に出た付近が「間《あい》の宿《しゅく》」で賑わっていた「吹上」だった。

　鴻巣と熊谷は四里六丁余りも離れていたか

新田遊園地にある六地蔵。

前砂の一里塚跡。一里塚が残されているのはうれしいものだ。

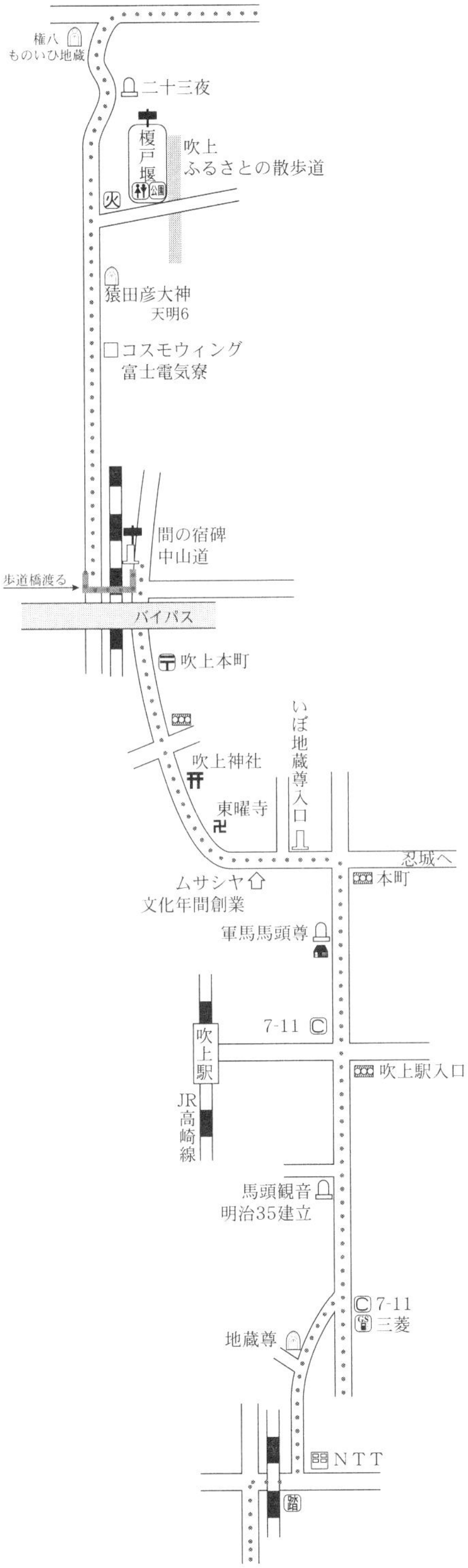

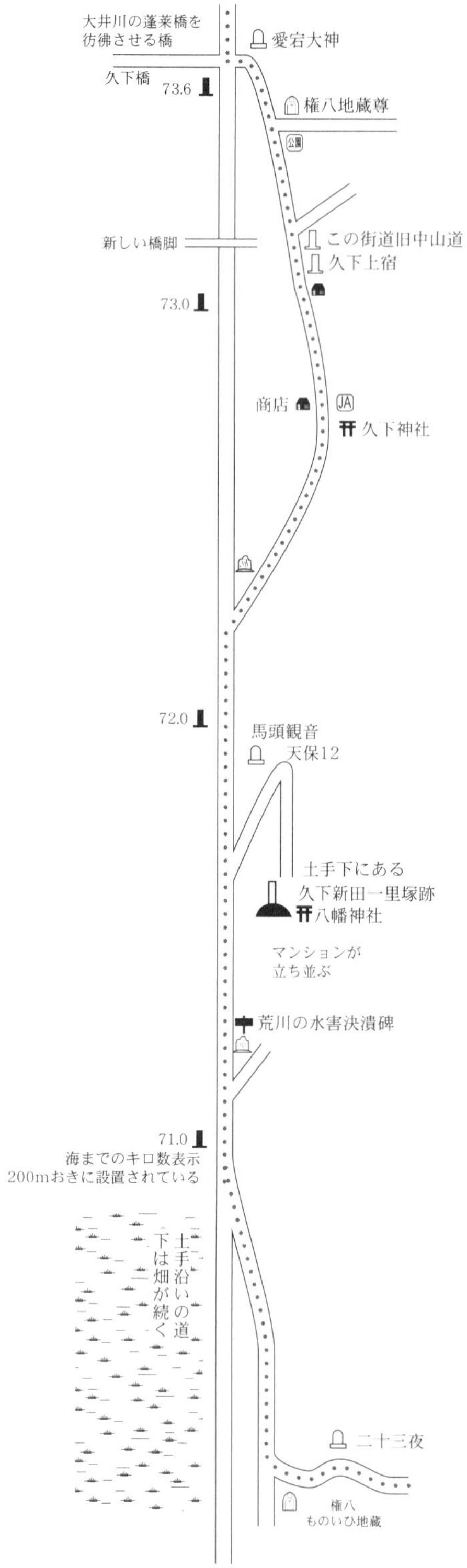

らどうしても途中に大きな立場が必要で、ここはその中でも大きく、特別に間の宿と呼ばれることもあった。

今は交通量の多い国道に変わっていて、古い家はほとんど残っていないが、当時は多くの茶屋があって繁盛していたという。

なお、吹上立場名物は「足袋」で、ここでは茶屋で休息する人ばかりか足袋を買い求める人々でも賑わっていたという。

足袋は隣の「行田」名物だったが、ここは行田にも近く、そこから運ばれて人気になっていたのだ。

なお、当時の吹上立場はちょうど「元荒川」の手前二〇〇メートルほどで左手に曲がっていたが、今も信号を左折すると「ムサシヤ」という屋号の洋品店が残っていて、ここは「文化年間創業」だという。

今は洋品店だが、ひょっとするとここも昔は足袋を商っていたのではないだろうか。

旧道右手には「東曜寺」と「吹上神社」が並んでいるが、ここの寺や神社自体には見るべきものはほとんど残っていない。

吹上にある中山道の案内板。
ベンチもあり休憩もできる。

吹上立場名物

「吹上本町郵便局」が見えてくると新しくできた高架道路下に出るが、ちょうどここには立派な「間の宿説明板」が設置されていて、説明板には立場になった理由や名物も記されている。

それによると吹上立場の名物は「足袋」の他「荒川」で捕れた「ウナギ」や「榎戸の目薬」も名物だったという。

おそらく吹上立場が近づくとうまそうなウナギの匂いが立ち込めていたのではないだろうか。天然物のウナギであればかなりうまかったのは間違いないだろう。

また、ここには目薬という変わった名物もあったようで、買い求める人も多かったのではないだろうか。

ちなみに、「英泉」が「鴻巣宿」と題して残したのも「吹上富士遠望」で、この絵は吹上を出て熊谷に向かう所だという。

絵は富士山が中心になっていて吹上立場を描いたわけではなさそうだが、この付近元荒川土手沿いに中山道が通っていたから、当時は富士山もくっきりと見えていたのではないだろうか。

ここから一度歩道橋を渡って線路の向こう側に出るが、線路左手に移った旧道を歩くと榎戸二丁目右手にも「猿田彦大神」と彫られた庚申塔が残っている。

また、先に見える消防団横を入ると「元荒川」が流れていて、近くには「公園」が作られているから休憩場所にされるといいだろう。

権八のものいひ地蔵

消防団前を通り過ぎ、しばらく歩くと堤防に突き当たるが、ここが「熊谷堤」で、江戸時代もだいたいこの付近から土手に出ていたという。

土手手前に見られるのは「権八のものいひ地蔵」と呼ばれている地蔵様で、ここには歌舞伎「鈴ヶ森」に出てくる「白井権八」との約束が伝わっている。

白井権八がこの地蔵様の近くを通りかかった時、通りがかりの旅人を斬って金を奪うのだが、権八は地蔵に今の事は誰にも言うなと口止めしたところ、「私は言わぬ」が「お主も言うな」と返事をしたという。

殺人を見逃すとは、とんでもない地蔵だと考えてしまいがちだが、これはフィクション

土手の手前にある「権八のものいい地蔵」。

熊谷堤
堤防沿いに旧道は続く。

8 鴻巣宿

で作り話だというから信用しない方がいいだろう。

付け加えておくと、「権八のものいひ地蔵」と呼ばれる地蔵様はここから「熊谷堤」を三キロほど歩いた「久下」にも見られ、本物はどちらかわかっていないという。

ここからは殺風景な熊谷堤を歩いて行くことになるが、現在の堤は上下二段に分かれているから、できれば上の堤を歩かれるといいだろう。

堤に登ると荒川が見られると期待している人もいるだろうが、実はこの付近からはとても広大な原っぱが見えるだけだ。

荒川は長い年月を経て流れも変わり、当分は川の土手と言うよりも田園地帯を貫く一本道と言った方がいいだろう。

なお、現在の堤には「海まで七一キロ」と書かれた標識が置かれているが、この標識は二〇〇メートルごとに設置されている。

熊谷堤をしばらく歩くとやがて「荒川の水害決潰」の碑が見えてくるが、荒川はこんな広大な河原を持っているにもかかわらずここで決潰があり、大きな被害が出ているという。

これを見ると我々は自然の力を見くびって

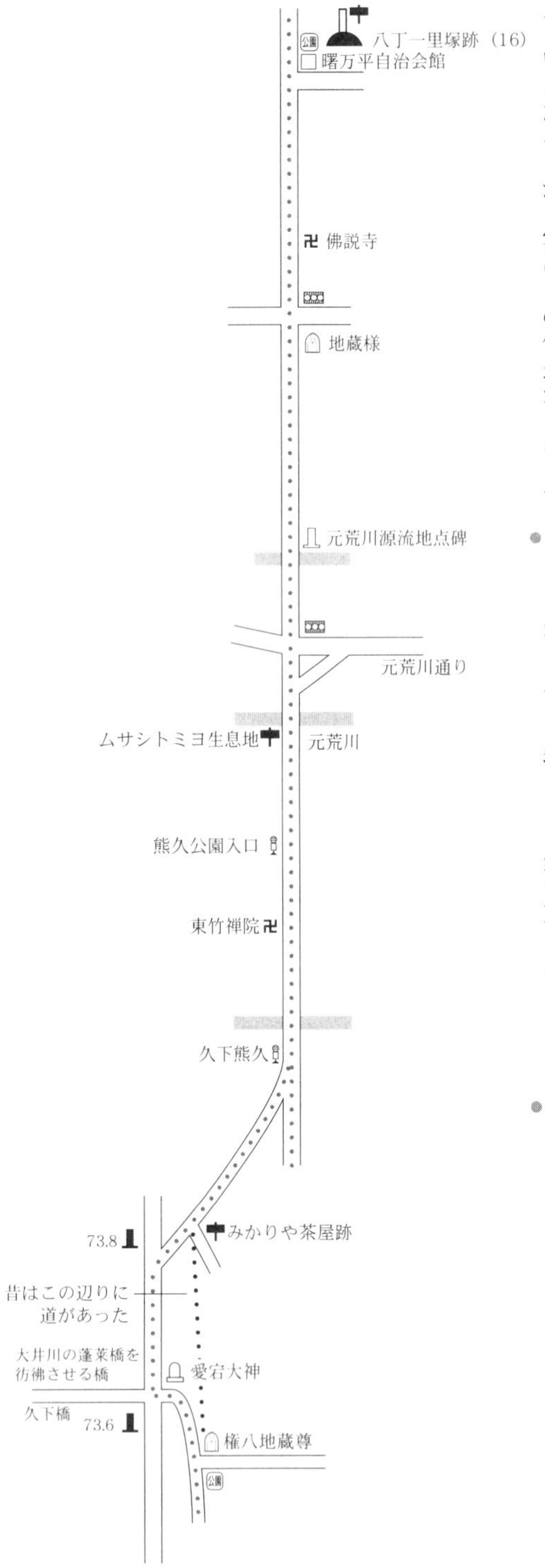

久下新田の一里塚は、土手を少し下った所にある。

はならないだろう。なお、決潰碑を越えて先に進むと右下に「マンション群」が見えてくるが、ちょうどここから右手に出るとJR行田駅がある。

久下新田の一里塚

ところで、土手からマンション群を見ると下に小さな「鳥居」のような物が置かれているが、実はここは「一里塚跡」でもあるのだ。

ここにあった一里塚は「久下新田の一里塚」と呼ばれていて、一五番目の一里塚だった。

久下の集落

一里塚を後にしてしばらく歩くと右手奥の方向に小川コンクリートの看板が見えてくるが、ここから土手を降り、「久下の集落」へ入って行く。下に降りると大きな石碑が見られ、集落に入るとこの付近の鎮守様になっている「久下神社」が見えてくる。

神社自体は大きくないが、今もこの付近の信仰を集めていると言われ、隣は小学校になっている。なお、神社を出て久下集落を歩くと前方に最近造られた橋が見えてくる。

少し前まではこの先に橋が架けられていたのだが、老朽化したので昔の橋は廃止され、今はこの道路と橋が対岸を結ぶようになったのだ。

権八地蔵

高架下をくぐると、土手に出る道と右にそのまま続く道に分かれているが、ここは土手の方へ進むことになる。

土手下に見えてくるのが二つ目の「権八地蔵」で、地元では「久下の権八地蔵尊」と呼ばれ、まわりには近くにあったと思われる「庚申塔」や「道標」などがまとめられている。

なお、当時の中山道はちょうどこの権八地蔵裏手に続いていたが、今は家が建て込み、すでに昔のようには通れないという。しかたがないので、ここは土手を少し歩いて下に降りるしかないが、土手に上がると荒川の流れが見られ、最近廃止になった古い木橋が残っている。

御狩屋

土手を少し歩いて下に降りると民家前に説明板が置かれているが、昔ここには「みかりや茶屋」と呼ばれる有名茶屋があり、多くの

久下の旧道にはまだこんな豪壮な建物が残っている。

久下でみつけた新しい常夜灯の道しるべ。

こちらは久下の権八地蔵尊。当時はここから旧道が続いていたが、現在は通行不能になっている。

みかり屋茶屋跡の説明板ここの名物は柚餅子だった。

旅人で賑わっていたという。

茶店の名前「御狩屋《みかりや》」は、忍城の殿様が「鷹狩り」で使用したのでそう呼ばれていた。

ちなみに、英泉が「熊谷」で「八丁堤ノ景」と題して描いた茶店がここの店ではないかと言われている。

英泉の絵を見ると店の看板には「あんころ」「うんとん」などと書かれていて、これを見るとあんころ餅やうどんが名物だったように思われるかもしれないが、ここの説明によると名物は「しがらきごぼうに久下ゆべし」で、当時ここの茶屋では「柚餅子《ゆべし》」が名物になっていたという。

英泉の絵は違う店だったのかもしれないが、そんな場所だと覚えておかれるといいだろう。

中山道はここから土手を離れようやく旧道に戻るが、バス停「久下熊久」先に見えてくるのは「東竹禅院」で、ここは「熊谷次郎直実」の伯母婿《むこ》久下次郎直光の開基した寺と言い伝えられている。

ムサシトミヨ生息地

また、バス停「熊久公園入口」を越えると「元荒川」が流れていて、ここにはとても珍しい「ムサシトミヨ生息地」の説明が見られる。

ここに生息している魚、実は「ウロコ」のない非常に珍しい魚で「清流」にしか棲めないという珍魚なのだ。こんな所に生息しているとはまったく驚いてしまうが、ここは昔から清水が湧き出ていると言われ、ずっとここに生息しているのだという。ここなどはいつまでも残しておきたい場所と言えるだろう。

戸田八丁一里塚

交差点を渡ると右手に「元荒川源流」の碑があり、しばらくすると旧道右手に「曙万平町自治会館」が見えてくるが、ここの隣は公園になっていて、実はここに「一里塚跡の説明板」が立てられている。

ここにあったのは「柳原の一里塚」（戸田八丁一里塚）と呼ばれ、一六番目の一里塚だったという。なお、一里塚跡を出るとやがてホテル「サンルート熊谷」が見えてきて、「秩父鉄道」や「新幹線高架」「JR線路」を越えることになるが、線路を渡ると長かった道程も終わり、熊谷宿《くまがやじゅく》に到着だ。

ムサシトミヨ生息地。

八丁の一里塚跡。
柳原の一里塚とも呼ばれている。

9

熊谷宿《くまがやじゅく》

次は深谷宿
2里半7丁
（10.5キロ）

宿場の規模

秩父鉄道や新幹線高架を横切り、そのまま国道一七号線に出ると熊谷宿だ。ここは第二次世界大戦の空襲で宿の大半が焼け落ち、残っていた古い建物もほとんど消滅してしまったという。

通りはすでに交通量の多い国道に生まれ変わってしまったが、左手商店街をよく見ると古い家も何軒か残っていて、ここが宿場だったのがわかってくる。

天保一〇年（一八三九）の記録によると宿場規模は本陣二、脇本陣一、旅籠屋一九軒とそんなにも大きくなかったが、実際の宿場は商家や商店が連なり、宿場の規模以上に賑わっていたという。

そのことは「大田南畝」の残した「壬戌紀行」にも書かれていて、南畝はまるで「江戸」に戻ったような賑わいだったと感想を述べている。

これを参考にすればここは宿場と言うよりむしろ商業地として繁盛していたと思ってよく、通りには色々な店が軒を連ね、行き交う人々にも活気があったのではないだろうか。

ちなみに、宿場に旅籠屋が少なかった理由だが、ここは近隣の村人らが「飯盛り女」を置く事に猛反対していたからだという。（注1）

飯盛り女がいると農業を放ったらかしにし、借金してまで出かけてしまう人もいたからだ。

もちろん宿場経営者としても泊まり客が少なければ困るわけで、なんとしても飯盛り女を置きたかったが、ここは不思議なくらい村人の団結力が強く、頑固に反対していて結局置けなかったと言われている。

城下町で規律が厳しかったというならわかるが、村人の反対だけで飯盛り女を置けなかったというのも珍しいだろう。

ところで、当時の宿場は「東木戸」があったという現在の本町と筑波の境辺りから「西木戸」があったという現在の熊谷寺《ゆうこくじ》入口辺りまでで、現在の国道沿いに多くの店が軒を連

注1　実際は村人の反対だけでなく、肥塚の東塾という学問所が猛反対していたことも大きく、硬派な宿場だったという。

旧道を歩くと高城神社の鳥居が見えてくる。

高城神社は平安時代の延喜５年（905）、宮中において延喜式、式内社として指定された古い神社。

ねていた。

　宿場は戦災で焼けてしまったが、神社の位置などは変わっていないから、そんな神社を目印に宿内を歩いてみるといいだろう。

高城神社

　広い国道を歩くと「本町二丁目信号」「市役所入口信号」と大きな信号を二つ越えるが、市役所入口信号を越えると右手に「高城神社」参道が見えてくる。

　入口には「鳥居」が重々しく何重にも並んでいるが、ここの創建は平安時代と言われ、古くから熊谷宿の氏神様として信仰を集めていた。

　残念ながら社殿は「石田光成」の「忍城」攻撃の際に焼け落ちたが、寛文一一年（一六

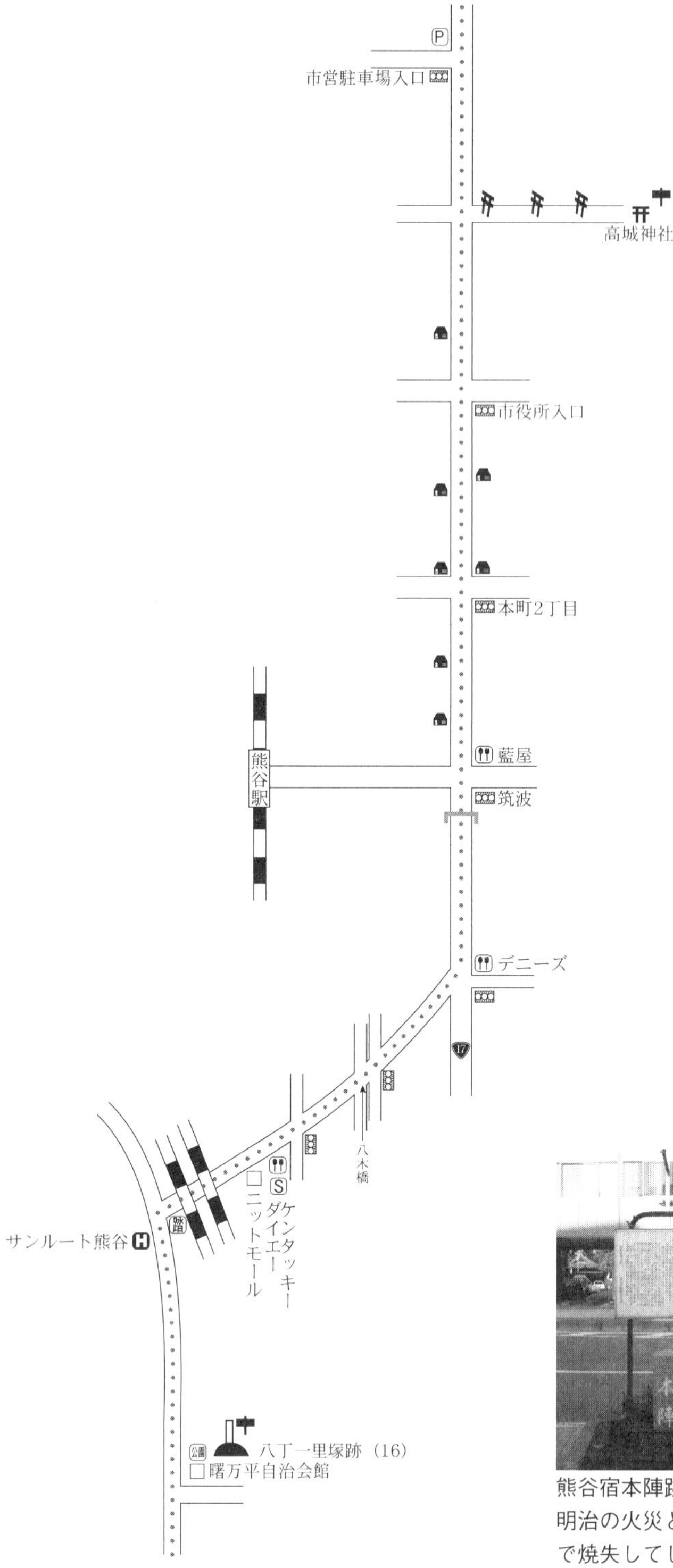

熊谷宿本陣跡碑
明治の火災と昭和の戦災で焼失してしまった。

札の辻跡。
熊谷宿の高札場はこの付近にあった。

七一）、忍城主によって再建され、現在見られる建物もその時のものだという。

ここは「熊谷直実」の氏神様でもあり、今も地元住民らに愛され続けているが、「熊谷」という名の起こりも元々は直実の父であった直貞がこの付近を荒し回っていた「大熊」を退治し、熊野権現に祀ったことからその名が起こっているという。

なお、熊谷権現も現在はこの高城神社に合祀されている。

高城神社を出るとしばらくで「札の辻」交差点に出るが、ここには「札の辻碑」が置かれている。


また、バス停「本町」を越えると「鎌倉町」交差点に出るが、ちょうど交差点手前左手辺りに「本陣」があったという。

今はひっそりと「本陣跡」碑と説明板が置かれているだけだが、当時の熊谷本陣の規模は「日本一」と言われ、敷地面積一六〇〇坪、建坪七〇〇坪で部屋数は四七室あったという。

当時の建坪が七〇〇坪もあったとは驚きで、もしも当時の建物が現存していたなら、これだけで熊谷名物になっていたことは間違いないだろう。

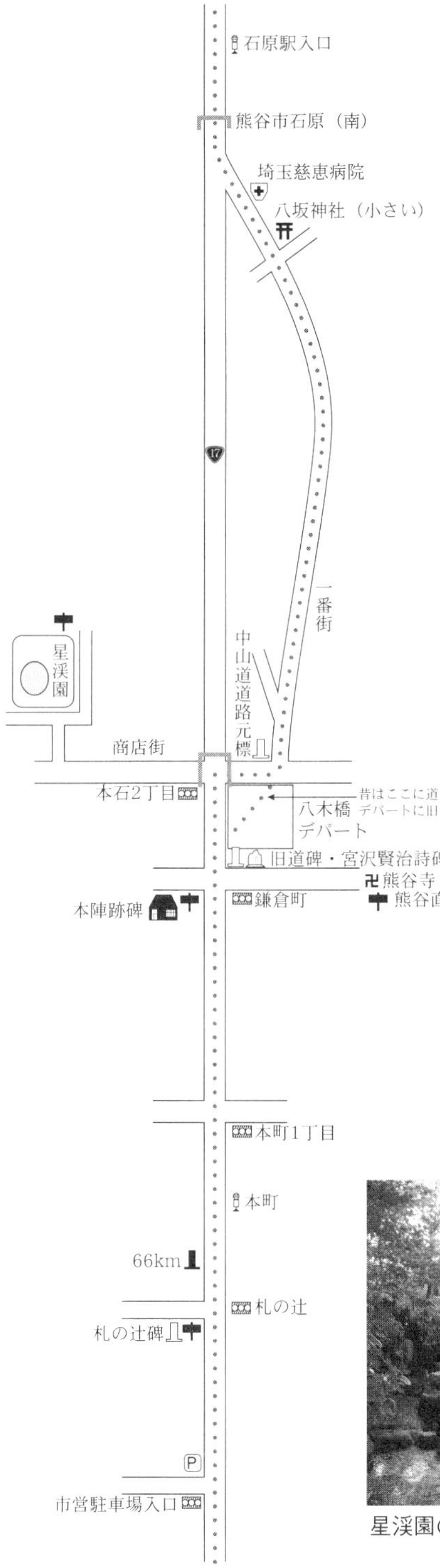

星渓園の庭園の風景。

星渓園の庭園。

残念ながら建物は戦災で焼け落ちたが、今は別邸だった「星渓園」が裏手に残っており、一般公開されている。

ところで、この鎌倉町交差点向側には「八木橋デパート」が見られるが、ここには「旧中山道」碑が置かれている。

この付近が宿場の出口で、当時はちょうどデパート敷地内に道路が通っていたと言われ、その証拠がデパート裏出口付近に「中山道道路元標跡」碑として残っている。

熊谷寺

ちなみに、このデパート奥に見えるのが「熊谷直実」の菩提寺として有名な「熊谷寺」で、熊谷寺《ゆうこくじ》は「法然上人」（注2）の弟子となった「蓮生法師」（熊谷直実）開基の寺と言われている。

ここには直実の墓といわれる「宝篋印塔」などがあって訪れる人も多いが、今は悪戯などされないように中を見学させてもらうには入口で受付が必要だ。

一番奥にひっそりと眠っているのが蓮生法師こと熊谷直実だが、ここで忘れてならないのは何と言っても「仏門」に入って法然の弟子になったいきさつだろう。

時は一一八〇年（治承四）、鎌倉で兵を挙げた「源頼朝」に呼応して「源義経」らが立ち上がり、次第に源氏方の優勢もほぼ決まったという一一八四年（寿永三）の事だった。

「一の谷の合戦」で次郎直実も手柄を立てようと海辺に兵を進めていたが、そこで偶然に

注2　法然上人については、下巻67「武佐宿」を参照されたい。

熊谷直実公の菩提寺である熊谷寺山門。

熊谷寺の境内にある熊谷直実の像。

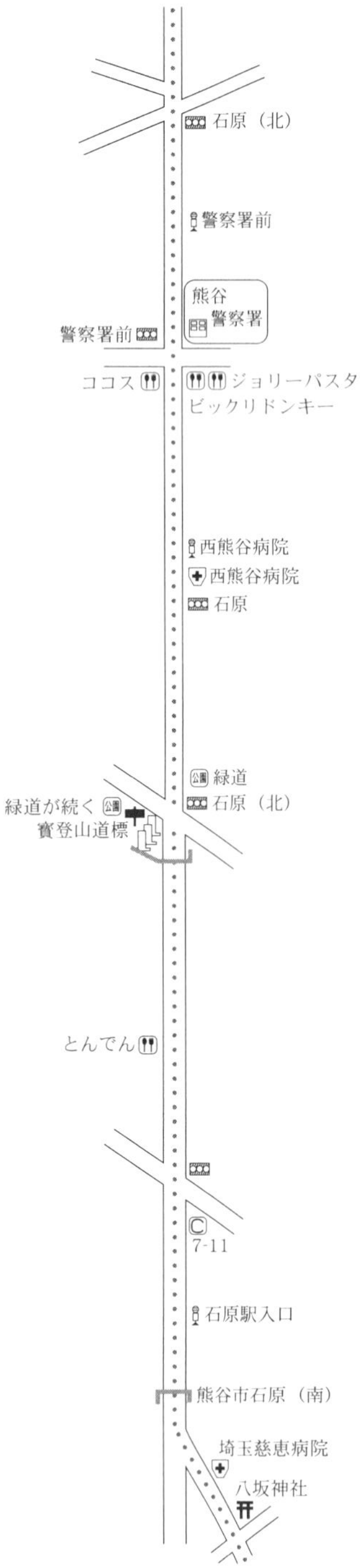

平氏の若者とすれ違い、運命の出会いが起こったのだ。

まだうら若い武将は萌黄《もえぎ》の鎧に身をつつみ、毅然とした態度でこちらを睨み返し、一見して名のある者とわかるのだった。

直実は自ら名を名乗り、「そちが名乗ればこの場は見逃してやろう」と言ったという。ところが、若武者は名のりもせず、毅然と「首を取れ」と言い返したのだった。

まわりには源氏方の兵も多く、直実は泣く泣く若者の首を取るのだが、その少年こそあの「平敦盛」（注3）だったのだ。

そして、これがきっかけとなって「世の無情」を悟った直実は仏門に入ったと言われ、後には色々な伝説となって伝わっている。

その後、敦盛の七回忌には「高野山」に「供養塔」まで建てたと言われている直実だが、実は二人のこんな不憫な出会いから、後には「クマガイソウ」「アツモリソウ」と呼ばれる草花の名にもなっているのだ。

どちらも日本全国の山野に自生している「ラン科」の可憐な希少植物だが、四月から五月にかけてひっそりと咲いているそんな花を見かければ、筆者ならずともそっと手を合わせてしまうだろう。

ちなみに、熊谷直実に関する伝説は『誰でも歩ける東海道五十三次』藤枝宿の「蓮生寺」にも残っているから、そちらも参照されたい。

また、敦盛の墓と呼ばれているものは神戸市須磨区の「須磨寺」にある。

ここで宿場を離れるわけだが、最後に当時

注3　敦盛は笛の名手として知られ、直実に討たれた時、弱冠一六歳だったという。また、「人間五十年、下天の内をくらぶれば夢幻の如くなり」と織田信長が舞っていたことで知られているのが幸若舞《こうわかまい》「敦盛」の一節で、謡曲として語り継がれていた。

直実墓所はこの奥にある。

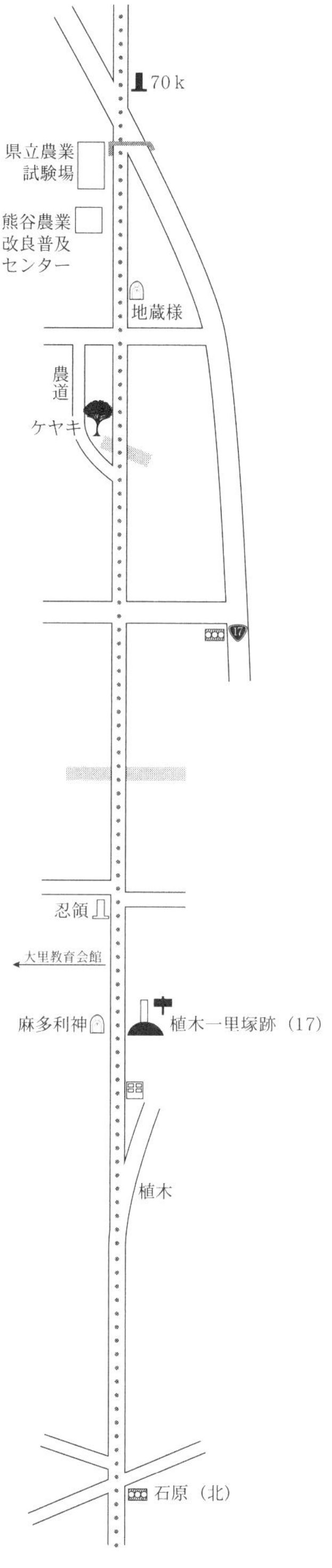

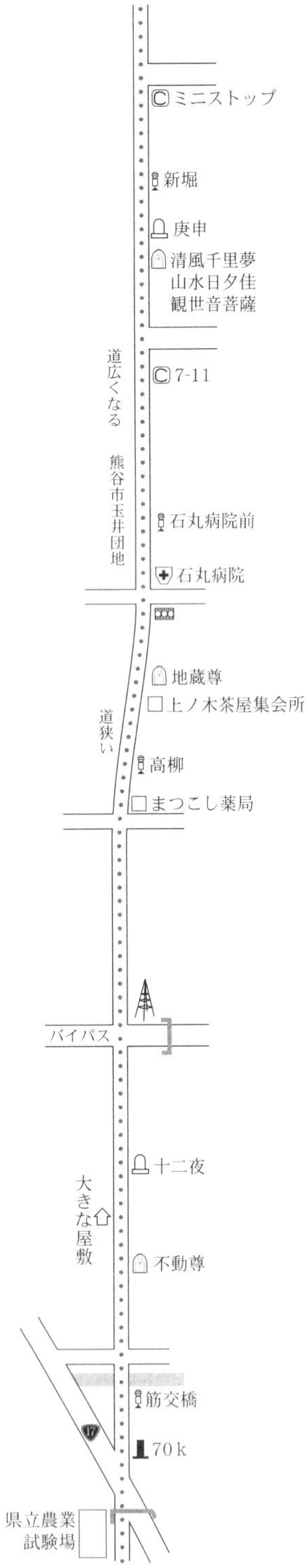

の熊谷名物について触れておくと、江戸時代ここは「紺屋」（染物屋）が多く、染物が名物になっていたという。

「高城神社」入口には珍しい「鉄製常夜灯」が置かれているが、これは紺屋一五〇人余りの寄付によって建立されたもので、熊谷宿の紺屋名が刻まれているのもそんな理由からだという。

当時高価だった鉄製常夜灯だが、建立に多額の寄付をしているのを見ればかなり儲かっていたこともわかってくるだろう。

ちなみに、続膝栗毛には「熊谷梅本のそば切り」がうまいと書かれているから、ここは「そば」も名物だったと考えていいだろう。

確かな事はわからないが、ここで弥次さん喜多さんが残した狂歌は「熊谷の宿に名だかきゆえにこそよくもうちたりあつもりの蕎麦」だった。

二人は平敦盛をソバにかけてしゃれているが、おそらくうまい蕎麦があったからではないだろうか？

さて、宿場を出るとしよう。

中山道は八木橋デパート前にある「旧中山道元標」から斜めへ入って行く。残った旧道部分はわずかで、出口付近には「埼玉慈恵病院」があって再び国道に合流する。

秩父道道標

国道に出てしばらく歩くとちょうど「熊谷市石原（北）」信号左手歩道橋下に「道標」が残っている。

これらは「秩父道道標」と呼ばれるもので、

歩道橋の下に突然出現する秩父道道標三基。秩父道はここから寄居、釜伏峠を経て秩父巡礼に向かった。

「寳登山道」「ち、ぶ道　しまぶへ十一り」と刻まれているように、ここは秩父道との「追分」でもあった。今でも熊谷からは秩父鉄道が通っているが、ここは昔から秩父道への入口として賑わい、茶屋などが何軒もあったという。交差点を越えると国道の道幅は急に狭くなってしまうが、しばらく歩くと大きな交差点で、交差点先には「熊谷警察署」があり、さらにしばらく歩くと「植木」と呼ばれている場所に変わっている。

植木の一里塚

旧中山道はここから再び国道を離れて左手へ入って行くが、旧道に入ると右手にひときわ大きな樹齢三〇〇年という「欅の木」が見えてくる。

ここは「一里塚」で、「植木の一里塚」（新島の一里塚）と呼ばれていた一七番目の一里塚だった。すでに片方しか残っていないが、見事な一里塚と言えるだろう。

先の旧道は人も車もほとんど通らないような道だが、よく注意していると左手には「忍領」を示す「領界石」も残っている。

領界石は安永九年（一七八〇）に忍城主が建てたもので、「原形」をとどめている非常に珍しいものだという。

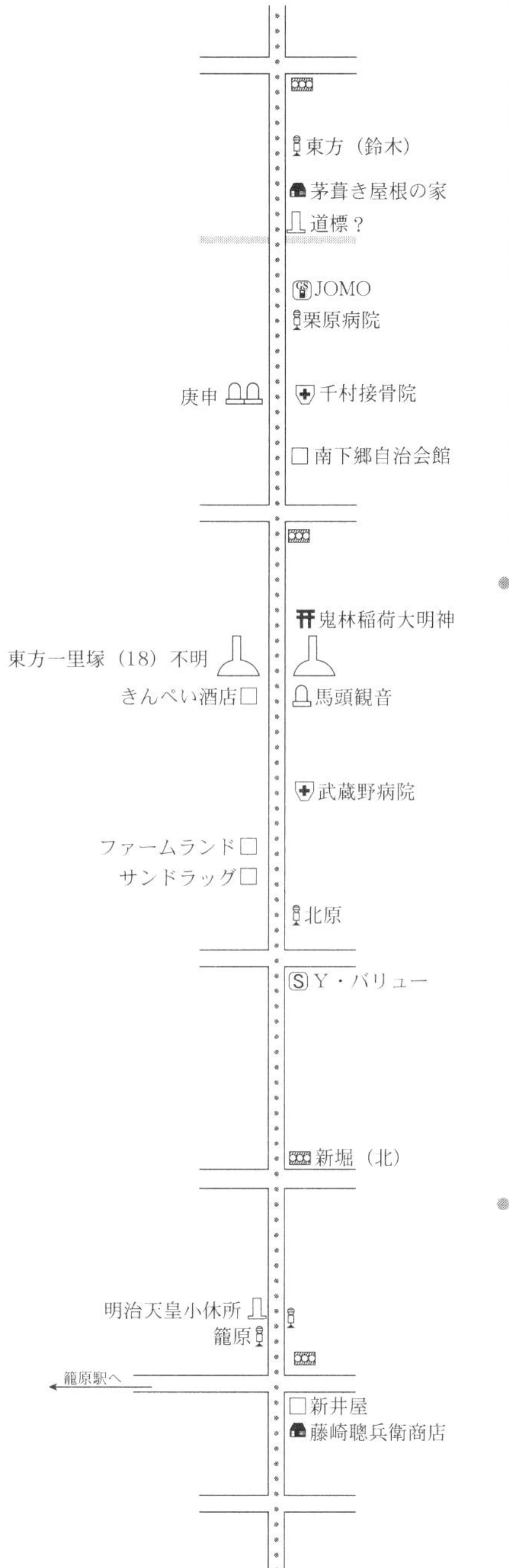

忍城主の領分である事を示す領石標。

植木の一里塚は新島の一里塚ともいう。この塚は東側のもので、植えられているのはケヤキの木。

玉井

なお、領界石からしばらく歩くと「県立農業試験場」があって右手を走っている国道一七号と合流するが、ここは歩道橋（玉井歩道橋）を渡って再び国道右手へ入って行く。

なお、この付近玉井と呼ばれているが、今井金吾氏の書かれた『今昔中山道独案内』（JTB出版）によるとバス停「筋交橋」がある辺りに昔は大きな川が流れていて、ここでは川越し（玉井窪川越場）も行われていたという。

しかし、今はその痕跡さえ残っておらず、付近は殺風景な場所が広がっているだけだ。

旧道をしばらく歩くと右手に小さな「不動尊」があり、左手には大きな「屋敷」も残っている。この大きさから想像するとここは名主か庄屋をやっていた家ではないだろうか。

先も殺風景な場所だが、しばらく歩くと右手に「上ノ木茶屋集会所」と呼ばれる小さな集会所が見えてくる。

この名もおそらく昔そのような茶屋があったからだろう。

のどかな田園地帯には出茶屋があって、そこで一服する旅人もいたのではないだろうか。

しばらく歩くと玉井団地入口から突然道路も広がってしまうが、ここの右手には「観音菩薩」があり、隣の美容院には「庚申塔」も

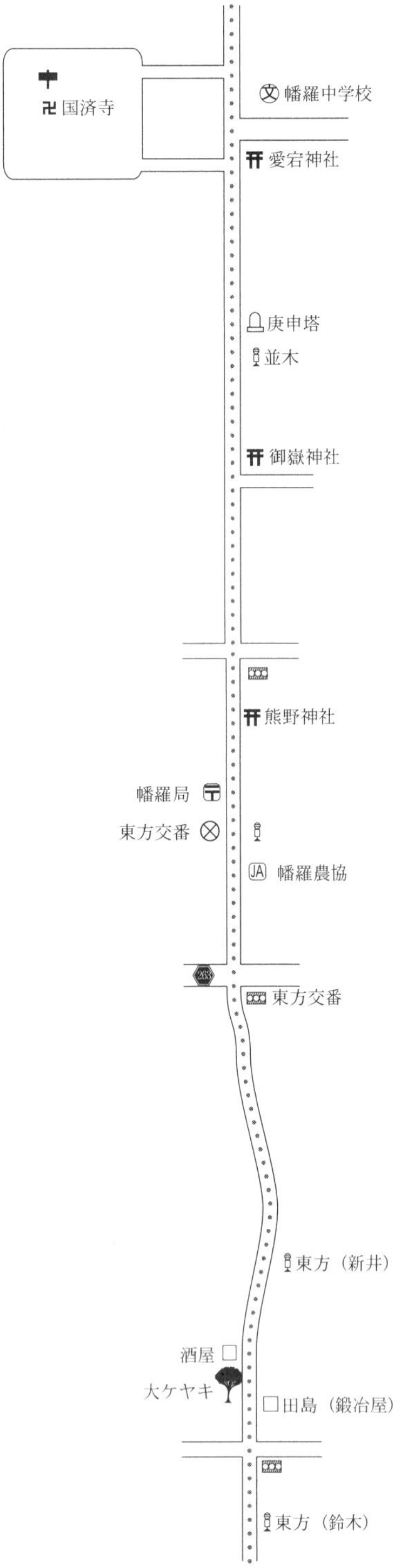

庚申塔
石碑の下に玉井村の文字が見える。

9 熊谷宿

残っている。

また、ここからしばらく歩くと立場で賑わっていた「籠原《かごはら》」に入るが、バス停「籠原」近くには「明治天皇小休所跡」碑が置かれているように、この付近が立場の中心だった。

江戸時代は籠原もかなり賑わっていたようだが、今は普通の民家が見られるだけだ。

籠原立場を出ると再び殺風景な道路だが、途中の「きんぺい酒店」前には「馬頭観音」も残っている。

また、これは筆者の推定だが、里程から想像するとこの付近には一里塚があってもおかしくないだろう。確かな事はわからないが、筆者の独断でこの付近に一里塚があったことにしておきたい。

一里塚は一八番目で、名前は「東方一里塚」と呼ぶのがいいだろう。

籠原立場を出てしばらく歩くと中山道は「東方」と呼ばれていた場所に出るからだが、確かな事はわからない。

東方に出て大きな道路を横切ると「熊野神社」があり、熊野神社を通り過ぎると再び広い道路に変わっていて、左手には「御嶽神社」があり、ここには様々な石碑が置かれているが、これらは御嶽山信仰がかなり盛んだったことを示す物だという。

御嶽山信仰とは木曽にある信仰の山「御嶽山」のことで、詳しい事は中巻38「木曽福島宿」を参照されるといいが、規模から考えるとかなりの信者がいたことは間違いないだろう。

国済寺

なお、ケヤキ並木を抜けると右手に「幡羅中学校」や「常盤小学校」があり、この付近には「木の標識」が置かれていて「国済寺」と書かれている。

この寺は左手のスーパー横から奥に入った所にあり、ここには「上杉憲英《のりふさ》」の墓があることが知られている。

憲英は「関東官領足利基氏」の執事、上杉憲顕の六男だと言われ、残っている黒門は文化財にも指定されている。

ちなみに、関東官領とは「室町幕府」から任命された「関東支配者」のことで、代々「上杉家」が任されていた。

国済寺は上杉蔵人憲英の館跡。

籠原立場の明治天皇小休所跡碑。

しかし、室町幕府の力が弱まると「応仁の乱」が勃発、各地で小さな戦が繰り返され、その後日本全土で戦のない日々はなかったという。

幕府の権力が弱体化すると各地の有力者が言うことを聞かなくなり、混乱はそのまま続き、結局戦国時代に突入してしまうのだ。

そしてご存じのように関東覇権をめぐっては上杉謙信や武田信玄、さらには小田原北条家などが争った。

見返り松

国済寺入口を過ぎると旧中山道はまもなく国道一七号線を横切っているが、ちょうど交差点手前に残っているのが有名な「見返り松」で、松の樹齢は三〇〇年とも五〇〇年とも言われている。

ここは深谷に泊まった旅人達が一夜を共にした「飯盛り女」と別れを惜しんだ場所と言われ、ここから深谷宿を振り返って別れを告げていたという。

しかし、そんな見返り松も今では排気ガスですっかり元気がなく、いつ枯れてもおかしくないような状態だ。今日のような交通事情を考えると残るのは難しいだろうが、何とかして保存しておきたい松と言えるだろう。

なお、見返り松で国道を横切り、三〇〇メートルほど歩くとやがて大きな「常夜灯」が見えてくるが、ちょうどここが深谷宿《ふかやじゅく》入口だった。

見返りの松の全貌。
道の真ん中に松が見えてくるのがそれだ。見返りの松の下には見返りの松の碑もある。

こちらは熊谷駅前のモニュメント「熊谷直実の像」。

10
深谷宿《ふかやじゅく》

次は本庄宿
2里半9丁
(10.71キロ)

宿場の規模

天保一四年の記録によると宿場規模は本陣一、脇本陣四、旅籠屋八〇軒と大きく、旅籠数だけ見ると草津や大津を除けば「中山道最大」だった。

ここが大きくなった理由の一つは普通の男性の足ならばちょうど歩き疲れる「二十里余り」の距離に位置していたことだろう。

東海道に当てはめるとちょうど「小田原宿」と同じだと思ってよく、当時の男性の足ならばだいたい二日目に草鞋を脱ぐことが多かったのだ。

旅人の多くが二日目の泊まりは深谷に決めていたようだが、ここが賑わった理由はもう一つあり、手前の熊谷宿が「飯盛り女」を置いていなかったことも大きかった。

熊谷宿では地元の若者が寄り付かないように飯盛り女を置く事に猛反対していたが、そんな反動もあって深谷は多くの泊まり客が集まって来たという。

もちろん真面目な旅人もいたから、何が何でも全員が飯盛り女目当てに泊まりにきたわけではないが、そう言った理由で繁栄していたのも間違いないだろう。

ちなみに、「英泉」の描いた「深谷」は彼の傑作として名高いが、その絵もちょうど夕方の宿場風景だった。

英泉は夜の宿場に艶かしい女性達を残したが、良く見るとこの絵は「飯盛り女」というよりむしろもっと着飾った「遊女や芸者」と言った方がいいだろう。

少し誇大宣伝ぎみだが、おそらくこの絵を見た人々は深谷に期待しただろうし、誰もが今夜は深谷に泊まりたいと思ったのではないだろうか?

六十九次続き絵はテレビもラジオもない時代、観光パンフレット的な要素も含んでいたから、この絵を見て今夜の泊まりを決めた人も多かったのだろう。

英泉の絵がかなりの宣伝効果を持っていた

こちらは大きな倉。

深谷宿の町並み。まだまだ、昔の面影が残る。

ことは間違いなく、深谷が近付くと足取りも軽くなったのではないだろうか?

富士山信仰

当時の宿入口は「見返り松」から国道を横切って少し歩いた所で、ここには今も大きな「常夜灯」が目印のように残っているが、実はこのような常夜灯は宿はずれにも残っていて、ちょうどここから出口の常夜灯までの「一六丁」ばかりが宿内だった。常夜灯は高さが四メートルほどあり、天保一一年（一八四〇）、「富士講」の人々によって建立されたものだという。江戸時代、「御嶽山信仰」と並んで特に盛んだったのが「富士山信仰」で、富士山信仰は特に富士山の見える地域に住んでいる人々の間で人気があった。

巨大常夜灯を建立するには多額の費用が必要だったが、このような物が残っているのは金持ちの中にも富士講信者がかなりいた証拠と言われている。ちなみに、富士講は天文年間（一五三二〜一五五五）に長崎出身の「長谷川角行」と呼ばれる人物が富士の人穴で修行して広められたという。その後、享保年間（一七一六〜一七三六）になって「食行身禄」と「村上光清」と呼ばれる人物があらわれ、一層盛んになったという。

特に身禄は富士山で断食し、命を断ったことで人々の人気を集め、神様のようにもてはやされたのだ。しかし、幕府はそのような勢力が拡大するのを極端に恐れたから、富士講にたいして度々弾圧を加えていて、富士講自体もやがて衰退してしまったという。

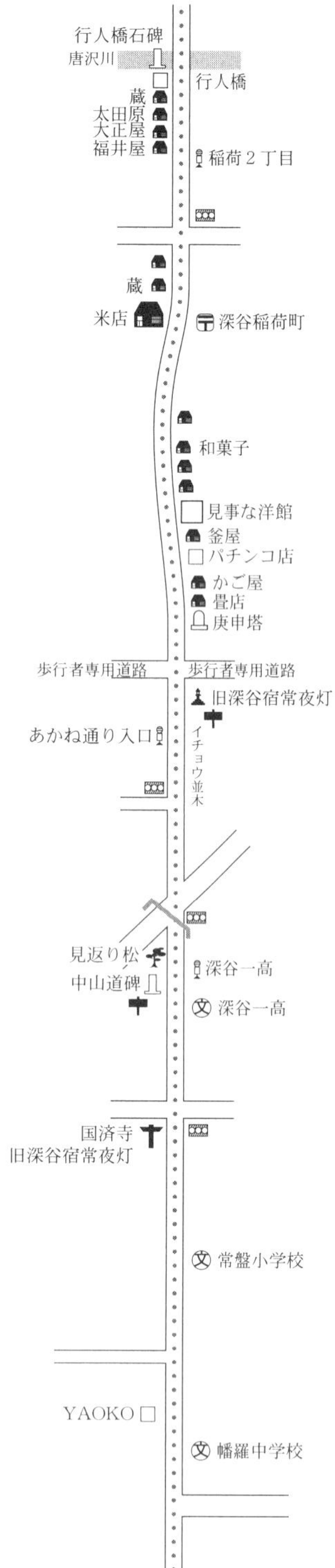

民家の庭先で庚申塔を見付けた。

深谷宿の東と西の入口に常夜灯が建てられた。こちらは東の常夜灯。

本陣跡

富士山信仰に少し寄り道してしまったが、常夜灯から宿場に入ると「稲荷町」で、ここにはまだ古い建物で営業している米店なども残っている。また、途中で「行人橋」を渡ると先は「本住町」に変わってしまうが、その先が「仲町」で、ちょうどこの仲町交差点左手にはJR「深谷駅」がある。

仲町交差点先が「深谷」交差点で、この交差点右手に見える「飯島印刷所」付近に「本陣」があったという。

当時の深谷宿は本陣を中心にして多くの旅籠屋が軒を連ねていたが、この付近昔は「相生町」と呼ばれ、ここは旅籠屋も多かったが「留め女」も多く、通りを歩くのも一苦労だったという。

中にはかなり強引な客引きもあり、気の小さい人はそんな留め女に引っ張られてしまうことも多かったという。

人気宿場でも客の取り合いが見られたわけで、夕方の宿場はまさに戦場さながらの忙しさだったと言っていいだろう。

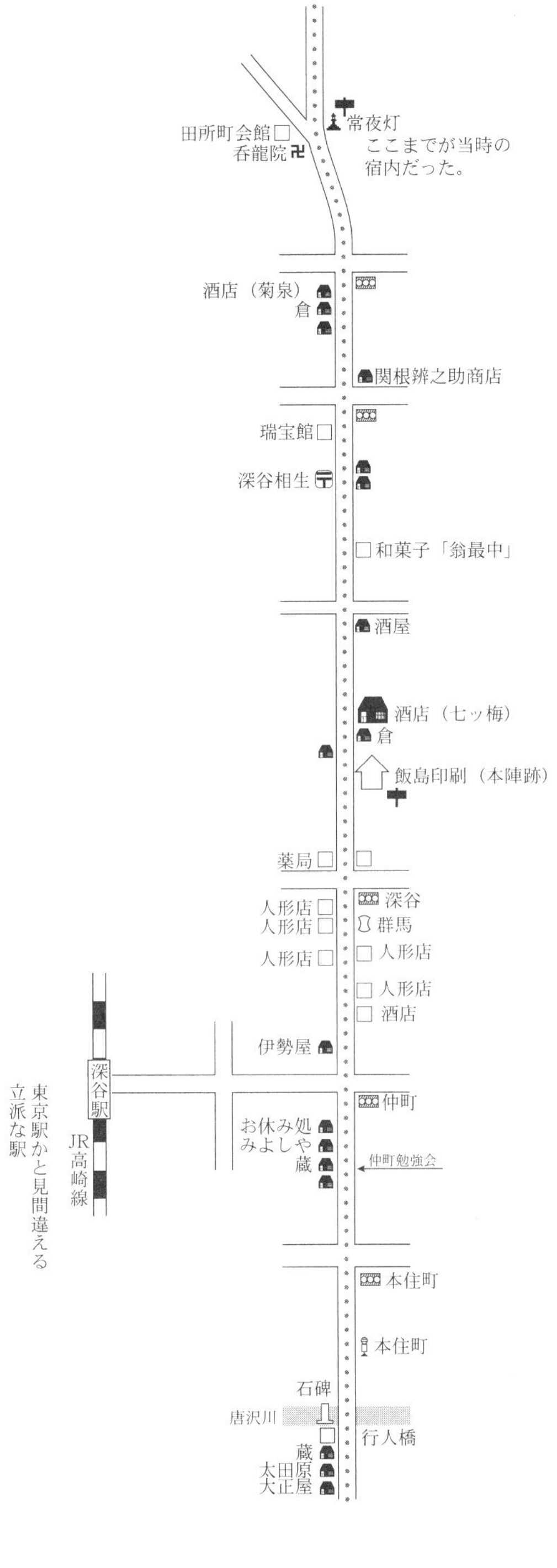

本陣跡
説明によると、飯島氏は宝暦6年から本陣職を勤めたと書いてある。

行人橋のたもとには碑が立っている。観光客がバスで訪れるという。

どこの旅籠屋からも威勢のいい言葉が飛び交い、繁盛していたが、明治に入って交通機関が発達すると歩く人も減り、旅籠屋の多くは廃業してしまったという。

　現在の深谷にはすでに古い建物はほとんど残っておらず、わずかに古い「造り酒屋」の倉ぐらいしか見られないが、この付近が一番賑わっていたことを覚えておかれるといいだろう。

　なお、左手の「深谷相生郵便局」を越えると相生町から「田所町」に変わってしまうが、ここの左手にも古い大きな造り酒屋が残っている。

深谷宿の名物

　田所町からしばらく歩くと正面に大きな「常夜灯」が見えてくるが、ちょうどここが出口で宿はずれだった。

　ちなみに、ここでも五と十のつく日には「市」が立ち、市が開かれると近隣から大勢の人々が集まって賑わったという。

　「大田南畝」が残した「壬戌紀行」によると、ここでは「苫、筵《むしろ》、畳、俵」とあるから、深谷の市ではこのような物が売られていたと思っていいだろう。

　また、ここの名物と言えば「江戸時代後期」は「瓦」が生産され名産品になっていた。

　江戸時代の瓦は高価で一般庶民が使うことはほとんどなかったが、「明暦の大火」後、幕府はようやく防火の意味から瓦を使うことを許可し、需要も多くなったという。

　この付近は荒川や利根川から運ばれた土砂が粘土層となり、土が良質だったから品質の良い瓦が作られたのだ。

　瓦の多くは江戸に運ばれ人気になっていたが、明治に入るとその瓦作りも「煉瓦作り」に変わったという。

　実はＪＲ深谷駅に出ると東京駅かと見間違うほど立派な駅舎が見られるが、元々東京駅の煉瓦もこの深谷で焼かれた物が使われているのだ。

　ここは明治に入って郷土の偉人、渋沢栄一らが煉瓦工場を造ったことでも知られ、そんな偉業を称えるため深谷駅舎も見事な煉瓦造りなのだという。

　なお、最近の深谷名物と言えば「長ネギ」になるが、江戸から明治にかけては瓦や煉瓦がここの名物だったことを覚えておかれると

商店街の中にも古い民家がそのまま使用されている。

最近は中山道の新しいお休み処も設置されてうれしい心遣いだ。

宿の西側にある常夜灯。天保11年4月建立。高さ4メートルで中山道筋最大級の常夜灯。

いいだろう。

深谷ネギ

ちなみに、長ねぎが特産品になったのは利根川と荒川によって肥沃な栄養分が運ばれてくるからで、他の産地と違って甘くておいしい長ネギが収穫されることがわかったからだという。

東京を中心とした関東地方での知名度は抜群で、冬の鍋料理には欠かせない材料になっている。また、現在の深谷周辺では「花の生産」も盛んだが、これも肥沃な土のおかげで、きれいな花が収穫できるのだ。

清心寺

常夜灯を後に宿場を出ると旧道は急に閑散としてしまうが、少し歩くと左手に「清心寺」入口を示す標識が見えてくる。

この寺には「平清盛」の弟で「薩摩守」となった「忠度《ただのり》」の墓があり、昔からここを通る人々の間で評判だった。

薩摩守を決め込むと言えば、電車を「キセル」する人を指す言葉として有名だが、このように呼ばれたのは「忠度」が「ただ乗り」

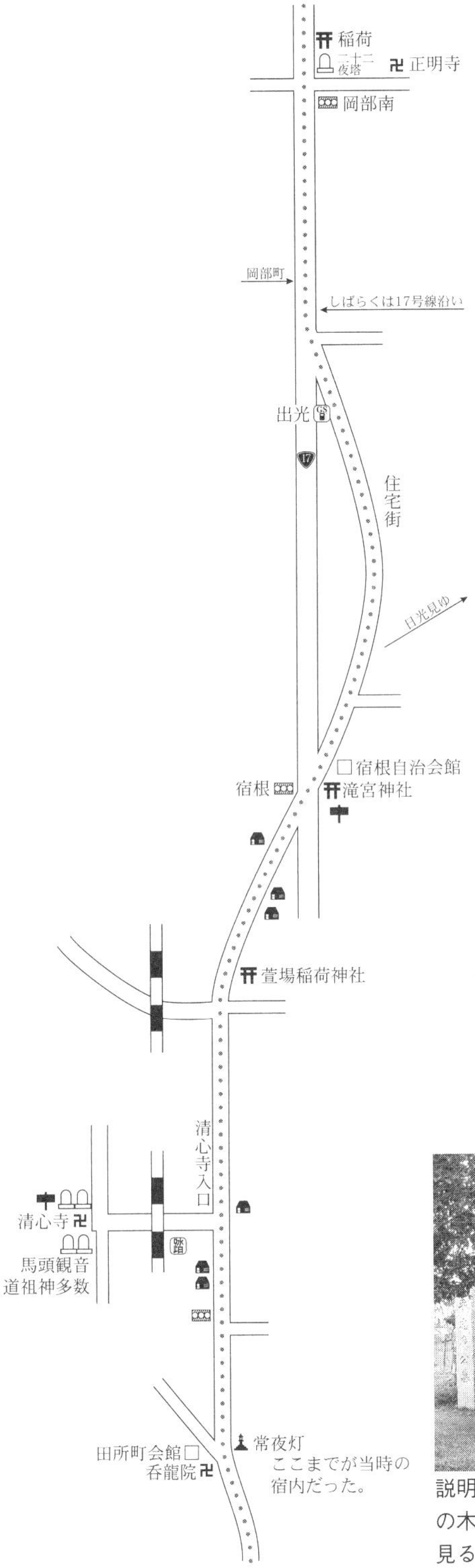

説明に書かれている忠度桜の木は枯れてしまい、今は見ることができない。

清心寺は薩摩守平忠度の領地だった。岡部六弥太正澄は菩提を弔うため、一番景色のよいこの地に五輪塔を建てたという。

と重なり、ちょうど語呂がよかったからだというう。

ちなみに、キセル乗りとは、キセルは「煙管」とも書かれるように「吸口」と「雁首《がんくび》」の部分は金属で作られているが、中間の部分を「羅宇《らお》」と呼び、竹が使われていた。

ようするに入口と出口の切符を持っていれば中間はただ乗りできた。

しかし、最近では自動改札機が普及し、薩摩守を決めこむという言葉自体がいつしか死語になってしまうのではないだろうか。

話はそれてしまったが、忠度は平清盛の弟で薩摩守となり、「歌人」としても有名だった。

しかし、「一ノ谷の合戦」で源氏方の「岡部六弥太忠澄」に討ち取られ、その後、その死を哀れんだ忠澄によってここに葬られたという。

また、この墓の近くには「忠度桜」と呼ばれていた見事な「桜木」があってこれも有名だったという。

墓を管理している人に伺ったところすでに元の桜の木は枯れ、今は新しく小さな若木が植えられているだけだという。

なお、ここの入口には街道にあったと思われる「道祖神」や「道標」などがたくさん集められている。

清心寺を出ると先は「萱場」と呼ばれる集落に変わっていて、この付近これといった目印もない殺風景な道路だ。

しばらく歩くと旧道は国道を横切っているが、ちょうど合流地点には「滝宮」と呼ばれている神社がある。ここの神社、昔はもっと大きかったと言われているが、今は敷地も削られ、かなり寂れている。

なお、この辺り昔は「宿根」と呼ばれていて、道中記には右手に「日光見ゆ」とも書かれているように、晴れていれば「日光連山」が良く見える場所でも有名だったという。

今でも冬の晴れた日に歩くと素晴らしい日光連山が見られるから、その頃に訪れてみるといいだろう。

「岡部六弥太忠澄」出生地

滝宮神社先にはわずかな旧道部分が残っているが、この道も再び国道に合流する。

国道に出ると「岡部」と呼ばれた集落で、先ほど紹介した薩摩守忠度を討ち取った「岡部六弥太忠澄」の出生地で知られている。

滝宮神社

このお宅には巨大な漬物樽が3個も置いてある。

忠澄は寿永三年（一一八四）、「一ノ谷の合戦」で平忠度を討ち取る殊勲をあげ、武勇にすぐれた人物でもあったという。

ところで、また少し余談になってしまうが、この付近の国道を歩いていて気づくのは漬け物の大きな樽が置かれていることだろう。

実はこの辺り最近では漬け物が名物になっているのだ。また、右手に広がる畑では「ブロッコリー」栽培も盛んで、現在の岡部ではブロッコリー栽培と漬け物が「名産品」だという。街道を歩くと意外な事柄に気がつく事も多いが、これも歩く楽しみの一つと言えるだろう。

国道を歩くと「源勝院」を過ぎて右手に「普済寺」入口が見えてくるが、ちょうどこの普済寺の北、およそ二〇〇メートルにあるのが「岡部六弥太の墓」だという。

「普済寺」信号を右折すると左手畑の中に小さな公園が見えてくるが、この奥に「墓所」は保存されていて、墓は立派な「五輪塔」になっている。

中央の墓が岡部六弥太のものと言われ、左

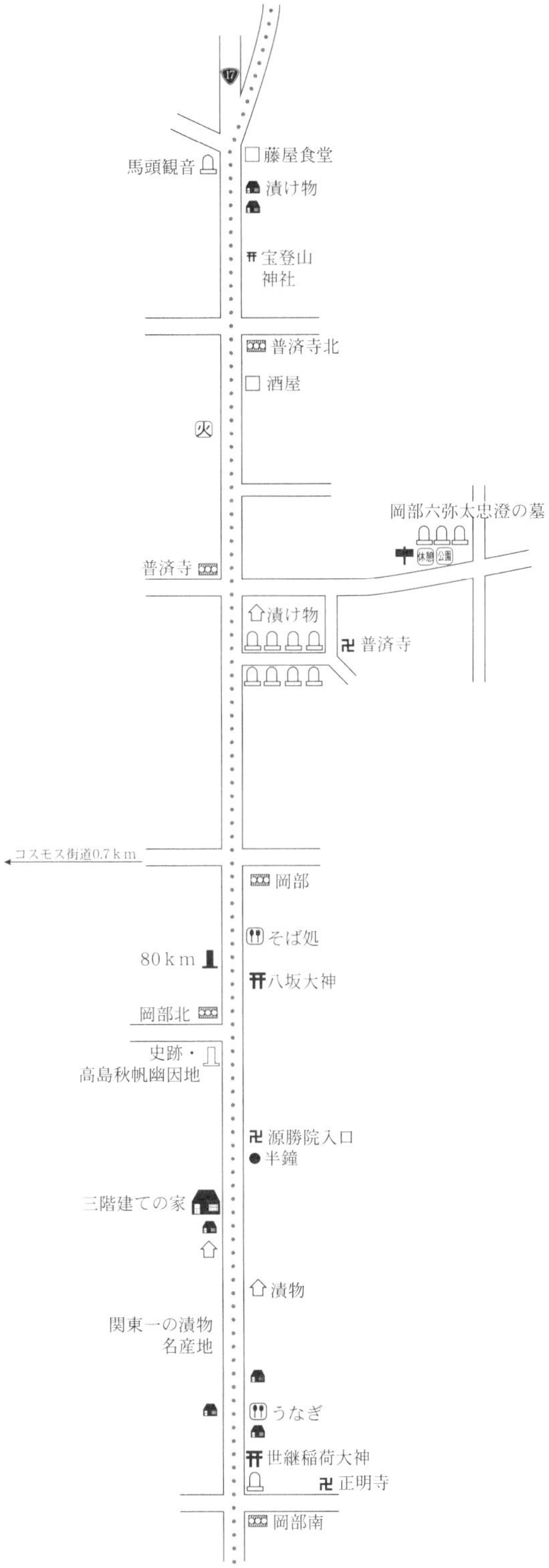

岡部六弥太忠澄の墓所。
六基のちょうど中央の最も大きいのがそれだ。

手の墓は夫人のもので、右手は父のものだという。保存状態も良く、古い墓のわりにはかなり立派と言えるだろう。

　なお、現在の普済寺入口にも「道祖神」「馬頭観音」「二十二夜塔」など多くの石碑が集められている。

芭蕉句碑

　六弥太の墓から元の国道に戻り、しばらく歩くと右手の「藤屋食堂」先で国道と旧道は分離しているが、この付近古くは「岡部の原」と呼ばれ、とても殺風景な場所だったという。

　そんな場所を想定してか、ここには昭和三二年建立の「芭蕉句碑」が置かれている。

　句碑に彫られているのは「原中や物にもつかずなく雲雀《ひばり》」で、句の意味は次のように解釈されている。

　芭蕉の目の前には何もかもすべてが見渡せるような大草原が広がり、原っぱの中で雲雀が自由奔放に鳴き続けていたのだ。

　こんな所で雲雀の声を聞いていると、まるで何ごとにも縛られず無心でいいものだなあ、と言った意味だ。

　この句は「西行」の「ひばりたつ荒野に生ふる姫百合の何につくともなき心かな」を意識していると言われ、まさに春のとても広い大草原を想像させる雄大な句で知られている。

　今でもこの付近は広大な田園地帯が広がっているから、まるで芭蕉の句そのままの場所とも言えるだろう。

島護産泰神社

　なお、右手に残った旧道部分は車もあまり通らないような狭い道だが、そんな道をしばらく歩くと右手に「島護産泰神社」が見えてくる。島護は「しまもり」あるいは「とうご」とも発音され、神社にある説明板によるとこの付近は古くから「利根川」の氾濫に悩まされ、そんな理由で村の守護神として信仰を集めていたという。

　今は「安産」の神様でもあり、四月一〇日の春祭りには「里神楽」も奉納されるという。

　神社を出ると先は小さな交差点だが、ここを右手に曲がると最近作られた「道の駅」があり、立派なトイレや休憩施設もあるから用を足したい人には便利だろう。また、向かい側には「中宿根歴史公園」もあり、高床式の建物などがあって古代の勉強もできるように

句碑のある辺りの風景は殺風景で何もない。句の内容にマッチしたかのような場所だ。

島護産泰神社
利根川の氾濫の守護神として信仰された神社。また安産の神様として底の抜けた柄杓を奉納するという。

中宿根歴史公園の復元された蔵。

なっている。なお、交差点を横切って先に進むと、農家でも大きな家が目につくが、この付近昔の「岡村」で、当時の岡村には一里塚があったという。

すでに一里塚跡は残っていないが、ここの一里塚は江戸から「二十里目」で、一里塚にはとても珍しい「竹」が植えられていたという。

岡村集落を出ると小さな「馬頭観音」を見て右手の道路へ入って行くが、ここは気持ちだけ緩い下り坂になっているように当時は「豊見坂」と呼ばれていたという。しかし、今はどこが坂だったのか、まったくと言っていいほどわからない。

旧道は「岡信号」でバイパスを横切っていて、田園地帯を抜けて「小山川」に架かる「滝岡橋」を渡ることになるが、当時は今の橋よりも一五〇メートルほど左手を「徒歩《かち》」で渡っていたという。

しかし、増水すればこんな小さな川でも川留めになり、運悪く大雨に遭遇した人は難儀していたのだ。

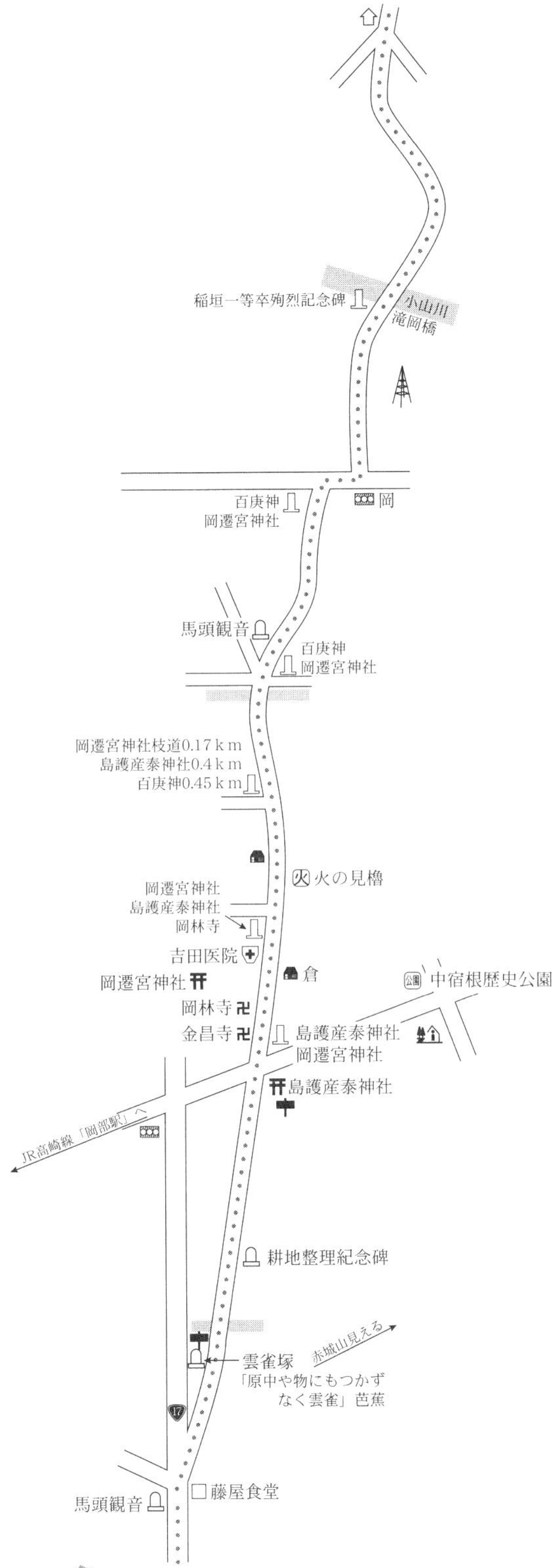

小山川に架かる滝岡橋の親柱。その向こうに広々と見える緑地帯は小山川の河原。

小山川を渡るとしばらくはのどかな田園地帯で、この付近で気付くのは「送電鉄塔」がたくさん見られることぐらいだろう。

しばらく歩くと車が侵入出来ない道路と右手に曲がる道路の分岐点にさしかかるが、旧道はそのまま直進し、橋の手前で県道四五号線を横切っていた。

ちょうど突き当たった所には花屋さんがあり、ここから入っていったが、現在の道路には「境」方面と出ているからこれが目印になるだろう。

花屋脇に残ったわずかな旧道部分から入ると右手に「藤田小学校」があり、その先にこんもりとした緑の森が見えてくる。

ここは「八幡大神社」で、古くは「金鑽大明神」とも呼ばれ、神社の説明によるとここには珍しい「金鑽神楽」という神楽が伝わっているという。

八幡神社を出てしばらく歩くと牧西交差点先にバス停「鵜森入口」があるが、その先には「子育て地蔵」が祀られ、周りには旧道にあったと思われる「庚申塔」なども集められている。

傍示堂立場

先は再び田園地帯で遮る物がなく、暑い日には難儀しそうだが、そんな田園地帯を抜けると右手に立派な門構えを残す「内野歯科医

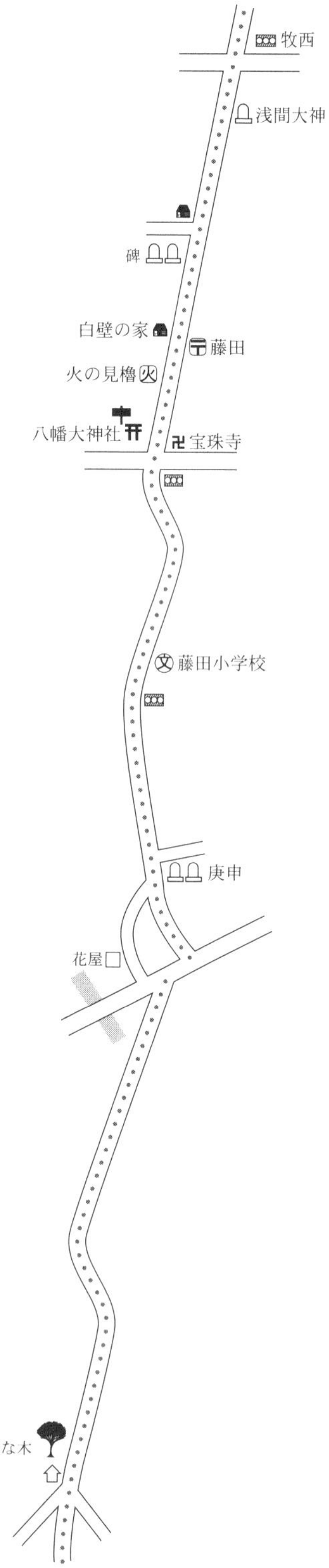

八幡大神社は鎌倉鶴岡八幡宮を奉遷して祀ったもの。創建は建久年間。

院」が見えてくる。おそらくここも名主か庄屋だったのではないだろうか。なお、内野家を過ぎると旧道は大きく曲がっているが、この辺り「傍示堂」と呼ばれていた集落で、傍示堂は「ぼうじどう」と読み、当時は立場で賑わっていた。

ここは「傍示石」の代わりに「お堂」が建てられていたのでこのように呼ばれたが、当時ここは「武州」と「上州」の境でもあったという。今は右手に「傍示堂集落センター」があって、近くに古い松が一本見られるが、お堂は残っていない。

先の道路も曲がりくねった道だが、当時この付近には「一里塚跡」があったという。

一里塚は「傍示堂の一里塚」と呼ばれ、二一番目のものだったが、筆者が歩いた時にはすでに一里塚は失われていた。

近くにはうどん屋さんやセメント屋さんなどがあるから、一里塚はこの付近にあったのだろう。なお、セメント屋脇を通り過ぎると旧道は国道一七号線を横切っているから、ここは歩道橋で向かいに出る。

旧道は緩い上り坂だが、この坂は「御堂坂」と呼ばれていた。

また、坂を上り切った辺りは「東台」と呼ばれているが、東台に出てしばらく歩くと「中山道交差点」で、この付近が本庄宿《ほんじょうじゅく》入口だった。

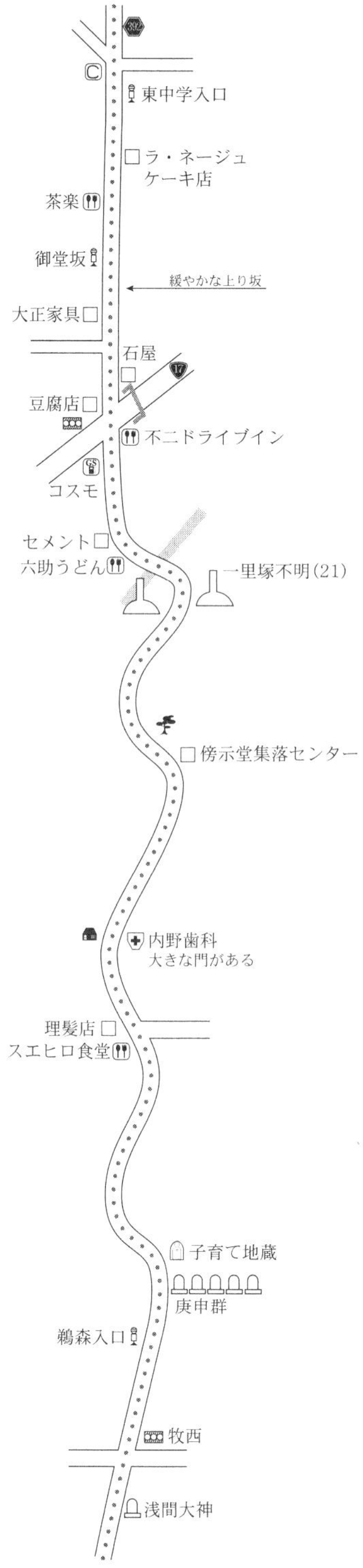

昔の白壁の門の医院もある。

11 本庄宿《ほんじょうじゅく》

次は新町宿
2里
（7.8キロ）

宿場の規模

御堂坂を上り切り、中山道交差点を渡ると本庄宿だ。

ここは天保一四年の記録によると宿場規模は本陣二、脇本陣二、旅籠屋七〇軒と大きく、当時の人口も四五五四人とずば抜けて多かった。

資料を参考にすれば中山道の中では「最大級」の宿場と言っていいが、宿場が大きくなった理由は古くからの「城下町」だったことが大きかったという。

ここは江戸時代以前から住み着いている人が多く、中核都市として商業や工業も発達していたからだ。

さらに、当時の本庄は「武蔵国」と「上野《こうずけ》国」との境でもあり、周辺諸国から大勢の人が集まってきたことも賑わった理由の一つだった。

当時の宿場は「飯盛り女」が多いことでも有名で、その数実に一〇〇人を超えていたと言われ、旅籠屋一件に飯盛り女が二人いたと考えれば、実に七〇軒中五〇軒の旅籠屋が飯盛り女を抱えていたことになる。

ところが、飯盛り女が多いと近くの村から出てきた「助郷」（注1）が村に戻らないといった弊害もあり、ここには村人らから飯盛り女を禁止してくれないかと出された嘆願書も残っている。

本庄城

「本庄城」は慶長一七年まであった城のことで、駅前入口交差点から北に三〇〇メートルほど歩いた「本庄市役所」裏手にその城址が残っている。

本庄城は室町後期の弘治二年（一五五六）、「本庄氏」が築いたと言われ、戦国時代には「小田原北条方」に属していた。そのため、ここは「秀吉」の小田原攻めの際に落城してしまうが、徳川家康が関東支配者になると家臣の「小笠原氏」（天正一八年・一五九〇）が入城、再び城下町として発展したのだ。しかし、

注1　助郷とは、近くの農民に課せられた課役のことで、助郷を命ぜられると何をおいても決められた宿場に集合しなければならなかった。農民には重い年貢が課せられていたわけで、この助郷制度は農民にとってはかなりの負担だった。

バス停「円心寺入口」が相生橋の付近。本庄宿はこの辺りが宿の入口だった。

本庄市役所の裏手には本庄城址の碑が残る。昭和33年本庄市指定の文化財となった。

その小笠原氏も慶長一七年（一六一二）、理由はよくわかっていないが突然下総の古河に移封され、本庄城は廃城になったという。

現在の城址には「城山稲荷」や県指定の「大欅」なども残っていて、ここに見られる欅は築城当時のものだという。

本陣跡

宿場の中心は「相生橋」を渡って緩い上り坂に変わった辺りから駅前交差点を越えた付近にあったという。

「本庄駅前」交差点付近が昔の「本町」で、交差点右手の「りそな銀行」（旧あさひ銀行）付近に「田村本陣」があり、当時ここは「北本陣」とも呼ばれていた。

また、他には「南本陣」と呼ばれていた「内田本陣」が田村本陣向かいにあったが、今はどちらも何も残っていない。

交差点から商店街の中を三〇〇メートルほど歩くと右手に「資料館」入口を示す標識が見えてくるが、ここには当時の「田村本陣門」が移築保存されている。

資料館は右手に入ったちょうど消防署裏手にあり、立派な門を見ると当時の本陣がどの

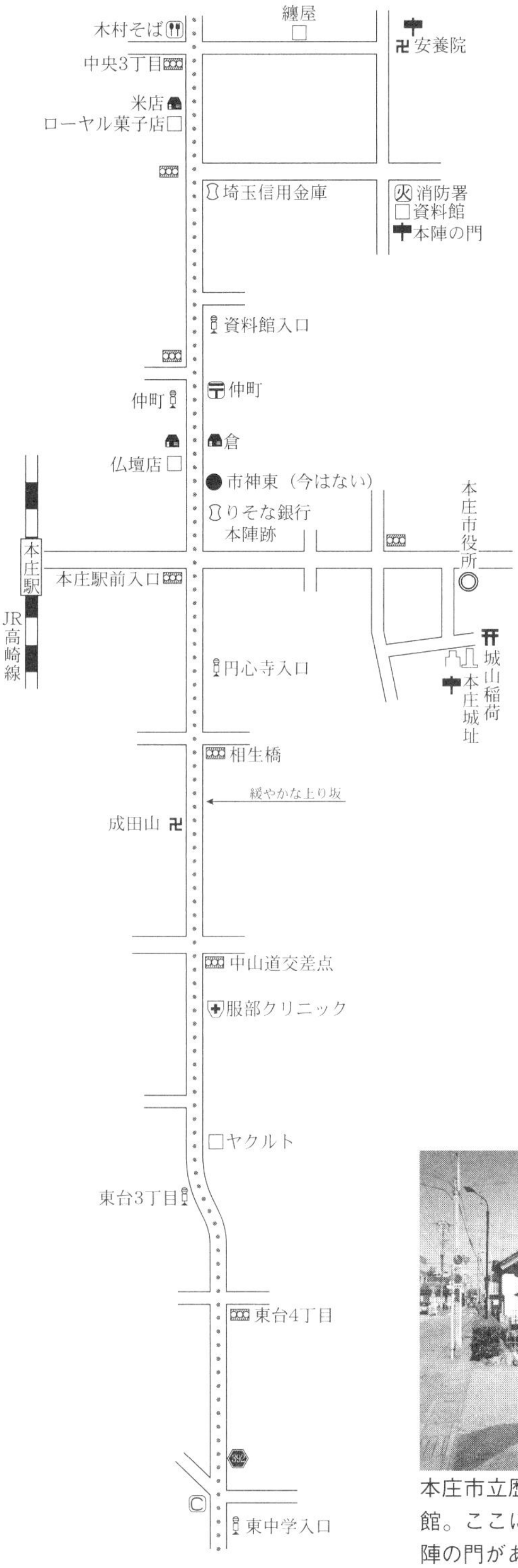

本庄市立歴史民俗資料館。ここに右写真の本陣の門がある。

資料館にある田村本陣の門。
ここは北本陣と呼ばれていた。本陣があった場所は現在の中央１丁目付近。

ような規模だったのかもわかってくるだろう。

田村本陣には「皇女和宮」も文久元年（一八六一）一一月一一日に宿泊されているが、残念ながら建物は失われ、今はこのように本陣の門だけが残っているのだ。

ちなみに、現在資料館になっている建物は明治一六年に建てられた「警察署」で、こちらは県の文化財にも指定されている。


元の宿場だった通りに戻るとしよう。

資料館入口先に出ると左手に「赤レンガ」の古風な建物で営業している「洋菓子屋」さんが見えてくるが、ここは「元銀行」の建物で、今は「ローヤル菓子」と呼ばれて地元で人気になっている。おいしいと評判だから、興味があれば立ち寄ってみるといいだろう。

六斎市

なお、本庄宿も二と七のつく日には「市」が立ち、とても賑わっていたが、ここの市は「六斎市」とも呼ばれていた。六斎市と呼ばれたのは二、七、十二、十七、二十二、二十七と月に六回市が開かれていたからだった。

宿場では市を守る神様を祀ることが多く、桶川でも説明したように市の神様は「市神」と呼ばれ、ちょうど今の「りそな銀行」辺りと図書館入口付近に置かれていたという。市が開かれると宿場は大勢の人々で賑わったが、残念ながらその跡も失われ、市神は宿はずれの金鑚神社《かなさなじんじゃ》に合祀されているという。

安養院

なお、洋菓子店先は「中央三丁目信号」だが、ここを右手に入ると「安養院」と呼ばれる寺がある。

ここは江戸時代以前から大きな寺で知られ、広大な土地を持ち、創建当時は寺の中に泉も湧いていたという。大田南畝も『壬戌紀行』に大きな寺があると記しているが、ここの奥には「木曽御嶽山信仰」の開祖と言われる「木食普寛《もくじきふかん》上人」の墓などがある。御嶽講を広めたことでも知られているが、修行に出た途中、この本庄で亡くなったという。

また、この寺で注目したいのは左手奥にある「小倉家」の墓所で、ここには小倉家の墓を初めとして俳人の句碑などが三二基ほどまとめられているのだ。

奥に見られるのは「芭蕉句碑」を初めとし

安養院山門
若泉山無量寺という。創立は文明7年。境内には風変わりな句碑がたくさんあり見ものだ。

ローヤル洋菓子店は明治時代の赤煉瓦造りの建物。本庄商業銀行として建築された。

旧本庄警察署
明治時代に建てられた洋風建築は現在資料館に使用されている。

て「千代女句碑」や芭蕉の門人「其角」、「嵐雪」、そして「その女」（注2）などの句碑で、面白いものもあるから立ち寄ってみるといいだろう。

安養院の芭蕉句碑

芭蕉句碑には杖と笠を持った芭蕉翁の坐像が描かれていて、「言（ものいえ）ば唇寂し秋の風」「謝蕪村の筆意にちなむ　隆古」と彫られている。

風化が激しくて最初の物の字は欠けているのか、それともこれで「物言えば」と読ませるのかはわからないが、見ておきたい場所と言えるだろう。

「物言へば唇寒し秋の風」の句は元禄四年頃の作と言われ、前書きには「座右之銘、人の短を言う事なかれ、己が長を説く事なかれ」とあり、自らを戒めているような句で知られている。

ついつい色々とおしゃべりしてしまうと、人を批判したり、己の長を誇ってしまいがちだが、別れて一人になってみるとなんだか妙に寂しい気持ちになってくるものだなあ、との意味だ。

芭蕉句碑近くには千代女の「百生やつるひとすじの心より」と彫られた句碑もあり、こ

注2　斉藤その女は江戸後期の俳人。船橋の人。

千代女の句碑。

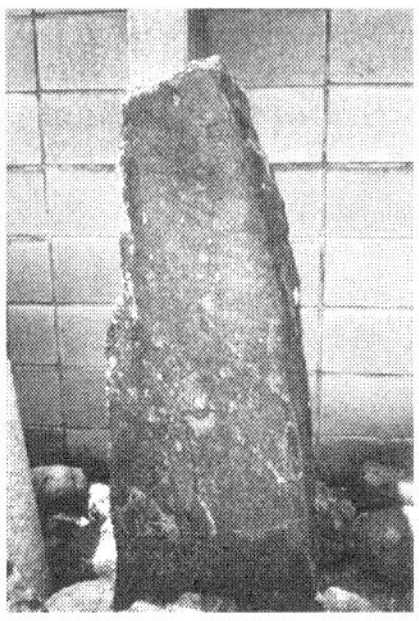

境内にある芭蕉句碑。芭蕉の像らしき姿も彫られている。

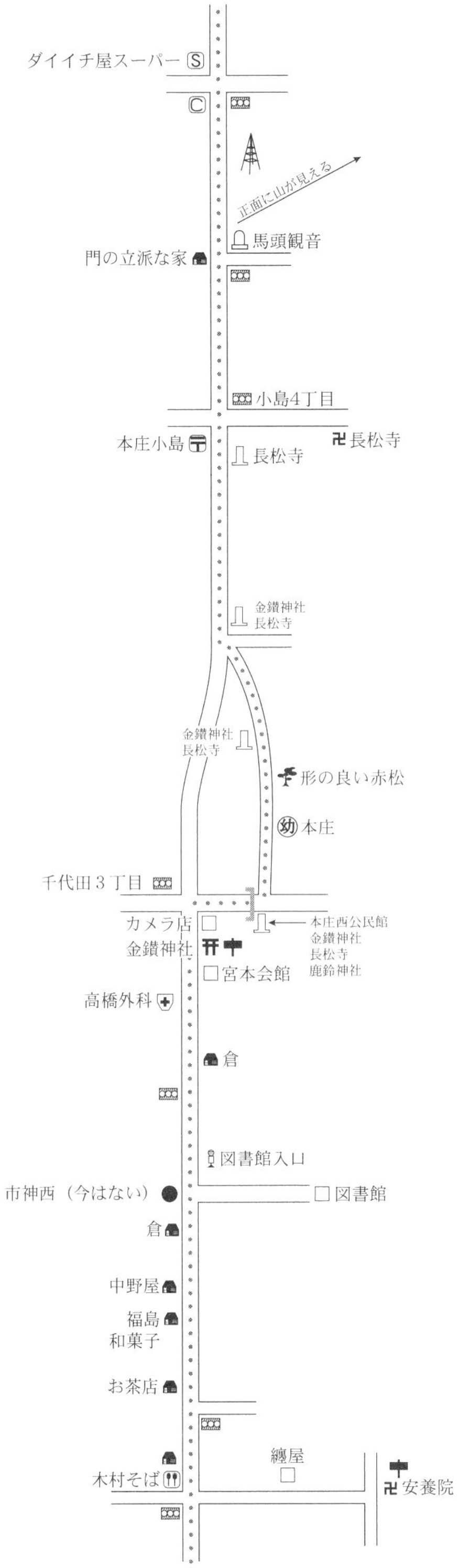

ちらの碑には珍しいひさご（へちま）の一筆書きが添えられていた。

ちなみに、この安養院に向かう狭い通りには「纒」を作っている店が今も残っているから面白い。

纒《まとい》とは当時の「火消し組」の標とした物だが、今も商売にしているとは由緒ある店ではないだろうか。

金鑽神社

元の宿場に戻るとしよう。

先には少しばかり古そうな家も見られ、「製麺業」を営んでいる家などは昔のままと言ってもいいが、ここも図書館入口を通り越すとすでに宿はずれで、ちょうど右手に「金鑽《かなさな》神社」が見えてくる。

ここは本庄城主だった小笠原氏によって創建され、本殿の飾りなどは日光東照宮を彷彿とさせるような極彩色だ。また、屋根には徳川家の家紋だった「葵の御紋」がのっているのも確認できる。御神木になっている「大樟《おおくす》」なども見事で、うっそうとした古木に囲まれた境内もなかなかの広さがある。

本庄宿の名物

ところで、本庄宿も金鑽神社付近が宿はずれだったが、最後にここの名物について触れておくと、ここは「薬」が名物だった。

『続膝栗毛』にも「本庄の補元丹」が名物だったと記されているが、江戸時代ここは薬を商う「薬屋」が多く繁盛していたという。

ちなみに、ここには天保七年に食べ物の値上げを申請した貴重な書物も残っていて、それによると、飯一二文を一六文、そば、うどん一六文を二〇文、酒二八文を三二文にしたいと申し出ているという。これを見ると江戸末期には諸物価が値上がりしていたのもわかってくるだろう。

『誰でも歩ける東海道五十三次』で筆者は一文を二五円と換算したが、同じように換算すれば、そば、うどんが四〇〇円から五〇〇円と大幅に値上がりしていたことになるだろう。しかし、これは江戸末期の話で、江戸時代は三〇〇年も続いたが、物価はかなり安定していたという。

宿場を出ると中山道は金鑽神社先を直角に右折、すぐ先に見える歩道橋辺りから左へ入

歩道のタイルには各宿場の木曽街道六十九次の絵がはめ込まれている。

金鑽神社本殿
神社の創立は541年と伝えられる。
境内には楠木の巨木もあり埼玉県指定の天然記念物になっている。

って行ったという。

なお、神社を右折すると歩道には埼玉県内にあった九宿が「木曽街道六十九次続き絵」のタイルになって歩道にはめ込まれている。

これは本庄宿が埼玉県最後の宿場だったからで、タイル画を見ながらもう一度浦和から始まった埼玉県内の宿場を色々と振り返ってみるのもいいだろう。

歩道橋を渡って残った旧道部分を歩くと急に殺風景になってしまうが、しばらく歩くと再び旧国道に合流していて、先は「小島」と呼ばれていた集落に変わっている。

旧国道はやがてコンビニやスーパーのある大きな交差点を横切るが、先は「下野堂村」あるいは「万年寺村」と呼ばれた集落で、少し前までこの集落に入る手前には二二番目の「一里塚跡」が残っていたという。

筆者が歩いた時にはすでになくなっていたが、ここでは「万年寺の一里塚」と呼んでおくことにしたい。

交差点を横切ると旧道は再び殺風景な道路だが、「上里町」に入ると左手に「浅間山古墳」が残っている。現在の古墳は稲荷神社になっているようだが、古代この付近には力を持った豪族がいたのではないだろうか。

なお、先は「石神」と呼ばれていた集落で、

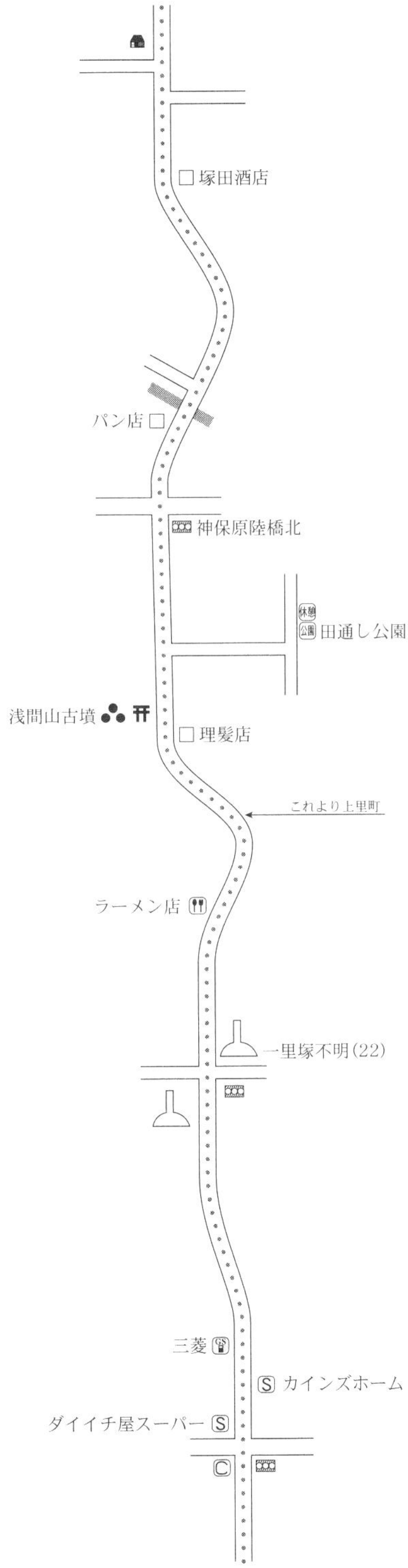

玄関の庇に昔の面影をみる民家もあった。

浅間山古墳は上里町の指定文化財になっている。

現在は「神保原町」と名を替えていて、旧道左手奥にはJR神保原駅がある。

二十三夜塔

旧中山道の道筋は「神保原一丁目信号」で右折し、国道一七号線を横切って国道右手へ移るが、この付近「金久保」と呼ばれている集落だ。旧道に入ると「キムラ乳業」工場が見られるが、ちょうど工場向かいには街道にあったと思われる「庚申塔」や「二十三夜塔」などが集められている。

庚申信仰については巣鴨で簡単に触れておいたが、ここではここに多く見られる二十三夜塔などについて説明を加えておこう。

「二十三夜塔」とは「月待講」のことで、「月待供養」とも呼ばれ、江戸時代には「庚申講」と並んで特に「女性」の間で盛んに行われていた。

月の出るのを待って礼拝していたが、月待講には「アタリ日」というのがあり、「二十三夜」の他、「十八夜」、「十九夜」、「二十二夜」、「二十六夜」などがあった。

アタリ日は地域によって様々だったが、最も多かったのが「二十三夜講」（注3）で、特

注3　アタリ日は三夜待とも言われ、この日に妊娠すると身体に障害のある子が生まれると忌避されていたという。

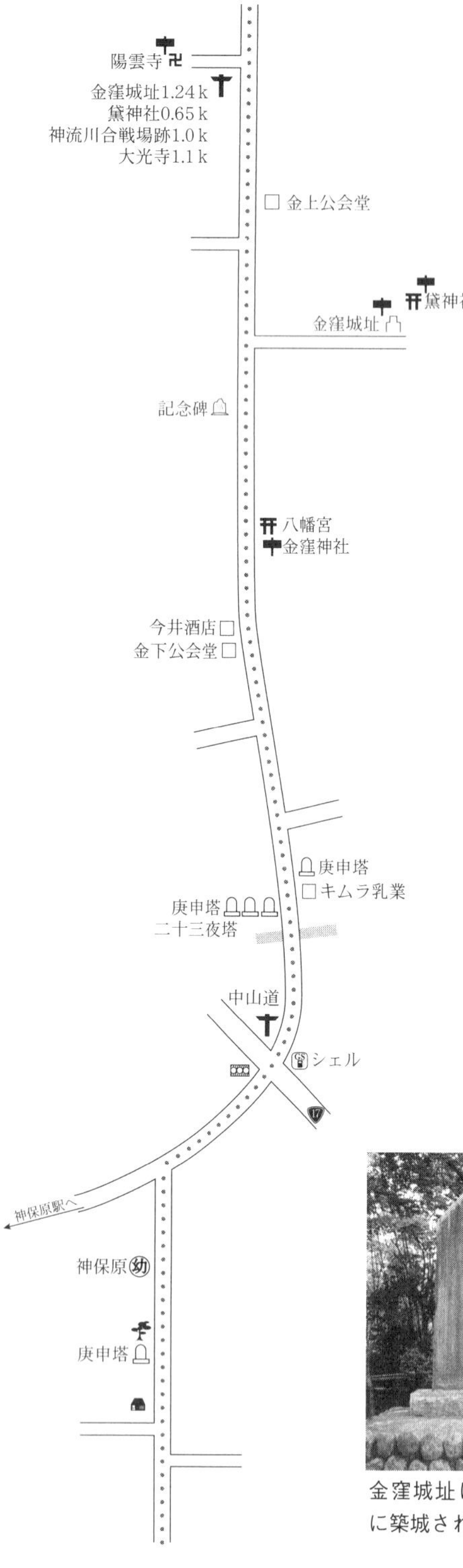

金窪城址は治承年間に築城された。

庚申塔・二十三夜塔など石塔群が置かれている。

定の月齢日に集まって精進潔斎を行い、月に礼拝供養をしていた。

中山道を歩くと今もこのような「供養塔」が各地に見られるが、「十九夜講」は特に女性の講とされていたこともあり、庚申塔のような「青面金剛」ではなく穏やかな「如意輪観音」や「聖観音」によって表現されているという。

金窪城跡

なお、ここからしばらく歩くと「八幡神社」があり、神社を越えると右手に「金窪城址」の小さな標識が見えてくるが、金窪城とは後で説明する「神流川《かんながわ》の合戦」（注4）で落城した城のことで、標識右手奥に入ると民家脇にわずかな城址が残っている。

奥に小さな公園があり、その向かいにわずかな城址が見られるだけだが、ここには当時の「土塁」や「石垣」などがかすかに残っている。

陽雲寺

なお、旧道に戻ると左手に「陽雲寺」と呼ばれている寺が見えてくるが、ここは「武田家」ゆかりの寺で、境内には「武田信玄」の奥方だった「三条夫人」が住んでいたという。

注4　神流川の合戦については神流川を渡った所で説明している。

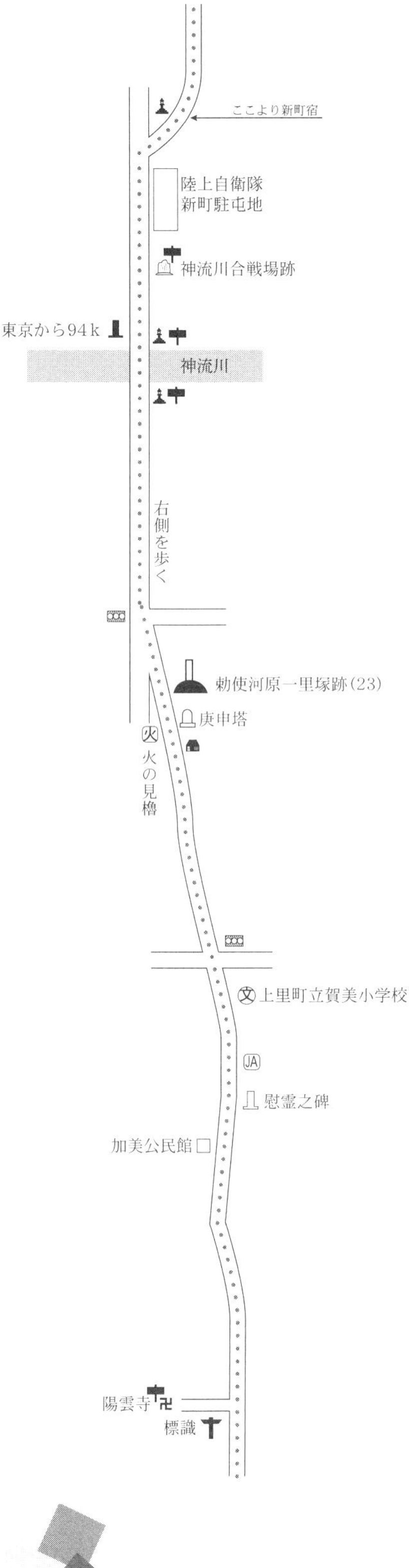

陽雲寺の境内にある畑時能の墓所。
畑時能は新田義貞の家臣。

天正一〇年（一五八二）、武田家は滅び去ってしまうが、信玄の甥「信俊」は生き残って「徳川家康」に仕え、「川窪」と名乗ってここに八千石を与えられたと言われている。そんな縁もあってか、三条夫人はこの付近に住んで仏門に入ったと言われ、後に奥方の戒名から陽雲寺と呼ばれ出したという。信玄には本妻の他に愛人もたくさんいたが、三条夫人が正妻で、ここにはゆかりの品々が多数保存されているという。

勅使河原の一里塚

なお、陽雲寺を出るとしばらくで「勅使河《てしか》原《わら》」と呼ばれていた集落に変わっているが、旧道が国道に合流する手前、小さな土蔵造りの倉脇に残っているのが一里塚跡で、これは二三番目に当たり、「勅使河原の一里塚」と呼ばれていた。

神奈川橋の常夜灯

勅使河原集落を出るといよいよ「武蔵国」と「上野国」の境を流れていた「神流川《かんな》」を渡ることになる。

ここで有名だったのが橋詰めに置かれていた「常夜灯」（注５）で、手前の本庄寄りには豪商が寄贈した常夜灯が置かれていたが、新町側には寄付によって建立された曰く付きの常夜灯があり、通る人々の間で評判になっていた。

その事は「小林一茶」が残した日記に次のように記されている。

一茶は新町宿に泊まって「高瀬屋」という旅籠屋で眠っていたが、夜中に突然提灯を持った人に起こされ、常夜灯を建立するから一二文寄付するように強要されたのだ。自分は懐具合が良くないから勘弁して欲しいと申し立てたが、まったく聞き入れてもらえなかったという。

その時残した句が「手枕や小言いうても来る螢」（注６）で、ここの常夜灯はそんな由来の残る曰く付きの常夜灯として有名だったという。しかし、当時の常夜灯はすでに残っておらず、今は橋の両側に新しい小さな常夜灯が置かれているだけだ。

神流川は普段は緩やかな流れだが、増水すると急流に変わったと言われ、今でも川幅は思ったより長く感じられるだろう。

注５　勅使河原の一里塚を見て国道に合流すると先に信号があるが、ここを左手に入り、高崎線線路をくぐると大光寺があり、ここに当時の本庄側常夜灯が残っている。また、新町側にあった常夜灯は高崎市大八木の諏訪神社に保存されているという。

注６　一茶は提灯のほのかな明かりを蛍に喩えたと言われている。

神流川風景

勅使河原の一里塚跡。一里塚の横にはお堂がある。

ちょうど「英泉」が「本庄」と題して残したのも「神流川渡場」で、この絵は「大名行列」が橋を渡っているところだ。絵を見ると中洲の先は舟渡しになっていて、手前と奥には有名だった常夜灯も見えている。また、遠くには「妙義山、榛名山、赤城山」などの「上毛三山」も描かれていて、これらを見れば当時の様子もわかってくるだろう。

神流川合戦

神流川は現在も埼玉県と群馬県を分けているが、ちょうど川を渡った所には「神流川合戦碑」が置かれている。

織田信長が本能寺の変で敗死したと聞き、厩橋城主だった「滝川一益」が兵一万六千名ほどで出陣したが、小田原「北条方」も出陣してこの付近で戦が行われたという。

ところが北条方が思わぬ援軍を出したため、その数六万名余りにおよび、真夏の炎天下、一益方は部下二七〇〇名余りを失って厩橋城に退いたと伝わっている。ここはそんな悲惨な歴史に残る戦が行われた場所でもあるという。

ちなみに、戦国時代というのは「足利尊氏」が亡くなった後、足利将軍（室町幕府）の力が弱体化、各地の大名が勝手に勢力を拡大し始めたのが大きな原因だった。「カリスマ的」な存在がなくなると各地にいた守護大名を押さえておくことができなくなり、「応仁の乱」以後各地で戦争が絶えたことはなかったという。

特に関東は足利将軍から「上杉家」が代々関東管領（武蔵の国を守れと任命されていた）を任せられていたが、戦国時代末期に力をつけた小田原北条家に何度も狙われたのだ。

しかし、後には越後の上杉謙信の力を頼ってなんとか面目は保っていたという。

ところが時は流れ、上杉謙信、武田信玄が滅び去ると織田信長方が支配するようになり、信長倒れるとの報を聞き、これぞとばかりに北条軍が進出してきてここで戦が行われたのだった。

なお、古戦場碑先に出ると「自衛隊駐屯地」が見られるが、その先で中山道は国道と分岐していて、右手に入れば新町宿《しんまちじゅく》だった。

神流川の橋詰めに置かれた現在の見透し灯籠のモチーフ。

神流川古戦場跡碑
織田方の滝川一益と北条氏が戦った所だ。

神流川を渡れば旧道は国道と分かれて分岐する。ここは国道との分岐点付近。

この常夜灯を見つけたら、新町宿はすぐそこだ。

12 新町宿《しんまちじゅく》

次は倉賀野宿
1里半
（5.85キロ）

宿場の規模

ここが宿場に制定されたのは享保九年（一七二四）と中山道の中でもかなり遅く、江戸に近い「笛木新宿」と奥にあった「落合新宿」を合わせて「新町宿《しんまちじゅく》」にしたという。

名前からもわかるように新町とは新しい町という意味で、作られた当初はあまりぱっとした宿ではなかったが、天保一四年の記録によると宿場規模は本陣二、脇本陣一、旅籠屋四三軒と大きかったことがわかる。

新しく作られた宿だったから江戸時代後期にはかなり賑わっていたと思っていいだろう。

神流川を渡り終え、自衛隊駐屯地に沿って歩くと国道と旧道が分岐する所に新しい「常夜灯」が置かれているが、ここから右手の旧道に入れば新町宿だった。

八坂神社の芭蕉句碑

旧道に入るとすぐ先は交差点で、この交差

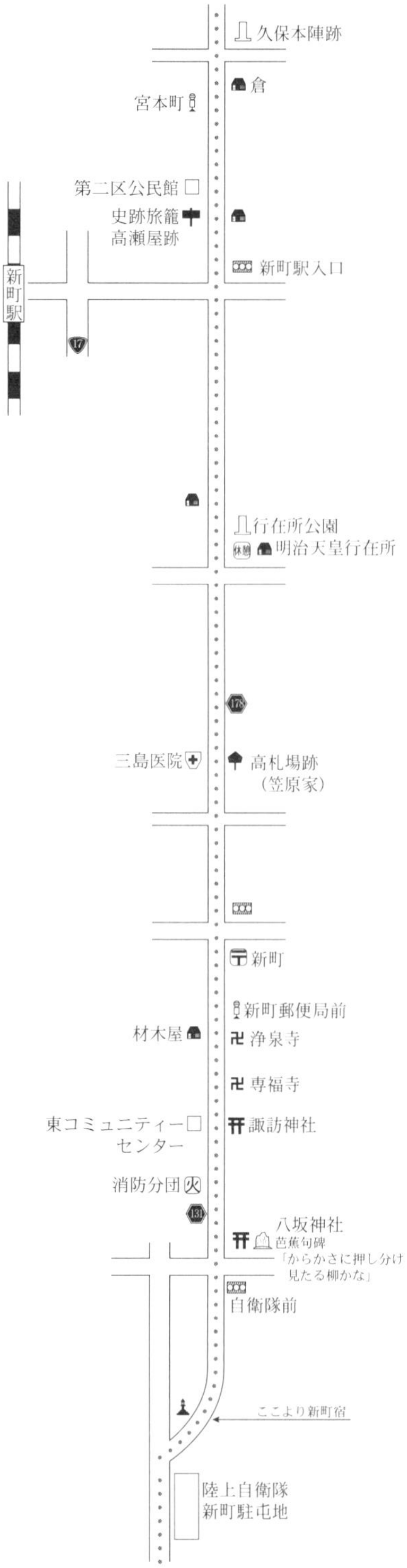

八坂神社風景
芭蕉句碑の後ろに立つのは欅の大木。

八坂神社の芭蕉句碑。昔、この辺りには御茶屋があったという。

点を渡った右手には小さな「八坂神社」があり、ここには「芭蕉句碑」が置かれている。

句碑は大きな欅の木の下にあり、「傘（からかさ）に押し分け見たる柳かな」と彫られているが、昔、この近くに「御茶屋」と呼ばれていた名物茶屋があり、そこの「柳の大木」近くに建立されていたものだという。

句碑は天保年間に建立されたもので、元々茶屋と句碑は今の場所とは反対の八坂神社向かい側にあったという。しかし、明治に入って歩く人が減り茶屋は廃業してしまったという。

芭蕉は春雨に濡れ、若葉が芽を吹き、たわわに茂っていた柳の木を見ていたのだ。そこで、芭蕉はふと傘で柳の枝を押し分けてみたいという衝動にかられたのではないだろうか。

この句は元禄七年頃の作で、いかにも晩年の芭蕉らしい「軽み」の良さが出ている秀作として知られている。

昔の旅人はきっと名物茶屋に腰掛け、一服しながら風流な芭蕉句碑を眺めていたのだろう。

諏訪神社

なお、宿内の道路はここからきれいに舗装された歩道で、しばらく歩くと右手に「諏訪神社」が見えてくる。

少し前までここの入口には元禄頃に建立されたという「古い鳥居」があって通る人に珍しがられていたという。

しかし、近年になって老朽化し、危険だということで取り払われ、今は境内奥の片隅に移されている。

保存されている鳥居は苔むすような状態で今にも朽ち果てそうだが、興味があれば見てこられるといいだろう。

諏訪神社を出て少し歩くと「新町郵便局」があるが、ここを越えた右手の「笠原家」に「高札場跡」が残っている。

当時はここまでが笛木新宿で、この先が落合新宿だったという。

高札場跡は庭に設置してあるせいかよほど注意していないと見逃してしまいそうだが、高札場があったということはこの付近すでに賑やかな通りだったと思っていいだろう。

明治天皇行在所（行在所公園）
明治天皇が明治11年北陸・東海地域の巡幸の際にここ新町に宿泊された時の施設。四阿もあり、旅人の休憩所にもなる。

高札場跡は民家の庭先にある。ここは落合新宿と笛木新宿の境だった。

諏訪神社の元禄の石鳥居。
この鳥居は形式を神明鳥居と呼び、新町で最古の鳥居と言われている。

行在所公園

また、ここから少し歩くと右手に大きな「行在所公園」が見えてくるが、ここは明治十一年、明治天皇御巡幸の際に天皇がお泊まりになられた場所で、奥には石碑が建立され、家も復元されている。

ここが選ばれた理由は明治に入った早い時期に二軒あった本陣が廃業してしまったからではないだろうか？

史跡旅籠「高瀬屋」跡

明治天皇行在所跡を出てしばらく歩くと「新町駅入口」交差点に出るが、交差点を越えると小林一茶が常夜灯の寄付金を強要されたという旅籠屋跡があり、ここには史蹟旅籠「高瀬屋跡」と彫られた石碑が置かれている。

手前の本庄でも触れたように当時の神流川両岸には旅人の安全を願って常夜灯が建立されていた。

本庄側には本庄宿の豪商三代目が文化一二年（一八一五）に寄付したものがあったが、新町側の常夜灯は新町宿の寺の住職が発起人となって寄付をつのり、同じく文化一二年に建てられたものが置かれていた。

文化七年、小林一茶はたまたま新町宿の高瀬屋に泊まったが、夜中にその寄付を強要され、一度は断ったものの強引に寄付させられたという。

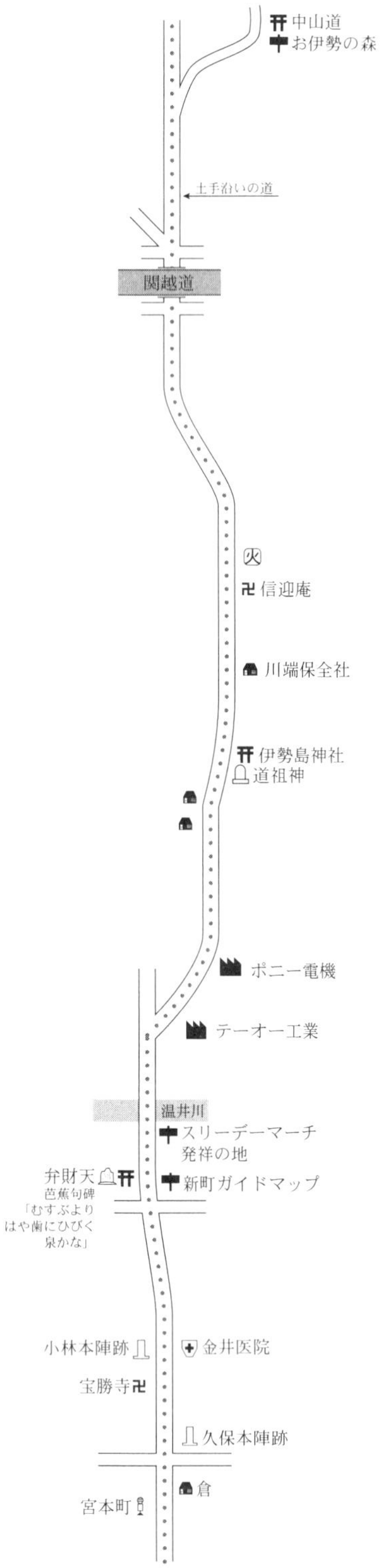

旅籠高瀬屋跡碑

一茶は川止めでここ高瀬屋に泊まったが、灯籠の寄進をせがまれて12文の寄進をした。

小林本陣跡

残念ながら現在では古い建物は残されていない。

それから五年後、ようやく建立されたのを見れば、当時の常夜灯がいかに高価だったかもわかるだろう。

新町宿には大金を寄付するような豪商がおらず、このような事態を招いてしまったのではないだろうか？

本陣跡

ところで、当時の本陣は高瀬屋から数百メートル歩いた右手に「久保本陣」があり、向かい側に「小林本陣」があったという。

すでに久保本陣跡は残っていないが、左手の小林本陣跡には小さな碑が立てられている。

江戸末期には泊まり客も増え、旅籠屋数も多く賑わっていたが、ここもすでに古い家はほとんど残っておらず、わずかな面影を残すのみだ。

弁財天の芭蕉句碑

なお、当時は小林本陣を出るとすでに宿はずれで、出口には「温井《ぬくい》川」が流れていた。

正式にはこの川を渡って宿を出ていたが、現在の温井川橋詰めには「弁財天」が祀られていて、傍らには「芭蕉句碑」も建立されている。

芭蕉句碑に彫られているのは「むすぶ（掬）よりはや歯にひびく泉かな」で、昔この付近にはきれいな泉が湧き出ていたから、そんな縁で建立されたという。

「掬」と書いて「むすぶ」と読ませるようだが、本来この字は「すくう」と読むのが正しく、句の意味は次のように解釈されている。

芭蕉は歩いていて偶然きれいな泉が湧き出ていた場所に遭遇したのだ。

そこでそれを掬って飲もうとしたが、手を触れた瞬間、泉の冷たさに驚き、口に入れないうちから歯にひびいてくるように感じたのだ。

この句も入口の句と同じように、いかにも芭蕉らしい感性が素直に出た見事な句だが、芭蕉句碑が入口と出口に建立されているのも偶然ではなく、ここも昔から俳句が盛んな土地だったからだという。

ちなみに、少し余談になるが、この温井川近くには「歩け歩け運動」発祥地ともいうべき「スリーデーマーチ記念」碑も置かれている。

ここから歩け歩け運動が全国に広まったと

温井川橋詰めの弁財天は天明３年に建立。元は温井川の中の島に祀られていた。

弁財天の芭蕉句碑

日本スリーデーマーチ発祥の碑
碑文は中曽根康弘元総理が書いた物。

言われ、ここはそんな運動をする人々の聖地でもあるという。

　温井川を渡って宿場を出ると現在は「藤岡市」に変わってしまうが、旧道はここから右手へ入って行く。

　現在の旧道入口付近は工場街になっていて、先はとても殺風景な道路だが、この辺り昔は「立石新田」と呼ばれ、中山道両側は「桑畑」が広がる田園地帯で、「養蚕」が盛んだったという。

　すでに桑畑は残っていないが、今でもこの付近にはそんな名残を伝える大きな三階建ての農家が数軒残っている。

　建物の二階や三階で蚕を養っていたというから、左手に見える飯島家などではそのような道具も残っているのではないだろうか。

　ちなみに、『木曽街道六十九次続き絵』は「英泉」に代わってここから「広重」が登場するが、広重が残したのもこの付近ではないかと言われている。

　この絵には「繭や絹」のような荷物を背負っている人物が見られるからで、いかにものどかな情景と言っていいだろう。場所を特定するのは難しいが、そのような場所だと覚えておかれるとつまらない殺風景な道路も興味を持って歩けるだろう。

　なお、広重画の左手には富士山のような山も描かれているが、これは富士山ではなく、

旧道の石碑群。

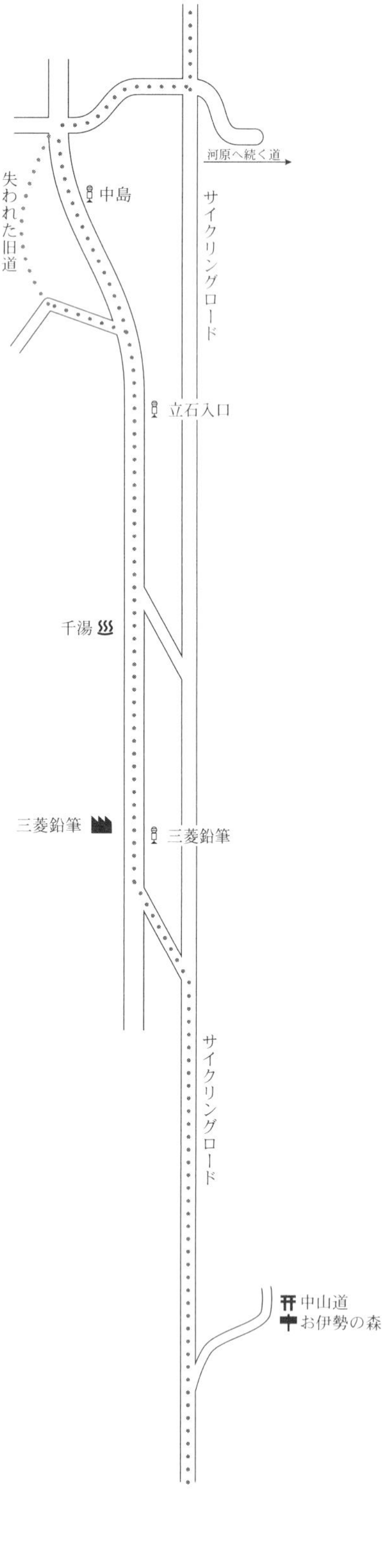

この辺りから良く見えたという「赤城山」だ。

天気のいい日には今も雄大な赤城山が望めるから、ここではそんな情景を思い出してみるといいだろう。

しばらく歩くと右手に見えてくるのは「伊勢島神社」で、ここには街道にあったと思われる「庚申塔」「道祖神」「二十二夜塔」などがまとめられている。

また、先にはかなり広大な敷地をもっている「土蔵と倉」の立派な建物も見えてくるが、このような豪華な作りは養蚕で財をなした家ではないだろうか？

現在は会社所有だが、見事な建物と言えるだろう。

なお、ここから少し歩くと右手に消防団が見えてくるが、ここの裏はお墓になっていて、ここの入口にも色々な石碑が集められている。

旧道は養蚕が盛んだったという「立石新田」を出るとやがてトンネルをくぐって「烏川」土手に出てしまうが、当時もちょうどこの付近から土手を歩いていたという。

烏川

土手に上がると烏川が流れているのかと期待してしまうが、残念ながらこの辺りからはまだ広い原っぱが見えるだけだ。

なお、土手に上がって少し歩くと右下に森のような場所が見えてくるが、ここは「中山道お伊勢の森」と呼ばれていて、先ほどあった伊勢島神社と関係があるという。

土手下に広がる河原の大部分は現在「運動公園」や「野球場」だが、しばらく歩くと左手に「三菱鉛筆工場」があって道路が見えてくる。

本来の旧道はここから一度土手下に降り、バス停「中島」先に見える「中島村」から左手に入り、中島集落を通って再び今の道路を横切り土手に上がってきたという。

しかし、当時の道はすでに失われてしまったから、今はバス停先から再び土手に上がるのがいいだろう。

当時は土手に上がると土手下に「舟渡し場」があり、ここから舟に乗って対岸の「岩鼻村」に出ていたという。

今は土手を二五〇メートルほど歩いて国道の「柳瀬橋」を渡るしかないが、当時舟渡し

旧道から横道に回り込むと長く続く白壁が見られる大きなお屋敷だ。現在は、玄関に会社名が掲げてある。

中山道お伊勢の森。
この一帯を昔は砂原村と呼んでいた。

場があったと思われる右手の河原にも降りてみるといいだろう。

舟渡し場跡は残っていないが、烏川の流れはかなり速く、当時の舟が急流を渡っていたのもわかってくる。

なお、現在国道に架かっている橋は「柳瀬橋」と呼ばれているが、元々烏川は「柳瀬川」とも呼ばれていたからで、橋に昔の名を残しているのだという。ちなみに、当時の渡し賃は一〇文で武士は無料だった。

対岸の町は「岩鼻村」と呼ばれ、当時ここは江戸から二四里三〇丁四〇間の所にあった

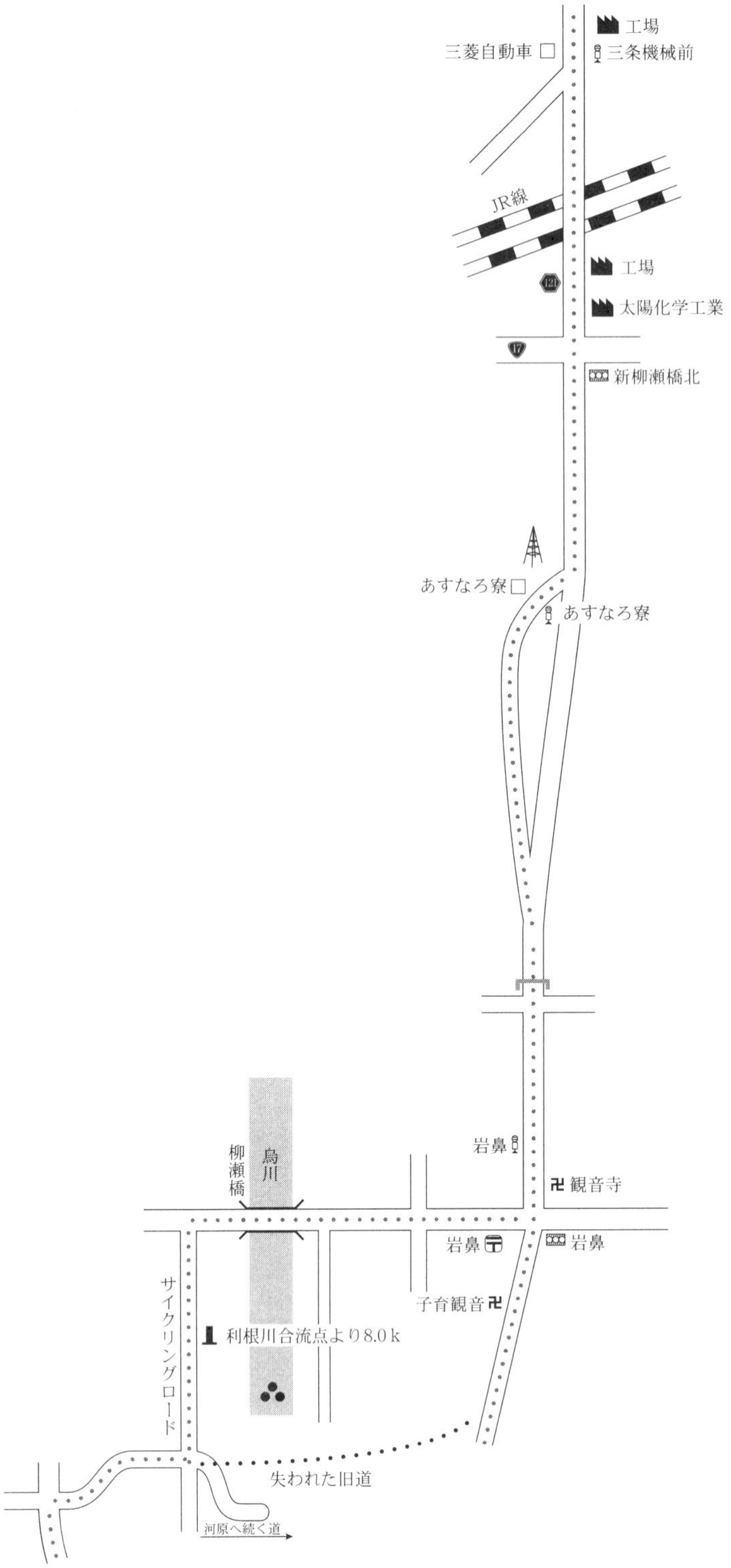

という。

また、里程から考えると岩鼻には一里塚もあったと考えていいが、その場所は不明だという。

川を渡ると現在は「高崎市」に変わってしまうが、岩鼻町交差点から左に曲がって行くのが中山道の道筋で、交差点を直進する道は「長瀞道」と呼ばれ景観が美しいことで知られる長瀞に続いているという。

旧中山道は昔の旧国道でもあり、先にはわずかな旧道部分も残っているが、高崎市の「あすなろ寮」がある所から旧国道に戻ることになる。

旧国道に戻ると現在の国道一七号線と直角に交差していて、ここから先はかなり広い道路に変わっている。

ここは県道二一号線と呼ばれ、工場街になっていてあまり面白くないが、しばらく歩くと左手にコンビニ（セブンイレブン）があって道路も少し狭くなる。

なお、コンビニ裏にわずかに旧道らしい部分が見られるが、ここが旧道かどうかわからない。

左手にバス停「倉賀野下町」を見ると右手に「閻魔堂」が見えてくるが、この付近が倉《くら》賀野《がの》宿《じゅく》入口だった。

烏川の風景。
昔は柳瀬川とも呼ばれていた。川を渡ると岩鼻村に到着だ。

13 倉賀野宿《くらがのじゅく》

次は高崎宿
1里19丁
（5.95キロ）

宿入口だった「閻魔堂」には古い「常夜灯」や「道標」も残っているが、当時ここは倉賀野宿入口だけでなく「日光例幣使街道」との「追分」でもあったからだ。

　ちなみに、江戸時代の例幣使とは徳川家康の命日（四月一七日）に行われる「日光東照宮」への使いのことで、ここから始まる道を日光例幣使街道と呼んでいたのだ。

　例幣使について詳しい事を知りたければ島崎藤村の小説「夜明け前」を一読されるのが一番だが、当時の行列は「家康公」の威信をいいことにまるでヤクザまがいの無理難題を宿場ごとに吹っかけ、どこでも嫌われていたという。

　途中でお金を巻き上げるのは当たり前で、村々や宿場に立ち寄っては無心を請う迷惑このうえない存在だった。

江戸時代の家康様には誰も逆らえなかったから、その威信をいいことに通る道々の街道で悪さをしていたのだ。

　多い時には五〇〇人を超える「公家」や「大僧正」達が道々で「ゆすりたかり」を行っていたというから驚きで、今の時代で言えばちょうど「代議士」や「高級官僚」が権力をいいことに民間企業に癒着し、甘い汁を吸うのと似ているだろう。

　時代が変わっても一部では今も同じような行為が行われているわけで、新聞紙上に出てくるのは氷山の一角と言っていいかもしれない。

　ちなみに、江戸時代には例幣使の他、「御茶壺奉行」と呼ばれる幕府直属の役人なども街道を通ったから、一般庶民は行列が来ると逃げまわっていたという。

　よく知られているのが江戸時代から歌い継がれてきた「ずいずいずっころばしごまみそずい、ちゃつぼにおわれてどっぴんしゃん抜けたらドンドコショ」（地方によってはどっぴんしゃんではなく、とっぴんしゃんと濁らない地方もある）という唄で、ここに出てく

閻魔堂脇には庚甲塔や馬頭観音などの石碑がある。

閻魔堂

る「茶壺におわれて」という言葉はそんな怖い御茶壺奉行のことを指しているという。

子供の頃よく唄っていたが、これは江戸時代、京都の「宇治」から江戸幕府に「御茶」を運ぶ役人が権力をいいことに街道で悪さをしていた証拠で、そんな人達が通る時、村人や子供は逃げ回っていたからだ。

お茶壺奉行が通ると知らされると蜘蛛の子を散らすように逃げ隠れたわけで、この行列も権力を笠に着て相当悪さをしていたのがわかってくる。

追分常夜灯

少し寄り道してしまったが、入口に見られる常夜燈は文化一一年（一八一四）に建立された物で、「日光道」「中山道」と彫られていて道標の役目も果たしていた。

また、常夜灯前に見られるが本当の「道標」で、これには「右江戸道、左日光道」と彫られている。

なお、ここの閻魔堂は昔からあるわけではなく、江戸時代は「阿弥陀堂」だったという。

当初は阿弥陀像が安置されていたが、明治初年に閻魔様に替わったと言われ、元の阿弥陀像は本陣跡の向かいにある「九品寺」に安置されているという。

追分から宿場に入るとまだまだ古い倉などもたくさん見られるが、当時の倉賀野は「烏川」「利根川」「江戸川」を利用する船の最上

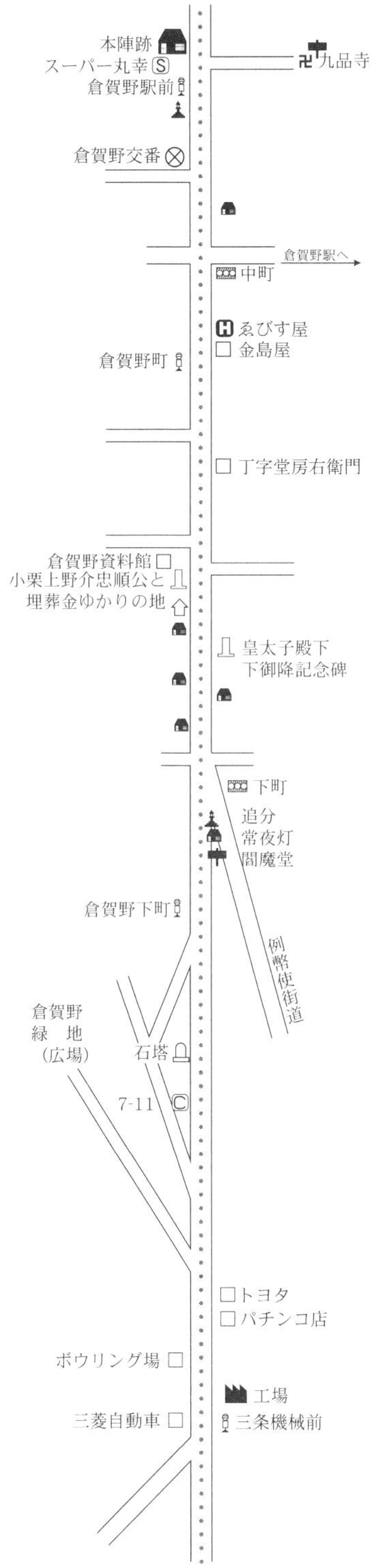

倉賀野常夜灯は例幣使街道との追分にある。

流にあたっていて、「烏川が逆さまに流れない限り、お天道様と米の飯はついてまわる」と唄われ、その賑わいは想像以上のものがあったという。

ここには「米」を始めとして上州や信州、越後などの名産品だった「煙草、砥石、屋根瓦、麻、大豆、紙」などが集められ、集積された物資は川を下って江戸まで運ばれていたからだ。

特に米のような重たい物資を運ぶのに船は便利だったから、倉賀野宿には米倉の土蔵がたくさん立ち並び、宿場は活気があって繁昌していたのだ。

また、このような好条件が重なって宿場は規模以上に賑わい、「飯盛り女」の数も他の宿より多かったという。

ここは街道を通る人ばかりか河岸に従事する人足も多かったからで、最盛期の宿場には二〇〇人を超える飯盛り女がいたという。

それだけ宿場にも金が落ちたわけで、当時はかなり活気ある人気宿場だったが、明治一七年「鉄道」開通によって船の役割もしだいに薄れ、宿場は衰退してしまったという。

ちなみに、栄泉は「倉賀野」と題して「烏川」を描いたが、ここでは賑やかな宿場を描かず、川べりにあったと思われる茶屋や子供達が水遊びをしているのどかな光景を残した。

理由はよくわからないが、賑やかさの裏にある何かをつかんで欲しかったからだろう。

太鼓橋

ところで、当時の宿場は江戸に近い方から「下町」、「中町」、「上町」と呼ばれ、中心は中町付近にあったが、下町から中町に変わる境には小さな川が流れていて、ここに架かっていた橋は増水するたびに流され、通行人は不便でしかたなかったという。

下町から見るとちょうど緩く下っていて、先は緩く上っていたから、その中間に橋が架けられていたが、このような地形から板橋は大雨が降るとすぐに流されてしまったのだ。

そこで、ここで働く「飯盛り女達」はそんな不便を嫌がり、寄付をつのって石橋を架け、橋は「太鼓橋」と呼ばれ街道名物になっていた。

石橋には寄付した飯盛り女達の名が刻まれていたからここを通る人はそんな名前を見ながら今夜の泊まりを決めていたという。

旧道には昔の面影がある民家も残っている。

倉賀野資料館前にある「勘定奉行小栗上野介忠順と埋蔵金ゆかりの地」碑。

本陣跡碑
スーパー丸幸前

ところが、そんな橋もすでに撤去され、今はコンクリート製の味気ない小さな橋が架かっているだけだ。

倉賀野宿本陣跡

なお、太鼓橋を渡ると「中町」で、少し歩くと左手にスーパー「丸幸」が見えてくるが、ちょうどここに「倉賀野本陣」があったという。

今は小さな本陣跡碑でしかわからないが、かなり立派な本陣だったのは間違いないだろう。

また、先の「群馬銀行」バス停を挟んで両側に「脇本陣」があったと言われ、右手の脇本陣跡には今も当時の建物が残っている。

倉賀野宿は本陣、脇本陣、問屋のあったこの中町を中心に賑わい、旅籠屋の多くもこの付近に集まっていたという。

しかし、今はわずかに脇本陣跡が見られるだけで、古い建物の多くは明治に入って取り壊されてしまったという。

なお、脇本陣先に見られるのは復元された「高札場跡」で、ここを出ると宿場もすでに「上町」だった。

上町に入ると右手に大きな古い「米店」が残っているが、ここは江戸時代から続く老舗で、当時の宿場はこのような倉が立ち並んでいたという。

「脇本陣跡」碑がある家。

倉賀野仲町山車倉前にある「中町御傳馬人馬継立場」跡。

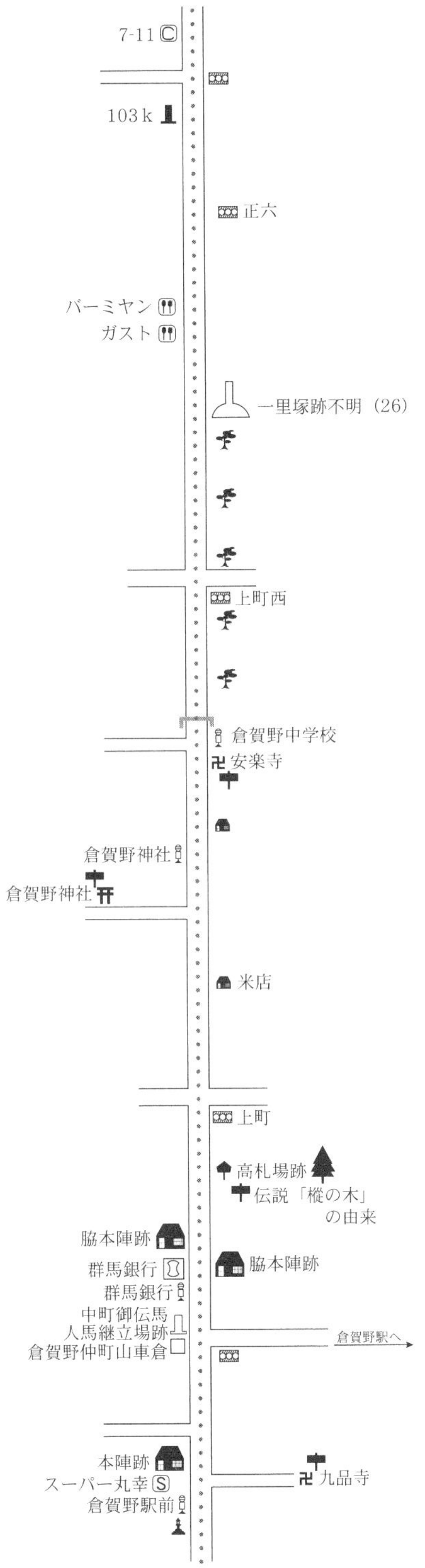

倉賀野神社

なお、この米店の先を左に五〇メートルほど入ると倉賀野宿の鎮守様だったという「倉賀野神社」がある。

本殿正面には見事な「彫刻」があって色々な動物（兎や梟、鷹など）が彫られているから彫刻を見ているだけで楽しくなってしまうが、豪華な彫刻が施されているのは豪商らの寄付も多かったからだという。

お金と手間ひまがかけられているのは間違いなく、これを見るだけでも価値があるだろう。

なお、ここの本殿左手には「冠稲荷」と呼ばれているお稲荷さんが見られるが、ここの稲荷は元は太鼓橋近くにあって「飯盛り女」達の信仰を集めていたという。

良く見ると「石垣」や「常夜灯」には当時の飯盛り女達の名が刻まれているが、これは飯盛り女達が多額の寄付をしていた証拠だという。

太鼓橋は失われてしまったが、これを見れば飯盛り女が多く、宿場が賑わっていたこともわかってもらえるだろう。

なお、今もここのお稲荷さんは水商売の人々に人気があるという。

安楽寺

神社を出て元の旧道に戻ると右手に「安楽寺」という寺が見えてくるが、ここには珍しい「室町時代」（注1）の貴重な「板碑」が保存されている。

板碑の多くは鎌倉時代から室町時代にかけて作られ、主に死者を供養する卒塔婆と同じように使われていたという。

江戸時代になるとそんな風習も廃れてしまうが、このような板碑はほとんど残っておらず貴重だという。

板碑は門を入ったすぐ左手に保存されている。

かなり傷んでいるが、このような板碑は数少ないから見ておくといいだろう。

なお、当時の倉賀野宿もちょうどこの安楽寺を出た辺りが宿はずれで、出口には「木戸」が設けられていたという。

木戸跡はすでに残っていないが、ここも早朝になると飯盛り女達と別れを惜しむ人々の姿がたくさん見られたという。

注1　一時は天平時代と言われていたが、最近14世紀の物と判明したという。

こちらの民家前にも脇本陣跡の碑がある。

高札場跡

倉賀野宿の名物

ここで倉賀野宿ともお別れだが、最後に当時の名物について触れておくと、ここの名物は各地から宿場に集められてきた「米、煙草、砥石」などだった。

多くの物資は船に乗せ換えられて江戸に運ばれたが、一部はここでも売られて名物になっていたという。

ちなみに、江戸川河口の終着は現在の千葉県行徳付近で、ここで降ろされた荷は江戸へ運ばれたが、帰りの船には「塩や海産物」が積まれてここに戻ってきたのだ。

そして、ここから牛や馬に乗せ換えられ、再び難所の和田峠を越え、海のない信州方面へと運ばれていった。

宿場を出ると現在は殺風景な広い道路に変わってしまうが、昔は宿を出ると「杉並木」が続くのどかな街道だったという。

今は道幅が広げられ、旧道らしさは残っていないが、最近になって車道と歩道の分離帯に少しばかりの松が植えられている。

なお、これは筆者の想像だが、里程から考えるとここの宿はずれには「一里塚」があったのではないだろうか。

どこにあったかは不明だが、ここでは「倉賀野の一里塚」と呼んでおくことにしたい。

ところで、広い道路に変わった旧道から左手を見るとこんもりとした小山が何ケ所か見られるが、これらは「古墳群」だという。

この辺り、古くから「烏川」が流れていて集落の発達も早く、古代には大きな権力者が

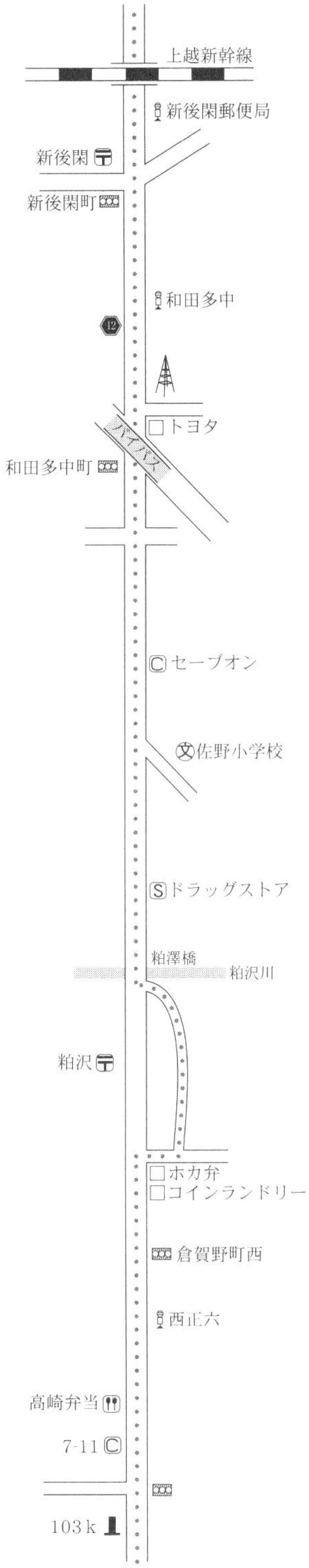

倉賀野宿の旅籠屋や飯盛り女たちの名前が見られる玉垣。

倉賀野神社は、崇神天皇の皇子豊城入彦命が東国経営のために境内に斎場を設けたのが始まり。

いたという。

　広い旧道はこれと言った目印にも乏しく面白くないが、途中の「倉賀野西」信号先にはわずかに残った旧道部分が見られ、出口には「粕澤橋」が架かっている。

　先も殺風景な道路だが、「和田多中町」信号で広いバイパスを横切り、さらに「新後閑町」信号で「新幹線高架」をくぐることになる。

　新幹線高架をくぐると「下和田町」に変わっていて、やがて「上新電鉄」踏切が見えてくるが、この踏切を渡った辺りが高崎宿《たかさきじゅく》入口だった。

安楽寺の異形板碑。
板碑とは正しくは板石塔婆と呼び、石で造った卒塔婆の事だ。年代は明らかではないが、南北朝時代をくだるものではないかという。

安楽寺山門

14 高崎宿《たかさきじゅく》

次は板鼻宿
1里30丁
（7.14キロ）

ここは古くは「赤坂」と呼ばれていたが、鎌倉時代になって「和田」と改名され、さらに慶長三年「井伊直政」によって城が築かれると和田から「高崎」に改められたという。

宿入口付近には今も和田と呼ばれている地名が残っているが、これも昔の名残で、江戸時代は宿場であると共に「松平右京亮」八万二千石の「城下町」でもあった。

大田南畝は高崎の印象を江戸に戻ったような賑わいだと紹介しているが、ここではいつも「市」が立っていて、商業も活発だったから繁盛しているように見えたのだという。

そのかわりと言っては失礼だが、宿場の機能としては貧弱で、ここには「本陣」「脇本陣」はなく、「旅籠屋」がわずか一五軒ほどあるだけだった。

宿場が大きくならなかったのは城下町では何かと気を遣う事も多く、大名や公家らは遠慮して泊まらなかったからだという。

もちろん一般客も堅苦しい雰囲気は嫌ったから、ここでは飯盛り女もほとんど見られなかったという。

ここは宿場というより商業地としての性格が強く、都会の雰囲気を持つ城下町だったと思ってよく、通りは行き交う人々で賑わっていた。

ちなみに、高崎と改名されたのは井伊直政が築城で城下の範囲を定めた時、城下に「鷹」を飛ばしてその領域を決めたからだという。

なお、当時の高崎が賑わっていたことは『続膝栗毛』にも次のように紹介されている。

「中山道高崎駅にぞ出たりける。格別往来賑わいければ、はやぶさの高崎なれやとぶ鳥もおつるばかりの宿のいきほひ」

二人は「草津温泉」に長逗留していたが、ここの賑わいを見て驚いているから、当時の高崎城下は活気があって繁盛していたのは間違いないだろう。

ところで、当時の宿場はちょうど「上信電

本町３丁目の土蔵造りの家。本町２丁目には瓢箪屋の古い家もみえる。

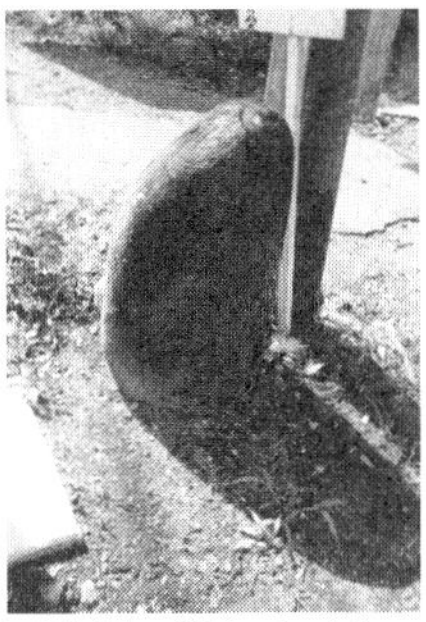
下豊岡の道しるべは二基。自然石には「右はるなみち、くさつみち」と刻まれている。

高崎城のお堀。
高崎城は井伊直政が家康の命で慶長３年にここ高崎に城を構えたのがはじまり。

鉄」踏切を渡った付近から始まっていたが、ここから現在の本町一丁目交差点から赤坂通りに入る付近までが宿内だった。

高崎城

新町交差点信号を左折して奥に行くと、この付近にあったのが「高崎城」で、高崎城は烏川沿い（現在の国道一七号線沿い）に築城された城だった。

天守閣などは残っていないが、今は国道沿いに「高崎城址公園」として整備されている。

今も当時の堀の一部や復元された東門などは残っているから、歩くと敷地だけでもかなりの広さがあることがわかってくるだろう。

広大な高崎城址を散策してみるのも面白い

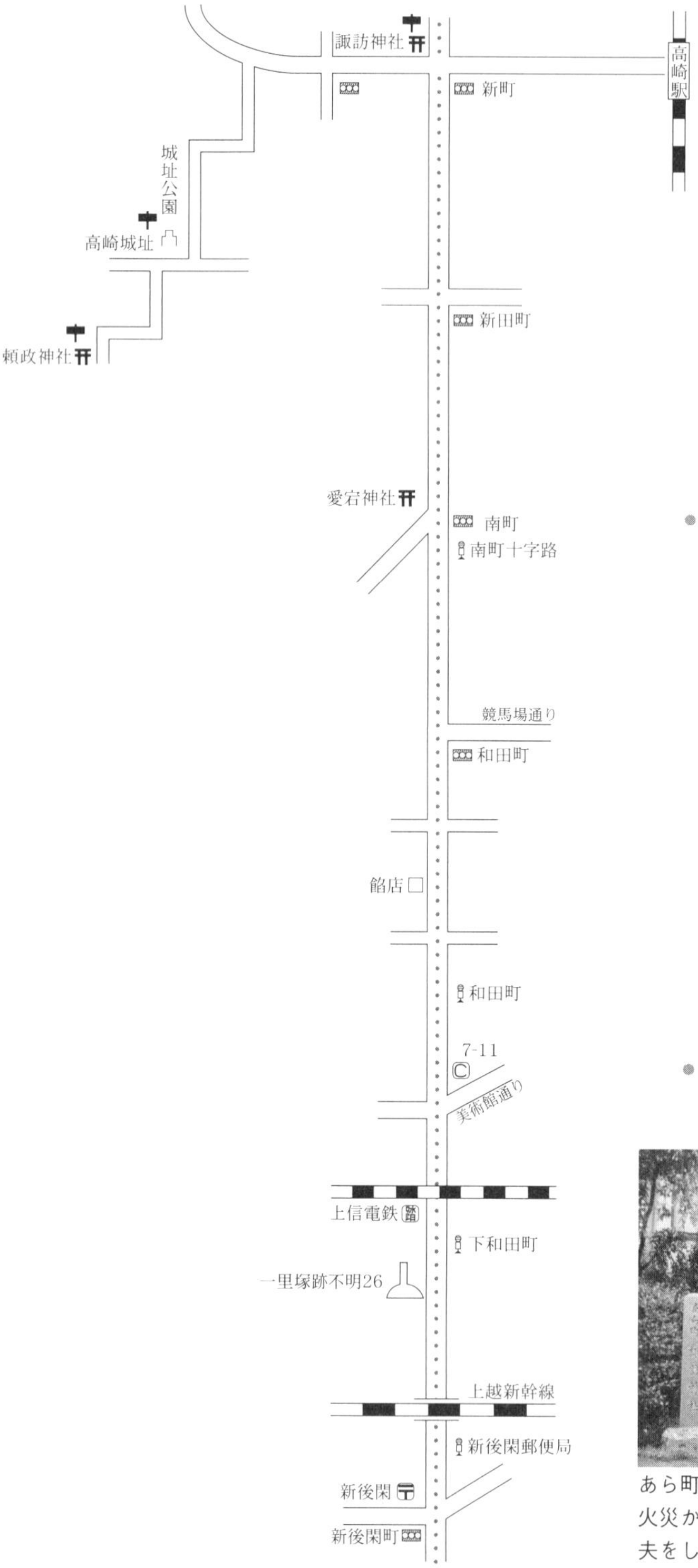

あら町の諏訪神社。
火災から社を守るために、土蔵つくりに工夫をした珍しい神社。

が、ここの南端には「頼政神社」と呼ばれている神社があり、頼政は元高崎城主でここは松平氏の祖先だった源三位頼政公を祀っているという。

近くには「内村鑑三」（注1）記念碑も置かれているが、ここは国道を挟んですぐ真近まで烏川が迫っているのも実感できるのだ。

城が自然の要害だった烏川に沿って築城されていたわけで、当時の城がまだ戦に備えていたこともわかってくるだろう。

諏訪神社

宿場はすでに整備されたきれいな歩道に商店街が軒を連ねているだけだが、「新町《あらまち》」交差点（ここの交差点右手が現在のJR高崎駅だ）左手には「土蔵作り」の変わった「諏訪神社」が残っている。

神社は交差点角から少し入った所にあり、建物自体は小さいが、龍が絡みついたユニークな鳥居などはいかにも江戸時代の雰囲気を感じさせてくれるだろう。

また、交差点先も新町商店街と呼ばれる賑やかな繁華街で、ここにも古い建物は残っていないが、バス停「連雀町」付近にはわずかに連雀町由来碑が立てられている。

駿河大納言忠長

なお、この連雀町右手奥には寺領百石を持っていたという「大信寺」があるが、ここには三代将軍「家光」の弟（三男）だった「駿河大納言忠長」が眠っている。

忠長は両親らに愛され、長男「家光」に変わってほぼ将軍に内定していた。ところが、「春日の局」（家光の乳母で絶大の権力を持っていた）らの運動によって結局将軍にはなれなかったという。

将軍の座を家光と争って敗れ、一時は駿府城五十五万石を与えられるが、信頼していた「二代将軍秀忠」が死んでしまうと高崎藩に預けられ、家光によって自害させられてしまったのだ。同じ兄弟でありながら世継ぎ問題に巻き込まれたわけで、誠に不幸な運命だった。

自害させられた時、忠長はまだ弱冠二八歳だったというからそれにしても不憫だろう。

もしも祟りというものが本当にあったなら、家光や春日の局には大きな祟りが降りかかり、眠れない夜を過ごしていたのではないだろうか？

注1　内村鑑三は札幌農学校出身、キリスト教布教に勤めた高崎の人。

連雀町由来碑
連雀町は行商人が背中に背負う道具の呼び名から来ているという。

大信寺入口
忠長は28歳で自刃した。

高崎城址
高崎城三の丸外囲の土居と堀の説明書きがある。現在は公園になっている。

元の通りに戻ると城下の道筋は連雀町から「田町」を抜けて現在の「本町三丁目」交差点で直角に左折しているが、ここで曲らず右に伸びる道は「前橋道」と呼ばれ、前橋につながっていた。

本町三丁目交差点を左折した付近にはわずかに残った土蔵作りの家も見られるが、すでにここも広い道路に変っている。

広い通りは本町二丁目から本町一丁目へと続き、「本町一丁目信号」へ出るが、高崎宿もちょうどこの辺りが出口だった。

当時は宿場を出ると正面に続く「赤坂通り」と呼ばれている狭い通りへ入っていたが、現在ここには「高崎神社」や「恵徳寺」などがあり、通りにはわずかながら昔の面影も残っている。

古くはこの赤坂がここの地名だったと冒頭で述べたが、この付近には里程から考えると「一里塚」があったのではないだろうか？場所や位置は不明だが、高崎に一里塚があったとすれば「一七番目」になるだろう。

これはあくまで筆者の独断で決めたことだが、ここではこのことを加えておきたい。

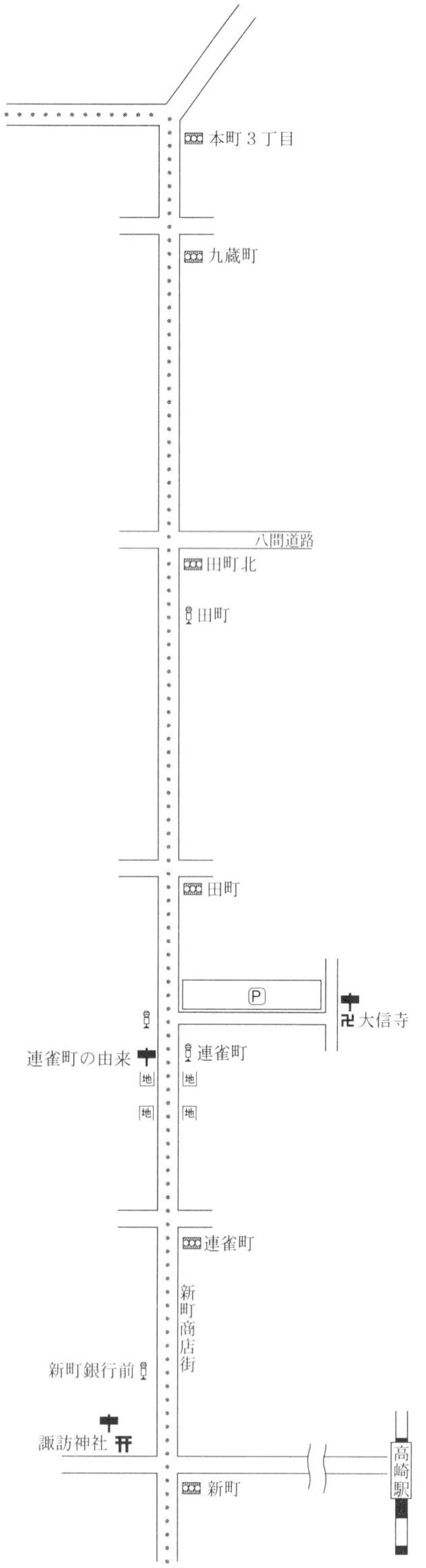

山田文庫は現在図書館として一般公開されている。

山田文庫

なお、旧道は「長松寺」や「赤坂公民館」を通り過ぎるとやがて「常盤町」信号に出てしまうが、ちょうど交差点左手は古い「岡醤油工場」で、右手のレンガ作りの家には「山田文庫」の説明板が置かれている。

ここは明治、大正、昭和にわたって豪農だった山田家跡で、現在図書館として一般公開されている。

君が代橋

常盤町信号を右折するのが中山道の道筋で、「歌川町」から「並榎町」へと変わると右手にボウリング場が見えてくる。

そして、ボウリング場を通り越すと道路はやや広くなって「烏川」に出るが、手前には明治天皇が通られたのを記念して名付けられた「君が代橋」と呼ばれていた頃の親柱も保存されている。

烏川に立つと正面左手奥「高崎観音」と呼ばれて高崎名物の一つになっている観音様がはるかかなたに見えてくるが、これは昭和一一年に完成した高さ四二メートルもある巨大

君が代橋は明治11年、明治天皇が北陸東海ご巡幸の際に馬で木橋を渡られた事からこの名が付いた。

観音様で、こんなに巨大でもここからでは豆粒ほどにしか見えないから不思議だ。

　烏川を渡り終えると旧中山道はすぐ右手の国道四〇六号へ曲がっていたが、ちょうど「広重」が「高崎」と題して残したのもこの付近ではないかと言われている。

　賑やかな城下は遠慮して描かなかったが、高崎はちょうど「烏川」と「碓氷川」の合流する場所にあったから、広重はその感じを出すような情景を残したのだろう。

　高崎と断っていなければどこだかわからないが、ちょうど国道四〇六号線に入る手前付近がその場所に近いから、色々と想像してみるのも面白いだろう。

草津温泉道標

なお、四〇六号線に入ってしばらく歩くと自動車教習所があり、セブンイレブン先を左手に入る道があるが、ここはまだ旧道ではなく、中山道はここからしばらく歩いた酒店の向かい側にある道だ。

　入口には小さな自然石でできた「道標」が置かれていて、旧道右手の小さな「八坂神社」には「草津温泉道」と彫られた道標も残って

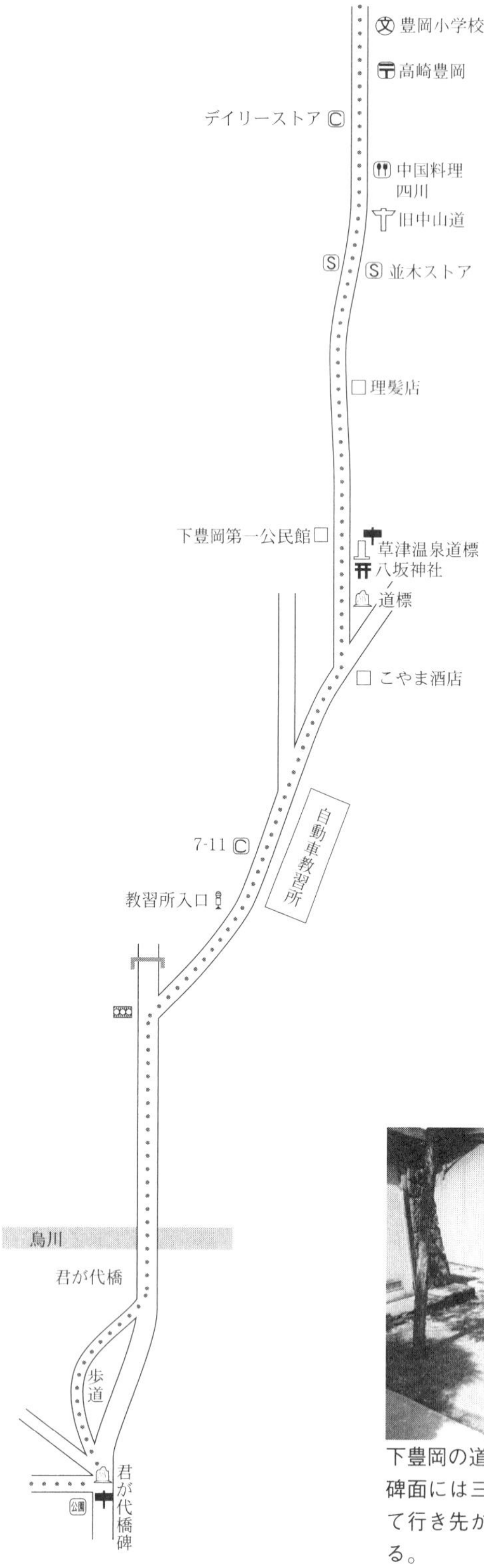

下豊岡の道しるべ。碑面には三面にわたって行き先が刻まれている。

茶屋本陣の門。写真では見えないが、この両側には白壁が長く続いている。

いる。

当時ここから草津の温泉場を目指す人も多く、弥次さん喜多さんもおそらく草津からここに戻ってきたのだろう。

なお、この辺り「豊岡」と呼ばれていた集落で、並木ストア先には旧中山道と書かれた標識も置かれているが、豊岡郵便局先にある豊岡小学校を過ぎると左手に「若宮八幡」が見えてくる。

境内には古い榎木や椋の木、欅なども残っているが、伝説によると昔ここには「八幡太郎腰かけの石」と呼ばれる名物石があったという。

ところが、誰かに持ち去られてしまったらしく、その所在は不明だという。

茶屋本陣

旧道右手に見えるのは「常安寺」入口で、ちょうどここから三〇〇メートルほど歩くと「茶屋本陣」だった家が残っている。

入口には「飯野家」の表札が出ていて、それとわかる立派な白壁作りの建物と門は見事だ。

茶屋本陣とは立場に置かれていた大名や公家指定のお休み処の事で、当時の茶屋本陣には宿場本陣にも劣らないかなり豪華な家もあったという。

松井田宿と坂本宿の間には「五料立場」(注2)と呼ばれる集落があるが、ここには今も現存する建物が残っているから、その時に確かめてみるといいだろう。

なお、茶屋本陣手前には高崎名物で有名な「達磨」を作っている工房もあるから覗いてみると面白い。

達磨については後で触れるが、運が良ければここでは達磨作りの工程を見ることもできる。

残っている旧道部分は、下豊岡、中豊岡、上豊岡と続いていて、上豊岡町で国道に合流する。

藤塚一里塚跡

広い国道一八号線に出るとすぐ近くを「碓氷川」が流れているのもわかるが、合流地点から四〇〇メートルほど歩くと左手川沿いにこんもりとした森のような場所が見えてくる。

これは「一里塚跡」で、当時ここには江戸

注2　松井田宿から坂本宿へ向かう途中に五料立場があり、そこには今も立派な茶屋本陣が残っている。

民家の庭先で達磨を赤く染めたものが乾かされているのがみられた。奥の方には染める前の白い達磨がみえる。

藤塚の一里塚。ここは江戸から28里目に当たる南側の塚の風景。

より二八里（約一一二キロ）の「藤塚の一里塚」があった。

右手の塚は残っていないが、ここは群馬県下で唯一残った貴重な塚と言われ、史蹟に指定されている。

少林山達磨寺

一里塚跡を出ると再び殺風景な国道だが、ちょうど左手を流れる烏川対岸には有名な「少林山達磨寺」がある。

「高崎名物」で知られる「ダルマ」人形発祥地がここで、その由来については次のような話が伝わっている。

開山は水戸光圀が尊敬していたという中国から帰化した「信越禅師」で、「達磨」とは実際に実在した人物だという。

生まれはインドあるいはアフガニスタンというのが通説で、厳しい修行を積んで座禅を続けたと言われ、その教えが中国から日本に伝わったという。

その後、開山の信越禅師が描いた「達磨座禅像」が悪事災難を払い、幸運をもたらすとお守り札として信仰され、それが後に「紙張り子の達磨」になっていったという。

そして近くの農民らによって正月七草の縁日でダルマとして売り出され、高崎名物として広まったと言われている。

今では「商売繁昌」「家内安全」はもとより、「祈願成就」のお守りとしても全国的に知られている。また、選挙ではなくてはならない存在で、どこの陣営も当選をダルマに託すという。

ちなみに、寺にある説明によると、昔、寺の前を流れる碓氷川のほとりに観音堂があって、ここに一本の「香木」が流れ着いたという。

その香木は光を発していたと言われ、その霊木を「行者」が信心し、中国から伝わった「達磨大師座禅像」を彫って草堂に祀ったのが始まりだと伝えている。

本殿は二百段余り続く長い階段を上った奥にあるが、本殿隣には小さな資料館が作られていて、ここには日本全国の達磨はもとより世界各国の達磨が奉納されている。

これらを見ると達磨は日本だけの物ではなく、世界各国にあるのもわかってくるだろう。

また、ここには「群馬県出身」の「歴代総

上野国一社八幡宮（通称やわたのはちまんさま）
天徳元年に京都石清水八幡宮を勧請した。境内には算額、胴丸などの重要文化財の説明書きが見られる。

達磨寺の本殿に奉納されたたくさんの達磨。中に入ると、世界中のだるまが飾られている。

理大臣」が使ったという「巨大選挙用達磨」も奉納されている。

　これらはどれも縁起がいいから、立ち寄ってその御利益にあずかってみるのもいいだろう。

　高崎達磨は今でも全国生産量の七〇パーセント以上を生産していると言われ、正月に開かれる達磨市には何十万人もの人々が集まるという。

　また、最近では正月だけでなく、阪神タイガース優勝祈願を込めた黄色い達磨なども作られ、これも人気になっているという。

八幡宮

　元の国道に戻ると右手にひときわ大きな「朱色の鳥居」が見えてくるが、これは奥にある「八幡宮」の鳥居で、本殿は鳥居からさらに六五〇メートルほど歩いてJR線路を越えた所にある。

　ここは「八幡太郎義家」ゆかりの寺と言われ、ここには義家が奉納したという「甲冑」なども残っており、古くから武士の人気が高かった。

　特に「源頼朝」や「武田信玄」ら名のある武将の信仰を集めていたという。

　高価だった「青銅製の灯籠」などが今もさり気なく置かれているのも信仰が深かった証拠で、当時は寄付も相当集めていたようだが、明治に入ってすっかり寂れ、昔の面影は失われてしまったという。

八幡神社鳥居付近の常夜灯。

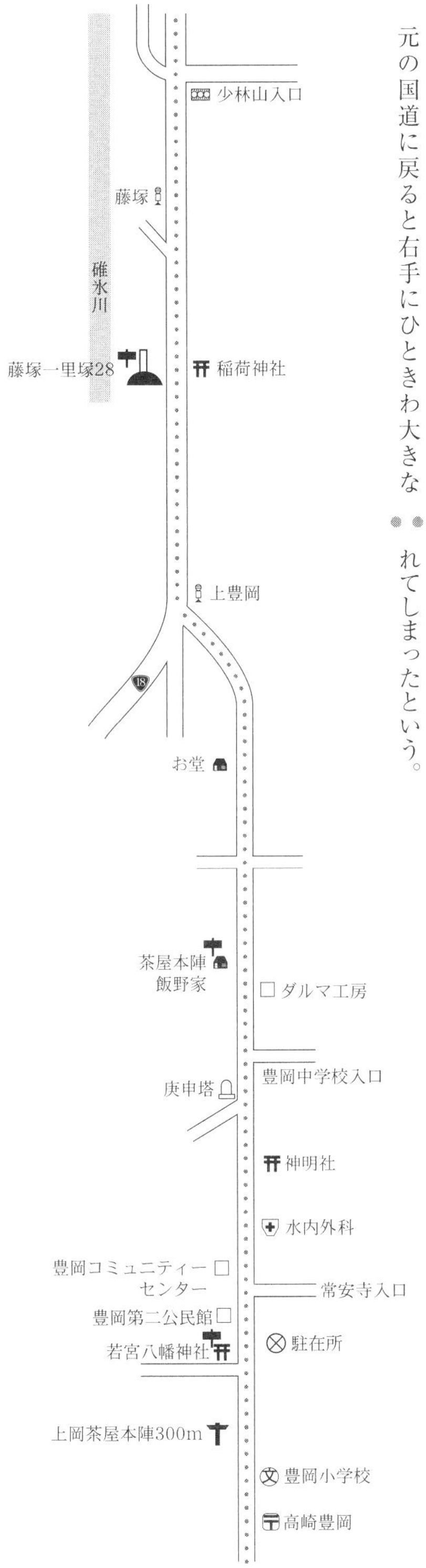

寒念仏橋供養碑

八幡宮から元の国道に戻ってしばらく歩くと「安中市」の標識が見えてくるが、この標識から五〇〇メートルほど歩くと「板鼻東」信号で、少し歩いた右手には「橋供養碑」が残っている。

この橋、地元では「かねつ橋の供養塔」とも呼ばれ、ここの説明には「大田南畝」の名前なども見られるが、英泉が次の「板鼻宿」と題して残したのもちょうどこの辺りだった。

英泉の絵は「雪景色」の場面で、実景とはかなりかけ離れているが、この橋、元々は板鼻宿の「念仏講中」が念仏供養二万日を達成した記念に改修したものだという。

なお、橋供養碑先は国道やバイパスが複雑に交差しているが、ここは右手にある地ビール工場脇に入り、すぐに左手の側道のような道へ入って行く。

ちょうどこの付近が当時の板鼻宿《いたばなじゅく》入口で、宿に入ると賑やかな宿場が見えていたという。

碓氷川

寒念仏橋供養塔
『壬戌紀行』にも書かれている橋供養塔。かねつ橋と読む。

15 板鼻宿《いたばなじゅく》

次は安中宿
30丁
（3.24キロ）

宿場の規模

天保一四年の記録によると宿場規模は本陣一、脇本陣一、旅籠屋五四軒と大きく、かなり賑わっていた。

宿場が大きくなった理由の一つは出口に急流で知られる「碓氷川」が流れていたことで、当時の碓氷川は流量の少なくなる冬場には橋が架けられるようなこともあったが、だいたいは「徒歩渡し」で、大雨が続くと渡れなかったからだ。川留めが続けば宿場は潤ったが、旅籠屋が多くなった理由は他にもあり、手前の高崎が城下町で堅そうな雰囲気が嫌われていたのも大きな一因だった。

規制がうるさい城下町を避け、気軽な板鼻に泊まりを決める人が多く、ここは高崎を素通りした人々でも繁盛していたのだ。

このような理由から江戸時代は人気宿場の一つだったが、明治に入って交通機関が整備されると国道が宿場から離れた所を通るよう

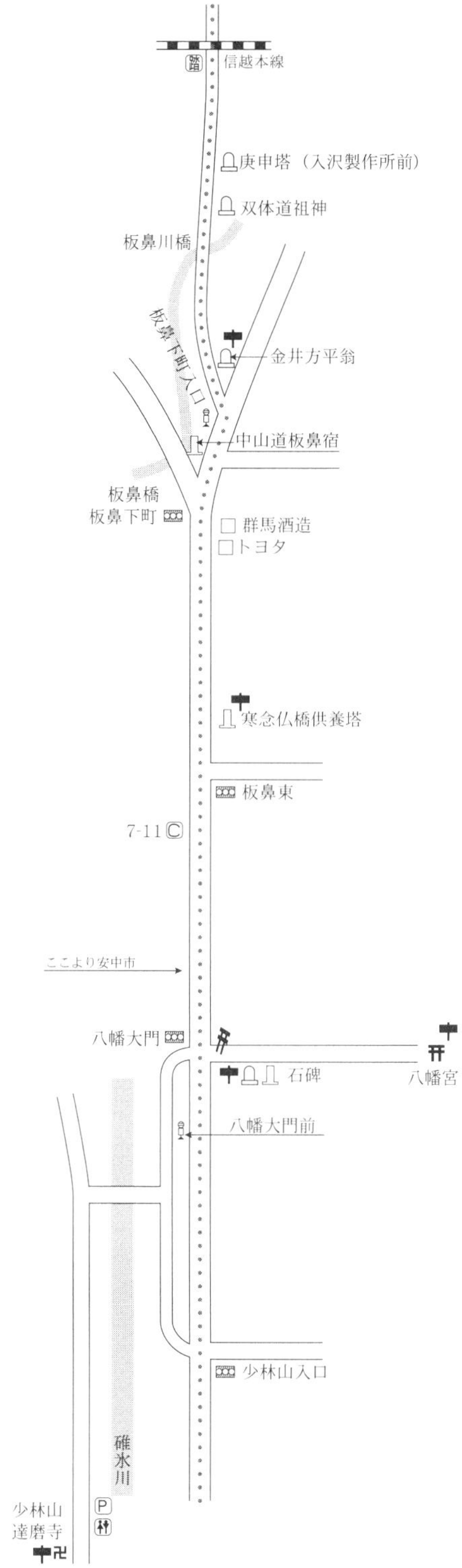

板鼻川橋を渡ると右側に見えてくる双体道祖神。

になり、次第に衰退してしまったという。

立場茶屋

宿入口はちょうどバス停「板鼻下町入口」から左手に入った辺りで、ここから賑やかな宿場が始まっていたが、当時宿入口近くには有名な「立場茶屋」があり、ここは独特の味を売り物にしてとても繁盛していたという。

店の名は「するが屋」と呼ばれ、ここでは「藺田《いだ》」の田芹《たぜり》の「おひたし」や「ごまあえ」を自慢料理にしていたという。

ちょうど現在の下町南裏辺りから国道にかけては「湿地帯」が広がっていて、そこに清水が湧き出て「い草」が生い茂り、その根に良質の「芹」が自生していたからだ。

「我妹か寒さに摘みしいだの芹を今朝七草のうちこそみれ」と和歌に歌われているのを始め、地元には数首の和歌が残っているという。

当時は風流な店に立ち寄って一服した人も多く、人気店だったが、どこにあったかはすでに不明だという。

現在の旧道に入ると小さな用水に架かっている「板鼻川橋」があり、右手に「双体道祖神」、先には「庚申塔」や「地蔵様」も見られるが、宿場の様子を伝えるものはほとんど残っていない。

榛名道道標

宿場だった通りは県道一三七号と呼ばれていて、宿内に入ってしばらく歩くと前方にJR踏切が見えてくるが、踏切を越えると板鼻二丁目交差点で、ここには道標が残っている。

これは榛名山へ行く「榛名道」を示していたもので、ここは榛名道との「追分」だった。

本陣跡

なお、道標を越えると「板鼻郵便局」が見えてくるが、ちょうどこの郵便局西隣に「脇本陣」があったという。

また、右手の「板鼻公民館」付近が「本陣跡」で、ここは「皇女和宮」の宿泊地にも選ばれている。

本陣の建物はすでに残っていないが、公民館には資料館が作られていて、展示品の中には和宮が使われたという貴重な草履なども保存されている。

皇女和宮宿泊地にも選ばれているぐらいだから立派な本陣だったのは間違いないが、こ

板鼻宿の風景
この商店街には所々に古い民家が残っている。

板鼻公民館にある本陣跡。

榛名道道標

双体道祖神の先にある庚申塔と地蔵様。

こにある資料を見ていると皇女和宮の行列がいかに前代未聞の大スケールだったかもわかってくる。

皇女和宮

皇女和宮について簡単に触れておくと、皇女和宮は「孝明天皇」の御妹で、文久元年（一八六一）すでに皇室との婚約が決まっていた。しかし、時は黒舟が来航し、風雲急を告げていたのだ。

そこで急遽、勤王、佐幕の激論を呼んだ「公武合体」の話が進み、皇女和宮は犠牲となって一六歳の若さで「一四代将軍家茂」の元へ嫁ぐことが決まったのだ。

しかし、時の流れはあまりにも非情で、それから五年後、家茂は弱冠二一歳の若さで急死してしまうのだ。そして、和宮自身も落飾《らくしょく》して「静寛院宮」となるが、不幸にも明治一〇年九月二日、本人も御年三二歳の若さでこの世を去っている。

なお、二人の墓は芝公園の「増上寺」にあり、夫婦仲良く眠っている。

ちょうちん屋

本陣があった公民館を出ると、隣には古い建物で営業している花店が見られるが、ここ

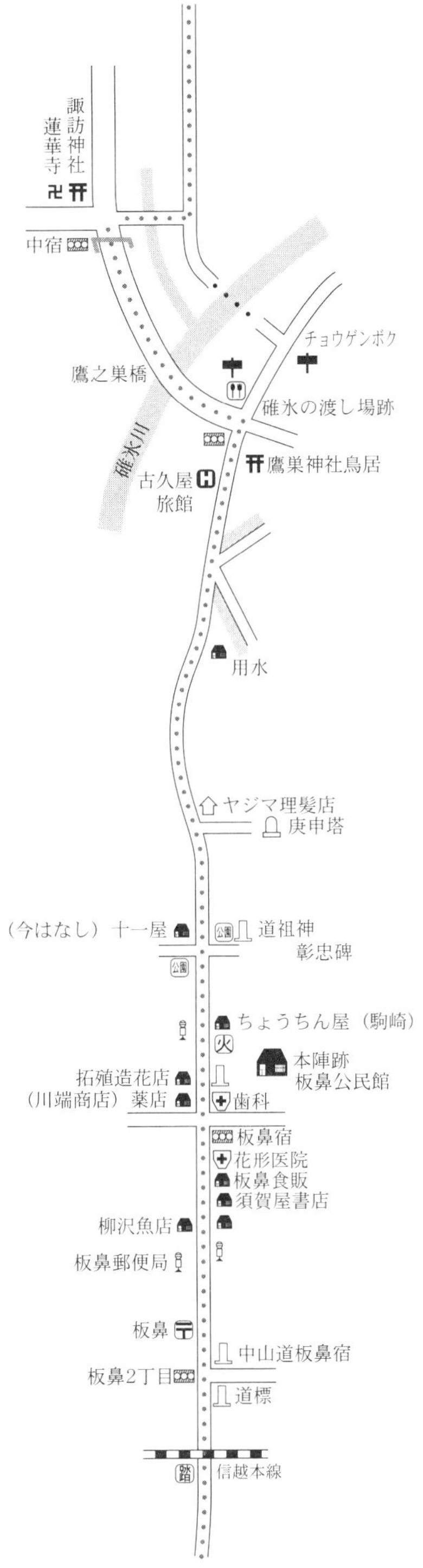

ちょうちん屋
現在も花を売っているこの建物の造りはちょっと変わっている事で有名だ。

は「ちょうちん屋」と呼ばれていた店で、土蔵作りでも一風変わった建物で知られている。

この家は火事に備えて土蔵の戸を閉めるようになっていて、戸と戸の隙間には「味噌」を塗って火事を防いでいたという。

土蔵作りの家は木造と違って燃えにくいのが特徴だったが、当時はとても高価だった。

かなり裕福な家だったことは間違いないが、いつまでも残しておきたい家の一つとも言えるだろう。

十一屋

なお、ここから少し歩くと左手公園隣にひときわ大きな家が残っている。

ここは「十一屋」と呼ばれていた造り酒屋だが、当時は「牛宿」（注1）とも呼ばれて旅籠屋もやっていたという。

牛宿と呼ばれたのはここが牛や馬が泊まれるように大きく作られていたからで、これも珍しい建物だという。

当時の牛や馬は物資を運ぶ大切な役割を担っていたから、とても大切に扱われたが、このような建物で現存しているものはほとんどなく、貴重だという。

現在の板鼻は国道から取り残され、しだいに衰退してしまったが、当時は大きな宿場で飯盛り女も多く、宿場は活気に満ちていたという事を覚えておかれるといいだろう。

なお、板鼻宿の範囲もだいたいこの十一屋付近までで、ここを過ぎれば宿はずれだった。

宿を離れると旧道は国道に合流し、碓氷川に架かる「鷹之巣橋」を渡ることになるが、当時は今の橋から五〇メートルほど上流を徒歩で渡って「中宿」と呼ばれていた集落に入っていた。

なお、橋を渡る手前に見られるのは「鷹巣神社」の鳥居などで、神社は右手奥にある。

また、この奥には「鷹巣城跡」も残っていて、鷹巣城は当時「板鼻城」とも呼ばれていたという。

今ではわずかな城跡を残すのみだが、ここにはそんな城があったことも覚えておかれるといいだろう。

国道に架かる橋に立つと川向こうに要塞のような工場群が見えてくるが、これは「東邦亜鉛精錬工場」で、今では安中名物の一つになっている。

注1　牛宿の説明は、29和田宿を参照。

十一屋
牛宿とも呼ばれている。

現在の国道に架かる鷹之巣橋を渡る。遠くに見えているのは、妙義山。

庚申塔と刻まれた碑面の左側面に道標としての行き先が刻まれている。

橋を渡ると歩道橋があって左手に大きな寺が見られるが、ここは「蓮華寺」で、江戸時代から板鼻宿の檀家が多かったという。

歩道橋脇から右手の旧道へ入ると中宿と呼ばれた集落で、板鼻宿を出た人々は徒歩で碓氷川を渡ってこの集落に出ていたのだ。

当時の川渡しが行われた付近は行き止まりで、正面にはクレー射撃場が見えているが、ちょうどこの辺りを渡っていたという。

なお、この中宿には二九番目の「中宿の一里塚」があったという。

道標

中宿集落を歩くと右手公民館の向かい側に庚申塔を兼ねた道標が残っているが、これは富岡市にある「貫前神社」に通じる道を示すものだという。

貫前神社は三代将軍家光が再建したと言われ、ここから参詣に向かう人も多く、道標には「従是一宮　大日　街道」と彫られている。

糸操り灯籠人形

この中宿には安中市の「無形文化財」に指定されている「糸操り灯籠人形」というのが

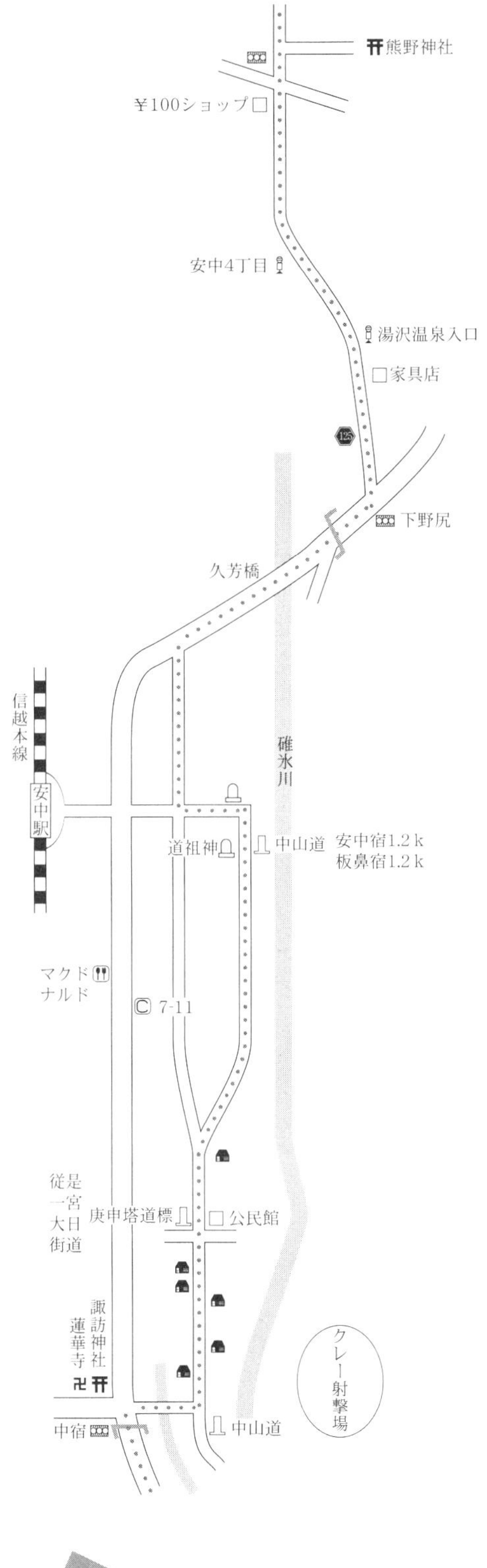

鷹之巣橋の上からは、安中にある亜鉛精錬工場がすぐ目の前に見える。

伝わっていて、人形はちょうど道標向かいの「公民館」に保存されている。

　ここの人形は竹で作られた胴体に紙を張り付け、糸で吊るして操作するという変わったもので、下からカンテラで灯りを点すのが特徴だという。

　とても珍しい人形と言われているから、興味があれば見せてもらうといいだろう。

　再び中宿集落を歩くと先は二手の道に分かれているが、ここは右側の道が旧道で、左手はJR安中駅方面だから間違えないようにしたい。

　残った旧道部分には新しく立てられた道標（板鼻宿一・二キロ　安中宿一・二キロ）があり、しばらくすると「碓氷川」土手に突き当たってしまうが、昔もちょうど突き当たった今の「久芳橋」手前付近に出ていたという。

　そして、ここから再び徒歩で対岸に渡っていたが、ここもすでに通行不能だ。

　少し前までは簡単な板が架けられていて、増水時以外は誰でも渡れるようになっていたが、危険なので取り払われてしまったという。

　現在の国道に架かる橋を渡ることになるが、橋を渡り終えると「下野尻」信号が見えてくる。

　ここで国道は県道一二五号線と分離しているが、ちょうど現在の県道が旧中山道で、ここからしばらく歩くと安中宿《あんなかじゅく》だった。

久芳橋風景

板鼻宿風景

16

安中宿《あんなかじゅく》

次は松井田宿
2里16丁
（9.53キロ）

宿場の規模

「久芳橋」を渡り終え、県道一二五号線に入ってしばらく歩くと安中宿だ。

江戸時代の安中は板倉佐渡守二万石（後に三万石）の「城下町」でもあったが、天保一四年の記録によると宿場規模は本陣一、脇本陣二、旅籠屋一七軒と平凡だった。

ここでは幕末頃まで城下に「飯盛り女」を置く事に猛反対していて、旅人が寄り付かず、宿場も大きくならなかったという。

江戸時代の飯盛り女は旅籠屋経営の大きな柱だったから、飯盛り女が少ないと泊まり客も増えず、宿場は苦戦していたのだ。

しかし、中にはそのような雰囲気を好んでいた旅人もいて、ここは子供連れや女性など一部の人には人気があったという。

ちなみに、ここは古くは「野後《のじり》」と呼ばれ、中山道の宿場に制定される以前から「東山道」

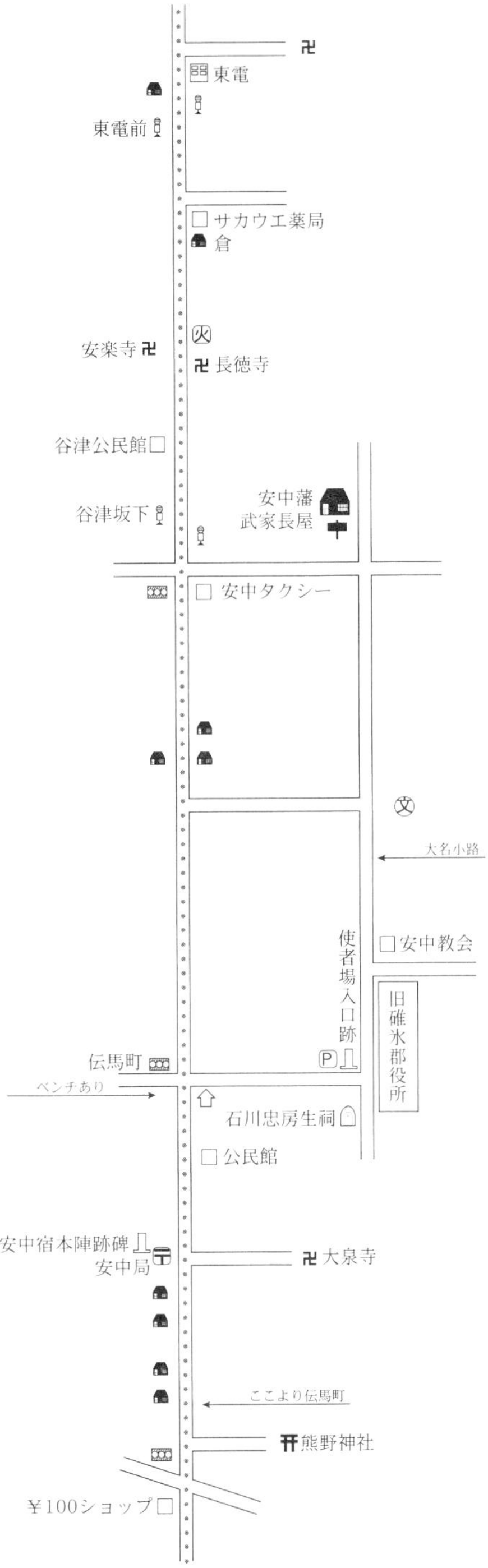

少しではあるが、杉並木が現在も残っている。

にあって栄えていたという。

ここが安中と呼ばれ出したのは戦国時代からのことで、「越後」からやってきた「安中氏」が築城してから安中と呼ばれるようになった。

古代東山道は右手を走る国道よりさらに北側を通っていたが、残念ながらその道筋はほとんど残っていないという。

本陣跡

「下野尻」信号から宿内に向かって歩くと右手に「熊野神社」参道があって、「伝馬町」に変わると左手に「安中郵便局」が見えてくるが、ここが「本陣跡」で、当時の安中本陣は「須藤本陣」と呼ばれていた。

今は石碑がわずかに見られるだけだが、宿場はこの本陣を中心に賑わっていたという。

ここも年々都市化が進み、宿内を歩いてもあまり目立つような古い建物は残っていないが、裏通りに入ると少しばかり当時の面影が残っている。

特にこだわりがなければここでは中山道より裏手の道を歩いてみるといいだろう。

大名小路

伝馬町信号を右手に入るとちょうど「旧碓氷郡役所」跡や「安中キリスト教会」が見ら

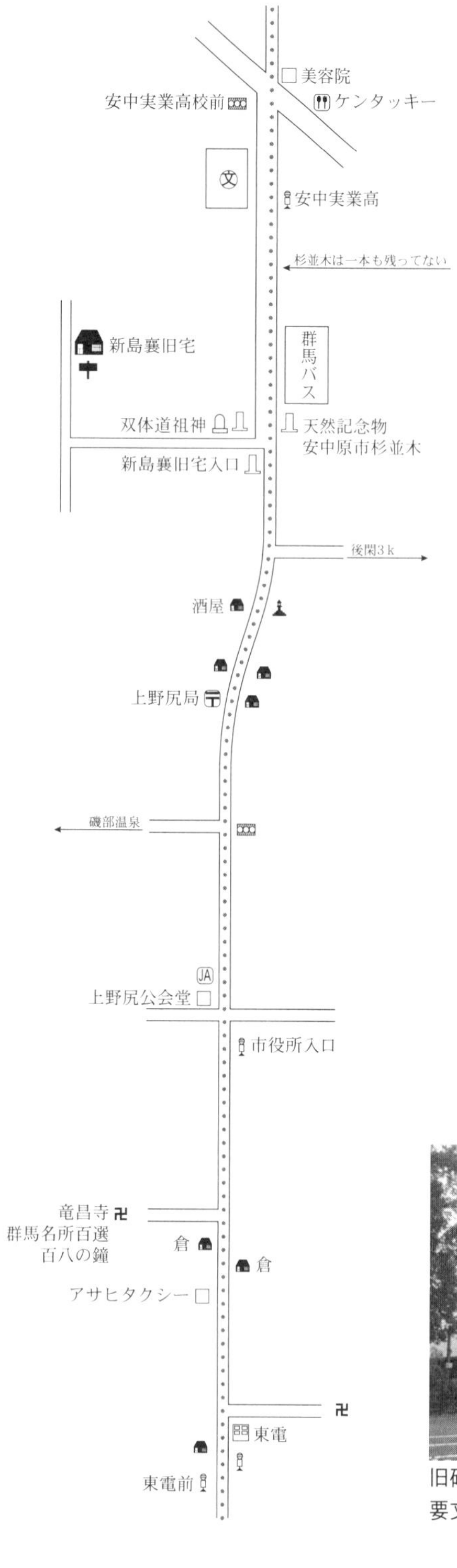

旧碓氷郡役所は平成８年に安中市の重要文化財に指定された。

安中本陣跡碑

れるがこの通り、かつては「大名小路」と呼ばれ「安中藩士」の住居が並んでいた所だという。

宿場から一歩裏に入ると武士達が闊歩していたわけで、宿場の規律が厳しかったというのもなんとなくわかってもらえるだろう。

なお、旧郡役所は明治時代に使われていた施設で、無料で見学できるようになっていて、ここには親切な係員が江戸時代の宿場の様子や旧中山道のことなどを解説してくれるのだ。

また、手書きの宿場地図なども置かれているからもらっておくと役に立つだろう。

ちなみに、この通りの右手奥には小学校や中学校があるが、ちょうどこの学校裏辺りが「安中城址」で、本丸は中学校校庭付近にあったという。

すでに城址はほとんど残っていないが、城が中山道近くにあったこともわかってくる。

また、この通りの奥には最近復元された「武家長屋」も公開されているから、武家長屋を見ると当時の武士の暮らしとはどのようなものだったのかもわかってくるだろう。

なかなかお金のかけられた立派な建物で、長屋がこのように大きくて巨大だったとは驚きだが、当時はこのような武家屋敷がこの通りに並んでいたのだろう。

元の宿場だった通りに戻ると、宿場の道路

安中藩武家長屋の復元された建物。

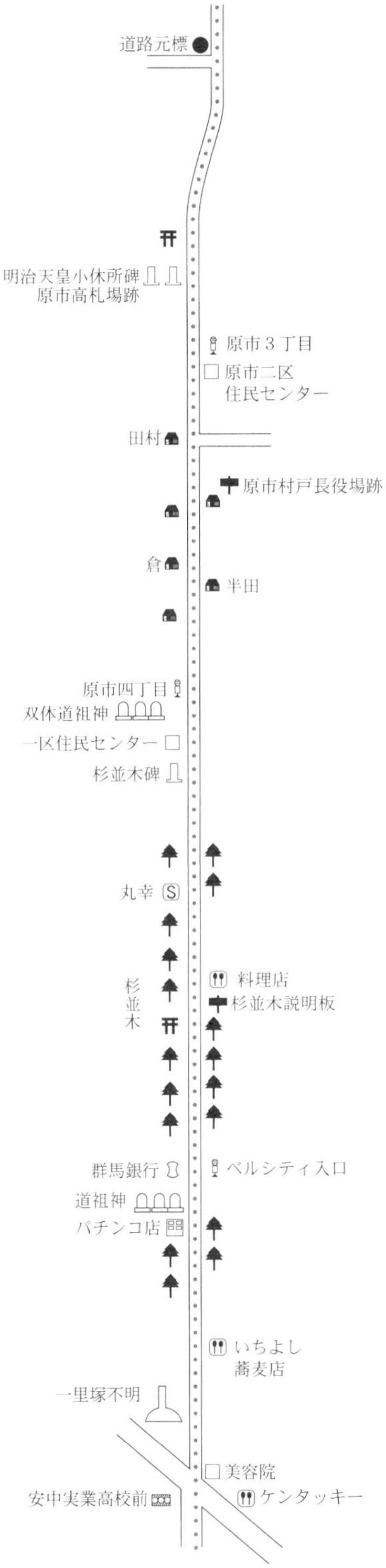

は県道一二五号線と呼ばれて「谷津坂下」付近から緩い上り坂に変わっているが、ちょうど現在の市役所入口付近が宿はずれだったという。

　ここは城下町だったこともあり、出入口には役人が出て、通る人々を監視していたが、残念ながら石碑などは残っていない。

磯部温泉

　宿場を離れると左「磯部」方面と書かれている標識が見えてくるが、この奥には「雀のお宿」で有名な「磯部温泉」がある。

　磯部温泉は民話「舌切雀」の里として知られ、多くの観光客で賑わっているが、磯部温泉には「温泉マーク」発祥地という珍しい記念碑もあるという。

　地図などに見られる温泉マークはここが発祥地だというから、これも覚えておかれるといいだろう。

「新島襄」旧宅

　なお、通り右手奥に見えるのは「愛宕神社」で、ここを過ぎると左手に「新島襄」旧宅入口と書かれた標識が見えてくる。

　新島襄は京都「同志社大学」創設者として知られているが、熱心な「キリスト教信者」でもあった。

　また「教育者」としても有名で、奥に残っている旧邸宅跡は安中藩士だった両親が住んでいた場所で、ここは資料館も兼ねており、

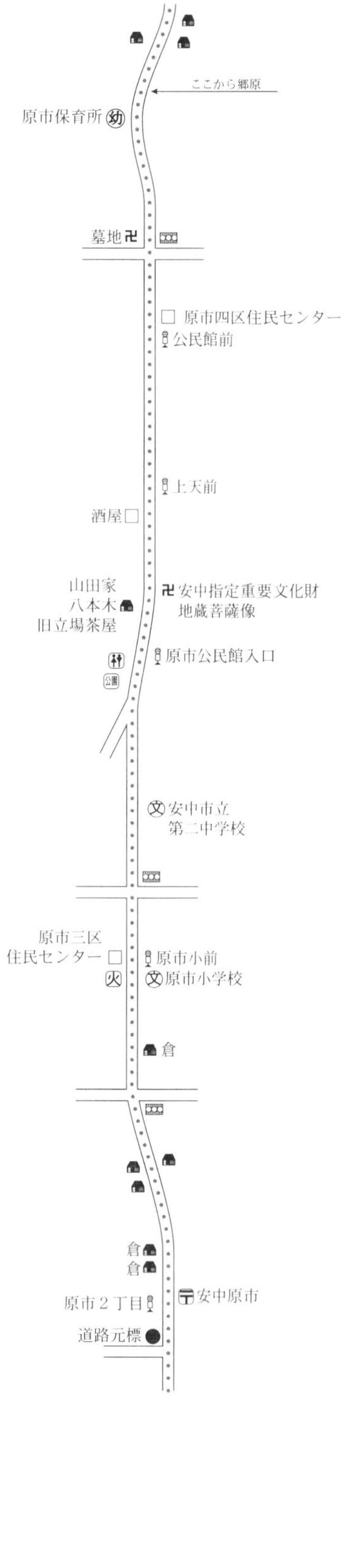

大名小路の木碑。
その奥にあるのがキリスト教会。

石川忠房の生祠と碑。
生祠は石川忠房を生き神様として祀ったもの。
（地図P139）

見事な庭園が残っている。

天然記念物安中原市杉並木碑

新島襄旧宅入口を越えると旧中山道は突然広い道路に変わってしまうが、昔はここから見事な「杉並木」が続き、一時は「日光杉並木」にも負けない見事な杉並木と賞賛されていたという。

ところが、そんな杉並木も交通量増加に伴って枯れてしまい、今は花壇に「天然記念物安中原市杉並木」碑が見られるだけだという。

しかし、しばらく歩くと旧中山道は広い国道一八号線を横切っていて、県道四八号線に変わると緩い上り坂の頂上付近にわずかばかりの杉並木が残っている。

天保年間には七〇〇本以上もあったが、経済発展が進んで車が通るようになり、その多くは枯れてしまったという。

車の排気ガスや振動が杉並木に影響したわけで、日光の杉並木も同じような状態だという。

日光では杉並木の保存運動も活発に行われているが、ここも車の規制など何らかの対策が必要だろう。

一里山

ちなみに、国道一八号線を横切ると旧道は緩い上り坂で、坂を上り切った辺りは「高別当村」あるいは「一里山」とも呼ばれていて、名前のように近くには一里塚があったという。

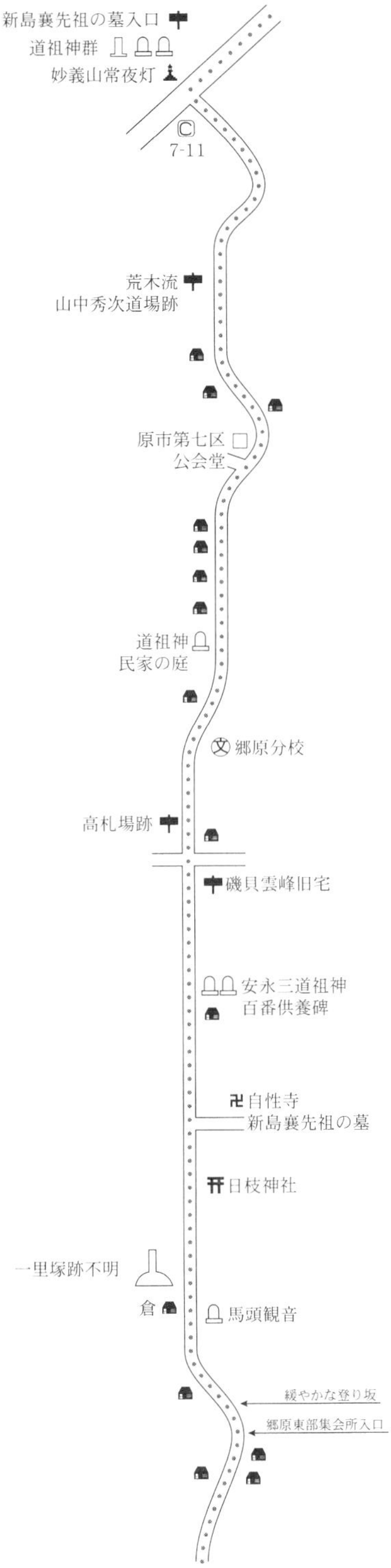

天然記念物安中原市ノ杉並木・史跡名勝天然記念物の碑。

新島襄先生旧宅
現在資料館となっている。

ここの一里塚は江戸よりちょうど「三〇番目」だったが、残念ながらどこにあったかは不明だという。なお、現在この付近はすべて原市と呼ばれているが、当時この付近では「綱や細縄」が売られて名物になっていた。

江戸時代の綱や縄は大切な生活物資で需要も多く、商う店も多かったが、この付近には竹や麻などの良質な材料が採れる林が広がっていたから名物になったという。

茶屋本陣

わずかに残った杉並木跡が途切れると原市三丁目に変わってしまうが、ちょうど左手には「明治天皇小休所跡」碑や「原市高札場跡」が見えてくる。

当時ここには「茶屋本陣」があり、明治天皇もここに立ち寄っているというから、かなり立派な茶屋本陣だったのだろう。

なお、茶屋本陣跡を出ると先は緩い上り坂で、しばらく歩くと右手に小学校と中学校が並んでいる。

また、中学校を越えると大きな公園があって先に古い家が見えてくるが、ここは「八本木立場茶屋」跡の「山田家」で、この家は昔

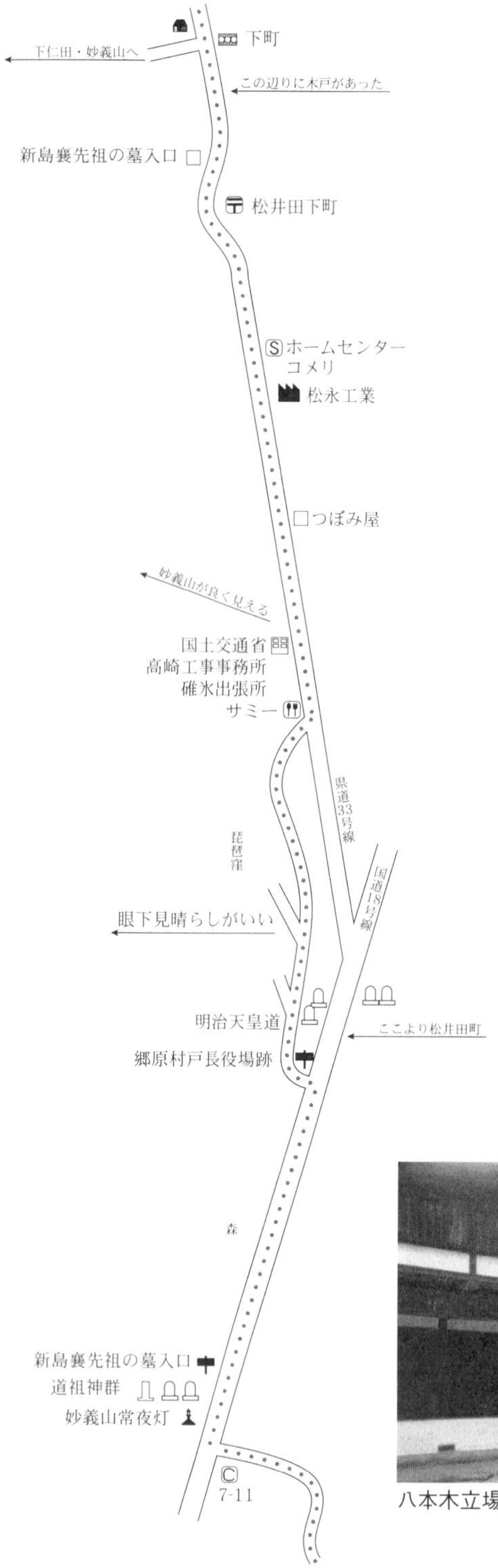

原市高札場跡と明治天皇小休所跡碑。

八本木立場茶屋跡

から有名な茶屋で知られていた。

　江戸時代の茶屋の多くは団子や砂糖餅、奈良茶などを売っていたが、独特の味を誇る店はその中でも特に人気があったという。

　ここも何か特徴のあるものが売られていたようだが、何が名物だったかはわからないという。

日本三大地蔵

　また、山田家向かい側に見られるのは「地蔵堂」で、ここの「地蔵菩薩像」は安中市の重要文化財に指定されている。

　当時は「日本三大地蔵」（注1）の一つにも数えられていたほどの地蔵様で、江戸時代ここを通った人々はかならず下馬したと伝わっている。

　しかし、御開帳は一〇〇年に一度と言われ、よほど運が良くなければ見られないのだ。

郷原の一里塚

　八本木立場を出てしばらく歩くと昔の「郷原村」で、右手に「日枝神社」や「自性寺」が見えてくるが、自性寺は新島襄先祖ゆかりの寺で、ここには先祖の墓があるという。

　また、図絵には「いちりつか人家の内に有り」と書かれていて、当時この郷原村付近には一里塚があった。

　図絵が書かれた時、すでに一里塚は民家の庭にあったようだが、家の中に一里塚があったというのも珍しいだろう。

　一里塚は「郷原の一里塚」と呼ばれ三一番目のものだったが、おそらく中山道の道筋が変わり、家の中に取り残されてしまったのではないだろうか。

妙義山常夜灯

　旧道はこの付近から蛇行し始め、やがて現在の国道一八号線に合流するが、合流地点には「妙義山道」を示す「常夜灯」が残っている。

　ここから眼下を流れる碓氷川を渡り、妙義山に向かう道があったが、残念ながらこの道もすでに通行不能で通れないという。

　なお、妙義山については次の松井田で説明しているからそちらを参照されたい。

琵琶久保

　ここから現在の国道一八号線を歩くことに

注1　日本三大地蔵と呼ばれるものは各地にあり、確かなことはわからないという。現在一般的には滋賀県の木之本地蔵、京都の壬生寺地蔵、徳島県の立江寺地蔵を三大地蔵と呼ぶことが多い。

日本三大地蔵の一つであろうと言われる八本木地蔵の境内にある石碑群。

郷原の妙義道常夜灯は地元の妙義講の人々が建立した文化５年の常夜灯だ。

なるが、昔は少し歩くと国道左手に入る道があり、碓氷川沿いにあった「逢阪」と呼ばれた急坂を上って国道がカーブする付近に出ていたという。

　ところが、碓氷川沿いにあった道は地震や崖崩れなどで失われ、すでに残っていない。

　今は国道を四〇〇メートルぐらい歩くと左手に「郷原村戸長役場跡」と書かれた標識があり、ここから左手に入るが、この道は「明治天皇道」で、昔は逢阪を上ってこの付近に出ていたという。

　その証拠が国道右手に残っている石碑群で、これらは「逢坂の神明」と呼ばれていた。

　明治天皇道に入ると左手眼下に碓氷川がパノラマのように見えるが、この付近昔は「琵琶窪」と呼ばれていて、崖沿いの道で知られていたという。

　今も竹やぶなどが生い茂っていて、ウグイスの鳴き声も聞こえるのどかな場所だが、この道もすぐに県道三三号線に合流する。

　そして、琵琶窪から県道に出て九〇〇メートルほど歩くと松井田宿だったという。

　ちなみに、広重が次の「松井田」と題して残した絵は琵琶窪付近ではないかと言われている。

　絵を見ただけでは琵琶窪とは断言出来ないが、地形や風景からここが写生地点ではないかと想像されているという。

　広重が歩いた頃もすでに逢坂を歩かず、この付近を歩いていたことになるが、そんな場所だと覚えておくといいだろう。

新島襄宅の縁側の風景。

明治天皇道
琵琶窪の道沿いにある石碑群。

17

松《まつ》井《い》田《だ》宿《じゅく》

次は坂本宿
2里15丁7間
(9.43キロ)

宿場の規模

天保一四年の記録によるとここの宿場規模は本陣二、脇本陣二、旅籠屋一四軒とそれほど大きくなかったが、当時の松井田は「妙義山」への「追分」でもあり、中山道を通る旅人ばかりか妙義山詣での人々でも賑わっていた。

妙義山

妙義山は古くから「奇岩怪石」が露出している山で知られ、信仰の対象として特に江戸時代は人気があった。

ここは最高峰の金洞山(一一〇四メートル)と、白雲山(一〇八一メートル)、金鶏山(八五六メートル)からなり、麓にある妙義山神社は六世紀頃からの鎮座で「安産の神様」としても名高い。

今でも一部の登山家には人気があり、夏になると松井田から妙義山を目指すハイカーらも多いが、我々素人目にはどこからどこまでを妙義山と呼んでいるのかちょっと区別がつかないようだ。おそらく一連の山を総じて妙義山と呼んでいるのだろう。

このように、ここは妙義山詣での人々でも賑わったが、この先には旅人泣かせの「横川関所」が控えていたから、「雨が降りゃこそ松井田泊まり、降らにゃ越します坂本へ」とも唄われ、天気が良いと素通りして足早に通り過ぎて行く人も多かったという。

妙義山登山口

安中方面からやってくるとちょうど左手に「新田町公民館」があって「下町交差点」に出るが、その中間辺り(現在の後藤建具店付近)に「東木戸」(下木戸)が設けられていたという。

すでに木戸跡は残っていないが、ちょうど交差点先を左手へ入る道は「妙義山道」の一つで、角の古い家「かんべや」には今も当時の「妙義山登山口」と書かれた古い看板が残っている。

脇本陣のあったところはこの家の付近と言われている。

下町交差点付近の風景
昔はこの辺りに東木戸があった。

江戸時代、夏の登山シーズンが近づくとここから妙義山を目指す人も多く、茶屋や商店は繁盛したという。

本陣・脇本陣

なお、この「かんべや」向かいには「脇本陣」の一つがあったと言われ、この付近はすでに賑やかな宿場だったという。

今は普通の民家に変わっていて、古い建物はほとんど残っていないが、宿場に入ると商家や旅籠屋が並んでいたと思っていいだろう。

左手にある「崇徳寺」入口を越えると「群馬信用組合」が見えてくるが、ここに本陣の一つがあり、「金井本陣」と呼ばれていたという。

ここも本陣跡を示す物は何も残っていないが、当時この群馬信用組合反対側の「山城屋酒店」付近には名物で有名だった「ういろう」(注1)を売る店があり、ここはとても繁盛していたという。

ういろう

ういろうとは「外郎」とも書かれる「漢方薬」で、「足利義満」の時代に「元の国」から

注1 ういろうについては『誰でも歩ける東海道五十三次』小田原宿を参照されたい。

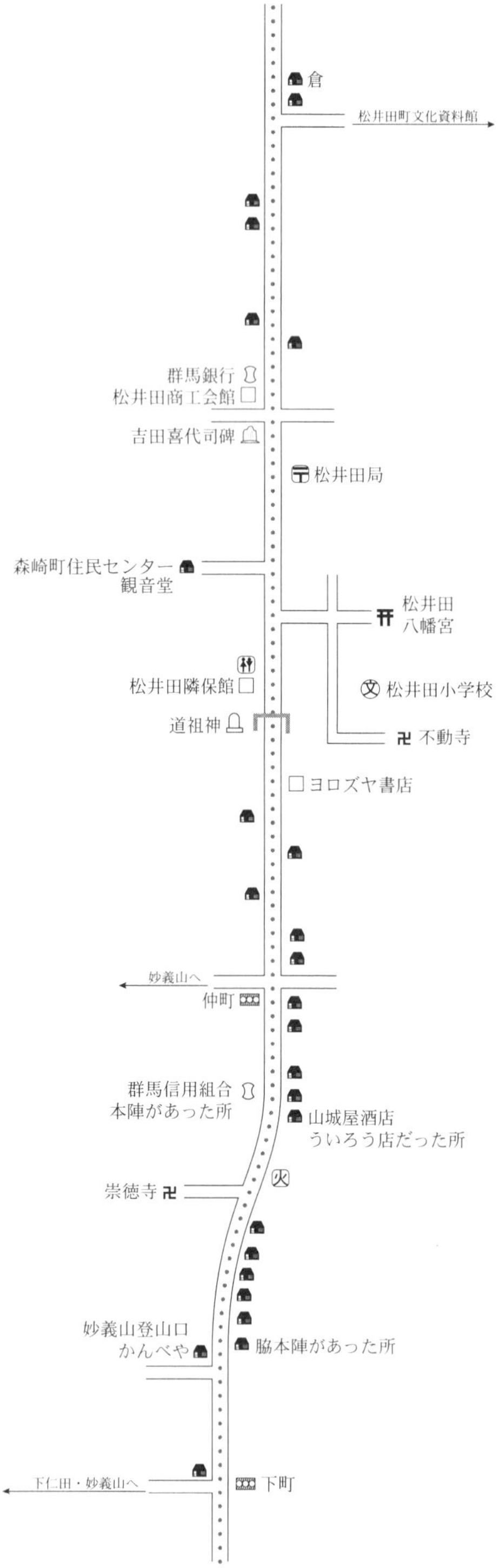

補陀寺は北条氏政の家臣、大道寺政繁の居館として使われていた。またその菩提寺でもあるが、墓は加賀藩、前田家が通ると悔しの汗を流すとの伝説がある。

日本に逃れてきた「中国人」（元の札部員外郎陳宗敬という人物）によって広められたと言われている。

最初は九州博多で創業したが、その後、その子孫が京都で「透頂香《とうちんこう》」という名で売り出し、後に東海道の「小田原」に店を構えたという。ここは小田原「外郎」店の分家で、松井田が小田原北条氏の勢力下だった証拠の一つでもあるという。

ちなみに、外郎そのものは仁丹に似た黒っぽい色をしており、主に頭痛、胃腸、口中薬として使われていた。

また、食べ物の「ういろう餅」もよく知られていたが、これは外郎が苦いのでその苦さをやわらげるため作られたという説と、当時のういろう餅は漢方の外郎に似て黒っぽい色だったから同じ名前になったという説がある。

また、透頂香とも呼ばれたのは当初の薬が「頭髪の臭い消し」にも使われていたからで、烏帽子の中に入れると臭いを防いでくれたからだった。

江戸時代はかなり有名な漢方薬で、江戸で

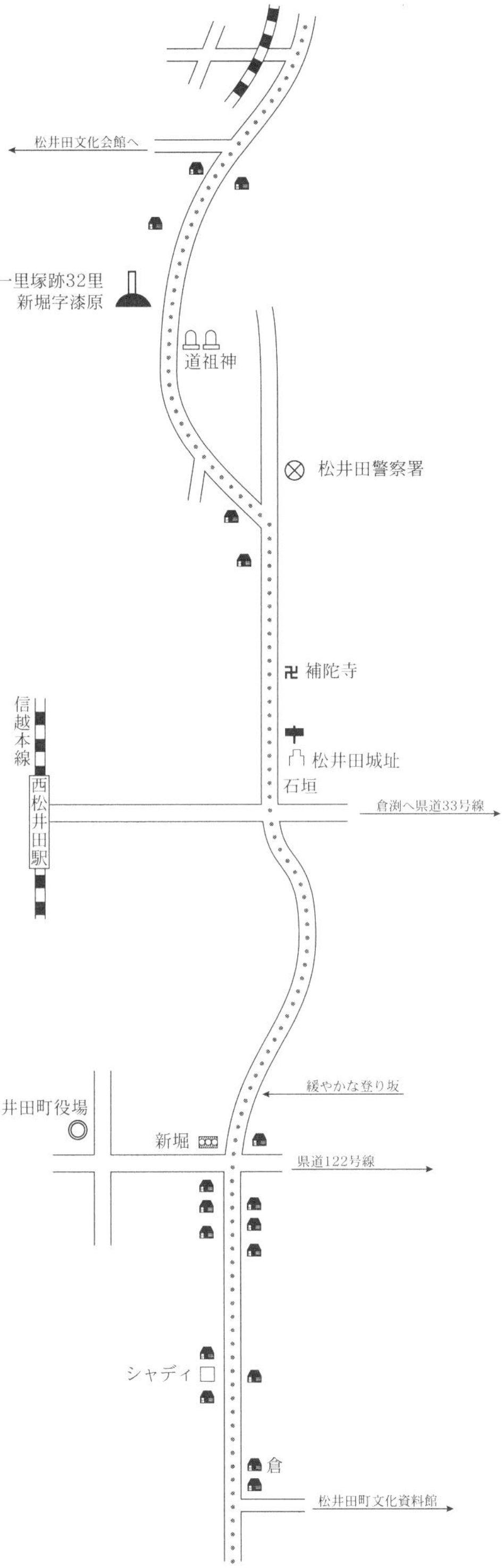

旧道に残る趣ある民家。

も評判になっていたが、そんな店もいつしか歩く人が減り、店をたたんでしまったという。

　宿場は群馬銀行先で「仲町」交差点に出るが、左手の道も「妙義山道」の一つで、右手に入る道は「榛名山道」として使われていたという。

　また、宿場の道路はここから緩い上りぎみになっているが、右手の「ヨロズヤ書店」付近にもう一つの「松本本陣」があったという。

　宿場は二つの本陣を中心に賑わっていたが、ちょうどここから三〇〇メートルほど歩いた

現在の「歩道橋」付近が出口だったと言われ、ここには「西木戸」（上木戸）が設けられていたという。すでに木戸跡も消え失せてしまったが、ここは中山道の旅客ばかりでなく、妙義山詣での人々でも賑わっていた事を覚えておかれるといいだろう。

松井田八幡宮

　なお、宿はずれだったという歩道橋右手奥には松井田小学校があるが、この裏には宿場とのつながりが深い「不動寺」や「松井田八幡宮」もあるから時間があれば訪ねてみるといいだろう。

　歩道橋を越えて少し歩いた所が松井田八幡入口になっていて、遠くに鳥居が見えている

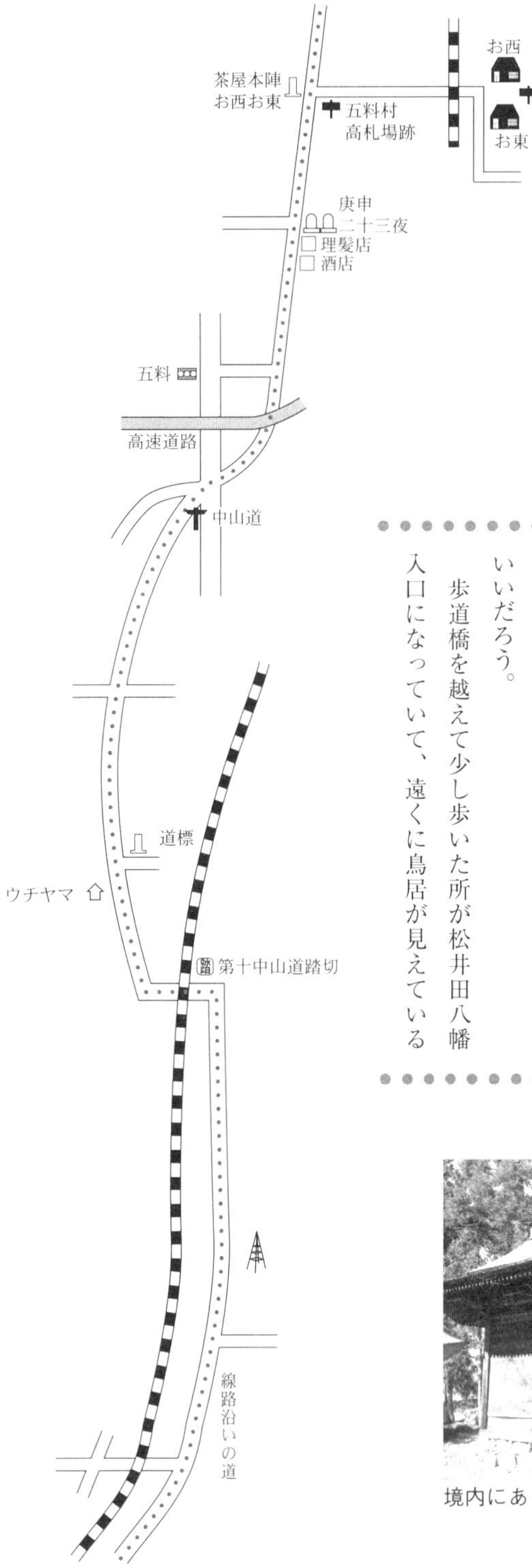

境内にあるお堂。

松井田八幡宮入口

ようにこの奥に本殿がある。

八幡宮本殿は「重要文化財」に指定されていて、派手さはないがいぶし銀のようなたたずまいが印象的だ。江戸時代は宿場の守り神として信仰を集めていたが、今は荒廃し、訪れる人は少ないという。

不動寺

また、八幡神社隣は松井田小学校になっているが、校庭を横切り、少しばかり戻った所にあるのが不動寺だ。

ここの山門は「仁王門」と呼ばれていて、ここも「重要文化財」に指定されている。

両側に配置された仁王様が睨みをきかせているのが特徴で、装飾を施した立派な門構えは見事と言えるだろう。また、山門手前に保存されているのは「板碑」で、これも「重要文化財」だ。

ちょっと見た目には道標か道祖神のように思えるが、板碑の多くは鎌倉時代から室町時代にかけて作られ、主に卒塔婆の役割をしていたという。

残っている板碑はとても少なく、貴重だという。

元の宿場出口に戻り、歩道橋を越えると

不動寺
旧道からは外れるが、名所旧跡を見るのも旅の楽しみだ。手前の建物に板碑がある。

不動寺の板碑。

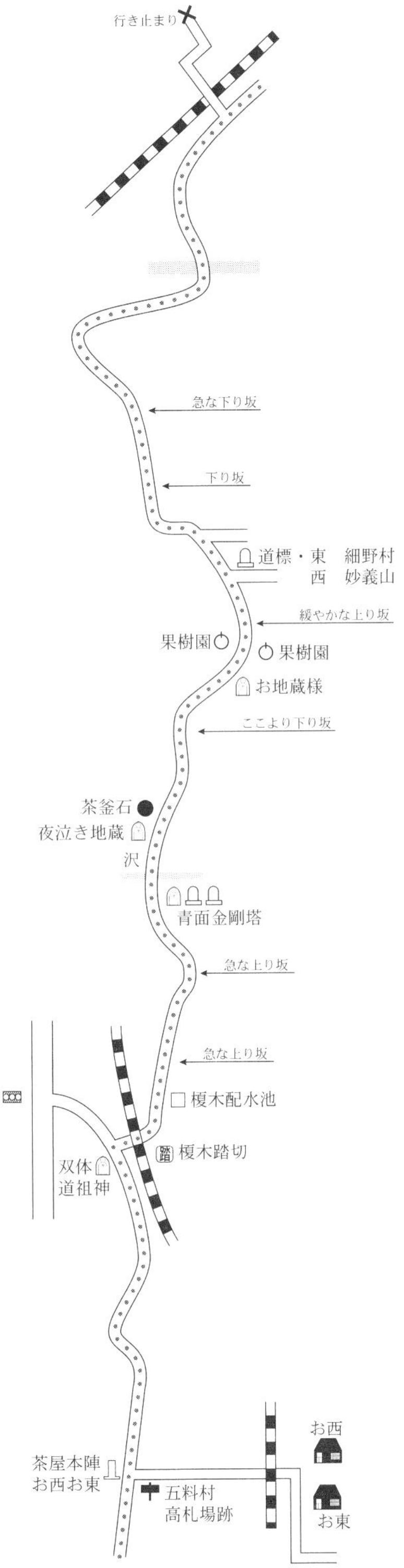

「新堀」交差点にさしかかるが、ちょうど左手には現在の「松井田役場」で、奥にはJR西松井田駅がある。

松井田城跡

先も緩い上り坂だが、しばらく歩くと再び交差点に出る。

ちょうど右手に「石垣」のような物が見えてくるが、ここは「松井田城址」の一部で、この奥に見える小山に城が築かれていたという。

松井田城は戦国時代小田原北条家の北関東の守りとして重要な城だったが、秀吉の小田原城攻めに際して落城し、その後再建されなかった。

石垣左手は「補陀寺」で、ここには小田原攻めの際自害させられた松井田城主（大導寺政繁）らが眠っているという。

新堀字漆原の一里塚

補陀寺を出ると旧中山道は「松井田警察署」手前で県道と別れて左手へ入って行くが、ここからはいかにも取り残されたような旧道らしい道だ。

右手貯水池手前に「道祖神」があり、左手に「一里塚跡」が見えてくる。

ここの一里塚は江戸から三二里目で、「新堀字漆原の一里塚」と呼ばれていたという。

説明板の置かれている先に狭い道があり、奥に一メートルほどの小山が残っているが、これが塚跡だという。

説明がなければ一里塚跡とはわからないが、残った小山を見ているとなんだかそのような感じがしてくるだろう。

一里塚跡を越えると左右に古い家が見られ、左手を走る「信越線」が近付いてくるが、昔はここで線路左手に出ていたという。

しかし、この付近の旧道は失われていて、今は線路沿いを歩いて送電鉄塔先に見える「第十中仙道踏切」で左手へ出ることになる。

線路左手に移った旧道はいかにものどかな田舎道といった感じで、途中には村の道標なども残っているが、この付近晴れていれば左手には雄大な「妙義山」も迫っている。

茶屋本陣・お西・お東

線路沿いをしばらく歩くと国道や高速道路

五料の茶屋本陣
お東は分家、お西は本家。天保年間からは1年交代で茶屋本陣を勤めていた。

一里塚跡
明治20年代まで両側にあったそうだが、現在は南の塚だけが残っている。

松井田城址
南北1500メートル、東西1000メートルの城域と言われる松井田城は元は小屋城と呼んでいた。

などが複雑に交差している「五料交差点」に合流するが、ここには右旧中山道と書かれた標識が置かれているように、右手へ入ると昔の「五料立場」だ。

理髪店横には大きな「道祖神」や「二十三夜塔」なども保存されているが、ちょうど理髪店を越えると「茶屋本陣・お西・お東」と書かれた標識が見えてくる。

JR線路を越えた右手に見えるのが「五料茶屋本陣」だった「中島家」の建物で、茶屋本陣がこんなにも立派だったとは驚きだが、左手が本家だった「お西」で、正面が分家だった「お東」だ。

ここは両方とも「文化三年」建造と言われ、本家だったお西には「明治天皇」もお休みになっており、史蹟に指定されている。

中を見学するのは有料だが、ここを見学すれば茶屋本陣がどのような施設だったかがよくわかってくる。

ここは建物も立派だが庭園も見事で、お東一階には「中山道六十九次続き絵」も展示されている。

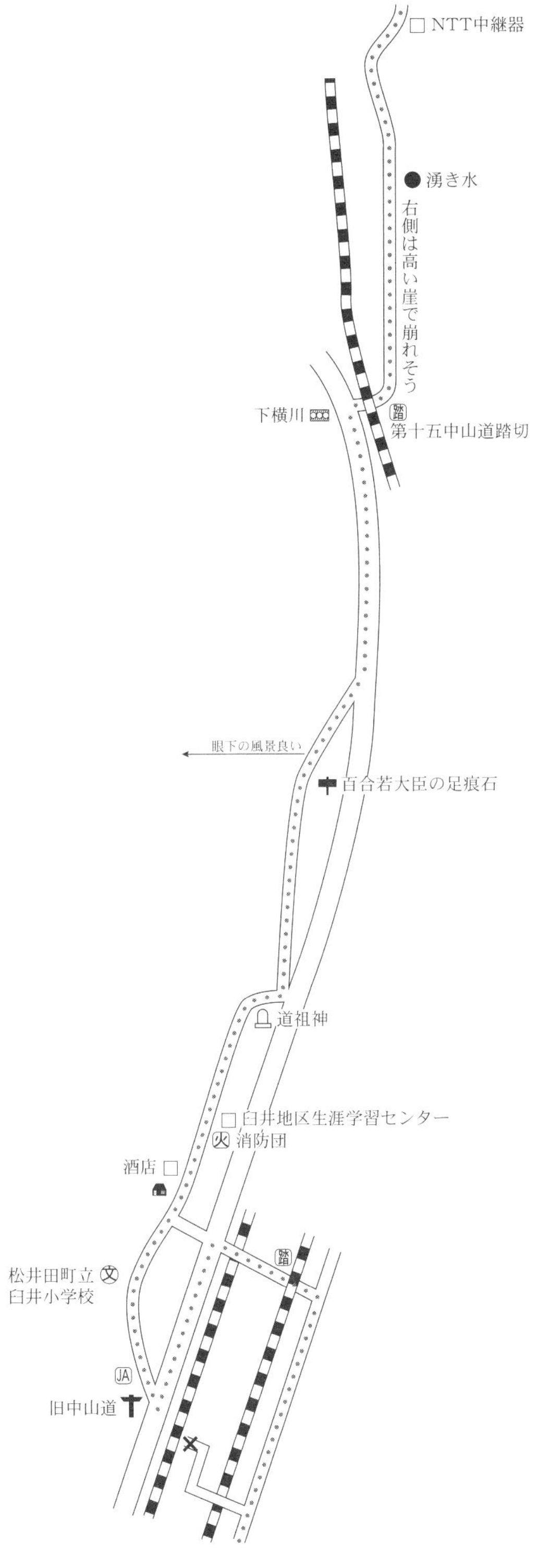

こちらはお西の茶屋本陣。
現在は史料館として開館されている。

また、お西二階は「資料展示室」になっていて、ここでは古代から江戸時代、そして近年の事柄までもが勉強できるようになっている。

茶屋本陣がこれほど立派だったというのも驚きだが、江戸時代は権力者と一般庶民とでは生活レベルの差が今以上に大きかった。

普通の旅人は立場の小さな茶屋で一息ついていたが、名のある人々はこんなにも豪華な施設で休憩していたのだ。

あまりにも貧富の差が激しすぎ、豪華な茶屋本陣を見ていると何か虚しいような気もするが、大名らの一日は意外と堅苦しく、息もつまるような生活だったという。

おそらく気楽に茶屋でのびのび休んでいた一般庶民の方がリラックスできたのではないだろうか。

双体道祖神

茶屋本陣から元の旧道へ戻り、少し歩くと左手に小さな「双体道祖神」が保存されている。

よく見るとここの道祖神は仲良く手をつないでいて微笑ましい姿だが、道祖神は村の出

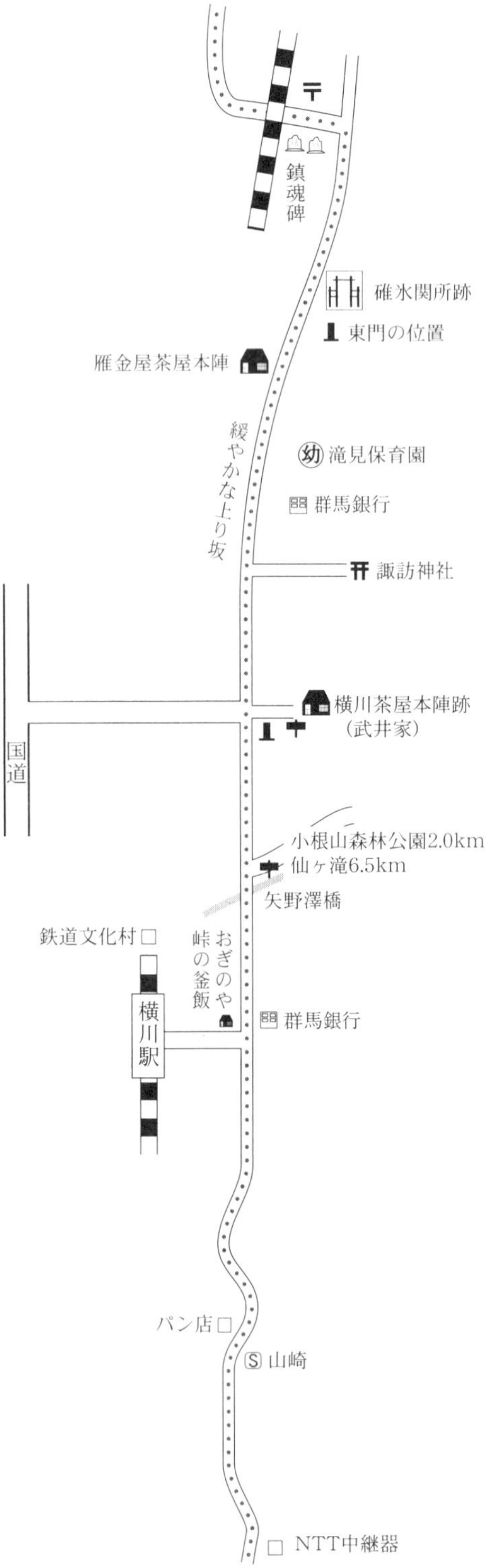

これは五料の茶屋本陣付近にある双体道祖神。正徳4年と書かれている。

茶屋本陣の室内。昔懐かしい囲炉裏。曾祖母の家もこんな感じだった事を思い出す。

入口に置かれる事が多かった。

　道祖神は村の守り神の役目もしていたわけで、この付近が立場の出口になっていたこともわかってくる。

夜泣き地蔵・茶釜石

　なお、道祖神を越えると右手を走っている信越線線路が近付いてくるから、ここは先に見える「榎木踏切」を渡って右手に出る。

　線路を渡ると登り坂で、ここは「丸山坂」と呼ばれる急坂で知られていた。坂の途中には「青面金剛塔」（注2）や「道祖神」も見られるが、頂上には「夜泣き地蔵」と「茶釜石」があって街道名物になっていた。

　お地蔵様は何体か見られるが、右手の大きな地蔵様が夜泣き地蔵と呼ばれ、ここには次のような伝説が残っている。

　昔、荷を運んでいた男がここを通った時、荷物のバランスをとるためかたわらに転がっていた地蔵様の首をつけて深谷まで行ったという。

　男は荷物が無事届いたので首を捨ててしまうが、夜になるとどこからともなく「五料悲しや」と泣く声が聞こえてきたという。そこで哀れに思った深谷の住人が首をここまで運び、首をつけてあげたと伝わっている。

　なお、手前に置かれているのが「茶釜石」で、この石は叩くと空の茶釜の音がすると言われ、これも昔から有名だった。

　石の上には「金槌」と「小石」が置かれているから、今も叩けばいい音がするが、説明によればここを通った大田南畝（蜀山人）が狂歌を残していて、「五料（五両）ではあんまり高い（位置が高い）茶釜石、音打（値うち）をきいて通る旅人」と詠んだという。

　地蔵様の後ろには妙義山が間近まで迫っていて、ここから見る妙義山も絶景と言えるだろう。

　なお、夜泣き地蔵を出ると下り坂で、果樹園（りんご畑）を見ながら曲がりくねった道を下りて行く。谷になっている川を越えるとやがて信越線線路が近付いてくるが、昔はこの先で線路と国道を横切っていたが、この付近で、昔の道は失われてしまったという。

　近くには「御所平踏切」もあるが、ここも途中で行き止まりだ。無理すれば信越線線路を越えることは可能だが、ここは危険だから

注2　青面金剛は庚申待ち（庚申の夜）の時に祭る神様の仏教名で、神道では青面金剛とは言わず猿田彦と呼んでいた。猿田彦は後に旅人を道案内する道祖神ともなっている。

お地蔵様は数体並んでいる。

夜泣き地蔵
夜泣き地蔵は一番右側の大きい地蔵様の事だ。

茶釜石
たたくと鉄のような音が聞こえる。

右手に見える碓氷神社先の踏切を渡って戻るのが賢明だろう。

旧道入口には農協があり、ここから入ると左手に「臼井小学校」が見えてくる。

ところで、当時の五料村は江戸から三二里三五丁四七間の所にあったが、手前の新堀一里塚（三二里目）があった新堀村は三二里二丁四七間だった。

これを見るとちょうど一里近く歩いているわけで、ここで便宜上の一里塚を筆者の独断で設けさせてもらうことにした。一里塚は「小山沢一里塚」と呼び、三三里目としておきたい。

百合若大臣の足痕石

なお、国道左手に残った旧道部分は「小山沢」信号先まで続いているが、途中に見られる大きな窪みのある石は昔から「百合若大臣の足痕石」と呼ばれ、大切にされていたという。

石に足跡のような大きな窪みがあって古くから百合若大臣の足跡と呼ばれていたが、この百合若大臣という人は伝説上の人物で、平安時代初期の四条左大臣公光の子と伝わっている（石は最近心ない人に持ち去られ、不明だという）。

旧道は百合若大臣足痕石を見た先で再び国道に合流し、ここからしばらくは国道を歩くが、左手眼下を見ると雄大な碓氷川が流れている。

横川駅

「下横川信号」に出ると旧中山道標識があり、ここで再び信越線線路を横切って線路右手に出る。

線路沿いの旧道は崖が間近まで迫っているが、そんな旧道を八〇〇メートルほど歩けば信越線「横川駅」近くに出る。

現在の横川駅は「長野新幹線」開通によって（平成九年一〇月一日）すっかり元気がないが、新幹線が開業するまでは「峠の釜飯」を買い求める乗客達で大賑わいだった。

新幹線開業によって信越線はここで寸断され、横川～軽井沢間はバス便に変わったが、筆者はここに立つと幼かった頃の事が浮かんでくる。

当時は「アプト式」と呼ばれる線路中央に

現在の横川駅風景。
手前は峠の釜飯で有名な「おぎのや」。現在も休日にはたくさんのハイカーなどで駅周辺はごった返している。

百合若大臣の足痕石。
その昔、大男の若者が足で石を踏みつぶしたと言われる石。

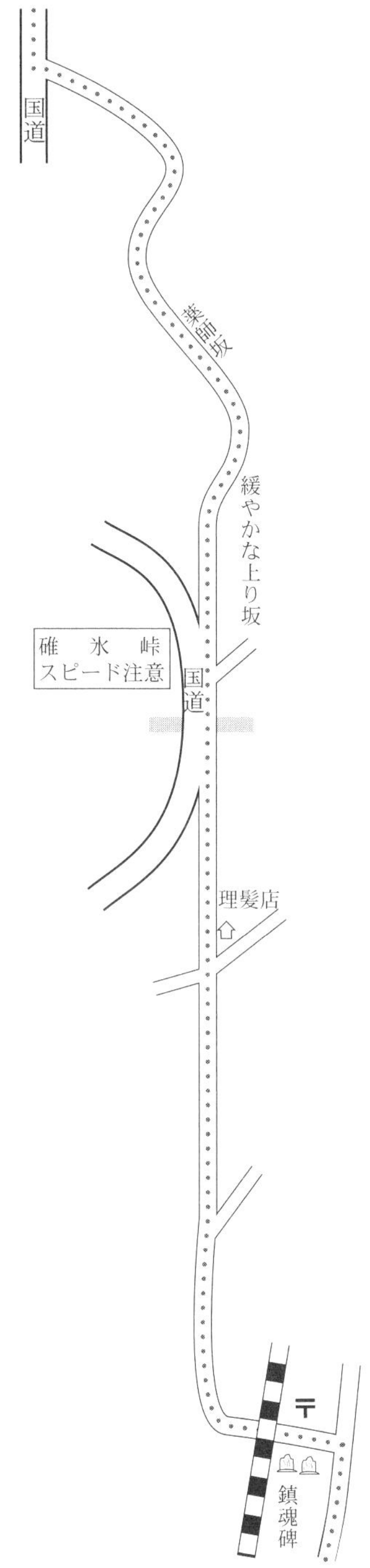

置かれた歯車のある線路を機関車が客車を引っ張っていて、古い電車であえぎながら碓氷峠を越えていたのだ。

なんとも懐かしいが、その時の記憶では峠を抜けて軽井沢駅に着くと空気までひんやりしていて、さすがに「避暑地」だと感心したものだった。

ところが、近年は「温暖化」とかで夏に軽井沢駅に降りても少しも涼しくないのだ。

電車も廃止されたが、なんだか気候までも廃止されてしまったようで少し味気なく、物足りない感じがする。

峠の釜飯もすでにドライブインなどで売られ、今ではどこでも買えるが、急勾配を登る電車に揺られながらゆっくり食べた昔の味にはかなうはずもないだろう。

一時はそんな釜飯人気で湧いていた横川駅だが、江戸時代の横川は立場でもあり、奥には「関所」が設けられていた。

ここに関所が設けられた歴史はかなり古く、平安時代の昌泰二年（八九九）、上野国府は盗賊取締りのために関所設置を願い出たという記録も残っている。

これを見ると古くから関所が置かれていたのがわかるが、その後の関所は設置や廃止を繰り返し、近世では文禄元年（一五九二）に設けられている。

そして、江戸時代になると幕府は江戸と京都を結ぶ東海道と中山道の重要性に気づき、

駅のホームに設置されているアプト式の模型。

東海道には「箱根と新居」、中山道には「横川（碓氷）と木曽福島」に関所を置き、江戸防備のために厳しい取締りをするようになったのだ。

日本橋を出立して中山道を北西に向かうと最初の難所が「碓氷峠」で、ここは古くから交通の要衝として重要視されていたのだ。

茶屋本陣

横川駅前を通り過ぎると「横川茶屋本陣」跡や「雁金茶屋本陣」跡が残っているが、これらは「大名や公家」らが休み処として使用していた茶屋本陣跡で、大名や公家らも例外なく関所を通らなければならず、混雑するとこのような場所で待機することもあった。

大名とは一万石以上の石高を持っていた領主を指すが、石高によって格式などに違いがあり、石高の低い大名の方は遠慮してこのような茶屋本陣で休憩することが多かったという。

名のある人々がまさか普通の茶屋で休むわけにもいかなかったから、特別に茶屋本陣と呼ばれる施設が必要だったのだ。

横川関所跡

茶屋本陣跡の先に見えるのが当時の「関所跡」で、ここは「碓氷関所」とも呼ばれ、東海道の「箱根」や「新居」同様に厳しい取り調べが行われていた。

東海道と同じで江戸時代の中山道も上り（今と反対で京に行く方が上りだ）は男女とも「手形」が必要だったが、下りは女性だけが必要だった。

いわゆる「入り鉄砲に出女」には特に厳しい監視の目が光っていた。

江戸に入ってくる鉄砲や銃器類の監視と、江戸住まいを申し付けられていた大名の妻などが逃げ出さないようにすることは江戸幕府の重要政策でもあったからだ。

現在は「東門」を示す碑だけしか残っていないが、当時は東西に門があり、西の門は「天下の門」とも呼ばれていたという。

ちなみに、旧道はこの先で寸断された信越線線路を横切るが、ちょうど手前に見える郵便局付近に西門があったという。

ところで、当時の関所を通過するには色々と細かい規則が定められていて、番所前ではどんな人も跪《ひざまず》いて笠や頭巾を必ず脱がなければ

碓氷関所跡
残っているのは東門。旅人達はどんな思いをして関所を通り抜けたのだろう。

関所「東門」の位置跡。

茶屋本陣跡碑と説明板。群馬県指定史跡となっている。

ばならなかった。

また、大名などが乗物（駕籠）で通過する時もかならず戸を開かなければならなかったが、公家など偉い人が通過する時は前もって連絡があったから、改めはしなくてよかったという。

しかし、大名や公家でも不審な点があれば調べていいことになっていたから、普通は先発隊を出していて、落ち度がないよう前もって袖の下をいくらか包んでいたという。

なお、関所は原則として明け六ツ（午前六時頃）から暮れ六ツ（午後六時頃）まで通過できたが、近在の者さえ手形が必要だった。

特に女性に対しては厳しい取り調べがあり、かなり不便な思いをした人も多かったが、近くの村の女性には特別に「横川作場女通札」という「木札」が発行されていたという記録も残っている。

また、横川村の男達は明け六ツ前や暮れ六ツ後でも「犬くぐり」と呼ばれた小さな穴を通って出入りできたという話も残っていて、発見されてもあれは犬しか通れない穴だということで大目に見られたという。

このような話は「気賀関所」（東海道の脇道だった本坂越え道に設けられていた関所）にも残っていて、地元の人々には例外的に通行が黙認されていたことがわかっている。女性に対しては特に厳しかったが、地元の男性にはこのような特例もあり、役人の裁量一つで通行できた人もいたのだ。

このように当時の関所通過はひと仕事だったから、無事関所を越えられると茶屋で喜びの祝杯を上げる人も多かったのだ。

しかし、この先には難所で知られた碓氷峠が待ち構えていたから、茶屋で浮かれてばかりもいられず、誰もが気合いを入れて先を急いだという。

なお、関所跡を出ると信越線が寸断されている踏切を渡って一度国道一八号線沿いを歩くが、ここはそのまま向かい側の「薬師坂」と呼ばれていた狭い上り坂を歩いていたという。

薬師坂を上り切ると再び国道に出てしまうが、ここからの国道は緩い上り坂になっていて、そんな国道をしばらく歩けば、まもなく坂本宿《さかもとじゅく》が見えてくる。

現在残る旧道の一部。旧道の隣には線路が走っている。

18 坂本宿《さかもとじゅく》

次は軽井沢宿
2里半16丁27間
(11.96キロ)

宿場の規模

坂本宿は中山道最初の難所だった「碓氷峠」を控え、上り下りの旅人でとても賑わったが、ここが「坂本」と呼ばれたのは難所の碓氷峠入口に当たっていたからで、「坂が始まる場所」という意味からこのように呼ばれるようになった。

天保一四年の記録によると宿場規模は本陣二、脇本陣二、旅籠屋四〇軒と大きく、難所の碓氷峠を控えて泊まり客が多かったという。

ちょうど国道正面にこんもりと見えているのは「刎石《はねいし》山」で、坂本から見る刎石山の様子はまるで「東海道・平塚宿」にある「高麗《こま》山」のようだが、この山の尾根をたどって「碓氷峠」を越えていたという。

中山道には難所と呼ばれた場所が何カ所かあったが、当時は「木曽のかけはし、太田で渡し、碓氷峠がなくばよい」と宣伝されていて、ここは中山道三大難所の一つとしても知られていた。

なお、ここは今も国道を挟んで宿場跡が江戸時代のまま残っているが、当時の「宿場中

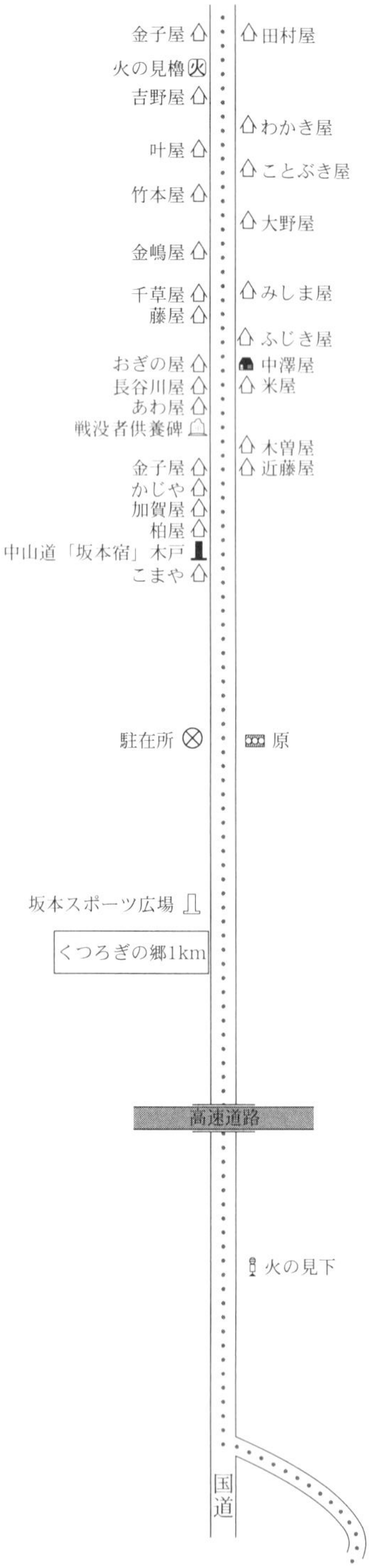

坂本宿に入る手前の風景。山の緑が美しい。

央」には「用水」が通っていて、ちょうど用水の左右に宿場が作られていたという。

ここは言わば「都市計画」によって作られた宿場で、出来上がったのは寛永二年（一六二五）と言われ、当時は整然と並んだ町並みが美しかったというから、いわゆるニュータウンのような新しい宿場だったと言っていいだろう。

宿場中央に流れていた用水はすでに国道下に埋められたが、当時の様子は英泉が「木曽街道六十九次」に克明に書き残している。

水は昔から重要なライフラインで、この絵を見ると用水と共に宿場が形成されていたこともわかってくるだろう。


山の形などは少し誇張されているが、おそらく実写ではないだろうか。

当時の宿間は三九二間（約七〇六メートル）と言われ、用水路は四尺（一・二メートル）あり、途中には板橋が一七ほど架かっていたという。

なお、宿中央に流れていた用水は主に洗い物などに使われ、飲み水用の水は別に家の裏に通っていたという。

冒頭でも説明したが、ここは難所の「碓氷峠」を控え、手前には「横川関所」も待ち構えていたから特に賑わった宿場の一つで、中山道中でも「飯盛り女」が多い宿場として有名だった。

旧道風景
趣ある家並みがまだ残っている。

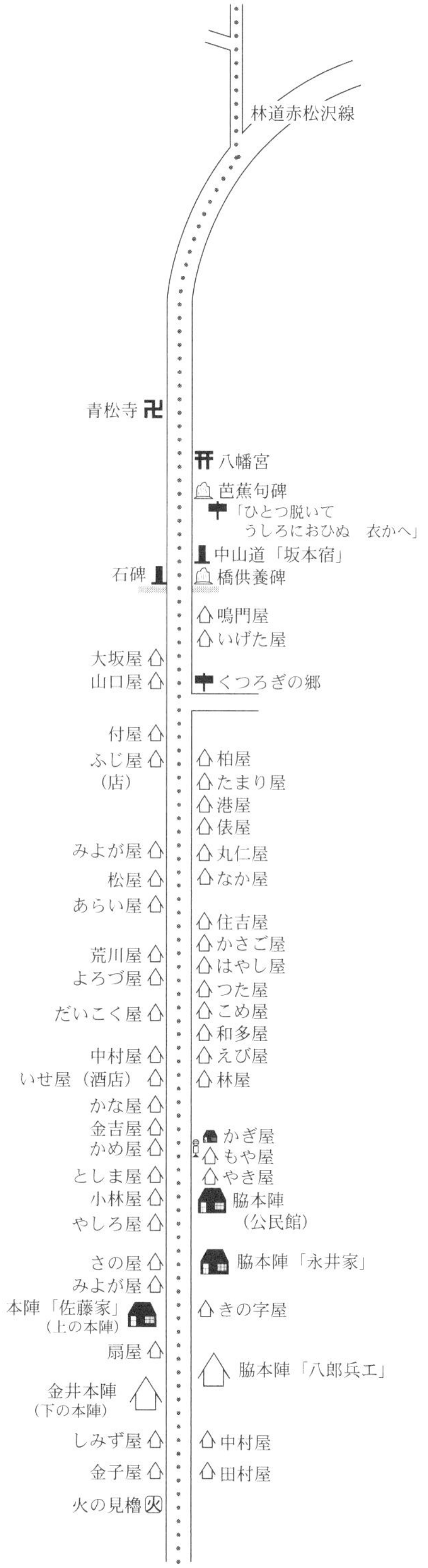

当時は「碓氷峠で坂本みれば、女郎が化粧して客を待つ」と唄われたほどで、どの旅籠屋も多くの女を抱えて繁盛していたという。

東海道に当てはめるとちょうど箱根を控えていた「小田原」や「三島」を想像されるといいだろう。

ここは難所や関所を無事に越えられた人々にとっては安らげる人気宿場だったのだ。

すでに古い家も減ってきているが、最近になって宿入口と出口には「中山道・坂本宿」と書かれた立派な木戸が設置され、宿場だった家には元の「屋号」が書かれた「木看板」が掲げられている。

本陣・脇本陣

宿中央付近、ちょうど左手に見えてくるのが「下の本陣」だった「金井家」で、その先に見える古い家が「上の本陣」をやっていた「佐藤家」だという。

また、右手には「脇本陣」だった「永井家」の古い家も残っているが、もう一つの脇本陣は「公民館」に変わってしまった。

しかし、公民館前には「文久元年」の様子

旧道風景
かぎ屋の板看板。

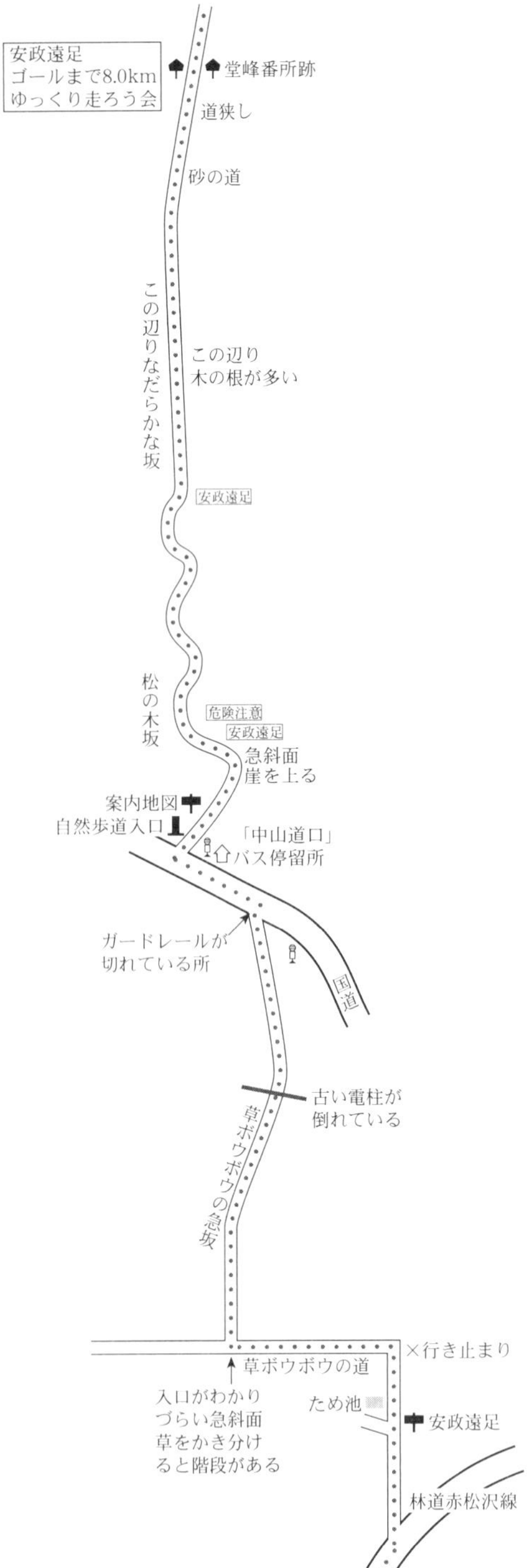

を描いた地図が置かれていて、当時の屋号が残されている。

　現在掲げられている屋号と比べると違いがあり、時代と共に屋号や商売も変化していることもわかってくるだろう。

　また、公民館先に見える古い家は「かぎ屋」という屋号の元旅籠屋で、ここなどはぜひとも保存しておきたい建物と言えるだろう。

　しかし、今は国道に面していて、しかも車が猛スピードで走り抜けているから、排気ガスで傷んでしまうのも早いようだ。

　ところで、宿はずれにも入口同様立派な「中山道・坂本宿」門が置かれているが、ここには「橋供養」碑という珍しい碑も残っている。

　橋供養碑は用水に架かっていたもので、それだけ昔は生活用水として水が大事にされてきた証拠と言われている。

　ここは飯盛り女も多く、宿場も小ぎれいだったから泊まり客も多く、江戸時代は他宿がうらやむほどの賑わいだった。

　しかし、明治に入って交通機関が整備されると歩く人が減り、しだいに衰態してしまったのだ。

　現在の最寄り駅は横川だが、その横川もすでに長野新幹線開通によって衰態し、今では車が唯一の交通手段だという。

　年寄りや車を持っていない人には暮らしに

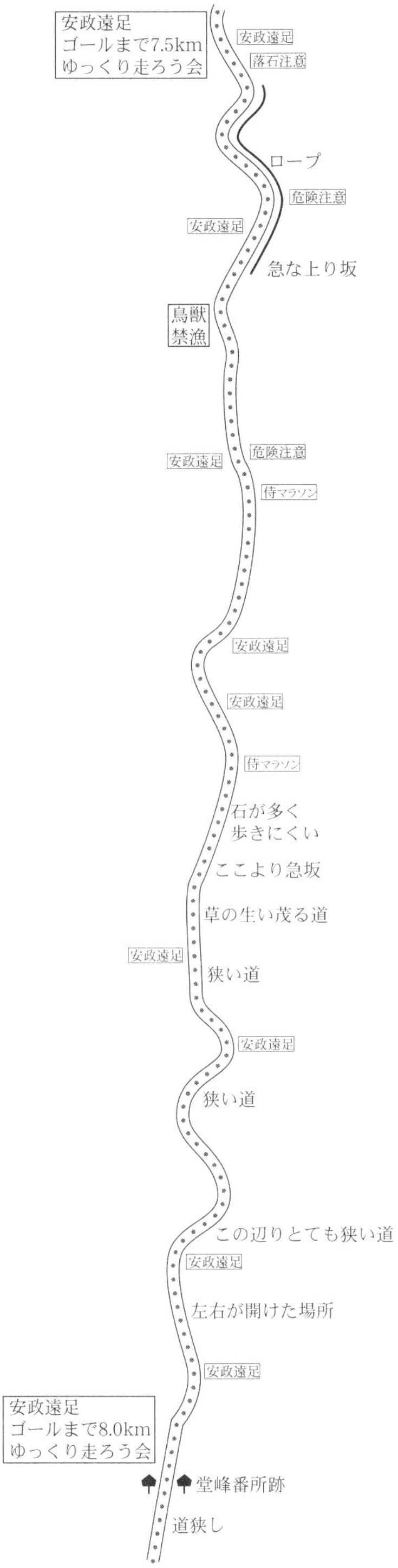

宿も終わりに近づけば、碓氷峠へと続く刎石山が目の前に迫ってくる。

くくなってしまったが、江戸時代は大きな宿場だったということを覚えておかれるといいだろう。

芭蕉句碑

宿場を離れるとすぐ右手に「八幡宮」が見られるが、ここの入口には「芭蕉句碑」が保存されている。

「ひとつ脱いでうしろにおひぬ衣かへ」と彫られているもので、これは寛政二年（一七九〇）に建立され、元は碓氷峠の「四軒茶屋」付近にあったという。

ところが、交通機関が発達して歩く人が減り、朽ち果てていたのでここに移されてきた。

この句は「笈の小文」に収められていて、これには「跪《きびす》はやぶれて西行に等しく……」と注釈が見られるが、芭蕉は旅の途中で汗をかき、重ね着を一枚脱いで衣更えの季節を知ったのだ。

一枚脱いでそれを背負い、再び歩き始めた芭蕉の姿がなんとなく目に浮かんできそうだ。

いかにも「旅人芭蕉」らしく、季節感がよく伝わってくるが、この句はやはり峠にあってこそ、その意味が強く感じられるのではないだろうか。

ところで、八幡宮を通り過ぎると国道は大きく右に曲がってしまうが、左手に見えるのは「青松寺」で、ここには「阿弥陀堂」があり、手前には「お地蔵様」や墓などがまとめ

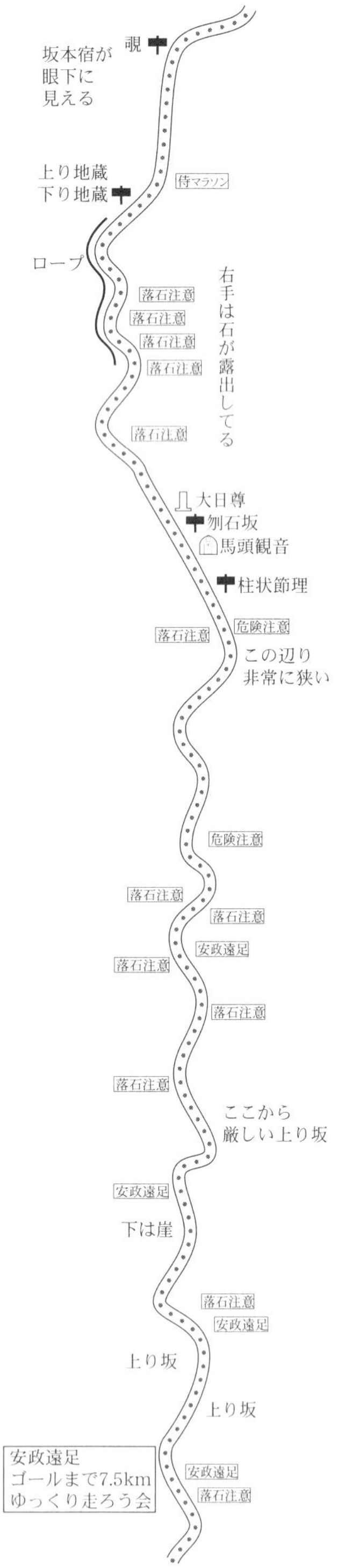

木戸を出ると芭蕉句碑と説明板がある。

坂本宿木戸跡
こちらは京方面に設けられていた木戸跡。

られている。

また、当時の道筋はここから今の国道のようには曲がらず、国道を横切ってこのまま正面に続く崖を登っていたという。

安政遠足

現在旧道入口には「林道赤松沢線」「安政遠足」と書かれた標識が置かれているが、入口に見られる「安政遠足《あんせいとおあし》」とは「安中市」が行っている行事のことで、遠足マラソンとも呼ばれている。

これから碓氷峠に向かって歩くと旧中山道沿いにはこのような標識がたくさん置かれていて役立つが、遠足マラソンとはそもそも昭和三〇年、峠の茶屋から発見された「安政の遠足」という文献によって始まった行事だ。

安政二年（一八五五）、当時の藩主だった「板倉勝明」が提唱した心身鍛錬を目的とした駆け足のことを遠足《とおあし》と呼んでいたのだ。

ここでは「毎年五月の第二日曜日」（母の日）に行われ、当時の武将などに仮想した若者達が安中城址から峠の「熊野神社」までおよそ「七里余り」（約二九キロ）を駆け足で登って行く。

しかし、これから峠の熊野神社まで歩かれればわかるが、こんな道をよくも走って登れるものだと誰もが感心してしまうのは間違いないだろう。

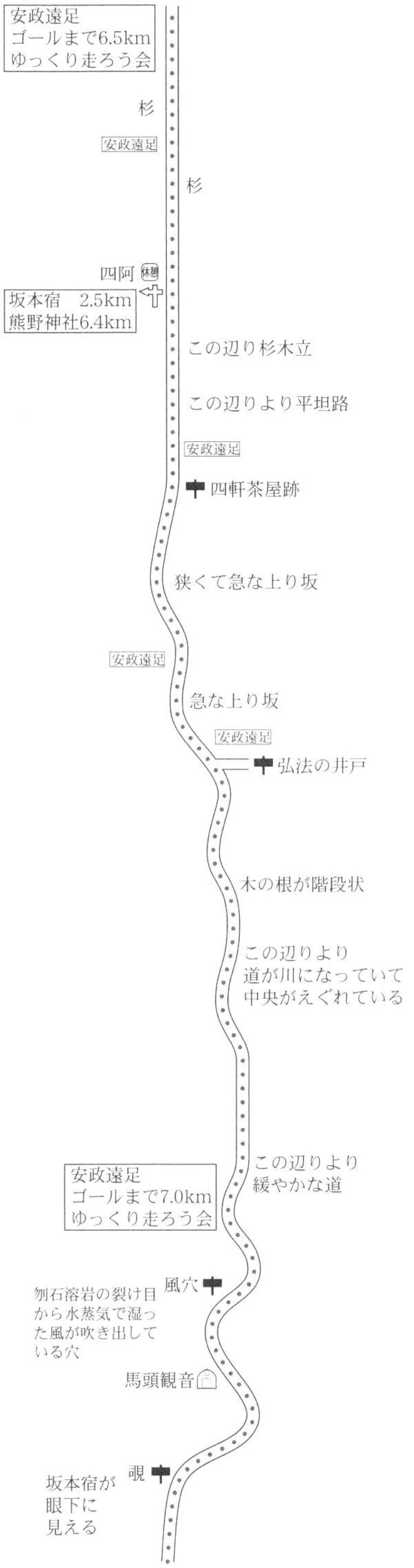

旧道に入ると、急な坂道があらわれる。

崩れ気味な旧道もある。歩く時にはすべらないように注意したい。

18 坂本宿

記録というより楽しみながら碓氷峠を登るのが目的らしいが、よほど体力がある人でなければ走って峠まで出るのは難しいだろう。

標識先は正面崖で行き止まりになっているが、ここは左に曲がり、草が伸び切っている道へ入って行く。

しかし、そのまま歩くと竹やぶの中に入り、廃線トンネルから「碓氷湖」に出てしまうから注意した方がいいだろう。

実は筆者が初めてここを歩いた時もここの入口がわからず、竹やぶの中に入って廃線トンネルから碓氷湖に出てしまったのだ。

ここは左折したらすぐ右手の急斜面を登っていたのだが、春から夏にかけては草の成長も早く、入口もわかりにくくなっていたのだ。

ちょうど後から歩いて来た人も筆者と同じように入口がわからず、碓氷湖に出てしまったとぶつぶつ文句を言っていたが、平成一四年に歩いた時にはきれいに整備されていた。

ちなみに、奥に残っていた廃線は昭和三八年まで使われていたアプト式という急斜面を登るための特殊なレールだった。

草が生い茂った急斜面を登ると途中折れた電柱があり、その上に国道が見えてくる。

ちょうど正面はバス停「中山道口」で、大きな四阿《あずまや》風の停留所になっているが、ここが旧中山道入口で、入口には大きな案内標識や安政遠足標識が置かれ、標識には熊野神社まで「八・三キロ」と表示されている。

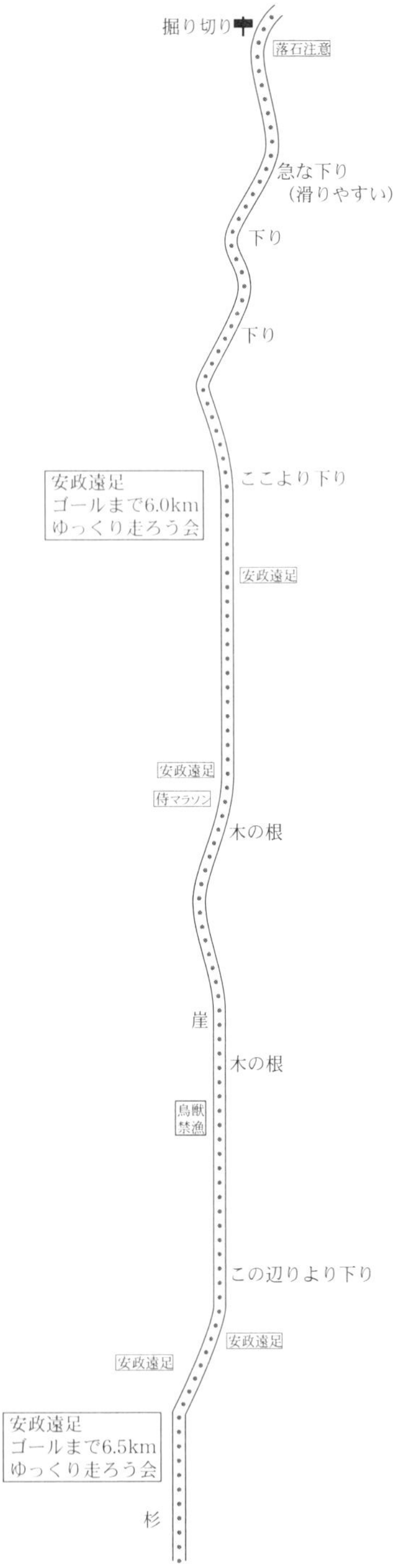

柱状節理の石。
火山岩が冷えて固まる時に亀裂が入り、四角や六角形の柱状になったもの。

堂峰番所跡は石垣の上に番所を置いた所。道を挟んで２軒あったそうだ。

ちなみに、旧国道を走っていたバスは廃止され、今は停留所だけが残っているのだ。

碓氷峠

ここからいよいよ難所で知られた碓氷峠を目指すわけだが、峠の標高は一一八八メートルあって、中山道中でも「和田峠」と並ぶ旅人泣かせの難所で有名だった。

ちなみに、「碓氷」の名について補足しておくと、碓氷の名は古くから使われていて、すでに「日本書紀」や「万葉集」にも見られるが、その語源としては「薄日」から転じて「碓氷」になったという説が有力だという。

ここは地形の関係から曇って薄日が差すような日が多く、憂鬱な気候の場所だったからだ。

今でも峠付近は急に曇ったり、突然雨がぱらぱら降ってくるような事も多いから、晴れていても雨具は用意しておいた方がいいだろう。

旧道入口はかなりの急斜面で油断していると滑り落ちてしまいそうな道だったが、最近整備され、今では階段も作られている。

しかし、先は人一人がようやく歩けるような狭い道で、ここは雨が降ると川になってしまうというから、天候が悪い時は避けた方が賢明だろう。

一部中央部分が削り取られている所も多いから、特に足下を確認しておきたい。

常峰番所跡

そんな旧道を上ると一度なだらかな場所に

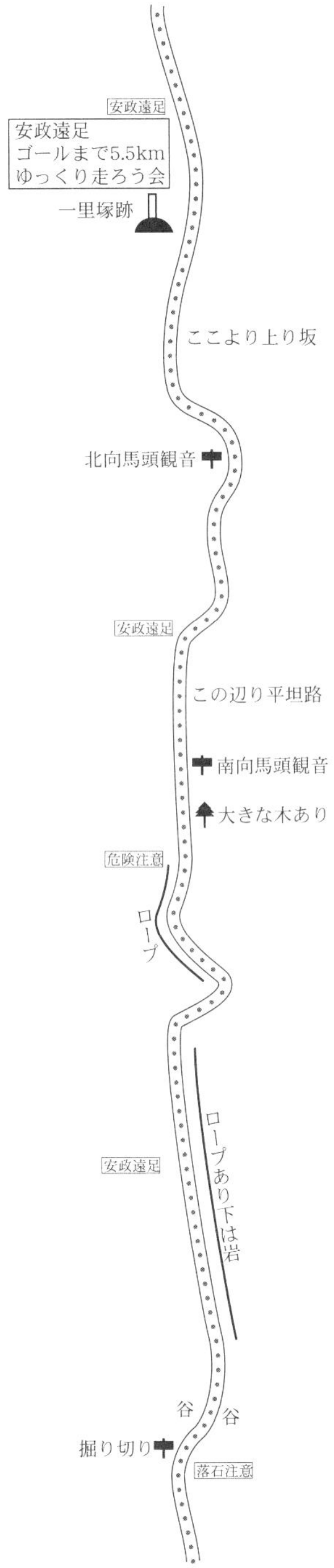

覗から見下ろした坂本宿の風景。白い筋は坂本宿の旧道だ。

覗
坂本宿が見下ろせる場所。

出るが、ここには「常峰番所跡」の説明板が置かれている。

当時この付近には「横川関所」の出先機関だった番所が置かれ、ここで関所破りをする者がいないかを見張っていたのだ。

こんな場所で密かに見張られていたら、せっかくうまく逃れてきても捕まってしまうこともあったのだろう。

なお、手前にはわずかに残った「石垣」のような物も見られるが、これは建物の礎石の一部だという。

堂峰番所跡先には「安政遠足」の目印になっている「距離標識」が置かれていて、これには「ゴールまであと八キロ」とあるが、このような標識はここから五〇〇メートルごとに設置されている。

狭い旧道はやがて「急な上り坂」に変わっていて、大きな石がごろごろと「瓦礫」のように転がっている坂を上って行く。

そんな急坂を上り切るとやがて「柱状節理」の説明板が見られる場所に出るが、ここは斜面が削り取られ、そこに柱状の岩盤が露出しているのだ。

また、柱状節理先には「馬頭観音」「大日尊」らの石碑が並んでいて、「刎石坂」の説明板も置かれている。

石碑群を越えると峠道はさらに険しさを増し、一部崖状になっている場所もあるから、

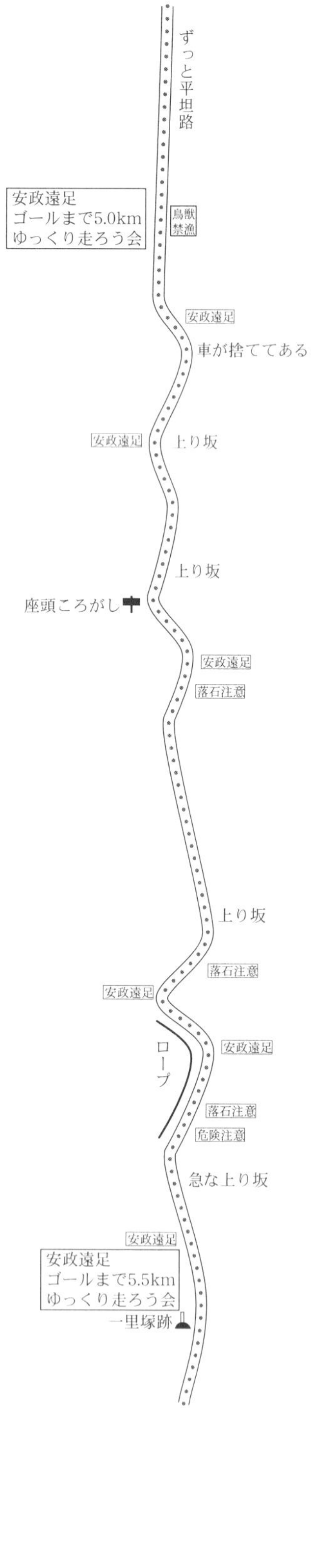

弘法の井戸には長い柄のついた柄杓が置かれていてそれで水を汲む。現在は飲用できるかどうかわからない。

この付近も足下には注意した方がいいだろう。

しばらく歩くと「上り地蔵と下り地蔵」と呼ばれる地蔵様があって、その先に「覗《のぞき》」の標識が見えてくる。

ここは眼下に「坂本宿」が見渡せる場所として古くから有名で、多くの旅人がここから坂本宿を眺めていた。

眼下には今も箱庭のような坂本宿が見えるから、整然と並ぶ町並みが都市計画によって作られたというのも実感できるだろう。

なお、覗の先には「馬頭観音」があり、その先には「風穴」の標識も見られるが、風穴とは刎石溶岩の裂け目であり、ここから風が吹き上がってくるのだという。

また、近くには「ゴールまであと七キロ」と書かれた標識も置かれているが、ここから先も再び中央がえぐられていて歩きにくい道だ。

特に「木の根っこ」は大変滑りやすく、横に踏んだりするとそのまま転倒するような事も多いから十分に注意したい。

ちなみに、根っこは「横に踏まない」ことが山歩きの鉄則で、どうしても根っこを踏まなければならない場合は縦に踏むといい。

しばらく歩くと右手に見えてくるのは「弘法の井戸」で、ここは弘法大師が掘り当てた井戸と言われ、今でも大きな「柄杓」が置かれている。

汲めば誰でも飲めるようになっているが、季節によっては落葉やゴミに注意した方がいいだろう。

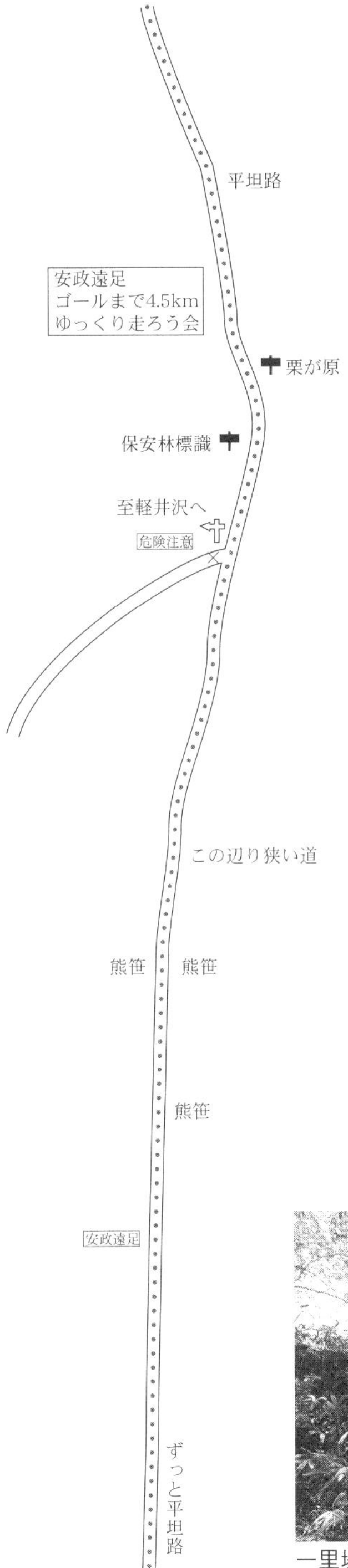

一里塚跡

刎石茶屋跡の説明板。
刎石山の頂上である場所に四軒の茶屋があった。

18
坂本宿

四軒茶屋跡

なお、弘法の井戸を出ると先も再び急な上り坂だが、そんな急坂を歩くと右手に「四軒茶屋跡」が見えてくる。

坂本宿から軽井沢宿間には大きな立場が二カ所あったが、ここは坂本宿から二四丁余りの所にあり、当時は「宇羽根石」とも呼ばれていた。

なお、もう一カ所は坂本から一里二八丁の「山中」に設けられていたという。

坂本宿から厳しい峠を上ってくるとここはちょうど坂が一段落し、一服するのにいい場所だったから茶屋が設けられていたのだ。

すでに茶屋跡はわずかしか残っていないが、今は茶屋に代わって平成九年に「四阿」風の休憩施設が作られている。

ちなみに、当時の四軒茶屋名物は「力餅」「わらび餅」「砂糖餅」「餅菓子」「茶漬け」などで、かなり繁盛していたという。

休憩所を出ると平坦路で「杉木立」に囲まれたのどかな山道を歩くことになる。

しばらく歩くと緩い下り坂に変わっていて、「掘り切り」の説明板が見られるが、さらに歩くと大きな木の近くに「南向馬頭観音」があり、その先には「北向馬頭観音」も置かれている。

なお、馬頭観音を越えると再び上り坂に変わってしまうが、ちょうど坂を上る途中に「一里塚跡」が残っている。

南向馬頭観音

小さな仏像なので見落としてしまわぬように。

掘り（掘り切り）

道の両側を掘りきったこの場所は松井田城主が豊臣秀吉の小田原攻めの時に防戦しようとした場所だという。

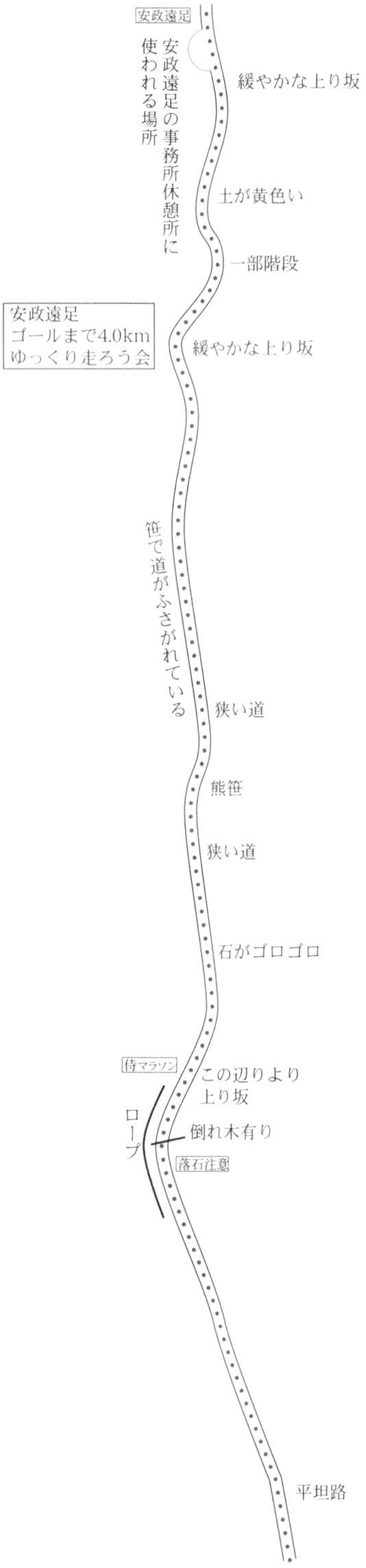

18
坂本宿

何と呼ばれていたかは不明だが、ここでは「刎石の一里塚」としておきたい。

説明によると一里塚跡奥にある道は「古代東山道」の一部で、ちょうど近くに古い一里塚跡が見られるという。

また、この近くには「ゴールまで五・五キロ」の標識も設置されている。

一里塚跡を出ると再び急な上り坂に変わってしまうが、ここは「座頭ころがし坂」と呼ばれていた急坂で、座頭泣かせの難所だった。

座頭ころがし坂は五〇〇メートルほどで平坦路に変わり、一息つけるが、しばらく歩くと「栗が原」の標識が置かれていて、先は倒木などがあって再び上り坂だ。

この付近も一部石がごろごろしていて歩きにくいが、その先は非常に狭い道で、夏場は「笹」に覆われて道すらわからなくなっていることも多い。

なお、狭い道を歩くとやがて道が開けてきて左手に「安政遠足」の事務所が設けられた少し広い場所に出るが、ここでは安政遠足のチェックが行われ、時間や順位を教えてくれるのだ。

そんな場所を過ぎると再びのどかな杉木立の山道で、右手に「入道くぼ」標識を見るとやや広い道路に変わっている。

山中茶屋跡

この付近も石が多くて歩きにくいが、しばらく歩くとようやく右手に「山中茶屋跡」が

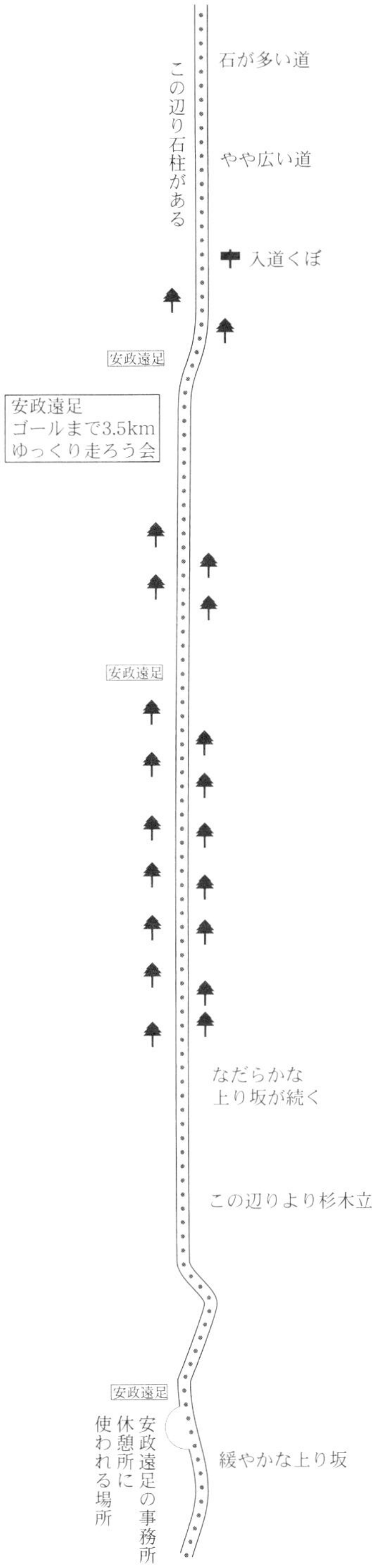

栗が原の説明板。
交番の始まりはここ？

こちらは北向馬頭観音。

見えてくる。

当時ここには十三軒ほどの茶屋が並んでいたと言われ、山中茶屋は「中の茶屋」とも呼ばれていた。

名物は四軒茶屋と同じように「力餅や茶漬」だったが、ここの説明によると当時この坂は「飯喰い坂」とも呼ばれ、坂本宿から登ってきた人々はここで飯を食わないとここから先は空腹で登れなかったという。

ところで、当時の茶屋は旅人の大切な休憩場所として繁盛していたが、当然無料ではなかった。

行く先々で茶屋ばかり立ち寄っていると路銀を使い果たしてしまうこともあり、路銀の少ない人々はとても難儀していたのだ。


そこで、そんな旅人の難儀を救おうと、難所の「碓氷峠と和田峠」には「無料茶屋」が設けられ、無料茶屋は「接待茶屋」とも呼ばれて重宝がられていた。

碓氷峠では「字笹沢」付近にあったが、これらは一個人が寄付した金で運用されていたというから驚きだ。

接待茶屋の詳しい話は「29和田宿」にあるからそちらを参照されるといいが、江戸時代は殺伐とした時代のように思われがちだが、現代よりも人情深い人物もいたのだ。

まったく知らない人や牛馬に施しをしていたとは、少し考えさせられてしまう美談と言えるだろう。

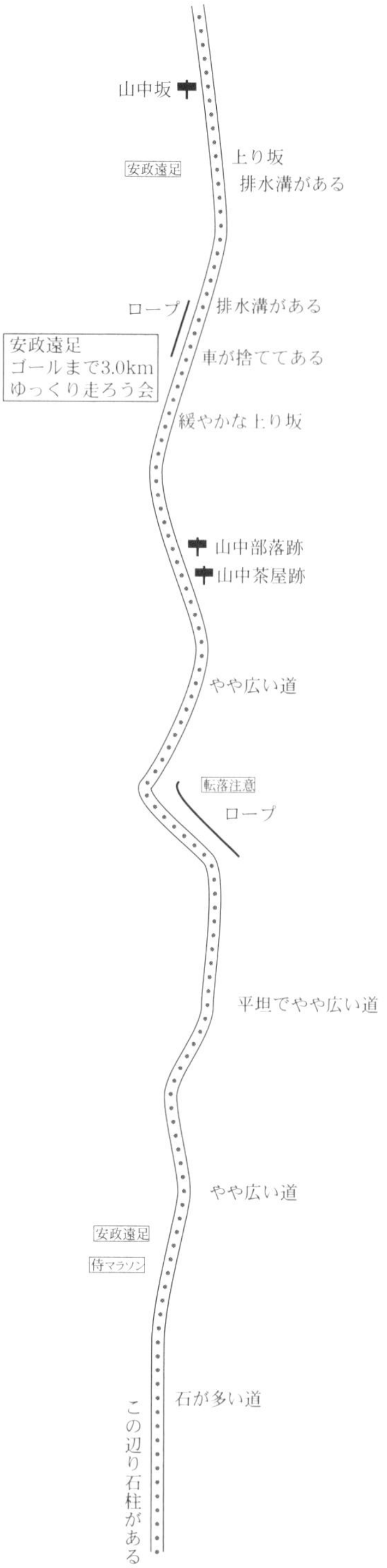

山中茶屋跡と山中部落跡の説明板。
山中茶屋は峠の真ん中に位置したという。
茶屋本陣もあったらしい。

山中茶屋跡を出ると車が捨てられていて驚いてしまうが、無理すれば上から転がってくるのは可能のようだ。

旅人の難儀を救おうとした人もいれば、こんな場所に廃車を捨てにくる心ない人もいるわけで、なんとも空しい気持ちがしてくるのは筆者だけだろうか。

ところで、現在の「山中坂」は下が砂利のようになっていて広い道だが、昔からこのように幅広の道だったわけではなく、ここは皇女和宮降嫁に際して広げられたのだという。

一つ家跡・山中一里塚跡

坂の右側には「排水溝」も設けられているが、途中左手に見えるのは「一つ家跡」で、昔ここには老婆が商う一軒の茶店があったという。

説明によるとここは「一里塚跡」でもあり、近くには「一つ家歌」碑が置かれていたから、このように呼ばれたという。しかし、歌碑は失われ、今は長坂道を出た先に復元されている。

ところで、ここの一里塚は「山中の一里塚」で、筆者の数え方では三六番目になる。

一つ家跡からしばらく歩くと右手に「子持山」の標識があり、左手には「陣場が原」標識も立てられているが、本来の中山道はここから左手の陣場が原に入っていた。

正面に続くなだらかな坂は「皇女和宮」が降嫁される時に開かれた道で、安政遠足では

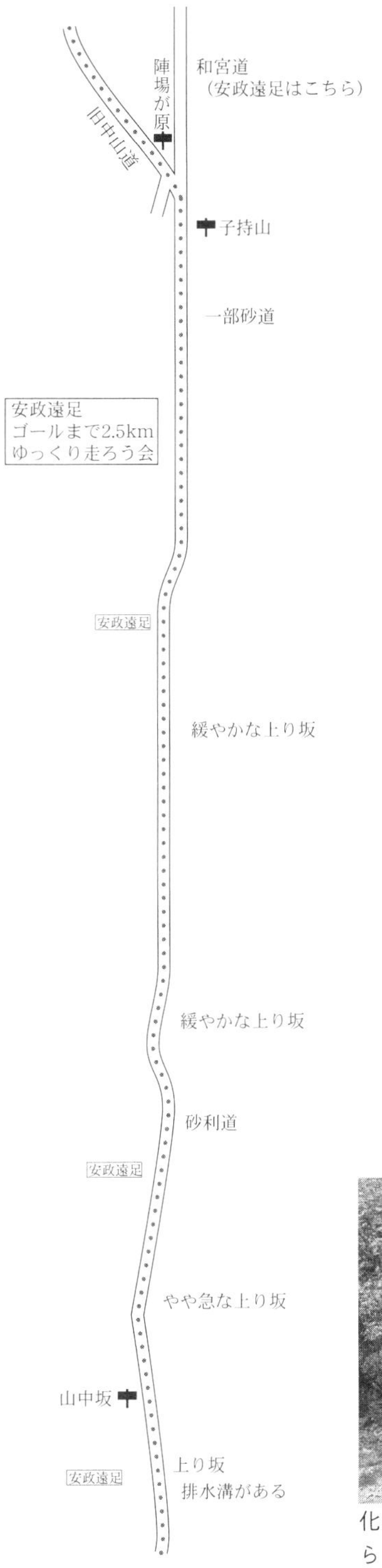

化粧水の溝がある。ここで化粧水をとったらしいが、現在は涸れている。この水辺の辺りは熊に注意が必要だ。

山中一里塚跡

こちらを上って行くが、ここから左手へ入ることになる。

標識先の旧道もかなり広いが、途中から狭くなり、「熊出没注意」と書かれた物騒な標識も見えてくる。

さらにしばらく歩くと「化粧水」という標識が置かれているが、ここは「水場」で、旅人らはここで姿形を整えていたという。

接待茶屋

なお、化粧水を過ぎると「小さな川」に突き当たってしまうが、ちょうど手前に設けられていたのが「笹沢施行所」で、当時ここは「人馬施行所」とも呼ばれていた。

誰でも無料で休息できたのが「接待茶屋」だが、ここでは人間ばかりか牛や馬にも施し物が出されたから施行所とも呼ばれていた。

このような立派な人物が江戸時代に存在していたことは驚きと言ってよく、同じ日本人として誇りにしていいだろう。

接待茶屋の詳しい話は和田峠手前にもあるが、当時の中山道では碓氷峠と和田峠が最も厳しい難所だったから、そんな場所に接待茶屋が設けられたのだ。


接待茶屋跡を出ると小さな川を渡ることになるが、ここは大雨が降ると増水して通行不能になるという。

また、水場や川には熊も水を飲みにくるから、この付近は特に熊出没が多いという。

くれぐれも熊除け鈴などをつけて早めに通過した方がいいだろう。

川を越えればいよいよ碓氷峠最後の上り坂だ。

ここからの曲がりくねった上り坂は「長坂」と呼ばれ、碓氷峠の難所でも有名だった。

今も人一人がようやく歩けるような狭い道で、かなり長く感じられるが、そんな坂を上り切ると峠の頂上も近い。

出口には「長坂道」と書かれた標識が置かれているが、ここが旧道出口だ。

ここから右手に数十メートル歩くと新しく開かれた「皇女和宮道」と合流する。

和宮道の方も簡単に説明しておくと、幅広くなだらかな上り坂で、距離は少々長いがこれと言った難所の感じは残っていない。

現在はどちらを通ってもかまわないが、安

熊出没注意の貼紙もあちらこちらにある。注意しよう。

笹沢施行所跡
人馬が休める施行所をおいた所だという。

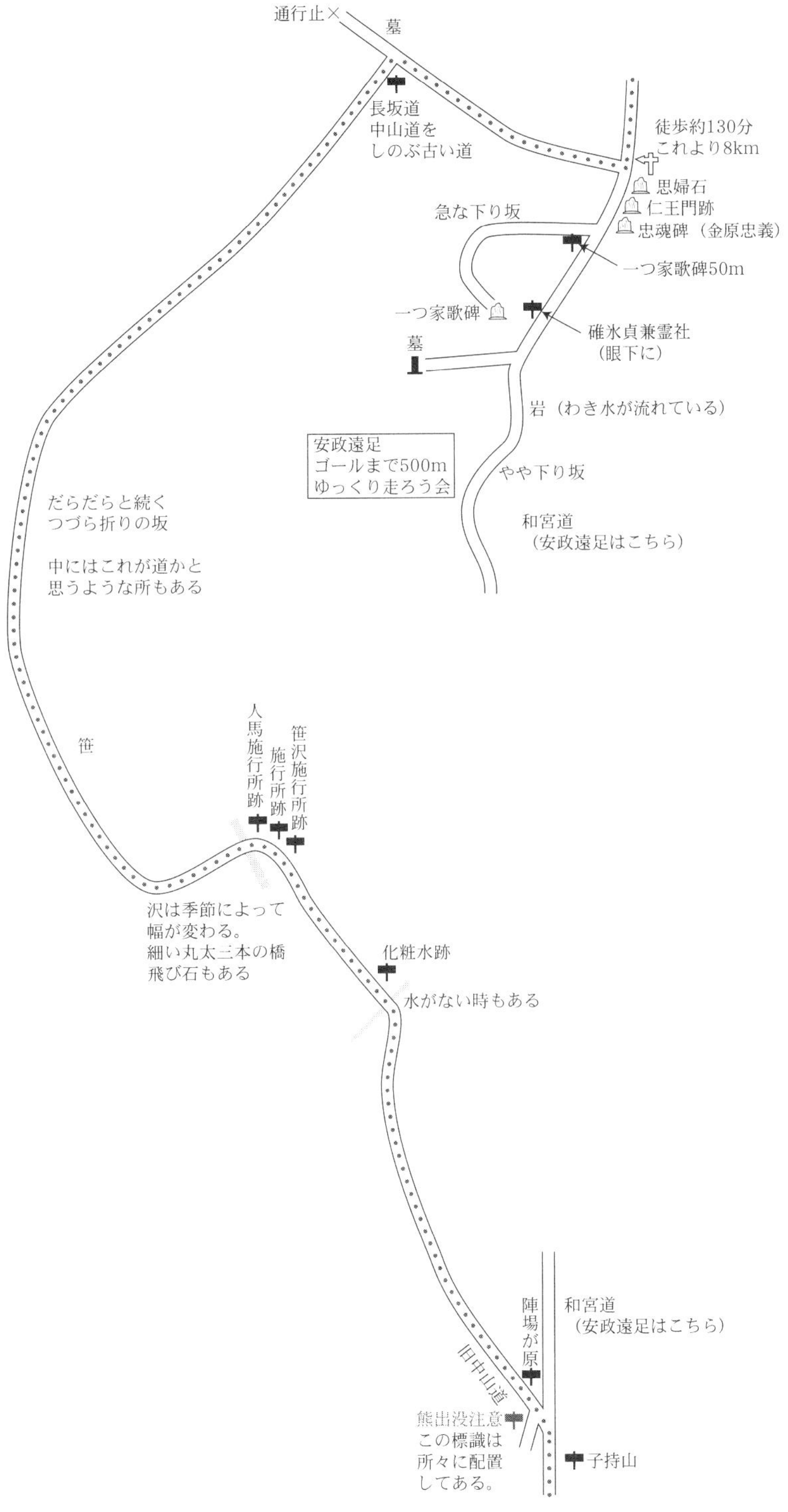
通行止×
墓
長坂道
中山道を
しのぶ古い道
徒歩約130分
これより8km
思婦石
仁王門跡
忠魂碑（金原忠義）
急な下り坂
一つ家歌碑50m
一つ家歌碑
碓氷貞兼霊社
（眼下に）
墓
岩（わき水が流れている）
安政遠足
ゴールまで500m
ゆっくり走ろう会
やや下り坂
和宮道
（安政遠足はこちら）
だらだらと続く
つづら折りの坂
中にはこれが道かと
思うような所もある
笹
人馬施行所跡
笹沢施行所跡
施行所跡
沢は季節によって
幅が変わる。
細い丸太三本の橋
飛び石もある
化粧水跡
水がない時もある
陣場が原
和宮道
（安政遠足はこちら）
旧中山道
熊出没注意
この標識は
所々に配置
してある。
子持山

全なのは和宮道の方で、こちらは緩い上り坂で歩きやすいから道に迷うこともないだろう。

「ゴールまであと一・五キロ」と書かれた標識が見えると通行止め標識があって道が開けるが、ここから先は車が入ってくることもあるから注意した方がいいだろう。

なお、「ゴールまで五〇〇メートル」と書かれた安政遠足標識が見えてくると色々な標識が置かれている場所に出るが、ここで本来の中山道だった左手の「長坂道」と合流する。

一つ家の歌碑跡

長坂道と皇女和宮道の合流地点に見られるのは「思婦石」と呼ばれるもので、これは「日本武尊」の故事をうたったものだという。

安政四年（一八五七）、上州の国学者が建立したと言われている。

また、向かい側には「一つ家の歌碑」跡と書かれた標識が置かれているが、ちょうどここから急な下り坂を降りて行くとその跡が復元されている。

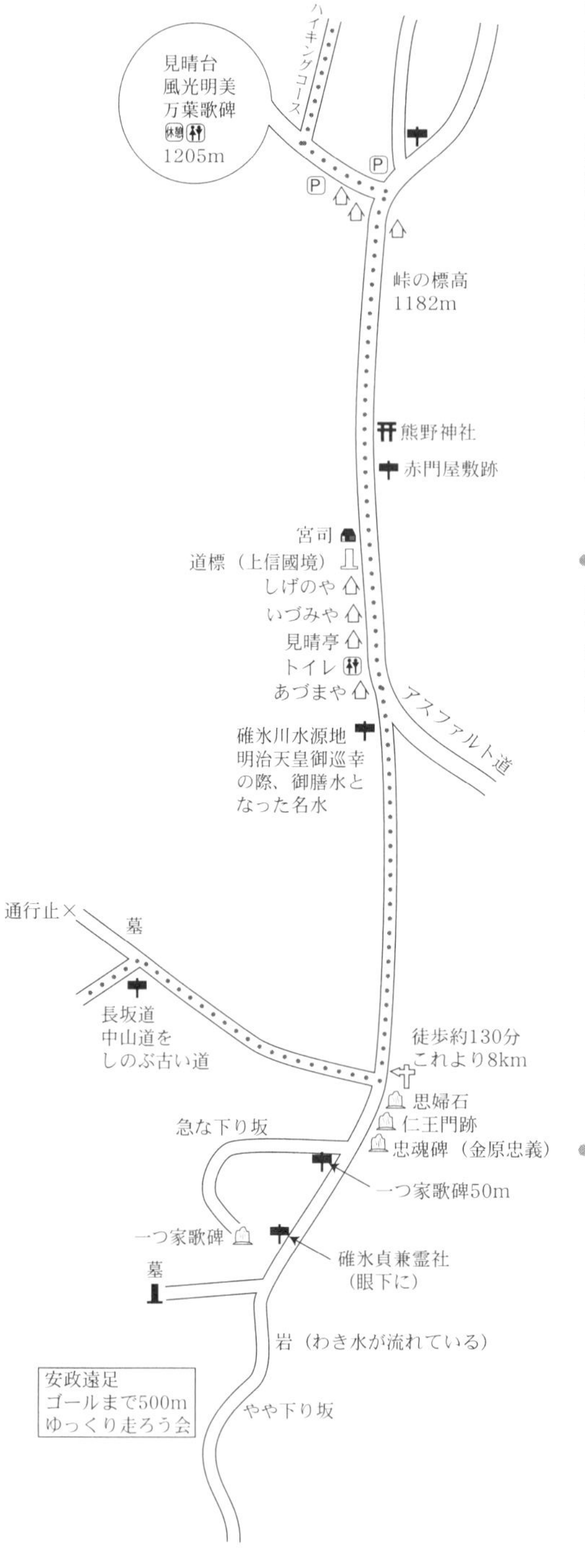

一つ家の歌碑。
元の石碑は災害で流失してしまったが、弁慶が爪で書いたと伝わる石だ。

碑には「八万三千八　三六九　三三四四
一八二　四五十二　四六　百四　億四百」（や
まみちは　さむく　さみしし　ひとつやに
よごとに　しろく　ももよ　おくしも）と彫
られていて、言い伝えでは弁慶が爪で書いた
と言われている。

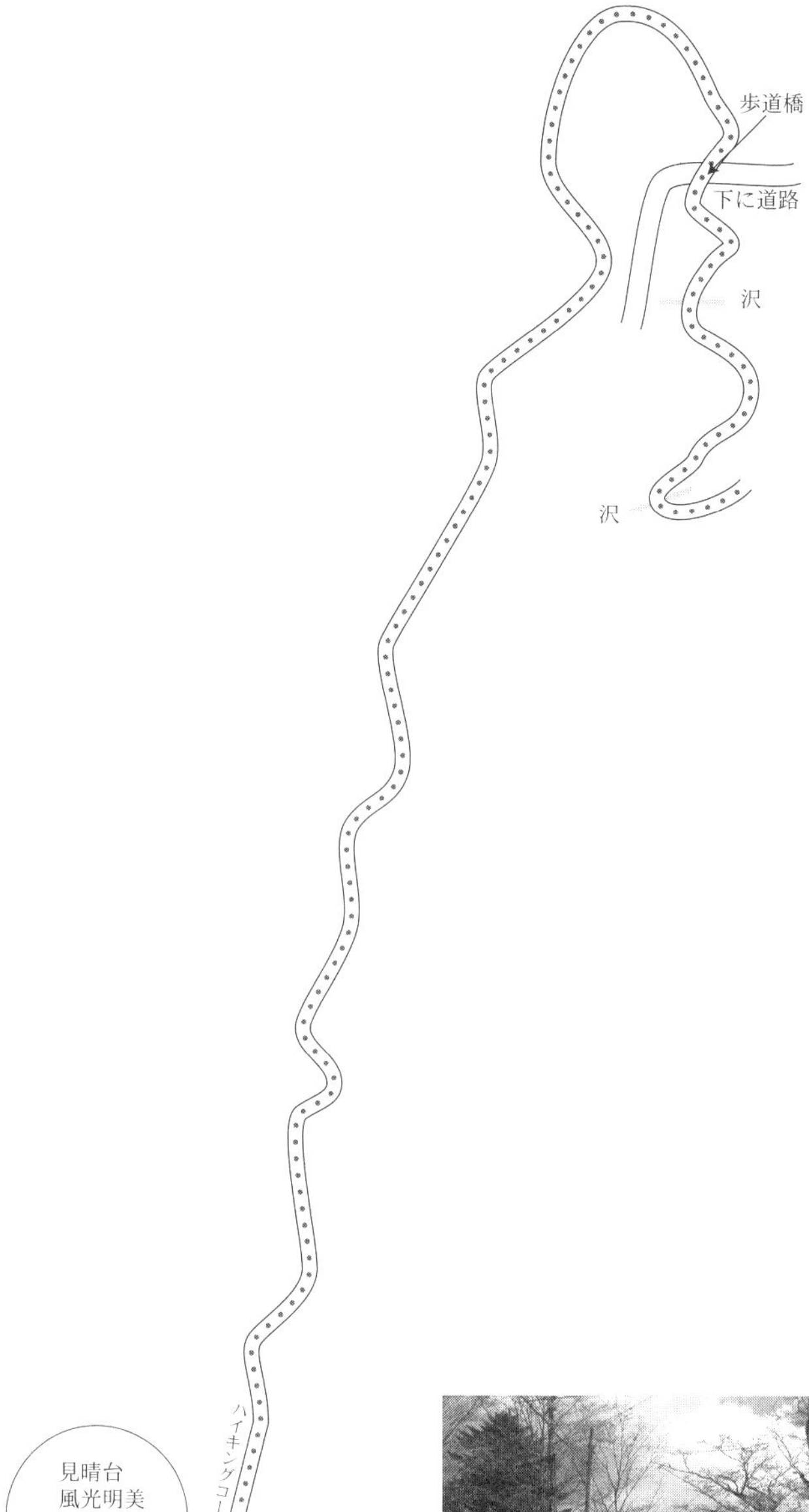

峠名物「力餅」

思婦石付近に戻って先に進むと左手に「水源」の標識が見られ、ようやく峠の頂上に到着だ。

峠に出ると名物「力餅」を売る茶屋がたくさん並んでいるが、右手に見えるのが安政遠足のゴールにもなっている「熊野神社」で、ここには本宮、新宮、那智宮の三つの神殿が

力餅を売る峠茶屋が並ぶ。

熊野神社
日本武尊が祀ったことが始まりという。

建立されている。

碓氷峠は標高一一八二メートルの所にあり、昔から旅人を苦しめていたが、ここまで登ってくるとその厳しさもわかってくるだろう。

江戸時代の人々も難所を越えた嬉しさからここでほっと一息つき、峠名物だった「力餅」を食べて英気を養っていたのだ。

江戸を出るとずっと平坦な道だったが、坂本を出るといきなり標高一一八二メートルにも達したから、歩き慣れない人にとってはまさに難所だった。

そんな理由もあってここは昔から茶屋が多く、とても繁盛していたが、力餅は現在も売られている。小さく丸められた餅で種類も豊富だから、疲れた身体を休めるにはもってこいだろう。

力餅の多くは一口サイズで餡をまぶした物やきな粉など色々と種類があり、一人前でお餅が八個から一〇個ほどついてくるからちょっとした腹ごしらえにもいいだろう。

店によっては多少違いもあるが、現在ここで売られている餅はどちらかと言えば東海道の安倍川餅に近いだろう。

見晴台

峠を出るとあとは軽井沢に向かって峠を下るだけだが、江戸時代は車道が右に曲がる付近に立てられている「旧中山道碓氷峠道跡」標識から現在の車道に沿って軽井沢に向かって下っていたという。

ところが、この道も旧道を歩く人が減り、車道ができて消滅してしまったという。一部歩ける道も残っているが、危険なのでここはハイキングコースになっている道を旧道と思って歩くことにした。

ちなみに、峠の左手は「見晴台」と呼ばれる眺望の良い場所で知られ、軽井沢からハイキングで登ってくる人々も多いが、ここには「万葉歌碑」や休憩所も設けられている。

晴れていればここからは「浅間山」を始めとして「富士山」などがパノラマとなってよく見えるが、古くは「足利尊氏」らが戦った所でもあったという。

ハイキングコースになっている道を辿ると小さな沢や車道を何ケ所か横切り、途中には「吊り橋」などもあって多くの家族連れやアベックらとすれ違うが、そんな道路を下ると

見晴らし台から見た浅間山の風景。

山々を見渡せる見晴らし台からの風景。
運が良ければ富士山も見えるという。

「別荘地」を抜けて三〇分ほどで出口が見えてくる。

出口の広い道路は峠まで続く車道だが、ここから旧道に戻るわけで、出口には「碓氷峠2・9㎞」と書かれた標識がある。

車道に出て少し歩くと右手に「中部北陸自然歩道標識」や「案内図」が置かれているが、ちょうどこの先に見えてくるのが「二手橋」で、この橋は軽井沢に泊まった旅人が一夜を共にした飯盛り女たちと別れを惜しんだ場所でもあったという。

なお、二手橋を渡ると右手に「ショー氏」碑と「教会」が見られるが、ここは明治一九年、キリスト教布教で軽井沢に立ち寄った宣教師の「ショー氏」が故郷のスコットランドに似ていると多くの日本人に紹介し、軽井沢が「避暑地」として脚光を浴びるようになったのを讃えた碑だという。

芭蕉句碑

また、この向かい側に見られるのは「芭蕉句碑」で、これには「馬をさへながむる雪の朝《あした》かな」とある。

この句は「野ざらし紀行」に見られるもので、句は次のように解釈されている。

雪が降り積もった街道を歩く旅人の姿を見ているとなんとなく趣があっていいものだが、

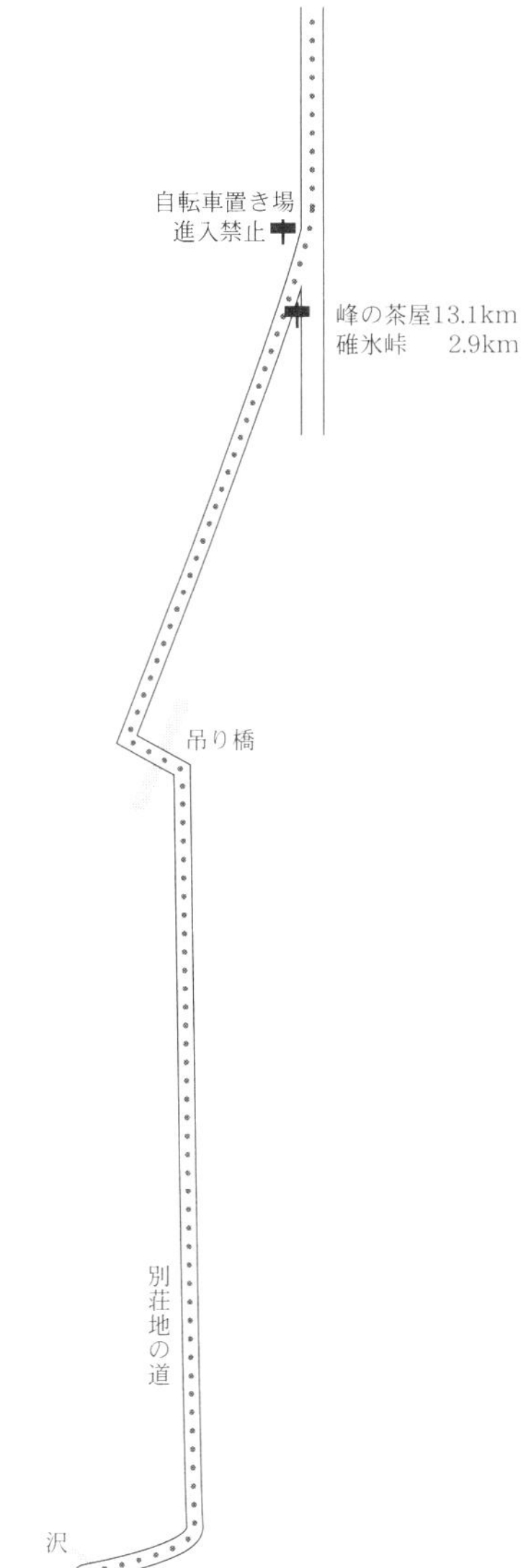

元の旧道は峠の駐車場の左側に残っていたが、現在は通行不能になっている。

大自然に囲まれたハイキングコースの吊り橋。

普段は目にも留めないような馬も雪の中で見るとなんともいえないような雰囲気をもっているなあ、といった意味だ。

坂本の八幡神社には「夏の情景」を詠んだ芭蕉句碑が見られたが、出口には対照的に「冬の場面」を詠んだ句が置かれていることになる。

この句碑は天保一四年（一八四三）、芭蕉の一五〇回忌に建立されたものだという。

ちなみに、少し余談になってしまうが、英泉が「板鼻宿」入口で残した雪景色の絵はこの芭蕉句をヒントに想像で描いたのではないかという説があるという。

説の根拠はこの句の情景が似ているからで、今も一部の人には信じられているという。

そんな芭蕉句碑を越えると賑やかな「旧軽井沢」商店街の町並みが見えてくるが、当時の軽井沢宿《かるいざわじゅく》はこの付近から始まっていた。

芭蕉句碑
木々に囲まれたこの場所から、旧軽井沢商店街はすぐそこだ。

19

軽《かる》井《い》沢《ざわ》宿《じゅく》

次は沓掛宿
1里5丁
（4.44キロ）

宿場の規模

難所の碓氷峠を越えてくると信州最初の宿場町が軽井沢だった。

天保一四年の記録によると、ここの宿場規模は本陣一、脇本陣四、旅籠屋二一軒で、隣の坂本宿同様「飯盛り女」が多く、特に江戸に下る人々に人気があったという。

当時の宿場人口も女性の方が多く、その数は男性の二倍もいたが、これは旅籠屋で働く人のほとんどが女性で、どこの旅籠屋も飯盛り女を抱えていた証拠だという。

西から江戸を目指して来ると最後の難所が碓氷峠で、ここでゆっくり英気を養っていたという。

なお、当時の宿場は「二手橋」を渡って少し歩いた旅館「つるや」付近から始まっていたが、江戸時代初期は今のように商店街を歩かず、つるや手前を右手に入って裏通りを歩いていたという。

そして、現在「聖パウロカトリック教会」がある付近には「軽井沢の一里塚」と呼ばれていた三八番目の塚も見られたという。

ところが、その後の宿場は現在の「旧軽井沢商店街」を歩くようになり、宿場もこちらに移ってきたという。

詳しい理由はよくわかっていないが、ここは天明三年（一七八三）の「浅間山大噴火」によって宿場はほぼ壊滅しているから、噴火などの影響で道筋が変わったと考えるのが妥当だろう。

噴火後ここは復興するが、それからも宿場は度々大火や飢饉に見舞われていて、以前のような活気は見られなくなってしまったという。

天変地異が多いと誰だって泊まりたいとは思わないから、客も少しずつ減り、徐々に衰退してしまったのだろう。

このように見ると宿場が賑わった最盛期は天明以前と言えるが、難所を控えていたから泊まり客が極端に少なくなるようなことはな

江戸時代には茶屋を営んでいた「つるや」も現在は旅館業を営んでいる。

ショー氏はイギリス人宣教師。

く、江戸時代を通して泊まり客は多かったという。

そして明治維新を迎えると歩く人が減り、一時寂れてしまうが、明治一九年、イギリス人ショー氏によって別荘地として紹介されると再び息を吹き返し、今日のように発展したという。

別荘地として脚光を浴びると宿場だった通りは再び商店街として復活するが、残念ながらこの時に江戸時代の建物はほとんど失われてしまったという。

すでに当時の面影はほとんど残っていないが、入口には「つるや」旅館が営業していて、近くにはわずかに残った古い家で土産物などを商っている店も見られる。

つるや旅館も元々江戸時代は「茶屋」で、別荘地が開発されると旅館に変わり、その後ここは明治の文豪らに愛されたという。

旧軽井沢商店街は夏の観光シーズンには歩くのさえ困難なほど賑わうが、短い夏が終わると閑散とした通りに変わってしまうのだ。

商店街を歩くと中ほどに郵便局が見られるが、ちょうど向かいのショッピングセンター付近に「本陣」があったという。

当時の宿場もちょうどこの本陣を中心にして賑わっていたが、すでに宿場の面影はどこにも残っておらず、国籍不明の商店が連なっている。

通りはやがてＪＲ軽井沢駅前に続く道路と

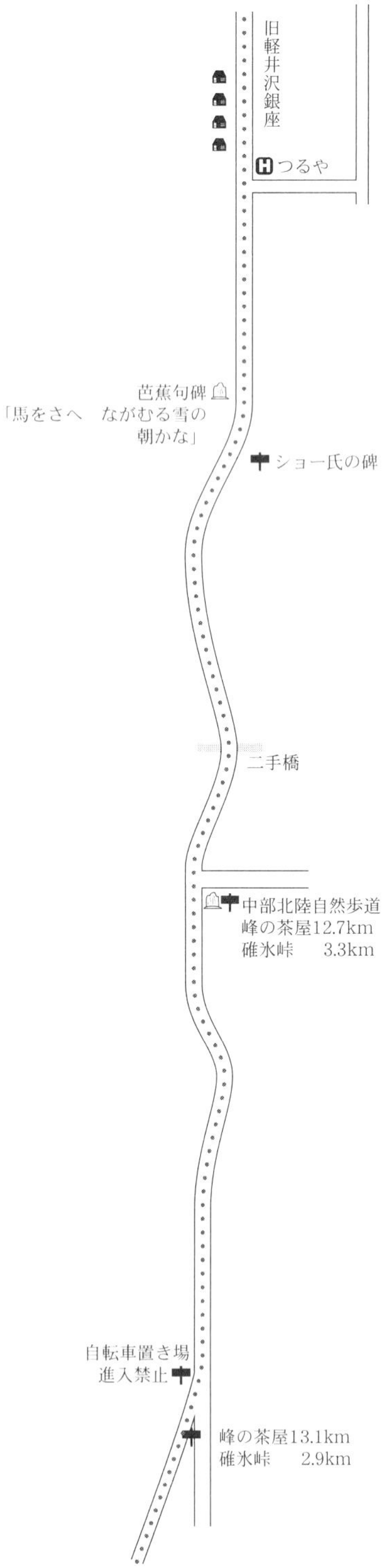

聖パウロカトリック教会
この日も結婚式が行われていた。

交差しているが、当時の宿場もちょうど旧軽井沢商店街を抜けた付近が宿場はずれだったという。

宿場の名残はほとんど残っていないが、今歩いてきた旧軽井沢商店街が軽井沢宿だったという事を覚えておかれるといいだろう。

なお、宿場にこれと言った名物はなく、強いてあげればここは峠で売られていた「力餅」が有名だった。

力餅は峠で述べたが、現在の軽井沢は「ジャム」作りが盛んで、ここの名物になっている。

江戸時代、碓氷峠を挟んで坂本と軽井沢は共に賑わったが、軽井沢が観光地として発展したのに対して坂本が衰態してしまったのは皮肉な結果と言えるだろう。

交通機関の発達や別荘地としての開発が両者を分けたわけで、その差はあまりにも大きすぎるだろう。

宿場だった商店街を抜けると両側が木立に囲まれているのどかな道路に変わってしまうが、ここからは「から松」や「赤松」が続くのどかな街道が残っている。

ちょうどこの付近を描いたのが「広重」の「軽井沢」で、広重画は夕暮れ迫るちょっと寂しい宿はずれを残している。

旅人がキセルに火をつけさせてもらっている場面で、この絵だけで場所を特定するのは難しいが、当時の軽井沢も宿場を出るとこんな光景が見られたのではないだろうか。

離山

現在旧道左右はほとんどが別荘地になっていて、右手には「離山」が近くまで迫ってきているが、実はこの山「皇女和宮御通行」のおりには縁起が悪いと嫌われ、名前を替えられてしまったというエピソードが残っている。

江戸時代の人々は「離れる、切れる、去る」などの言葉を極端に嫌っていたから、ここは縁起をかついで「子持山」と呼ばれたのだ。

山の名を突然替えてしまうというのも凄まじいが、それほどの絶対権力を持っていたことの方が驚きと言えるだろう。

ちなみに、この付近古くは「遠近の里」とも呼ばれていたが、このように呼ばれるようになったのは在原業平作と伝わる『伊勢物語』に次のように書かれていたからだという。

軽井沢は雪の積もる地域なので、冬に歩かれる方は注意が必要だ。

現在の旧軽井沢銀座商店街。
道の両側にはさまざまな店舗が出店している。のんびり店を冷やかして歩くのも良し、土産を買いあさるのも良し。

『むかし、をとこありけり。京や住み憂《う》かりけむ。あづまの方に行きて住み所もとめむとて、友とする人ひとりふたりして行きけり。信濃の国浅間の嶽にけぶりの立つを見て、「信濃なる浅間の嶽にたつ煙　をちこち人の見やはとがめぬ」』

これは有名な九段の一つ前、八段の文章だが、ここにある「をちこち」から後に遠近の里と呼ばれ出したという。

古くは浅間山を右手に見られる一帯をこのように呼んでいたが、今はほとんど使われることもないという。

旧道はバス停「六本辻」を過ぎてしばらくすると「精進川」に架かっている「野沢橋」を渡ることになる。

左手に「東部小学校」が見え始めると右手に「離山登山道入口」と書かれた標識が置かれているが、ここは夏になると手軽なハイキングコースとして家族連れなどに人気がある

ホテルロンギンハウスの先にある石塔群が旧道だったことを思い出させる。

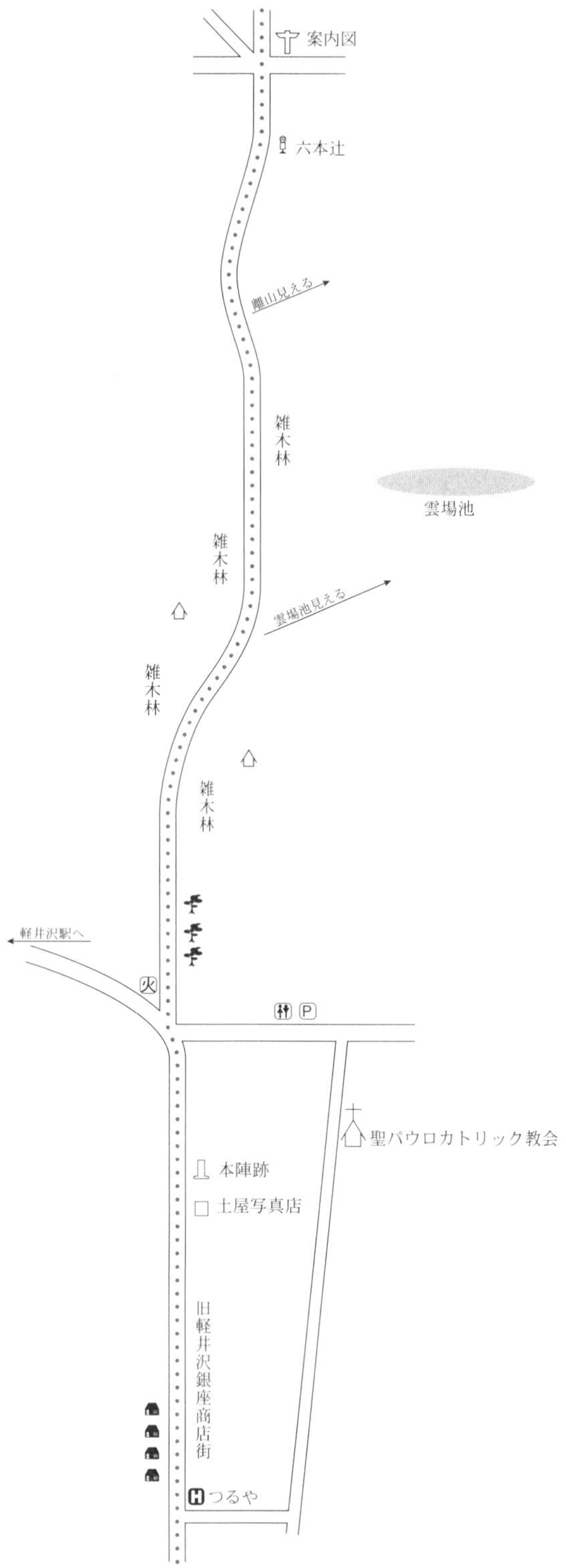

という。

なお、バス停「泉の里」を過ぎると右手にモダンなホテル「ロンギンハウス」が見えてくるが、この先には街道にあったと思われる「庚申塔群」がまとめられている。

この付近寂しい道だったから、旅の安全を願ってお祈りする旅人も多かったのではないだろうか。

なお、バス停「離山」を過ぎるとやがて「南原」交差点に出るが、最近ここの右手には「軽井沢民俗資料館」がある。

資料館自体は小さく、資料がたくさん置いてあるわけでもないが、参考になる物もあるから訪ねてみるといいだろう。

本来の中山道はこの付近から国道や新幹線を横切って左手に出ていたが、旧道入口はすでに「信濃鉄道」や平成九年一〇月に開通した「長野新幹線」によって失われ、通行不能だという。

しかたがないのでここは国道を歩き、「中学校前」信号から左手へ入って行く。

信号を渡って信濃鉄道踏切を横切るとちょうど「和菓子店」が営業しているが、この横に残っているのが旧道だ。

途中には「道標」らしき物も残っていて、これを見るとこの道が昔から使われていたこともわかってくる。

浅間山

ちなみに、天気が良ければ旧道正面には雄

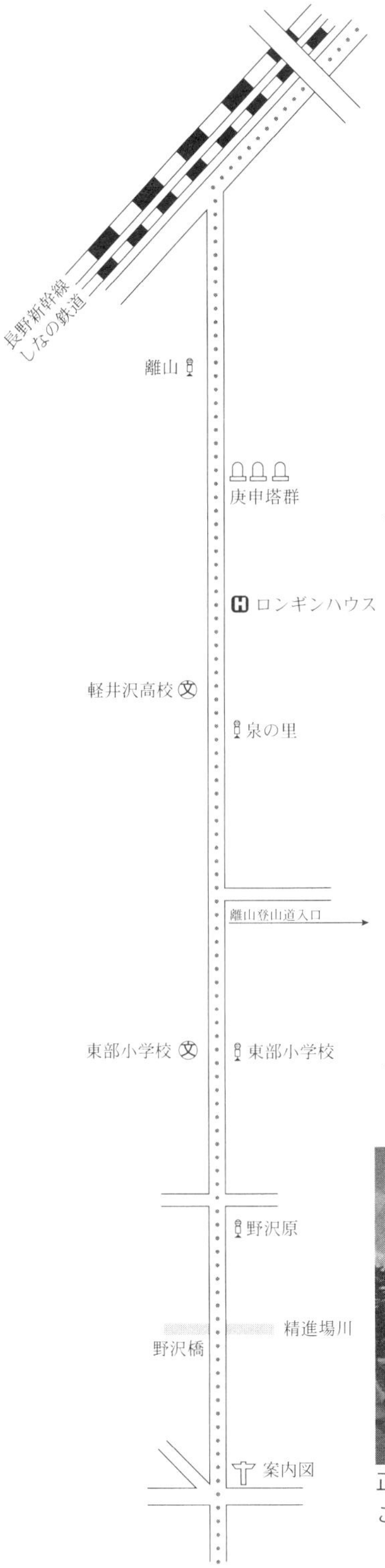

正面の雲の中から浅間山の雪景色が見える。この辺りは浅間山を仰ぐ絶景の場所だ。

旧道の苔むした石碑には文字が刻まれている。

大な「浅間山」が迫っているが、ここからの景色は昔も今もほとんど変わっていないという。

　浅間山は「長野県」と「群馬県」にまたがる標高二五四二メートルの「三重活火山」で、今なお噴火を続けていることが知られているが、浅間山は昔からこの付近のシンボルとして親しまれ、軽井沢とは切っても切れない縁で結ばれているのだ。

　ここは浅間山の姿を焼き付けるには絶好の場所と言えるだろう。

宮之前一里塚

　しばらく歩くと左手を流れる川沿いに進んで川を渡るが、川を渡るとちょうど信濃鉄道「中軽井沢駅」裏手へ出ることになる。

　ここから再び今の国道に戻るのが中山道のルートだが、江戸時代初期の中山道はちょうど今の駅裏辺りを通っていたと言われ、その証拠が駅裏に見られる「一里塚跡」だという。

　ここは「宮之前一里塚」と呼ばれていたが、その後中山道のルートが変わり、今のような国道を歩くようになってここに取り残されてしまったのだ。


　なお、現在の一里塚跡の一部はお墓になっていて、ここには「土屋家」の立派な墓もあるから、これはもしかしたら沓掛宿「本陣職」を務めていた土屋家のものではないだろうか？

長倉神社

　国道に出ると右手奥に「長倉神社」が見えてくるが、ここの創建は天長年間（八二四〜八三四）頃と言われ、古くから地元の信仰を集めていた。

　入口周辺には街道筋にあったと思われる「石碑」や「庚申塔」なども集められていて、奥に小さな本殿が見られる。

　なお、この神社奥には長谷川伸（注1）作で有名な「沓掛時次郎」の碑があり、この付近の評判になっている。

　長谷川伸は多くの「股旅もの」などの脚本を残していて、戦前生まれの人には馴染み深いが、こんなにも立派な碑があるのを見るとどんな人物だったのかと興味を持ってしまう人もいるだろう。

　ところが、沓掛時次郎は架空の人物で実在はしていないという。

注1　長谷川伸については下巻63「番場宿」も参照されたい。

中軽井沢の駅裏にある宮之前一里塚碑。

長倉神社参道

長倉神社の境内にある石仏群。

若い人にはピンとこないだろうが、筆者ぐらいの年代だと橋幸夫が歌ってヒットした「沓掛時次郎」という唄が思い浮かんでくる。

その当時、沓掛時次郎がまさか架空の人物とは知らなかったが、ここには長谷川伸の「千両万両枉《ま》げない意地も　人情搦めば弱くなる　浅間三筋のけむりの下で　男沓掛時次郎」と刻まれた歌碑が建立されている。

ところで、話は再び脱線してしまうが、股旅演歌というのはどうも「郎」がつく名前が好かれているようだ。

最近では氷川きよしが「箱根八里の半次郎」や「大井おっかけ音次郎」をヒットさせたが、昔は橋幸夫が「潮来笠」「沓掛時次郎」「佐久の鯉太郎」などをヒットさせていて、主人公にはどれも「郎」がつくのだ。おそらくこれからも股旅ものでは「郎」が好かれるのではないだろうか?

股旅演歌に少し寄り道してしまったが、当時は長倉神社を出て数十メートル歩けばすでに沓掛宿《くつかけじゅく》入口だったという。

旧道には大きな馬頭観音もある。

長倉神社の境内にある沓掛時次郎の碑。

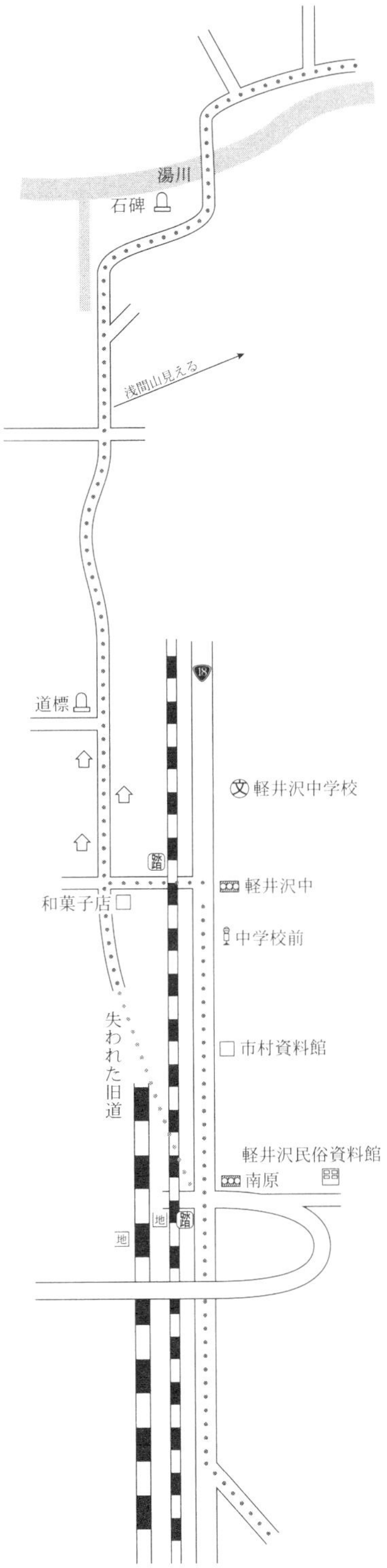

20
沓掛宿《くつかけじゅく》

次は追分宿
1里3丁
（4.22キロ）

ここは「碓氷峠」を控えた「軽井沢宿」と「善光寺街道」の分岐点で賑わった「追分宿」に挟まれ、それほど目立つ宿場ではなかったという。

ところが、「皇女和宮」通行のおりには手前の「追分」が別れを連想させて縁起が悪いと嫌われ、ここに白羽の矢が立っている。

当初の予定では皇女和宮は「東海道」を東上することになっていたが、東海道には縁起が良くない地名が多いと反対され、結局中山道に替えられてしまったと言われている（箱根にはこの時に備えて整備された石畳が残っている）。

実際の選定に当たっては単に縁起が悪いと嫌われただけでなく、東海道の交通量が増え、何万人規模の行列が不可能だったこともあったが、大きな理由として縁起かつぎがあったという。

縁起かつぎと言えば今でも色々な行事でかつがれることが多く、その筆頭は何と言っても結婚式になるだろう。

特に結婚式でスピーチに立つ人は新郎新婦の前では絶対に縁起の悪い言葉を使わないように注意されるが、江戸時代の縁起かつぎは今以上のもので、皇女和宮降嫁に際しては行列が通過する場所は前もって色々と調査され、厳しいチェックが行われた。

特に別れを連想させて縁起が悪いと嫌われたのがこの先にあった「追分宿」で、ここは皇女和宮通行に際してはわざわざ「相生宿」と呼ばれたという。

宿場の名前を突然変えてしまうというのも凄まじいが、それでも一目散に素通りだったというから念の入れようもかなりのものだった。

江戸時代の縁起かつぎにはとことん呆れてしまうが、縁起と言えばいまだに結婚式や葬式ではこの迷信が幅をきかせているのが日本の面白いところだろう。

すでに二一世紀を迎えたわけだが、年末に

この道祖神は草津道標から左の旧道に入ったすぐの所にある。

この付近からも浅間山がよく見える。

もらうカレンダーには今も「大安」だの「仏滅」だのと書いてあることが多く、大半の日本人には今もこのような吉凶占いが信じられているようだ。

筆者の家はとても臍曲がりで、お祝い事はわざわざ仏滅を選んで行うことにしているが、これもこれ以上悪い事が起こらないようにとの意味だという。よく考えればこれも逆縁起かつぎのようなものだ。

しかし、風習などを変えるのは容易なことではなく、これからもしばらくはカレンダーには大安だの仏滅だのと書かれてゆくのだろう。

宿場の規模

話はそれてしまったが、天保一四年の記録によると沓掛の宿場規模は本陣一、脇本陣三、旅籠屋一七軒だった。

条件的には厳しい場所だったが、これを見る限りそこそこの賑わいだったと言っていいだろう。

ちなみに、「沓掛」という名だが、沓掛と呼ばれる地名は今も日本国中にたくさん残っていて、元々は「草鞋」を履き替える場所をこのように呼んでいた。

当時の草鞋は人間ばかりか馬も履き替えたが、ようするに難所などを越える手前にあった場所のことで、履き替える草鞋を掛けた場所のことを沓掛と呼び、人々はここに草鞋を掛けると疲れ知らずで長く歩けると信じていたのだ。

言わばおまじないのような風習が全国各地に伝わっていたわけで、今考えれば面白い言い伝えと言えるだろう。

脇本陣跡

前置きが長くなったが、当時の宿入口は「長倉神社」を出てすぐの所で、すでに木戸跡などは残っていないが、神社を出ると宿場入口だった。

宿場に入ると左手に「升屋本店」と書かれた旅館が見えてくるが、ここは元「脇本陣」の一つだという。

建物は建て替えられているが、現在も旅館を営業しているから、泊まりの予定があればお伺いしてみるといいだろう。

こちらは本陣の文字が見える。元は本陣だったのだろう。

沓掛宿の旧道風景。

こうして国道沿いにもたくさんの石塔群が見られる。

沓掛時次郎まんじゅう

なお、元脇本陣だったという旅館前を通り過ぎると信濃鉄道にある「中軽井沢駅」信号に出てしまうが、ちょうど交差点角はお土産屋さんで、ここでは名物と称して「沓掛時次郎まんじゅう」が売られている。

沓掛時次郎は長谷川伸が生んだ架空の人物だが、そんなまんじゅうが売られているのも沓掛を有名にしたからだという。

今もテレビや映画で有名になると御当地まんじゅうなどを売り出すことが多いが、沓掛時次郎まんじゅうはその先駆者なのだ。

なお、お土産屋さん隣は「そば屋」だが、ここは「かぎもとや」と呼ばれる老舗で、この付近ではかなりの人気店だという。

お腹が空いた人にはお薦めの店だが、江戸時代の信州は標高が高く、農作物の生産はまったくできなかった。

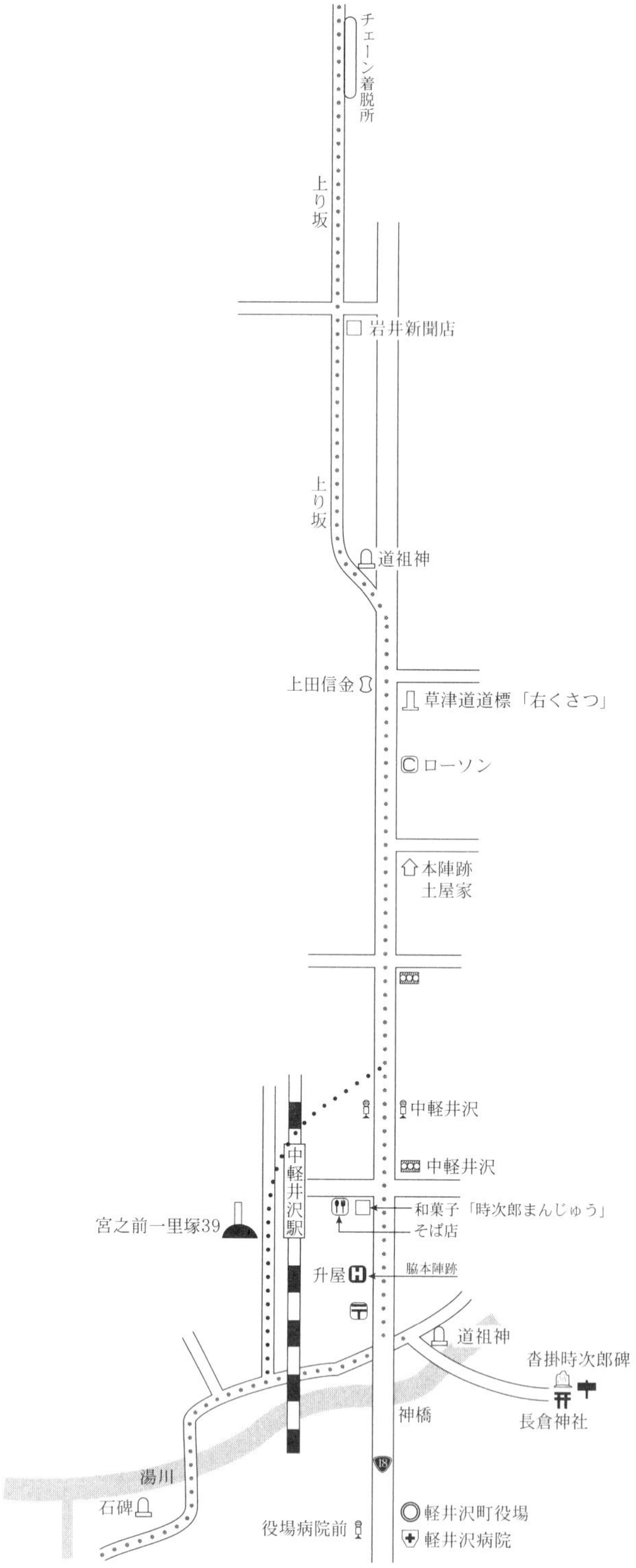

くさつ道道標
右くさつの文字が見える。

ところが、蕎麦はそんな荒れ地でもよく育ったから重宝がられ、多くの農家で栽培されていたのだ。

　今は農業も近代化され、標高の高い信州でも色々な農作物が生産されるようになったが、江戸時代の「信州」ではこのような地域が多く、蕎麦ぐらいしか育たなかったから蕎麦が名物になったという。蕎麦好きの方にはこたえられない場所と言っていいだろう。

本陣跡

　駅前交差点を越え、五〇メートルほど歩くと右手に立派な家が見えてくるが、ここが当時「本陣」を勤めていた「土屋家」で、今も表札に「本陣」と出ている。

　ここは皇女和宮御宿泊にも選ばれ、なかなか由緒ある本陣だったが、すでに古い家屋は失われてしまったという。

　しかし、今の家もかなり立派で、当時の建物が残っていればかなり豪華な造りだったのは間違いないだろう。

草津道道標

　本陣跡を出ると上田信用金庫向かいに小さな「草津道道標」が残っているが、これは草津温泉道を示していたもので、当時この沓掛から草津までは約十里で出られたという。

　現在も中軽井沢駅前から「草津」行きのバスが出ているが、江戸時代ここは草津温泉に向かう人々の分岐点でもあり、ここから草津

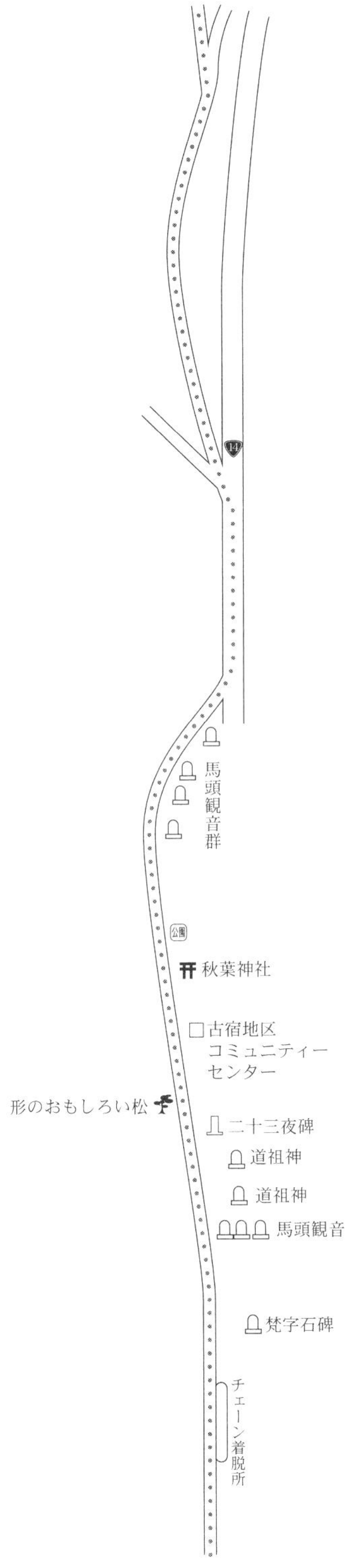

二十三夜供養塔
ここから後ろの木の向こうに浅間山が見える。

梵字と下にハスの花が描かれている石碑。

の「湯治場」を目指す人も多かったという。

ちなみに、『続膝栗毛』では弥次さん喜多さんも長逗留しているが、昔から江戸で温泉場と言えば草津温泉を指すほど有名だった。

当時草津温泉に出かける人は主に「湯治客」が中心で、長期滞在することも珍しくなかったが、今のような温泉旅館があったわけではなく、自炊しながら身体を癒していたのだ。

なお、沓掛宿の範囲もだいたいこの草津道標付近が宿はずれで、ここを出ると殺風景な原野が広がっていたという。

宿場を出ると旧中山道は道標先で国道から分かれて左の側道へ入って行く。

すぐ右手には「道祖神」が残っていて、今も宿場を離れる旅人をひっそり見送ってくれているが、ここは宿の出入口でもあったから、宿場を守るために置かれていたのだ。

旧道は緩い上り坂で「岩井新聞店」先で下りぎみになるが、ここの新聞店で気づくのは自転車がないことだろう。

新聞店と言えば自転車がいっぱい置かれているのが普通だが、ここには軽自動車がたくさん置かれている。

実はこの付近の家はかなり離れていて、しかも上り下りの勾配がきつく、自転車で配るのは困難なのだという。

都会では気づかないが、この辺りでは新聞店もかなり苦労していることがわかるだろう。

新聞店を出ると途中には「チェーン着脱所」

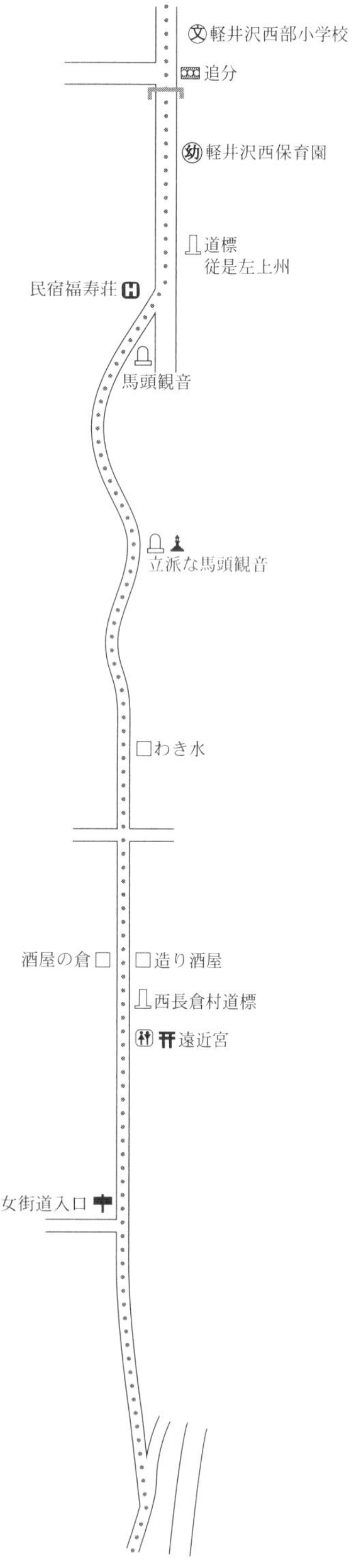

この辺りの旧道には、庚申塔や石碑がたくさん残っている。

この三基はすべて馬頭観音。
この他、この辺りの旧道にはたくさんの石碑が残されている。

もあり、これを見れば冬場は積雪で路面が凍ることが多いのもわかってくる。

　また、右手の空地には石碑のような物も見られるが、ここに彫られているのは「梵字」で、何と書かれているのかは不明だ。

佐久の三牧

　下り坂から上り坂に変わると「古宿」と呼ばれていた集落に入るが、この付近の旧道沿いには「道祖神」や「馬頭観音」「二十三夜塔」などが数多く残っている。

　実はこの先の街道にも「馬頭観音」がたくさん残っていて、こんなにもたくさんの馬頭観音が残っている場所も珍しいが、信州は古くから「佐久の三牧」と呼ばれ、元々馬の産地でも有名だったからだという。

　三牧とは「望月」「塩野」「長倉」付近のことを指していたが、長倉はちょうどこの右手奥に通っていた「東山道」にあり、江戸以前は宿場が置かれていたという。

　当時の信州は厳しい峠道や上り下りが多く、馬や牛も頻繁に使われていたが、そんな馬や牛を供養するため馬頭観音がたくさん建立されたと言われている。


　しかし、一説には馬は牧草をたくさん食べるように「人間の煩悩」なども食べてくれると信じられていたから、馬頭観音は馬や牛の供養ばかりでなく人間にも御利益があると信じられていた。

　古宿右手にある「秋葉神社」を通り過ぎると再び国道に合流するが、合流手前にもたくさんの「馬頭観音」が残っている。

女街道入口

　合流した先は三筋に分かれているが、中央の道が旧中山道だから間違えないようにしたい。

　さらに先は二手に分かれているが、ここは左が旧道で、旧道に入ると左手に「女街道入口」と書かれた説明板が置かれている。

　当時ここは厳しい「横川関所」（碓氷峠を下った所）を嫌った女性達が抜け道として利用していたと言われ、ここから上州「下仁田」に出ていたという。

　取締りの厳しい横川関所を嫌った女性達が利用していたからこの名があるが、江戸時代はどこを通っても途中には「間道関所」が設

造り酒屋の杉玉。

従是左上州とあり、その下には3つの道が刻まれている。

巨大な馬頭観音の石碑。
手前の常夜灯には馬の絵が描かれている。

けられていたから、人があまり通らない道は女性には危険すぎ、それほど使われなかったのではないかとの説もあるという。

なお、女街道と呼ばれていた入口を越すと「借宿」と呼ばれていた集落に変わっているが、ここの右手には「遠近の宮」と呼ばれていた神社がある。

名前を見てもわかるが、この神社も伊勢物語八段にあった業平の歌に関係していると言われ、かなり古くから信じられてきたようだ。

神社先には古い造り酒屋があってみごとな「杉玉」（酒林）も吊るされているが、先は緩い上り坂の続く所で、「湧き水」の出ている場所を通り越すと右手に「馬頭観音」の大きな碑が見えてくる。

ここの馬頭観音は土地を囲ってある大きな物で、入口左右には常夜灯まで設けられている。よく見ると常夜灯下には馬の彫り物まで施されている念の入りようで、何か特別に由緒ある馬を祀っているのではないだろうか。

大きな馬頭観音を通り過ぎると再び国道に合流するが、合流する手前にも小さな馬頭観音群がある。

国道は交通量が多く、渡るのも大変だが、右手に渡ると「従是左上州」と彫られた道標も残っている。

追分の一里塚跡

この道標から五〇〇メートルほど歩くと歩道橋があって、これには左「信濃追分駅」一・二キロと書かれていて、先には「標高一〇〇三メートル」と書かれた国道標識も置かれているが、この標識先に見えるのは「一里塚跡」で、この辺りでは貴重な塚跡だという。

右手の塚が本物で、左手は国道拡張後に復元されたものだが、ここは「追分の一里塚」と呼ばれていて、日本橋から数えるとちょうど四〇番目だった。

なお、この一里塚右手に残っているのが旧道で、ここからガソリンスタンド横へ入ってしばらく歩くと追分宿《おいわけじゅく》だった。

遠近の宮。

追分の一里塚跡。
国道を挟んで両側に追分の一里塚がある。これが見えたら追分宿はもうすぐだ。

21 追分宿《おいわけじゅく》

次は小田井宿
1里10丁
（4.98キロ）

江戸時代の追分宿は「中山道」と「善光寺道」（北国街道）が合流する「追分」に位置し、中山道六九宿の中でも特に賑わった宿場の一つに数えられている。

当時の様子は「浅間山から追分見れば、飯盛り女郎がうろうろと」と「追分節」にも唄われ、どこの旅籠屋も飯盛り女を抱え繁盛していたという。

江戸時代、だいたいどこの宿場にも客を引き込む「留め女」と呼ばれる女性が出ていたが、ここはその数も多く、遠くから見るとまるで飯盛り女がいっぱいいるように見えたのだという。

ところが、旅人の中には飯盛り女を嫌う人や子供連れもいて、そんな人達には嫌われていた。

江戸時代、普通の人が泊まる真面目な宿は「講宿」あるいは「平旅籠」（注1）と呼ばれ、飯盛り女を置く旅籠屋とは区別されていたが、ここではわざわざうちは真面目な宿ですと看板を掲げていたような所も見られたという。

それだけここは飯盛り女を置く旅籠屋が多かったわけで、中山道一の賑わいだったと言うのも誇張ではないだろう。

善光寺参り

ちなみに、ここは中山道の旅客だけでなく、「牛に引かれて善光寺参り」で知られる善光寺詣での人々でも賑わったが、「善光寺参り」は当時の人々にとっては「伊勢参り」と同じだった。

誰もが一生に一度は善光寺に詣でたいと願っていたから、追分宿には大勢の人々が押し寄せていたのだ。

ここで簡単に善光寺に触れておくと、これまでに発見された屋根瓦（白鳳時代）などから推定すると奈良時代（七一〇～七九四）以前の創建だと言われている。

本尊は一光三尊《いっこうさんぞん》阿弥陀如来で、別名閻浮檀《えんぶだ》金《ごん》阿弥陀如来とも呼ばれ、欽明天皇十三年（五五二）、「百済」の聖明王から贈られた「三

注1　江戸時代の旅籠屋には普通の旅籠屋（平旅籠）と飯盛り女を置いていた飯盛旅籠があったが、経営を安定させる手段としては飯盛り女を置くことが多く、どこの宿場にも見られたという。

善光寺の門前町はとても賑やかで観光客がたくさん訪れている。

善光寺の山門
山門の手前には現在も御坊がある。

尊仏」と伝わっている。

ところが、時の権力者だった「中臣氏、物部氏」（仏教排他派）らと「蘇我氏」（仏教崇拝派）が信仰の違いで対立し、仏像は難波の堀江に投げ込まれてしまったという。

しかし、推古天皇十年（六〇二）、信濃の国、伊奈郡の「本田善光卿」が水中から光を発している三尊仏を発見、故郷に持ち帰って安置したという。

このような伝説からここの仏像は日本最古のものと語り継がれ、古くから信仰されてきたという。

なお、時の権力者によって戦国時代には持ち出されたこともあり、現在の場所に戻って来たのは慶長三年（一五九八）だという。

また、仏像自体は昔から「秘仏」とされ、白雉五年（六五四）以来、誰も見た事はないという。

ここでは七年に一度「御開帳」も行われるが、そこで公開されるのも「善光寺前立本尊」で、奥にある秘仏は永久に公開されないのだ（二〇〇三年に公開され、次は二〇一〇年になる）。

ちなみに、ここは昔から「宗派」を問わない寺としても有名で、江戸時代ここを訪れた芭蕉も「月影や四門《しもん》四宗《ししゅう》もただひとつ」と残している。この句からもわかるが、どの宗派に属している人からも愛され続け、今もその姿は変わっていない。

芭蕉句碑は現在表参道にある「大本願」に建立されているが、宗派を問わないと言うことはこの句からもわかってもらえるだろう。

なお、大本願は日本でただ一人の「女性上人様」がいる寺でも知られ、特に「女人往生」、「女人救済」で昔から人気があった。

現在の年間参拝者数は約七〇〇万人だが、この内七〇パーセントは女性と言われ、今でも女性の人気が圧倒的に高いという。

ところで、よく使われる「牛に引かれて善光寺参り」という言葉についても簡単に説明しておこう。

昔、小諸の千曲川沿いには「無信心」で強欲なばあさんが住んでいたが、ある日、千曲川のほとりで大事にしていた布をさらしていると「如来様」が「牛」に化けて現れ、角に引っ掛けて走り出してしまったという。

その布はわしの大事な布じゃとばあさんは牛を追いかけるが、気がつくとなんと六〇キ

芭蕉の四門四宗の句碑。

境内にある陶器製の常夜灯はとても美しい。

長野県最古と言われる佐藤兄弟の墓もある。

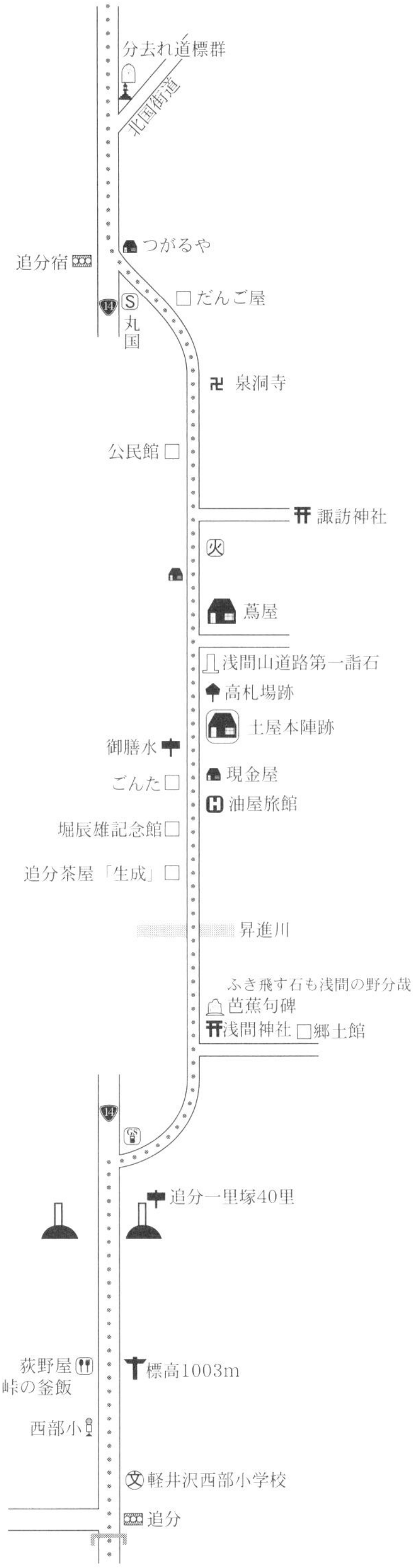

ロも離れた善光寺まで来ていたという。

ところが、如来様が化けていた牛は突然姿を消し、疲れたばあさんはそこに寝込んでしまうのだ。

いつしかばあさんは深い眠りに落ちるが、夢枕に再び如来様が現れ、それと悟ったばあさんは信仰心を持つようになり救われたという。

そんな言い伝えが広く関東地方に伝わり、信仰心のない人が突然信心深くなったような時には「牛に引かれて善光寺参り」だな、と使われるようになったという。

善光寺は見所が多く、説明していたらきりがないが、機会があったらぜひ訪れてみたい場所の一つだろう。

なお、余談になるが、『続膝栗毛』の弥次さん喜多さんも無事善光寺参りを済ませ、宿場に一泊したことになっている。ところが、二人は宿の娘の心中場面に遭遇……、喜多八は縛られてここではとんだ災難にあってしまうのだ。

二人に信仰心があったかどうかはわからないが、これを見れば善光寺参りが江戸町民の憧れでもあったこともわかってくるだろう。

追分郷土館

少し寄り道してしまったが、追分の一里塚跡から旧道に入ると右手に見えてくるのは

追分郷土館風景

「郷土館」で、ここには興味ある資料がたくさん展示されている。

中でも注目したいのは「追分節」が聴けることと、追分の語源になったとも言われる「分去《わかさ》れ」付近の古い写真が見られることだろう。

追分節は今でも日本各地で歌われ続け、「江差追分」や「越後追分」などは有名だが、これらの追分節も元々この付近で唄われていた歌が歌詞や節を変えて伝わったものだという。

ここは「追分節発祥地」でもあるわけで、正調追分節を聴けば心がなごんでくるのは間違いないだろう。

浅間神社の芭蕉句碑

ところで、「郷土館」隣は「浅間神社」だが、ここには「ふき飛す石も浅間の野分哉」と彫られた大きな「芭蕉句碑」が置かれている。

句碑はとても巨大な自然石でできていて、筆者が知る限りでは三本指に入る大きさと言ってもいいだろう。

芭蕉句集などには「吹き飛ばす石は浅間の野分かな」と書かれていることも多いが、この句に見られる「野分」とは二百十日、二百二十日に吹く強い風（台風や暴雨風のこと）で、浅間山からの強い風は石も吹き飛ばすような激しさであるといった意味だ。

句碑は寛政五年（一七九三）、「佐久」の人々によって建立されたという。

なお、当時の追分宿にも「用水」が流れていたようで、現在浅間神社入口には「御影用水」の説明板も見られる。

浅間神社を出てしばらく歩くと「昇進川」を渡ることになるが、この川を渡ると賑やかな宿場だった。現在左手には堀辰雄（注２）記念館が作られているが、ちょうど向かいに見られるのが「脇本陣」だった「油屋」（注３）旅館だ。

ここは今も旅館を営んでいるから泊まりの予定があればお伺いするといいが、ここは明治の文豪川端康成や堀辰雄らが愛した宿でも有名だった。

なお、昔の建物は昭和一二年の火災で焼け落ち、その後再建されているという。

また、油屋旅館隣の古い家は「現金屋」と呼ばれていた店で、その隣に「本陣職」を勤めていた「土屋家」があったという。

注２　堀辰雄は芥川龍之介に師事し、代表作としては『風立ちぬ』『菜穂子』などが知られている。

注３　脇本陣の雰囲気が感じられる油屋旅館だが、元は今の建物とは反対の向かい側にあったという。

郷土館広場の芭蕉句碑。

復元された高札場。

すでに古い建物は残っていないが、本陣隣には復元された「高札場」があり、ここには現代語訳も添えられている。

なお、高札場跡右手に入る道は「浅間山」登山道の一つで、ここには「浅間道路第一詣石」と彫られた古い道標も残っている。しかし、今は登山禁止でここから歩く人はいないという。

古い家の残る宿内を歩くと消防団を過ぎた右手奥に「諏訪神社」が見えるが、この付近、最近になってマンションが建ち、景観が損なわれてしまったのは残念だ。

左手にある「公民館」を過ぎると右手に見えてくるのは「泉洞寺」で、ここの入口には堀辰雄が愛したという「半跏思惟の石仏」があって、訪れる人も多いという。

つがるや

宿場は泉洞寺入口から一五〇メートルほどで国道に出てしまうが、合流する辺りは「枡型」に曲がっていた所で、ここには古い「つがるや」の建物が残っている。

この店は「追分節」にも「追分の枡型の茶屋でほろりと泣いたが忘らりょか」と唄われ、かなり有名な茶屋だった。

追分の枡型茶屋でほろりと泣いたが忘らりょかという一節は井原西鶴が書いた「好色一代男」にも見られ、江戸の町でも追分節が流行っていたことがわかる貴重な資料だという。

当時の追分節は流行歌でもあり、今で言えばミリオンセラーのヒット曲だった。

その後、歌詞などが変えられて全国各地に定着していったが、追分節が今も唄われ続けているのは日本人の心に訴える何かがあったからだという。

おそらく哀愁漂うメロディーが共感を呼び、各地に広まっていったのではないだろうか。

なお、「つがるや」は追分節にも唄われたほど有名な茶屋だったが、当時この付近は一夜を共にした飯盛り女達と別れを惜しむ姿がたくさん見られたという。

追分節が聞こえてくると涙ぐむ人もいたわけで、ここはそんな名物茶屋でもあった。

今も壁などに当時の面影をよく残しているが、残念ながら近年になって交通量が増え、痛みも激しくなっているという。何とか町で協力し、残しておきたい建物だろう。

蔦屋

現金屋
骨董品がたくさんあり、見てるだけでもあきない。最近は観光客もたくさん訪れている。

分去れ

ところで、この枡型道で国道に合流するとすぐ先に見えてくるのが「追分」発祥地とも言うべき「分去れ」で、ここは資料館などにも明治の古い写真が残っていたが、今も当時のままに「常夜灯」を初めとして多くの「道標や石碑」が置かれている。

わざわざここに写真を撮りにやってくるような人も大勢いるが、この中で特に知られているのは「森羅亭万象の歌碑」で、森羅亭万象とは江戸時代末期に活躍した「平賀源内」のことだという。

碑は寛政元年（一七八九）に建立されていて、これには「世の中はありのままにぞ霞降る　かしましとだに心とめねば」と彫られている。

また、ちょうどこの歌碑の後ろに見えるのが追分を示す道標で、これには「左中山道」「東二世安楽　追分町」「是従北国街道」と彫られ、裏には「千時延宝七巳未三月」とあり、一六七九年に建立されたことがわかってくる。

さらに、ここで人目を引くのは「お地蔵さん」で、これはとても珍しい「子供を抱いた」姿が特徴的だ。このようなお地蔵さんはあまり残っていないというから、これも大切にしたい一つだろう。

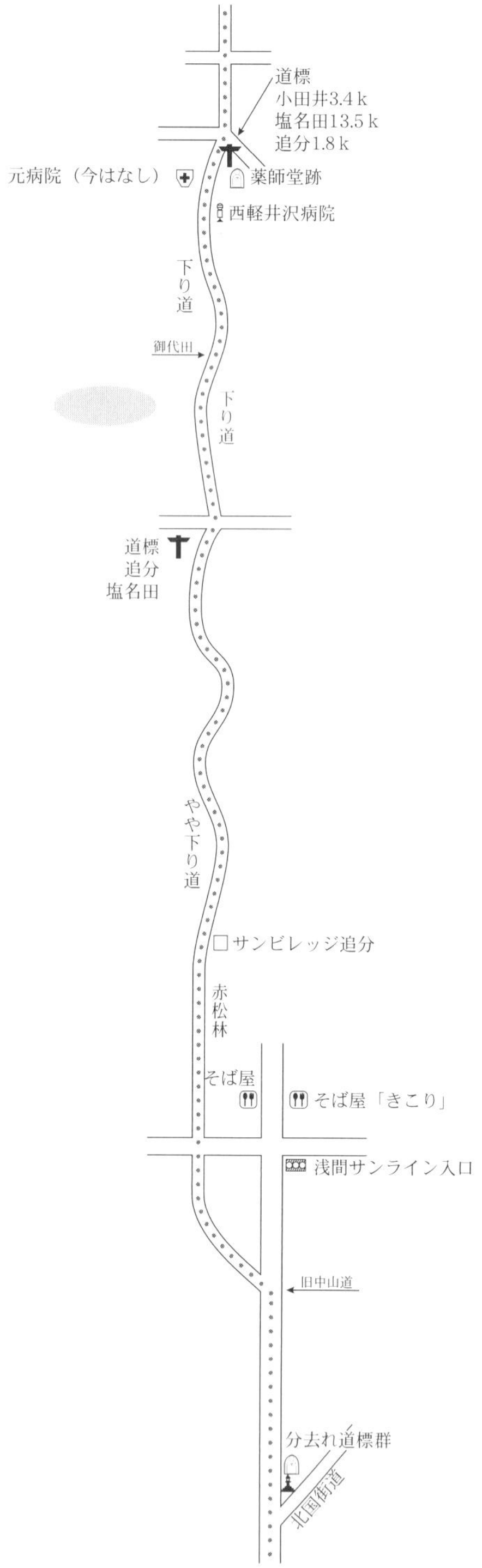

脇本陣だった油屋。
現在は旅館になっている。

ところで、ここには常夜灯の近くにも道標が残っていて、これには「さらしなは右　みよしのは左にて　月と花を追分の宿」と歌が彫られているが、他の面にはここから各方面の里程も彫られている。

ちなみに、ここから中山道を行く人は左手に進んだが、「善光寺」を目指す人々は右手に入り「十八里余り」だった。

当時「善光寺道」は「北国街道」とも呼ばれていたが、それは追分を出ると小諸、田中、海野、上田、坂木、上下戸倉、矢代、篠ノ井追分、丹波島、善光寺、新町、牟礼、古間、柏原、野尻、関川、田切、関山、松崎、荒井、高田、春新田、黒井、潟町、柿崎、鉢崎、鯨波、柏崎、宮川、椎谷、石地、出雲崎、と続いていたからで、当時の出雲崎は「佐渡」へ渡る港でもあり、この道は「佐渡金山」の大切な金を運ぶ重要な道でもあったのだ。

このように見ると追分宿は中山道の旅行者や善光寺参りの人だけでなく、公用の人々も集まって繁盛していたことがわかってくる。

当時の宿場が中山道一の賑わいだったと言われたのもこれらを知れば納得してもらえるだろう。

ところで、分去れで宿場を離れるが、当時善光寺道右手には刑場があったと言われてい

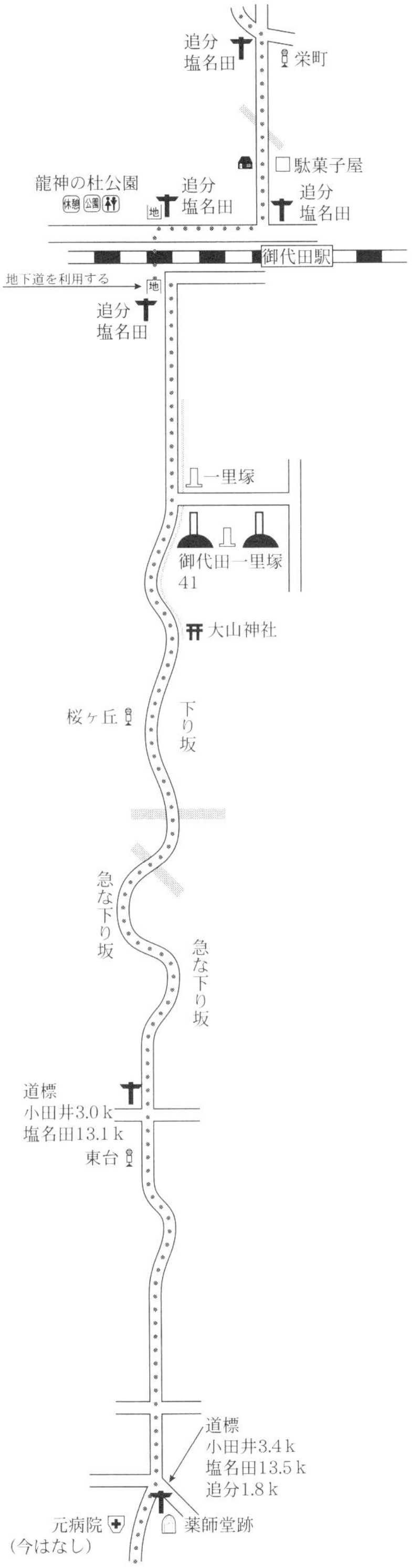

追分だんごを売る柏屋。
その他、旅人の欲しがるものがたくさん売られている。

つがるや

る。

　江戸時代は見せしめのため処刑も一般公開されていたが、そんな物騒な施設があると昼間はなんとか通れても夜は恐くて歩けなかったのではないだろうか。

　先入観もあるが、今も右手奥はなにやらあやしい雰囲気が漂っているような気がしてくるだろう。


　さて、旧中山道は分去れから国道左手に移ってしまうから安心だが、ここから先の道路は昔のままの殺風景な雰囲気が残っている。

　当時この付近は「浅間山噴火」の影響が大きく、火山灰が積もって、から松ぐらいしか育たず、殺伐とした街道だったという。

　今も寂しい道路だが、ちょうど「英泉」が追分と題して残した絵もこの付近ではないかと言われている。

　この絵は浅間山をクローズアップし、殺風景な街道だが、このような手法は広重画にも多く、わざわざ考えさせてしまうような絵を残したのはあまりにも宿場が華やかだったこととも関係しているという。

　追分が賑わっていたのは江戸でも知られていたが、一歩外に出ればこんな世界もあったわけで、賑やかさの裏に潜む何かを訴えているのではないだろうか？


　なお、追分宿を出ると旧中山道はずっと緩い下り坂で、このまましばらく標高も下がって行くが、途中から所々に「中部北陸自然歩道」標識が見られるようになるから便利だ。

　左手に大きな池が見えると「御代田町」に変わっていて、やがて左手に廃業した「西軽井沢病院」が見えると、病院前に標識があり「小田井宿三・四キロ」「塩名田宿一三・五キロ」と記されている。

　ちょうど角に見られるのは「薬師堂」跡で、ここには施主の記録などが彫られている。

　先も緩い下り坂だが、この付近晴れていれば前方の山並みが素晴らしい。

　バス停「東台」が見えてくると標識に「小田井三キロ」「塩名田一三・一キロ」と記されていて、標識先はやや急な下り坂に変わっている。

分去れの道標。
四方向に文字が刻まれている。

分去れの道標。

子供を抱くお地蔵様。
まるで、和製マリア様のようだ。

御代田の一里塚

また、急坂を下ると小さな橋を二つ越えてバス停「桜ヶ丘」に出るが、ここから少し歩くと右手民家に「御代田の一里塚」と呼ばれていた見事な一里塚跡が見えてくる。

ここは江戸時代から「枝垂れ桜」が植えられた珍しい一里塚として有名だったが、道中記などにもすでに旧道右手に描かれているという。

桜が開花すると大勢の人々で賑わうが、江戸時代初期は手前の桜と奥の桜の間に中山道があったという。

今は民家が立ち並び古い道は失われてしまったが、生き証人としていつまでも残しておきたい一里塚跡と言えるだろう。

なお、一里塚跡を出ると中山道は鉄道に突き当たってしまうが、ここには地下歩道があり入口と出口に標識が設置されている。

地下道をくぐると旧中山道は右手へ入って行くが、ちょうど左手には立派な「龍神の杜公園」があるから、ここはトイレタイムを兼ねた休憩場所に使われると便利だろう。驚くほど見事な公園で、地元の人々の憩いの場になっているという。

なお、先の旧道は用水が斜めに横切っていて、駄菓子店の向かい側には古そうな家も残っている。

しばらく歩くとバス停「栄町」の所で道が分離しているが、ここにも標識があるから迷うようなことはないだろう。

旧道はやがてバス停「荒町上町」に変わっていて、ここを通り過ぎるとやや直角に曲がり、バス停「荒町」付近にも標識があって「塩名田一〇・三キロ」「追分五・〇キロ」と記されている。なお、この標識から少し歩くと信号が見えてくるが、ここが小田井宿《おだいじゅく》入口で、ここにも標識が置かれている。

御代田の一里塚には桜が植えてあるので、春の季節にはここで花見をする人も多いという。

一里塚は両塚が残っている。こちらはもう一方の一里塚。どちらも桜の木。

22 小《お》田《だ》井《い》宿《じゅく》

次は岩村田宿
1里7丁
（4.66キロ）

宿場の規模

天保一四年の記録を見ると、ここの宿場規模は本陣一、脇本陣一、旅籠屋五軒で、かなり鄙びた宿だった。

ところが、小田井には「飯盛り女」がおらず、他宿と違って女性連れや子供連れには人気があり、特に「公家」や「お姫様」達の間で評判が高く、「姫の宿」と呼ばれることもあったという。

東海道に比べると中山道には女性客が多かったと言われるが、これは東海道に語呂が良くない「今切りの渡し」や「さった峠」などがあったからで、当時の女性は「切れる」「去る」など語呂合わせが良くない地名を避ける事が多かった。

特に嫁入り前の女性は縁起の良くない地名を極端に嫌っていたから、東海道より中山道を選ぶ人が多かったと言われている。

また、東海道には難所だった「大井川越え」や「七里の渡し」など危険な「川越し」も多く、これも嫌われた理由だった。

当時の川越しは人足による徒歩渡しが一般的で、人足の肩車になることもあったからだ。

大井川のように天下に名高い川だと「蓮台」に乗っての川越しも可能だったが、普通は人足渡しが多く、特に若い女性はこれを嫌っていた。

嫁入り前の女性は恥じらいも強く、着物の裾をまくっての川越しはかなりの苦痛だったからだろう。

このような理由もあって東海道は女性に嫌われ、中山道を歩く人が多くなったが、実際の中山道交通量は東海道の十分の一ぐらいしかなく、女性が歩くと目立ったこともあったようだ。

前置きが長くなったが、東海道に比べると中山道は女性に人気が高く、その中でも小田井宿は特に女性客に評判だったと覚えておかれるといいだろう。

小田井宿の風景。
左側に流れる用水は昔は道の中央に流れていたという。写真中央に見えるのは本陣の建物。人通りがなく、静かな町のイメージだ。

宿の入口にある筆塚。
由来は碑に刻まれているが、解読できない。手前には、道祖神が安置されている。

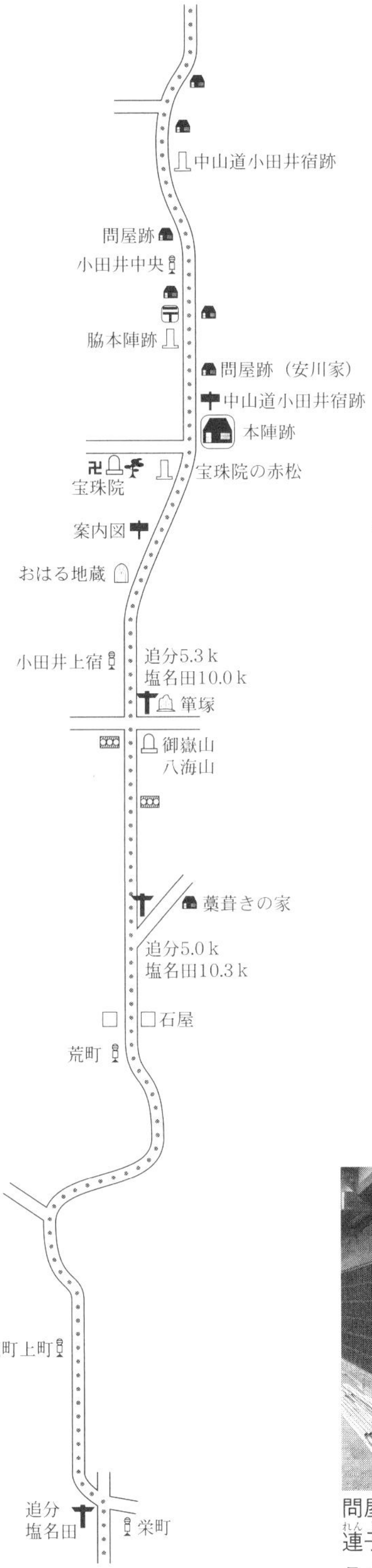

当時の宿場はちょうど「中部北陸自然歩道」標識が置かれている交差点付近から始まっていたが、近くのバス停名を見ると「小田井上宿」となっているように、宿入口付近は「上宿」と呼ばれていた。

なお、標識近くに見られる「筆塚」とは筆を供養してここに埋めたものだという。

宿場に入るとすぐ左手に見えるのは「宝珠院の赤松」と書かれた標識で、ここには見事な赤松が残っている。

本陣

また、宿場右手に見られる古い建物が当時「本陣」を勤めていた「安川家」で、隣には同じく安川家が勤めていたという「上の問屋」跡も残っている。

どちらの家も江戸時代の様子を残す貴重な建物で、今にもお姫さまが出てきそうな感じだが、ここは国道が通らなかったおかげでこのように古い建物が残っているのだという。

しかし、明治に入って交通機関が整備されると宿場は国道から取り残され、衰退してしまったという。

交通機関の発達は皮肉な結果をもたらしたが、古い家も年々減少ぎみだというから、早く保存に努めた方がいいだろう。

また、ここも他宿同様宿内に「用水」が流れていたと言われ、今はコンクリート製に変

問屋跡
連子格子《れんじごうし》が特徴の建物、こちらもかなり大きい家だ。

本陣の門。
写真右側には白壁が長く続いている。

わったが、用水が宿場の左手を流れている。

宿の左手、ちょうど郵便局隣が「脇本陣」跡で、この付近にも古い家屋がまだかなり残っている。

緩やかに下っている通りを歩くとバス停「小田井中央」付近に出るが、左手に見える古い家が「下の問屋」だった「尾台家」で、ここもかなり古い建物だという。

しかし、ここは今にも朽ち果ててしまいそうだから、早急に保存に努めた方がいいだろう。

ちなみに、尾台という名から想像すると小田井の名もここから起こっているのではと思われるだろうが、小田井の名は戦国時代に「小田井又六郎兄弟」が支配していたからだった。

宿の東には今も小田井城址の堀や土塁がわずかに残っているが、この小田井氏は武田信玄に抵抗して討ち死にしてしまったという。

なお、下の問屋を出ると右手に新しい「中山道小田井宿跡」碑が立てられているが、小田井宿碑を通り過ぎるとここも普通の町並みで、古い家は残っていない。

宿場はちょうど現在のバス停「小田井下宿」がある辺りが宿はずれで、特にこれと言った名物はなかったが、大田南畝が残した『壬戌紀行』には「松本諸白」という名酒の看板が見られたとある。

諸白（注1）は旨い酒の代名詞として使われていたが、そんな看板があったということはうまい酒が売られていたと思っていいだろう。

茶屋ではうまい酒が売られていて、一杯やっていた旅人もいたのではないだろうか。

宿を出ると左手には古くから「飴」を作っている店が見られ、信号を越えた先には「馬頭観音」や「道祖神」などがまとめられている。おそらくこれらは街道に置かれていたものだろう。

しばらく歩くと「小田井南信号」で国道と合流してしまうが、ここには中部北陸自然歩道標識があり、「追分六・六キロ」「塩名田八・七キロ」と表示されている。

皎月原《こうげつっぱら》

ここで再び国道に戻るわけだが、国道右手付近はかつて「皎月原」と呼ばれる大草原で

注1　諸白については中巻32洗馬宿を参照されたい。

脇本陣跡
残念ながら建物は残っていない。

下の問屋　尾台家。
門などは、以前に訪れた時よりきれいになっていた。保存に力を入れているのだろう。

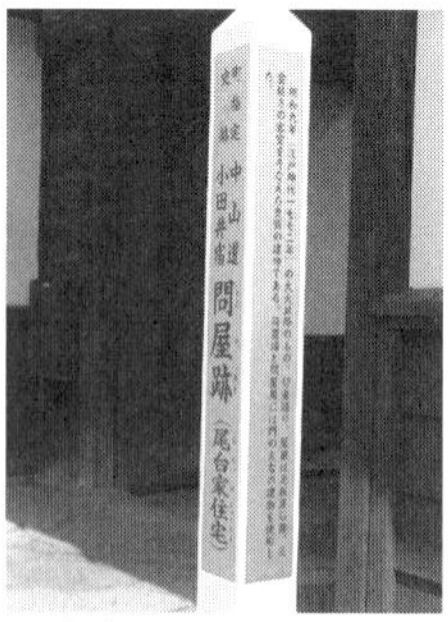
尾台家の説明もある。

知られ、次のような伝説が残っているという。

昔、ここには草の色が一部だけ違う「円形」の場所があり、付近の人々からとても不思議がられていたという。

用明天皇元年（五八六）頃、皎月と呼ばれる官女が佐久平に流されてきたが、彼女は白馬を愛していて、この辺りの原で乗り回していたからだった。

実は皎月は「白山大権現の化身」で、馬も「天の龍馬」だったから馬が輪乗りしていた部分の色だけが変わってしまったのだ。

そして知らない間に皎月は空を飛び、平尾の吾妻山上で「吾は白山大権現なり」と言って岩の中に入ってしまったという。

ここには今も大きな岩が「御神体」として祀られていて、そんな伝説を伝えている。

なお、「広重」が「小田井」と題して描いたのもこの付近ではないかと言われている。

広重が実景を描いたとは限らないが、言われてみればそんな気がしないでもないだろう。

しかし、この絵のメインはあくまでも「巡礼達」と「勧進のため諸国を行脚している僧」で、皎月伝説を知っていた広重が想像で描いたと考えた方がいいだろう。

巡礼

ちなみに、巡礼とは白装束に身を包み、金剛杖に数珠や鈴をぶらさげて日本各地の寺や

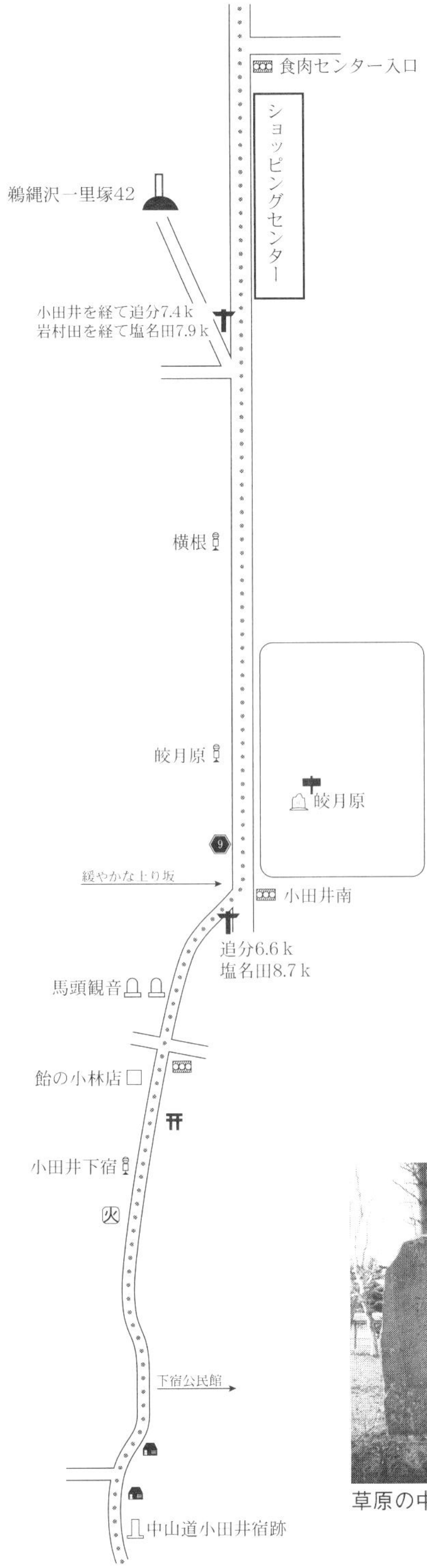

草原の中にある歌碑。

皎月原の草原。
伝説では、おとがめを受けた官女が佐久郡へ流されてきた所から始まる。

霊場を巡っていた人達だった。

元々は不治の病におかされた者や、死に別れてしまった親兄弟、子供などの霊をなぐさめことが目的だった。

要するに各地を旅することによって自分の罪を償ったり、自分自身や家族の悩みを仏様に祈願しながら歩いていたのだ。

何故このような場面を描いたのかはわからないが、広重画の中でも面白い絵と言えるだろう。

鵜縄沢の一里塚

先の国道にはこれと言った目印も見当たらないが、しばらく歩くと緩い下り坂から緩い上り坂に変わっていて、バス停「横根」先にある信号に出ると中部北陸自然歩道標識が置かれている。

これには「一里塚」「小田井を経て追分七・四キロ」「岩村田を経て塩名田七・九キロ」と記されているが、ちょうど左手の国道脇にこんもりと残っているのが一里塚跡で、ここは「鵜縄沢の一里塚」と呼ばれていた。

御代田の一里塚と同じように江戸時代にはすでに中山道左手にあって街道からは離れていたが、中山道の道筋が江戸時代になって大きく変わった証拠でもあるという。

なお、一里塚跡を出ると右手に大きなショッピングセンターが見えてくるが、ちょうど「食肉センター」信号を越えると長野らしく「りんご園」も見られるようになる。

また、この先で「上信越自動車道」を横切っているが、先の信号を右手に入ると新しく作られた「佐久インターチェンジ」があり、近くには横川駅名物で知られる「峠の釜飯」を売る「おぎのや」がドライブインとして賑わっている。

今ではバスの団体客などに売る数の方が圧倒的に多く、峠の釜飯も駅売りからドライブインで食べる時代に変わってしまったようだ。

交差点を越えると左手に見えてくるのは「住吉神社」で、ここには大きな「タブの木」が御神木になっていて、珍しい「溶岩で作られた常夜灯」も残っている。

なお、当時の岩村《いわむら》田《だ》宿《じゅく》入口はちょうどこの住吉神社を越えた辺りにあったという。

こんな所に？と思われる場所にある鵜縄沢の一里塚。ここから先は行き止まりだ。

住吉神社の境内。
住吉神社を過ぎると岩村田宿だ。

23 岩《いわ》村《むら》田《だ》宿《じゅく》

次は塩名田宿
1里11丁
(5.08キロ)

宿場の規模

江戸時代の岩村田は宿場であると共に「内藤美濃守一万五千石」の「城下町」でもあったが、天保一四年の記録によると宿場に本陣、脇本陣はなく、わずかに旅籠屋が八軒あるだけだった。

これはちょうど「高崎宿」と同じで、堅苦しい城下町の雰囲気が嫌われ、大名や公家らは遠慮して泊まらなかったからだという。

城下町の中には規制が緩やかで華やいだ宿場もあったが、反対に規制が厳しい宿場もあり、そんな宿場に旅人はあまり寄り付かなかったのだ。

旅人には不人気で泊まり客も少なかったが、ここにはすでに鎌倉時代からこの付近を支配していた「大井氏」の館があり、「商業地」としてはかなり古くから発展していたという。

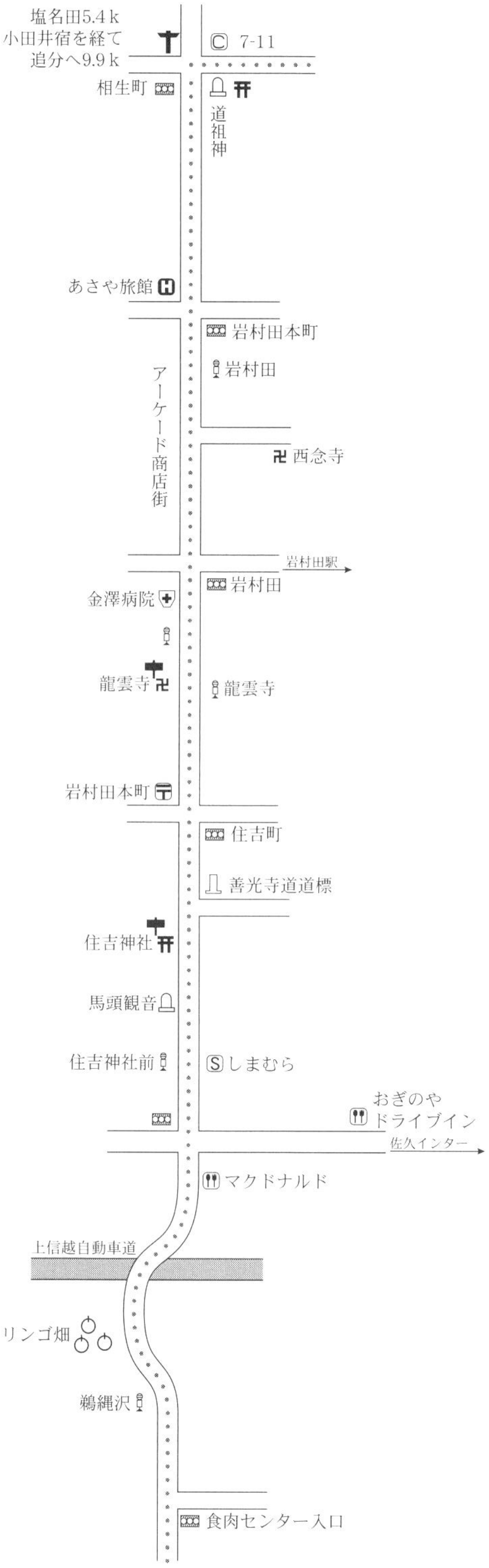

善光寺道道標
享保時代のものとは思えないきれいな道標だ。

旧道風景
この先にはアーケード商店街が見えている。

ちなみに、「岩村田城址」はちょうど宿はずれ近くの「相生町交差点」を左に入った上ノ城小学校と中学校付近に残っている。

善光寺道

当時の宿場は住吉神社付近から始まっていたが、すでに宿場だった通りは商店街に変わり、今はどこが入口だったかもわからなくなっている。

しかし、商店街を歩くと右手歩道に「善光寺道　小諸二里　享保二十乙」と彫られた「道標」が残っている。

これは善光寺道を示していたもので、ちょうどここから二里で「小諸」に出られ、小諸で善光寺道（北国街道）と合流していた。

なお、現在見られる道標は最近復元された物で、以前あった道標は交通事故で壊されてしまったという。

龍雲寺

道標の先、左手に「龍雲寺」という寺が見えてくるが、ここは「武田信玄」ゆかりの寺だという。

建物に武田家の家紋であった「武田菱」が使われているように、ここには信玄との深い関係が伝わっている。

戦国時代末期、武田信玄は混沌とした覇権争いから一歩抜け出し、天下統一を果たす決意を固めて上洛を開始するが、運悪く上洛途上で自身の患っていた病気が悪化、信玄は野望を果たせぬまま陣中で倒れてしまったという。

必死の介抱も空しく陣中で病死してしまうが、信玄公の死は隠され、「伊那《いな》駒場」で密かに「火葬」されたという。

そして、「遺言」によってその死を隠すため、一年間は敵に知られないようにと「影武者」が使われていたという。

ところが、遺骨は生前信玄公と親しかったこの龍雲寺に運ばれ、ここに埋葬されたと言い伝えられている。

そんな伝説を裏付けるように、昭和六年、龍雲寺の玉垣の支柱が壊れ、修理しようと近くを掘ったところ、偶然骨つぼが発見されたという。

その後詳しい調査が行われ、同時に発掘された遺品などからほぼ「信玄公」の物に間違いないと確認されたという。

武田信玄の五輪塔。

信玄公霊廟
この霊廟の中には信玄公の遺骨が納められているという。

龍雲寺山門
その昔は甲斐源氏の菩提寺として創建された。

そして、ここには立派な「五輪塔」が築かれ、遺骨を納めた「信玄霊廟」も建立されたという。

歴史に「たら、れば」はないが、もしも信玄があと一〇歳若ければ世の中も少しは変わっていたのではないだろうか?

信玄公にとってはきっと無念の死だったに違いないが、この寺にはこのような伝説が残っている。


なお、龍雲寺を出ると緩い下りぎみの道路は「岩村田交差点」に出るが、ここを右手に入ると「小海線」の「岩村田駅」があり、さらに一キロほど先には新幹線停車駅の「佐久平駅」がある。

平成九年、待望の「長野新幹線」が開通したから、ここが再び佐久の中心地として発展する日も近いのではないだろうか。


なお、交差点先はアーケード商店街になっていて、すでに古い家は残っていないが、ここにはかすかに昔の屋号を使っているような店が並んでいる。

当時の宿場もこの商店街を中心に賑わっていたが、すでに宿場の面影は失われ、古い家も残っていない。

西念寺

なお、商店街中央付近を右手に入ると「西念寺」という寺があるが、ここも信玄公ゆかりの寺で、ここも「信玄開基」と伝わっている。

当時はもっと広大な領地を持つ大寺だったが、今は敷地もかなり縮小したという。

それでも残っている本堂はかなりの大きさで、圧倒されてしまいそうな見事さと言っていいだろう。

寺の上部には「紋」も見られるが、ここの寺には何故だか三つの紋が描かれている。

なお、入口手前に見られる大きな墓は領主だった「内藤美濃守正国」(七代目)のものだという。

宿場の道筋は「岩村田本町」交差点を越え、その先の「相生町」交差点で直角に右折するが、そのまま直進する道は「佐久甲州街道」と呼ばれ、甲州に続いていた。

信玄公開基の西念寺山門。
12世紀末の木像阿弥陀如来座像がある。

アーケード商店街付近は岩村田の宿場
看板には屋号の店名が多く見られる。

これを見れば武田信玄との深いつながりもわかってくるわけで、信玄公の墓がここにあるのも納得してもらえるだろう。

なお、交差点左手に岩村田城址があるのは冒頭でも説明したが、宿場の範囲もだいたいここから数十メートル先までだったという。

岩村田宿名物

相生町交差点で岩村田も宿はずれになってしまうが、最後にここの名物について触れておくと、江戸時代末期、「佐久」周辺では「鯉」が養殖され、ここの名物になっていた。

筆者ぐらいの年齢だと橋幸夫が歌ってヒットした「佐久の鯉太郎」という歌で知っている人も多いが、江戸時代後期、佐久周辺では鯉が養殖され、この辺りの人気商品だった。

名物になった理由は二つの説があるが、どちらも大坂を流れる淀川の鯉を持ち帰ったというもので、一つは天明の頃（一七八一～一七八九）、当時最も有名だった「淀川の鯉」を佐久の呉服商が持ち帰って繁殖させ、それから名物になったというもの。

また、もう一つは文政七年（一八二四）、当時の岩村田藩主内藤豊後守が大坂にいた時、藩の財政が悪化したが、その建て直しに功があった豪農並木七郎左衛門に珍しかった淀川の鯉を送ったというもので、今では後者の説が一般に信じられている。

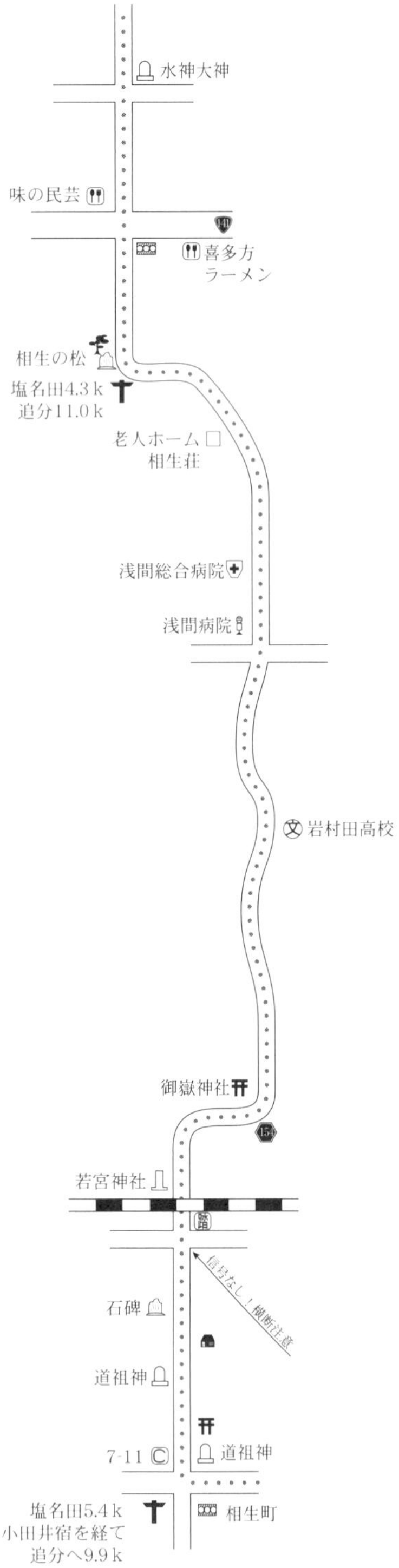

皇女和宮ゆかりの相生の松。

この辺りでは今でも鯉を扱う「川魚料理店」が多く、現在も名物になっているが、ここの鯉は泥臭さがなく肉厚でとても美味だと言われている。

もしチャンスがあればそんな鯉料理を食べてみるのもいいが、佐久の鯉がうまいのは「千曲川」の流水によって育てられるからで、池で飼われているような鯉とは違っていつも泳いでいて尾びれが小さいという特徴がある。

豊富な運動量によって鯉の身体も引き締まり、このうえない美味なのだ。

特に「鯉こく」と呼ばれる煮付けなどにする時も出汁は一切使わず、鯉から出るうまみだけで十分においしいという。

食わず嫌いの人もいるだろうが、ここで一度鯉料理に挑戦してみるのもいいだろう。なお、手頃な値段で楽しみたければ新幹線佐久平駅で売られているお弁当がお薦めだ。

「佐久平物語」という名で出ているから鯉料理が初めてという人にもちょうどいいだろう。

最後になったが、「六十九次続き絵」の岩村田は英泉の筆によるもので、奇妙な「座頭の喧嘩」が面白い。

わざわざ座頭の喧嘩など描かなくてもよさそうなものだが、当時の岩田村は座頭が多かったのではないだろうか？

続き絵の中でもかなり不思議な絵で、英泉に聞いてみないと本当の事はわからないが、気になる絵であることは間違いないだろう。

相生の松

宿場を出ると中山道は相生町交差点で直角

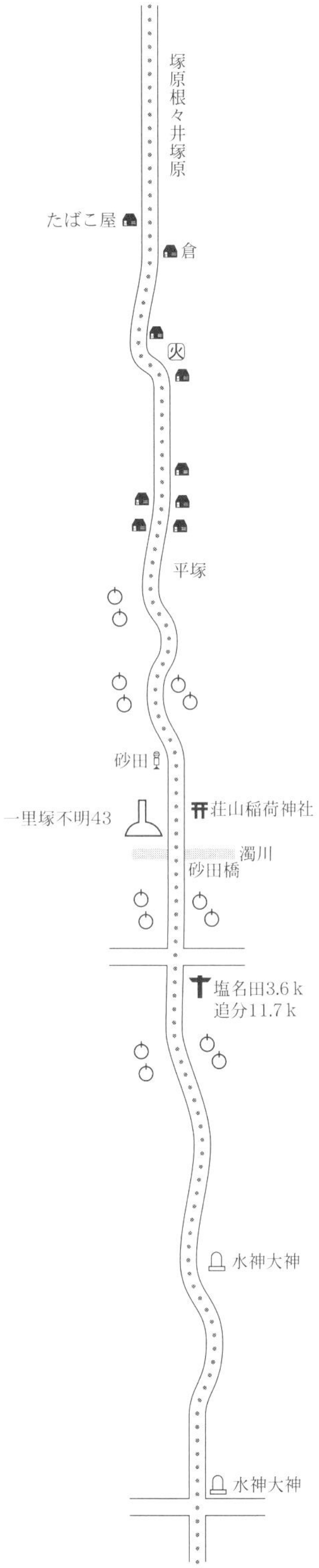

塚原の旧道風景。
静かな佇まいの町並みが続く。

濁川風景
この辺り一帯は田園風景。その中に名前の通り濁った川が流れている。

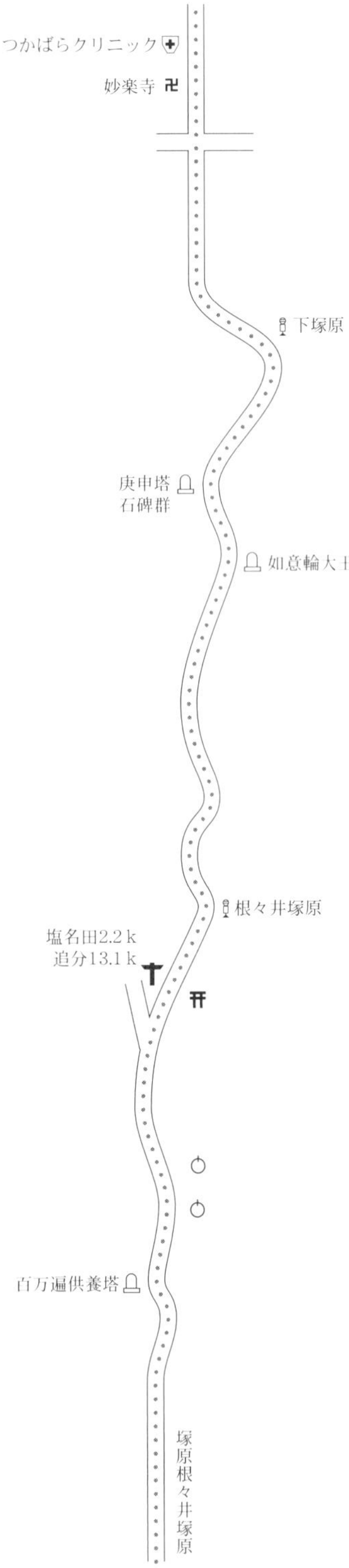

に右折するが、今は宿を出て西下するとすぐに小海線踏切を渡ることになる。

ちょうど線路先は枡型に曲がっていたらしく、左手に小さな「御嶽神社」があって、石碑群がわずかに残っている。

ここからしばらくはのどかな田園地帯を歩くが、やがて右手に広大な土地を持つ「県立岩村田高等学校」が見えてくる。

左手に「浅間病院」が見えると道路はクランク状に曲がっていて、曲がると正面に「相生の松」と呼ばれていた有名な松が見えてくる。

ここは「皇女和宮」が「野点」を楽しまれたという由緒ある場所だった。

皇女和宮が縁起をかついで中山道を通ったことは沓掛宿などでも説明したが、「相生」の名はとても縁起がいいと反対に好かれ、わざわざ野点の場所にも選ばれたのだ。

しかし、近年になって元の松は枯れ、今は近くに新しい松が植えられて碑が建立されている。

「相生の松」を出ると中山道は広い国道一四一号線を横切っていて、ここからのどかな田園地帯へ入って行く。

しかし、ここからは歩道がなく、大きな車がすれ違う時などは注意した方がいいだろう。

しばらくは「田畑」や「りんご畑」の中を歩くが、注意していると所々に「水神」や「道祖神」も残っている。

また、中部北陸自然歩道標識に「塩名田

駒形神社参道
一間社《いっけんしゃ》流造《ながれづく》りの本殿は重要文化財となっている。

旧道にある石塔群。

三・六キロ、追分一一・七キロ」と表示されているのを見ると、水が黄色く濁った「濁川」に架かる「砂田橋」を渡るが、名前のようにここを流れる川は一年中黄色に濁っている。

ところで、この付近には「平塚の一里塚」と呼ばれていた四三番目の一里塚があった。場所は平塚村に入る手前、ちょうど「桃畑」になっている付近だ。

当時の中山道は今の道路よりもっと左手の桃畑の中を歩いていたというから、おそらくちょうど桃畑になっている場所に一里塚があったのだろう。

なお、濁川を渡ると再び田園地帯を歩くが、右手を見ると田んぼの中にお墓が点在しているのがわかる。

これらの多くは「古墳群」と言われ、古くから「豪族」が住んでいた証拠でもあるという。

「平塚」集落には今もたくさんの民家や農家が並んでいて、中にはかなり古い家も残っているから、ここが古くから栄えていたこともわかってくるだろう。

西下を続ける中山道はやがて平塚から「塚原根々井塚原」と呼ばれている集落に変わっているが、左に少しカーブする手前には墓があって近くには「百万遍供養塔」も置かれている。

この参道の上に本殿がある。

駒形神社
境内にある不思議な形の石。

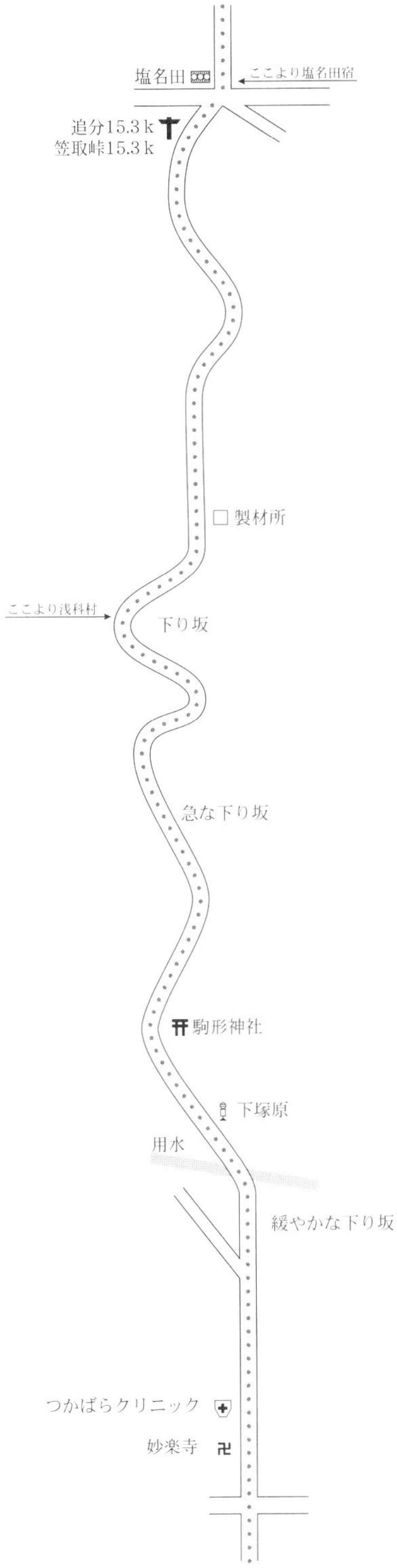

また、「塩名田二・二キロ」と書かれた標識先にはバス停「根々井塚原」があるが、この付近の集落も大きくて裕福そうな農家が多い。

　民家を抜けると再び田園地帯に変わり、左手には「庚申塔」や「石碑群」も残っているが、「下塚原」バス停を過ぎると左手に「妙楽寺」や「つかばらクリニック」が見えてくる。

駒形神社

　妙楽寺を過ぎると旧中山道はやや緩い下り坂で、小さな川を渡って左にカーブすると右手上に「駒形神社」が見えてくる。

　ここの「本殿」は文明一八年（一四八六）の創建と伝わり、「重要文化財」に指定されている。

　小さな川を渡って階段を上ると上は公園だが、左手にひっそりと見られるのが本殿で、中には「陰陽石」（騎乗の男女二神像）が祀られているという。

　駒形神社を出ると急な下り坂に変わり、やがて「浅科村」と「佐久市」の境界を示す標識が置かれている。

　浅科村に入ると右手に製材所が見えてきて、下り坂も終わりだ。

　ここからしばらく歩くと大きな五差路に出るが、ちょうどこの交差点を渡ると塩名田宿《しおなだじゅく》だ。

西念寺山門の天井に天女の絵を見つけた。

24 塩《しお》名《な》田《だ》宿《じゅく》

次は八幡宿
27丁
(2.91キロ)

宿場の規模

ここは宿はずれに「千曲川」が流れていたから、増水すると川留めで宿場は潤ったが、千曲川の氾濫は宿の負担にもなったから、宿場運営ではかなり苦労していたという。

島崎藤村の残した「千曲川旅情の歌」には「小諸なる古城のほとり」と歌われ、千曲川は緩やかな川に思われがちだが、実際には名前のように曲がりくねった急流でも知られ、水嵩が増すと難所に一変し、旅人を苦しめていたという。

流れが穏やかな時には船を繋いで作った「船橋」でも簡単に渡れたが、台風や長雨が続くと激流に変わり、運が悪い人はここで何日も待たなければならなかったという。

川留めで旅籠屋は潤ったが、千曲川の氾濫は交通や宿場に大きな打撃を与えたから、大きな宿場にはならなかったという。

当時の宿入口は五差路になっている所からで、現在ここには立派な「中山道塩名田宿」碑が置かれている。

また、中部北陸自然歩道標識には「追分一五・三キロ笠取峠一五・三キロ」と表示されているが、ちょうどこの交差点右手奥には塩名田宿の鎮守様だった「塩名田神社」がある。

ここは宿場の守り神として昔から信仰があつく、今も地元の人々に愛されているという。

交差点を渡ると宿場で、天保一四年の記録によれば宿場規模は本陣二、脇本陣一、旅籠屋七軒だった。

これを見るとそれほど大きな宿場ではなかったが、千曲川の川留めが続くと宿場は繁昌していたという。

ちなみに、「塩名田」という名は、海のなかった信州で塩の字が使われているのも不思議だが、江戸時代の信州では塩はとても貴重品で、その塩が運ばれてくるルートを「塩の道」と呼び、中継地などにその名が残っている。

長野県には今も塩のつく地名が何カ所か見られるが、その中でも特に有名なのが中山道

塩名田宿本陣・問屋跡
この本陣の向かい側にある公民館には塩名田地区の地図がある。

塩名田の町並み。
趣ある家もちらほら見える。

宿入口に立つ道祖神。

三〇番目の「塩尻宿」で、ここは日本海側から運ばれた塩（北塩）と太平洋側から運ばれた塩（南塩）が集まる最終地点（合流地点）だった。そこで、塩が集まる場所と言う意味が転じて塩尻と呼ばれ出したという。

　これを見ると江戸時代の塩がいかに重要物資だったかがわかってくるが、塩にまつわるエピソードと言えば、戦国時代「上杉謙信」が「武田信玄」に塩を送ったという美談がよく知られている。

　当時、海のない甲斐の国では塩はとても貴重品だったから、信玄もそのことは十分承知していたという。

　そして、太平洋側に塩を運ぶ道を何カ所か開いていて、信玄自ら開いた独自の秘密のルートなどもあり、まったく塩がなくなってしまうことはなかったという。

　この話、確かな証拠が残っているわけではなく、これは謙信の人間性をアピールするために流された宣伝だと言われている。

　今でも一部の人には戦国時代の美談として語り継がれているが、これは少し疑ってみた方がいいだろう。

　ちなみに、東海道を歩くと「興津宿」に入る手前に「塩の道」の説明板が見られるが、当時興津辺りも塩を甲斐に運ぶ太平洋側の起

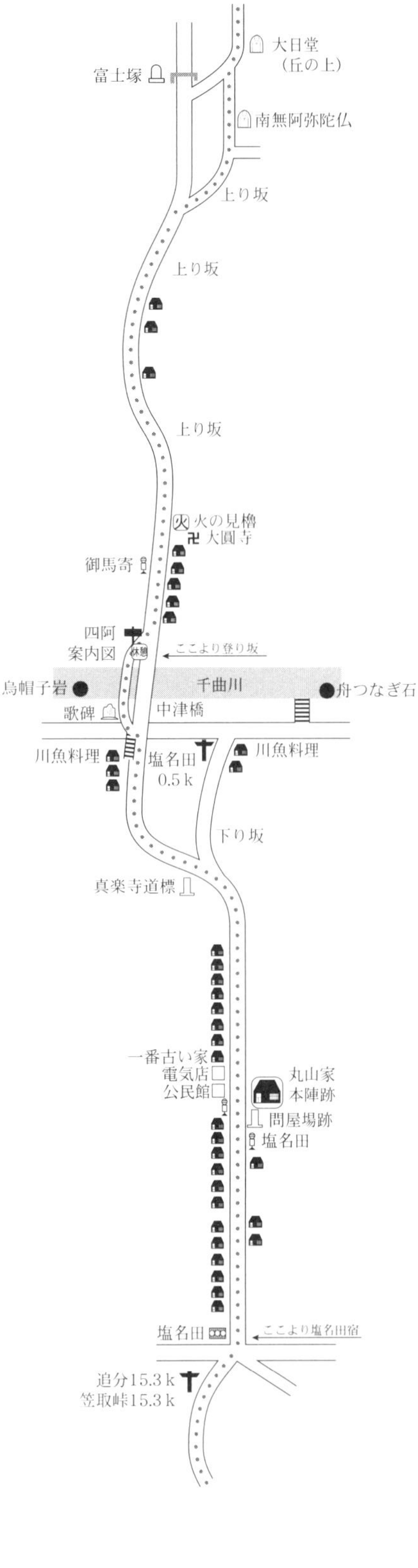

塩名田宿で一番古い家。
大和屋酒店の看板があるところ。

点の一つだった。

本陣跡

　五差路から宿場に入ると今も所々に古い家が残っているが、やがて右手に見えてくるのが当時二軒あった本陣の一つ「丸山家」で、現在ここの建物は「浅科村の文化財」に指定されている。

　よく見ると屋号だった「丸の字」が描かれているのもわかるが、この家は「本陣」だけでなく当時は「問屋」も兼ねていたという。

　また、もう一つの本陣は少し手前の左手にあったらしいが、こちらはすでに失われてしまったという。

　なお、本陣向かい側の公民館脇にも古い家が見られるが、ここは塩名田宿でも「最古の家」だという。

　古いわりには建物もしっかりとしているから、ここなどはいつまでも残しておきたい建物と言えるだろう。

　ところで、現在の国道は宿場先で左に曲がっていて、千曲川に架けられた橋に出てしまうが、当時の宿場範囲もだいたい国道が曲がる手前付近までだった。

　宿場には特にこれと言った名物はなく、宿を出ると正面に続く坂を下りて千曲川河畔に出ていたという。

舟つなぎ石

　千曲川河畔に出ると中部北陸自然歩道標識や説明板が置かれているが、昔もちょうどこの付近から舟で対岸に渡っていた。

　なお、説明板にある「舟つなぎ石」とは河原右手に見える石で、舟を繋ぎ止めるための物だった。

　流量が少ない時には船を並べて繋ぎ、「船橋」を作って渡っていたが、その船橋が流されないようにロープを繋いでいたのが舟つなぎ石だった。巨大な石に穴を開け、ロープで止めていたわけで、賢い方法だったと言えるだろう。

　江戸時代の千曲川には橋が架けられていた時代もあったが、大雨で流されてしまうことが多く、だいたいは「舟渡し」だった。

　そんな様子は広重も描いていて、絵を見ると千曲川はゆったりと流れ、船頭達は皆褌姿だ。

　大雨が降ると激流に変わった千曲川だが、

千曲川に架かる中津橋を渡ると御馬寄に到着だ。

舟つなぎ石は千曲川を渡る手前の河原にある。この石に開いている穴は船をつなぐために使われたもので、明治６年からの20年間使われていたという。

御馬寄付近の旧道風景。緩やかな上り坂の両脇に民家が続く。

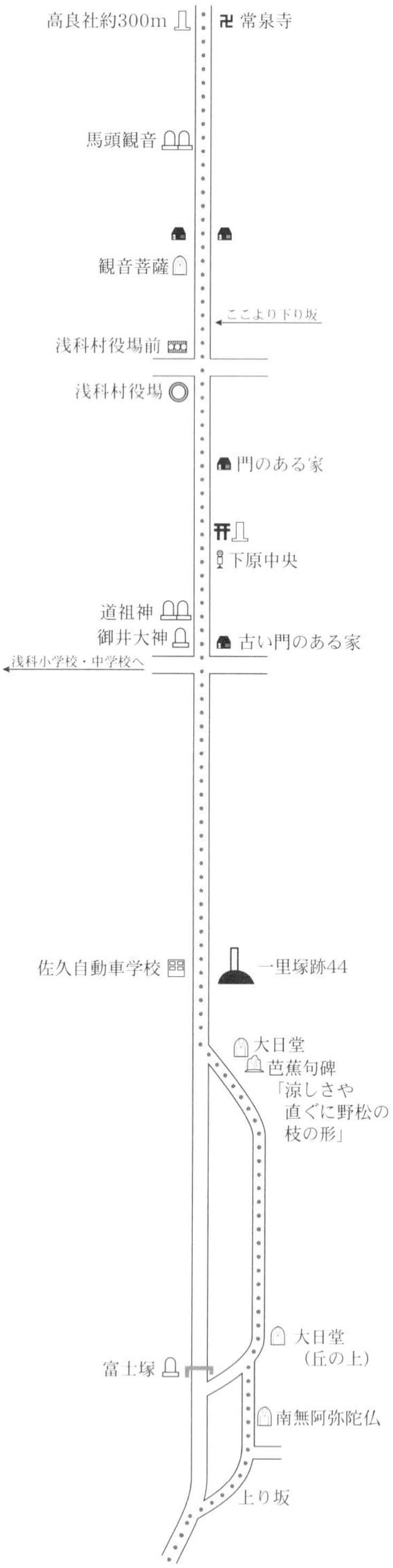

こんなのんびりとした日もあり、普段はゆったりと川舟で対岸に渡っていたのではないだろうか。

なお、現在の国道に架かる橋入口に立つと左手に大きな石が見られるが、この石は昔から目印の一つで、その形から「烏帽子岩」と呼ばれていた。

国道には元々の歩道部分もあるが、左手にはきれいな遊歩道が作られていて、途中にはベンチも置かれている。

また、対岸に渡った所には四阿風の休憩小屋が設けられ、ここには中部北陸自然歩道案内や各種の説明板が置かれている。

大日如来座像・芭蕉句碑

千曲川対岸は「御馬寄《みまよせ》」と呼ばれていた集落で、御馬寄の名は古代に馬を集める牧場があったからだという。

なお、ここからは緩い上り坂で、国道がやや右に曲がる付近には一部昔の旧道部分が残っている。また、途中には「南無阿弥陀仏」と彫られた元禄六年の石碑も見られるが、その先の小高い丘には「大日如来座像」が置かれている。

実はこの大日如来座像、先の出口にも置かれていて、出口の大日像近くには「芭蕉句碑」も建立されている。

句碑に彫られているのは「涼しさや直《す》ぐに

写真では見づらいが、中央の階段の上に大日如来座像が安置されている。

こちらは出口付近の大日如来座像。この像の後ろの方に芭蕉句碑がある。

野松の枝の形《なり》」で、この句は伊賀上野の人である「雪芝」の家で詠まれたものだという。

芭蕉が呼ばれた家の庭には見事な枝ぶりの松があり、その姿はまるで自然そのままの野松だったようだ。このような形のいい野松を見ているといかにも涼しさが伝わってきそうだなあ、と解釈できるだろう。

ちなみに、「雪芝」とは「広岡七郎右衛門保俊」のことで、伊賀上野で酒造業を営んでいたという。この句の縁で後に雪芝の家は「野松庵」と呼ばれるようになったと言われている。句碑がどうしてここにあるのかはわからないが、殺風景なここに置かれているとなんとなくほっとしてくるのではないだろうか。

再び国道に戻ると左手に「佐久自動車学校」が見えてくるが、ちょうど向かい側に見られるのは「一里塚跡」碑で、ここは「御馬寄一里塚（五郎兵衛新田一里塚）」と呼び、四四番目の物としておきたい。

ここからは緩い上り坂の一本道で、しばらく歩くと「下原」に変わっていて、ちょうど交差点左手奥には浅科小学校と中学校があるが、交差点右手には古い門のある家も残っている。

経塚

左手に見える石碑群を通り過ぎると「下原中央」バス停から緩い下り坂で、左手に「浅科村役場」が見えてくるが、当時この付近の右手には「経塚」と呼ばれる塚が築かれていたという。

昔「隆光上人」と呼ばれる僧が「六十六ヶ国」を巡り、その後六十六の塚を築いて「法華経」を奉納したものだという。

ところが、そんな塚も道路拡張に伴って失われ、今は役場近くに数体残っているだけだという。役場前交差点を通り過ぎると緩い下り坂で、左手に「観音菩薩」や「馬頭観音」などを見るとようやく歩道が出現する。

歩道のある右手を歩くと「高良社」三〇〇メートルと書かれた標識が左に見えてくるが、高良社とはこの先にある「八幡神社」の別名で、ちょうどこの八幡神社付近が八幡宿《やわたじゅく》の入口だった。

趣ある民家が並ぶ一角。こんな風景も見られる塩名田宿。

中山道一里塚跡

芭蕉句碑を調べる筆者。

25

八幡宿《やわたじゅく》

次は望月宿
32丁
（3.45キロ）

宿場の規模

塩名田宿を出ると隣の八幡宿へはわずか「二十七丁余り」で到着してしまうが、この距離は中山道の宿間では最も「短い距離」だった。

また、この先の八幡～望月間も三十二丁しかなく、ここも中山道では四番目に短い距離だったが、このように宿間が短かったのは当時の塩名田宿～望月宿間はかなりの「悪路」で知られていたからだという。

そこで旅人の安全を考え、周りの集落から人々を移住させ、新しく作られたのが八幡宿だった。

記録に残っている宿場規模は本陣一、脇本陣四、旅籠屋三軒と小さかったが、ここで注目したいのは「脇本陣」の数で、小さい宿場だったにもかかわらずこのように脇本陣が四軒もあったというのは驚きだろう。

途中の道路が悪路で厳しかったことはもちろんだが、新しく作られた宿場で宿がこぎれいだったことも関係しているのではないだろうか。

今は道路が整備され、悪路のイメージはないが、当時は千曲川を越えると上り下りが連続していたから、ここを休憩場所に選ぶ大名も多かったと考えていいだろう。

八幡神社

ちなみに、宿場の由来は入口にあった「八幡神社」からきているが、宿の名は「はちまん」ではなく「やわた」と発音されていた。

八幡神社は標識に「高良社」とも書かれているが、ここの祭神が「武内宿禰《たけうちのすくね》」で、その神号である「高良玉垂命」にちなんで旧本殿が高良社と呼ばれていたからだという。

また、他の説では朝鮮半島の「高麗」から逃れて来た人達が建立し、高麗が訛って高良になったとも伝わっている。

ちょっと難しくて何の事やらよくわからな

高良社の随神門。
天保14年に小諸城主によって造営された。

八幡神社本殿
極彩色を施したと思われるその色も現在はかなり剥がれだしている。

八幡神社
高良社は旧本殿を高良社として祀ったもの。

いが、そんな言い伝えで「高良社」とも呼ばれているのだ。

ここは『吾妻鏡』（鎌倉後期に編集された史書）にも「佐久八幡」として登場していると言われ、かなり古くから由緒ある神社として知られていた。

境内に足を踏み入れるとまず「随神門」と呼ばれている見事な門が残っていて驚くが、さらに奥には「随垣門」があり、その門構えの立派さには驚嘆してしまうだろう。

さらに、門をくぐって中に入れば右手に立派な「絵馬堂」があり、正面に「高良社本殿」、右手に「八幡神社本殿」が見えてくる。

元々ここは貞観元年（八五九）に開かれたと言われ、平安末期頃から武士の信仰があつく、何度も修理されているという。

今見られる門や本殿はすでに江戸時代になってからの物だが、「日光東照宮」に負けないような彫刻も一部残っている（すでに色は褪せている）。

本陣跡

八幡神社を出ると右手に農協があって左手に古い建物が見えてくるが、この辺りが宿場の中心で、近くには「問屋」をやっていたという「名主」の「依田家」も残っている。

しかし、ここは老朽化が激しく、今にも崩れそうだから、早く保存に努めた方がいいだろう。

また、ここから少し歩くと右手に大きな

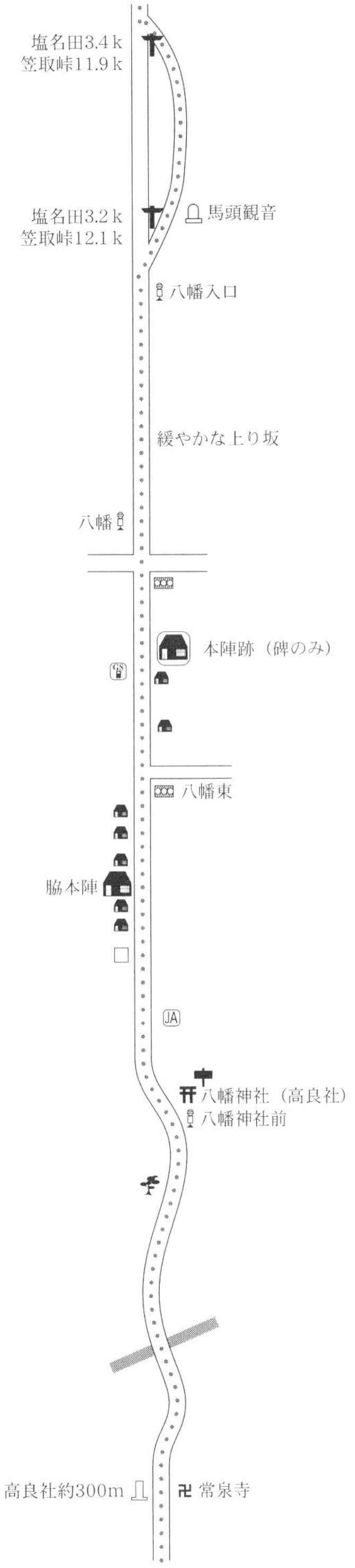

かなり大きな家。由緒ある家だろうか。

「小松家」が見えてくるが、ここが当時本陣を勤めていた家で、すでに新しく建て替えられているが、入口に大きな「本陣跡」碑が置かれている。

昔の建物は失われてしまったが、ここには当時の上段の間などが移築されて残っているという。

宿場だった通りはすでに県道に変わり、古い家も年々減っているが、良く観察すると「駒繋ぎの輪」の残っている家なども見られるようだ。

時間があればじっくり調べてみると何か新しい発見もあるだろう。

なお、バス停「八幡」を過ぎると緩い上り坂に変わっていて、バス停「八幡入口」には「中部北陸自然歩道」標識が置かれているが、この付近が宿はずれだった。

すでに難所らしさは残っていないが、昔は宿を出るとかなりの「悪路」だったから、足を取られるようなこともあったのだろう。

ここは小さな宿場でこれと言った名物もなかったが、休憩場所に選ばれることが多く、かなり繁盛していたと思っていいだろう。

宿場を出ると旧道部分が二〇〇メートルほど残っているが、すぐに県道に合流し、先は「八幡西」交差点に変わっている。

ここでバイパスと合流してかなり広い道路に変わってしまうが、そんな道路を歩くと国道標識はすでに「望月町」で、標識近くには「布施川」が流れている。

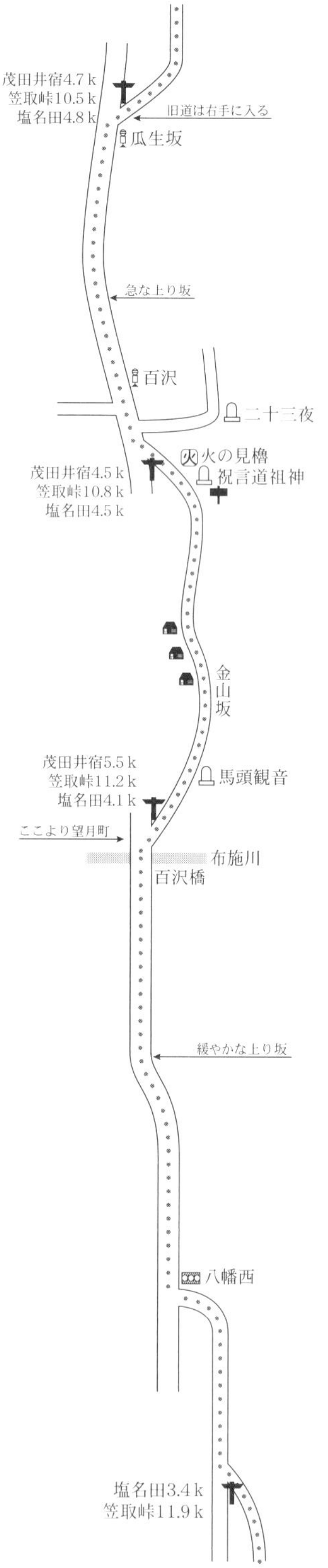

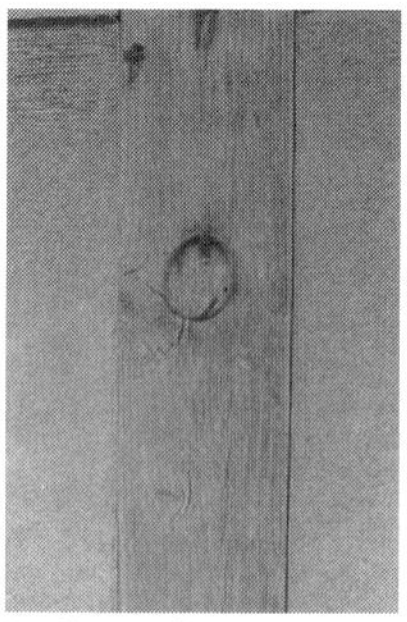
旧道には今だに駒繋ぎの輪が残る家が見られる。

八幡宿本陣門
本陣の門だけが残っている。写真には写っていないが、右隣には立派な家が建っている。

布施川に架かる「百沢橋」を渡ると右手に再び旧道入口があり、ここからは当時の雰囲気が感じられる緩い上り坂を歩くことになる。

正式名称はここからすでに「瓜生坂」と呼ばれていたが、江戸側から見た時は「金山坂」とも呼ばれていたという。

百沢の道祖神

そんな旧道を歩くと出口付近に「百沢の道祖神」と呼ばれて地元で親しまれている「道祖神」が見えてくる。

ここの道祖神、地元では「祝言道祖神」と呼ばれており、珍しい宮廷貴族の装いをした「双体道祖神」として人気がある。

長野県は変わった道祖神の宝庫として知られているから、これからも様々な珍しい道祖神に遭遇できるが、その中でもユニークな道祖神と言えるだろう。

道祖神先で再び国道に出てしまうが、ここらはかなりの急坂で、昔の人が苦労していたのもわかってくるだろう。

瓜生坂一里塚跡

バス停「百沢」からバス停「瓜生坂」に変わると再び右手に旧道入口が見られ、ここからはちょうど「山を巻く」ように上って行く。

注意していると途中には「道祖神」なども残っているが、そんな坂を歩くとやがて「一里塚跡」が見えてくる。

これは「瓜生坂の一里塚」（望月の一里塚）と呼ばれていたもので、四五番目の一里塚だった。

ちなみに、広重が「木曽街道六十九次」の「望月」で残したのもこの付近と言われ、広重は瓜生坂に満月（望月）を描いている。

ちょうど一里塚跡付近がスケッチした場所に近いから、ここではそんなことを思い出しながら歩かれるといいだろう。

なお、一里塚跡を出ると道路は左に曲がっていて、曲がると角に「瓜生坂百万遍念仏塔」が見えてくるが、当時ここは眼下に「望月宿」が見おろせる景色の良い場所で知られていたという。

多くの旅人がここからの絶景を眺めながら旅の安全を祈っていたのではないだろうか。

望月城跡

なお、旧中山道はここから下ってゆくが、

百沢の祝言道祖神は宮廷貴族の装いをした男女が酒を酌み交わしている姿が描かれているものでこの地方でも貴重なものだ。

中山道瓜生坂の碑。
ここから先の旧道は下り坂となりやがて望月宿へと到着する。

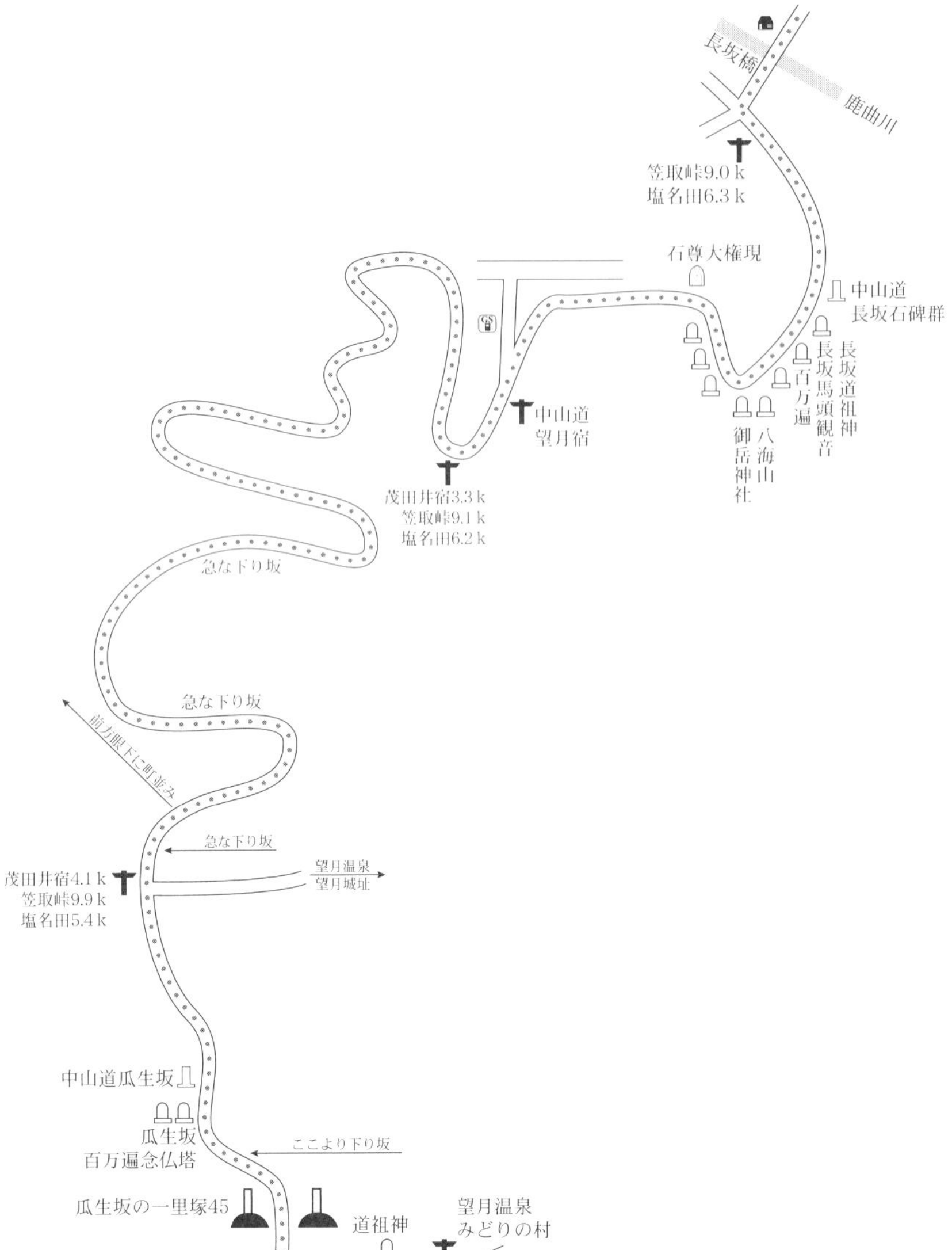
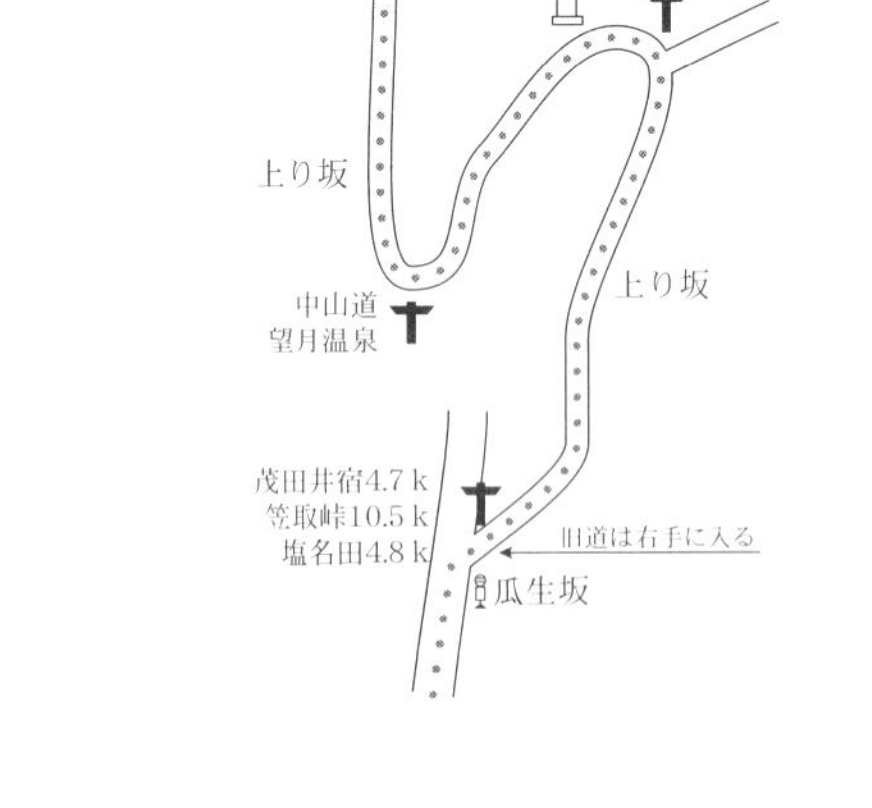
長坂橋
鹿曲川
笠取峠9.0 k
塩名田6.3 k
石尊大権現
中山道
長坂石碑群
長坂道祖神
長坂馬頭観音
百万遍
八海山
御岳神社
GS
中山道
望月宿
茂田井宿3.3 k
笠取峠9.1 k
塩名田6.2 k
急な下り坂
急な下り坂
前方眼下に町並み
急な下り坂
望月温泉
望月城址
茂田井宿4.1 k
笠取峠9.9 k
塩名田5.4 k
中山道瓜生坂
瓜生坂
百万遍念仏塔
ここより下り坂
瓜生坂の一里塚45
道祖神
望月温泉
みどりの村
上り坂
上り坂
中山道
望月温泉
茂田井宿4.7 k
笠取峠10.5 k
塩名田4.8 k
旧道は右手に入る
瓜生坂

瓜生坂の一里塚跡。

反対に右手に上って行くと「望月城址」が残っている。

望月城とは平安時代から戦国時代まで「望月氏」が支配していた城で、今も微かに本丸跡などが残っている。

望月氏は鎌倉時代に望月重隆が鶴岡八幡宮の流鏑馬の射手として武名をとどろかせていた事でも知られているが、そんな望月氏も戦国時代の天正十年に滅亡した。


百万遍供養塔から先は一転して急な下り坂で、ここからはつづら折りの曲がりくねった道を下りて行く。

しばらく下るとガソリンスタンド先に国道が見えてくるが、ちょうど手前に標識があり、ここから細いコンクリート道へ入る。

長坂

旧道は狭く曲がりくねった坂道だが、途中には「石尊大権現」「道祖神」「御岳神社」「百万遍供養塔」「馬頭観音」など多くの「石碑群」がまとめられていて、これらは「長坂の道祖神」あるいは「長坂の馬頭観音」とも呼ばれている。


今も地元でも親しまれているが、中には面白い石碑もあるから時間があれば調べてみるといいだろう。

なお、石碑群の残る長坂を降りると「鹿曲川」河畔に出てしまうが、ここで「長坂橋」を渡り、さらに曲がりくねった細い道を歩くとやがて望月宿《もちづきじゅく》が見えてくる。

訪れた頃は、宿場内にはまだ昔の面影の残る家が見られた。

この坂を下ると望月宿に到着だ。

26 望月宿《もちづきじゅく》

次は芦田宿
1里8丁
（4.76キロ）

宿場の規模

望月の位置している場所は古くから「御牧ヶ原」（注1）と呼ばれ、「朝廷の牧場」として保護されていたが、朝廷では旧暦八月一五日の「満月の日」（これを望月という）に信濃から八〇頭の献上馬を召し出し、宮廷で天皇がご覧になる「駒ひきの儀」が行われていた。

特にこの地方の馬は優秀で、ここからは二〇頭が献上され、名馬の名も「満月」と呼ばれたという。そしてこの時ここの地名も満月に因んで「望月」になったと言い伝えられている。

このような由来を持つのが望月で、近くには「御馬寄」や「駒寄」の名も残っているように、この付近一帯は古くから朝廷の牧場として重要視され、名馬の産地として知られていたのだ。

中世から鎌倉時代まで「官牧」で栄え、江戸時代に入って宿場になったのが望月だった。

ちなみに、宮廷では「逢坂の関」（大津から京都に入る峠）まで馬を出迎える習慣があり、そんな様子を詠った有名な和歌も知られている。

「逢坂の関の清水に影見えて今や引くらん望月の駒」

これは「紀貫之」が『拾遺和歌集』に残した歌だが、朝廷に「御馬」（注2）を献上する儀式は江戸時代も続けられていた。

天保一四年の記録によると宿場規模は本陣一、脇本陣一、旅籠屋九軒と特別大きくもなかったが、ここは古くから馬の産地として知られ、馬を売買する人々で賑わっていたのだ。

当時の宿場はちょうど狭い道路から「バスターミナル」のある広い通りに出た付近から始まっていたが、今も宿場に入ると立派な「卯建《うだつ》（梲《うだつ》）」を残す古い家がわずかばかり残っている。

しかし、ここは明治に入って交通機関が整備されると歩く人が減り、宿場は寂れてしまったという。

注1　信濃の国には御牧と呼ばれる朝廷に貢進する牧場が一六カ所あったという。
注2　広重が残した「東海道五十三次」保永堂版藤川宿に描かれているのが御馬を献上する場面だと言われている。

望月宿には、昔ながらの民家が多く見られる。こちらは脇本陣「鷹野家」。

望月宿本陣跡

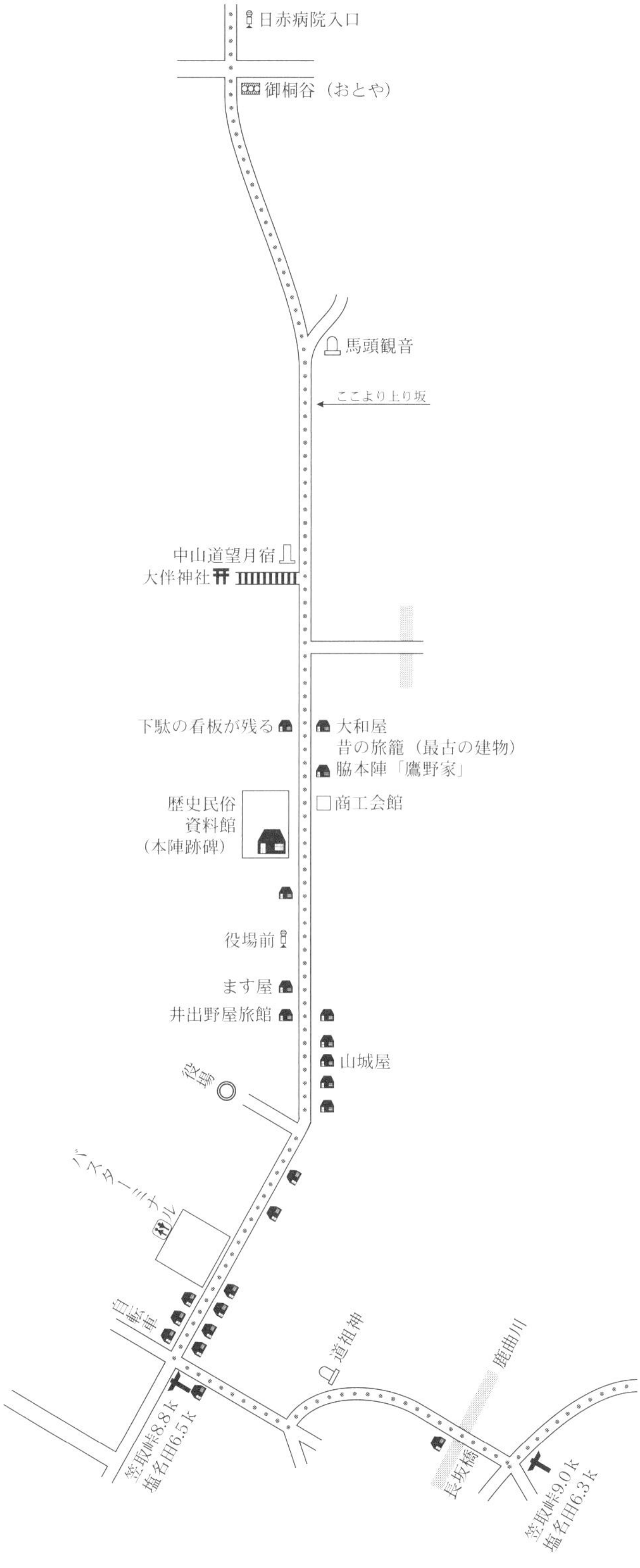

見所

現在も交通手段はバスしかなく、しかもそのバス便も極端に少ないから、ここを歩く時はバスの時刻表をしっかり確認しておくといいだろう。

なお、宿場に入ると左手に立派な「歴史民俗資料館」が見えてくるが、ここが「本陣跡」だという。

建物はすでに残っていないが、ここの二階には「中山道」に関するコーナーがあり、見学すると当時の宿場の様子や馬との深いかかわり合いもわかってくる。

歴史民俗資料館を出ると右手に古い家が見えてくるが、ここは「脇本陣」だった「鷹野家」で、隣には望月宿最古と言われる「大和屋」も残っている。

井出野屋旅館
3階建ての建物。現在も旅館を営業している。

26 望月宿

大和屋はいかにも「旅籠屋」だったような雰囲気を残しているが、ここは真山家と言い、当時は「問屋」を兼ねた旅籠屋だった。

後には望月の「名主」も勤めていたと言われ、建物は重要文化財に指定されている。

なお、この大和屋向いの「履物屋」には昔から使われていた「下駄」を模《かたど》った看板があって通る人々にとても珍しがられている（現在は民家になっている）。

江戸時代はこのような看板を掲げた店が多く、蠟燭屋であれば大きな蠟燭を模した看板が掲げられていたから、何の商売かはすぐにわかったという。

最近では何を売っているのかわからない店も多いが、当時は看板を見ればどんな商売なのかはすぐに判断できたのだ。

大伴神社

履物屋から少し歩くと左手に「大伴神社」が見えてくるが、宿場はこの神社を越えた辺りが宿はずれで、宿を出ると先は上り坂に変わっていた。

なお、大伴神社は階段を六〇段あまり上った所にあり、ここの創建は「景行天皇」頃と古く、日本武尊の時代からあるという。

現在の建物はすでに「延宝五年」（一六七七）に再建されたものだが、いかにも威厳がありそうな雰囲気を残している。

本殿脇には古い「道祖神」などが見られるが、これらの多くは街道にあったもので、面白い物もあるから時間があれば調べてみるといいだろう。

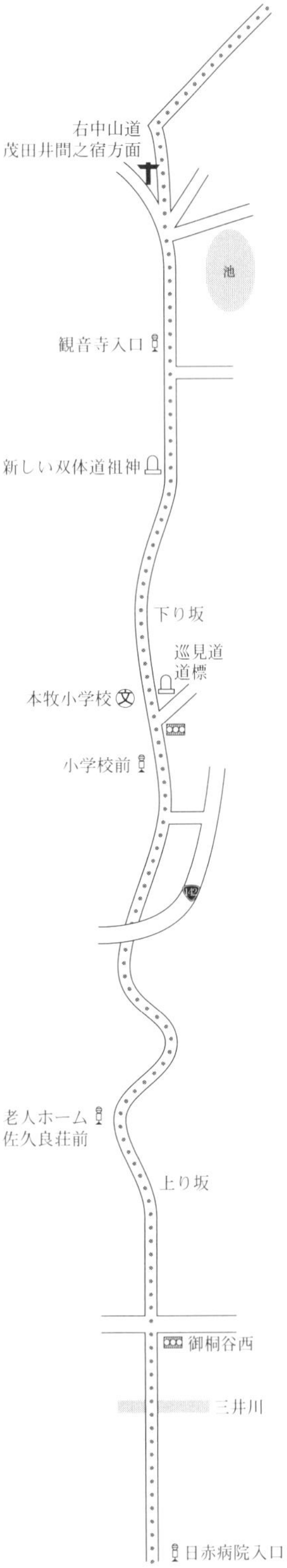

望月宿最古の大和屋。

履物屋の下駄の看板が珍しい。現在、普通の民家に変わっている。

さて、最後に当時の望月名物に触れておくと、ここの名物は何と言っても「名馬」になるが、馬が名物だったと言われても困ってしまう人も多いのではないだろうか。

馬を買う人は別だが、旅行者にはあまり関係がないからだ。

そこで我々に関係ある名物はなかったかと探してみると、この先の「茂田井」で作られていた「酒」も名物だった。

当時の望月は旨い酒が飲める宿場でも知られ、左党の人の中にはわざわざここを泊まりに指定する人もいたほどだった。酒目当てに宿泊したとは驚きだが、ここにはそんな名物もあったという。


宿場を出て坂を上ると「御桐谷《おとや》」と呼ばれる交差点を越えるが、バス停「日赤病院入口」を過ぎ、「御桐谷西」信号を越えると再び緩い上り坂に変わっている。

さらに左手にある老人ホーム「佐久良荘」脇を通ってしばらくは上り坂が続くが、国道高架下を横切ると「本牧小学校」前の狭い道に道標が残っている。

これは「巡見道道標」と呼ばれていたものだが、この道が当時どこに繋がっていたかは不明だという。

なお、小学校を越えると下り坂に変わっていて、道路も広がって歩きやすくなるから一安心だ。

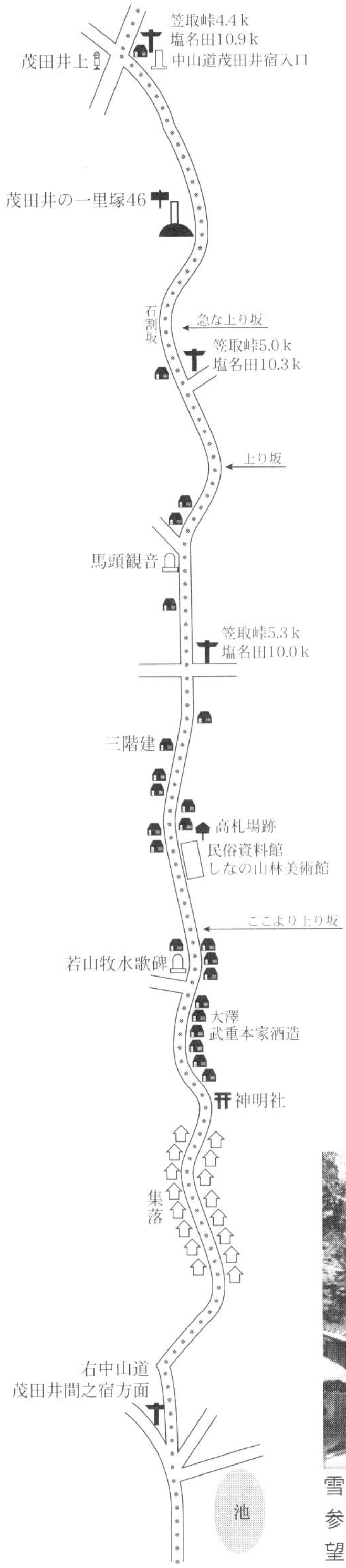

雪の日の大伴神社。
参道の石段を上りきると望月宿が一望できる。

歴史民俗資料館
現在は望月宿も保存に力を入れているようで、古い民家もかなり残されているし、屋号散策マップもある。

しばらく歩くとバス停「観音寺入口」があり、ここを過ぎると右手に池が見え、その先で道路が分岐している。

間の宿「茂田井」

ここには標識があり、「右中山道　茂田井間之宿方面」と書かれているように、ここから狭い旧道をしばらく歩くと「間《あい》の宿《しゅく》」で栄えた「茂田井」集落が見えてくる（望月宿を出ると茂田井まではおよそ三キロある）。

茂田井は正式な宿場ではなかったが、ここは宿場が混雑して収容しきれないような時には一時的に宿場の役割もしていたという。

そこで特別に「茂田井宿」と呼ばれることもあり、立場でもかなり大きな集落だった。

ここが賑わったのは途中の道路が悪路だったことや、千曲川の氾濫もあったからで、大雨が降ると旅籠屋はどこも満員になり、このような臨時の宿泊施設が必要になったからだという。

途中の望月や八幡も決して大きな宿場ではなく、災害発生時にはこのような宿場の機能をもった立場も必要だったのだろう。

今も坂の両側に沿って古い「白壁」や「土蔵」造りの家並みが残っているが、多くの宿場が明治に入って寂れたのとは対照的で、ここは開発から取り残されたおかげでこのように集落として残ったのだという。

左手に「用水」が流れているのも昔のままだが、江戸時代ここは「酒造り」が盛んで、旨い酒の飲める立場でも有名だった。

若山牧水歌碑

明治の歌人「若山牧水」も何度かここを訪れていて、ここでうまい酒に出合い、歌を残しているが、用水近くにはそんな若山牧水「歌碑」が建立され、これには「白玉の歯にしみとほる秋の夜の酒はしづかに飲むべかりけり」と刻まれている。

歌碑を見ると若山牧水がここの酒をかなり気に入っていたことがわかるが、牧水歌碑向かいの大きな白壁の家は古くからの「豪農」で「武重本家」と呼ばれ、ここの酒を気に入っていたという。酒造りを始めたのは慶応元年（一八六五）頃からと遅かったが、残っている立派な建物は見事と言えるだろう。

若山牧水歌碑
「白玉の……」は白い玉のような歯にしみ通るような酒、酒はひとりして飲むのがよいと詠んでいる。

白壁や土蔵の残る古い町並みが続く。

茂田井宿へ続く旧道。
白壁が目にしみるほど美しい。

大澤酒造

なお、この隣「大澤酒造」は江戸時代「庄屋」も勤めていたという同じく豪農で、ここは酒も古くから造っていたという。

現在の建物は「元禄初期」のものと言われ、三〇〇年以上の古さを誇っているが、大澤酒造に保存されていた酒（元禄二年物）が昭和四四年にＮＨＫの番組で公開され、その時の話が今も伝説になって残っているという。

酒は「古伊万里」の焼き物に入れられ、中身は二四度まで高まっていたそうだが、いい匂いだったと言われている。

江戸時代は意外だが「古酒」が好まれ、一〇年くらい寝かせたものは高く売れたのだ。

しかし、今では日本酒は早く飲まないと劣化すると言われ、古い酒は敬遠されている。

ところが、最近になって古酒とは呼ばずに「熟成酒」という名で復活の気配が見られるというから面白い。

琥珀色の日本酒として人気が出てきているから、左党の方は試されてみるといいだろう。

大澤家を出ると上り坂で、右手にも白壁の大きな建物が残っているが、ここも大澤酒造の建物で、現在ここは「民俗資料館」や「美術館」として使われている。

中は無料で一般公開され、興味深い物も多いから時間があれば立ち寄って見るといいだろう。

家の外には「高札場」跡も置かれているが、間の宿茂田井はこの辺りが一番賑わい、酒好きの旅人で繁盛していた。

坂を上り切ると普通の新しい民家に変わってしまうが、現在の家もかなり立派で、これを見るとここは二軒の酒屋だけでなく、立場全体がかなり裕福だったと思っていいだろう。

なお、間の宿で栄えた茂田井もだいたい「中部北陸自然歩道標識」が置かれている付近が出口だったという。

標識には「笠取峠五・〇キロ塩名田宿一〇・三キロ」とあるが、立場を出ると急坂で、ここは「石割坂」と呼ばれて距離は短かったが急坂で苦労した人も多かったという。

茂田井の一里塚

なお、坂を上り切ると左手に「一里塚」跡が見られるが、ここは江戸から数えると四六番目で「茂田井の一里塚」と呼ばれていた。

三階建ての家。

茂田井宿一里塚跡

杉玉は酒造のしるし。

すでに塚跡は残っていないが、ここに腰掛けて一服する旅人も見られたのではないだろうか。

一里塚跡を越えると旧道は幾分平坦な道路に変わり、やがて大きな交差点に出てしまうが、ここで旧道部分も終わり、ここからは旧国道だった「県道四〇号線」を歩くことになる。

しばらく歩くと「芦田川」が流れていて、橋を渡ると先は再び緩い上り坂に変わっているが、ちょうど交差点を越えた辺りが「芦田宿」入口だった。現在宿入口には「これより芦《あし》田《だ》宿《じゅく》」と書かれた標識と「常夜灯」が新しく設置されている。

歴史民俗資料館の庭に設置されている、水割場石と木樋。

茂田井宿の入口と出口には、それを示す標示木が立てられている。

27 芦田宿《あしだじゅく》

次は長久保宿
1里16丁
（5.62キロ）

宿場の規模

現在の芦田宿は「立科町」の中心として栄え、旧道左手には立派な「立科町役場」も見られるが、天保一四年の記録によると宿場規模は本陣一、脇本陣二、旅籠屋六軒とかなり小さかった。

当時の宿場は小さな芦田川を渡った「仲居」交差点付近から始まっていたが、現在この通りには中山道と書かれた「街灯」が設置されている。

バス停「古町口」先でいったん下ると大きな交差点に出てしまうが、交差点を越えて緩い上り坂に変わると宿の中心で、最近、役場に至る通りには四阿風に整備された「宿場公園」も作られている。

本陣・脇本陣

右手にある「町区公会所」を通り過ぎると、隣に立派な門構えの家が出現するが、ここが

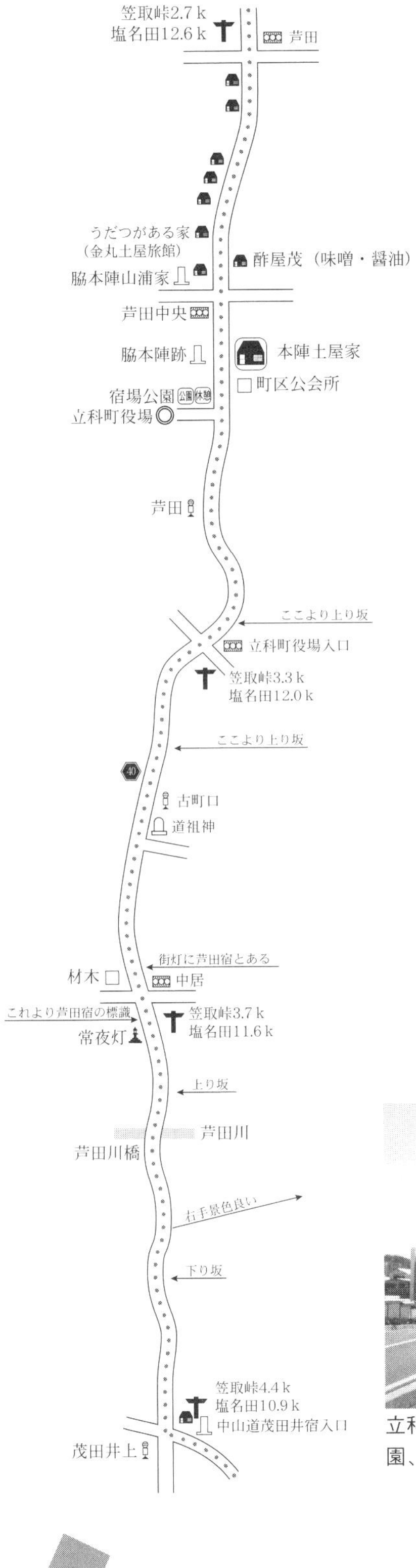

立科町役場の通りにある宿場公園、四阿が設けられている。

中居交差点にある現在の常夜灯
芦田宿のはじまりだ。

本陣だった「土屋家本陣跡」で、当時の本陣は「問屋」も兼ねていたと言われ、門をくぐって中に入ると左手に寛政一二年（一八〇〇）建立の建物が残り、わずかに往時の繁栄を留めている。

なお、この本陣向かい側には脇本陣の一つがあったが、今は小さな「脇本陣跡」碑が立てられているだけだ。

しかし、もう一つの脇本陣は本陣跡から少し歩いた小さな交差点左手に残っていて、ここは「山浦家」と呼ばれ、当時は「庄屋」も兼ねていたという。

また、山浦家向かいには「酢屋茂」という屋号の古い家が見られるが、ここは昔から味噌や醤油を造っていたという。

先にも「卯建」の残っている古い家が数軒見られるが、その中の「金丸土屋旅館」も元は旅籠屋をやっていたという。

ここは開発からも取り残され、このようにまだまだ古い家も数多く残っているが、近年になってやはり減少してきているというから早めに保存に努めた方がいいだろう。

ところで、当時の宿場はちょうど先に見える「芦田」交差点付近が宿はずれで、ここを出ると店は見られなくなったという。

ここは宿場自体も小さく、これと言った名物もなかったが、強いてあげるとこの先の笠

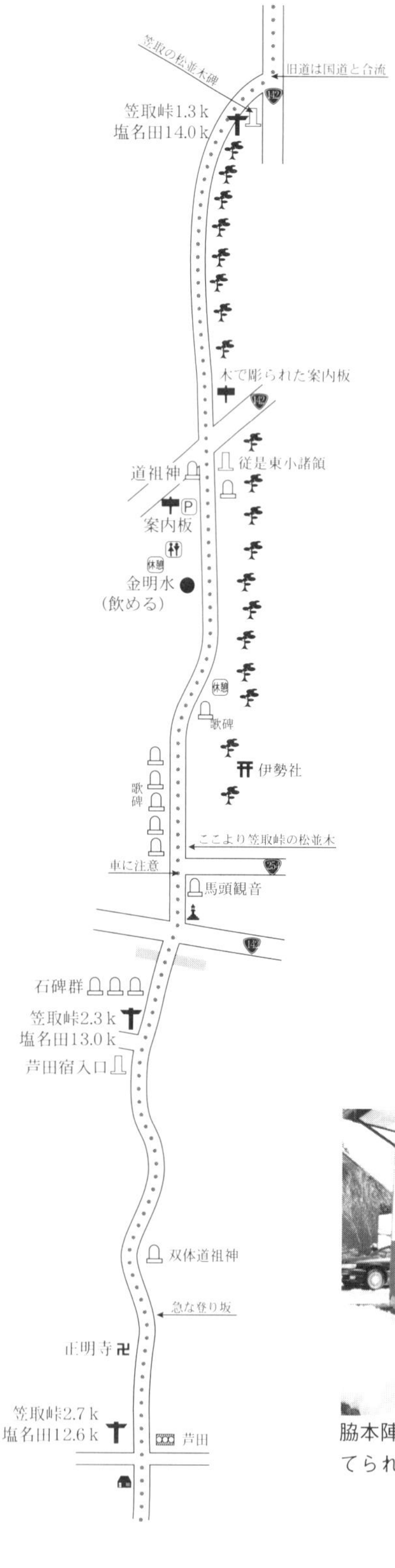

脇本陣には碑のみが建てられている。

芦田宿土屋本陣
寛政12年に再建された切り妻造り、妻入り様式の御殿が残っている。上段の間はイチイの木を使用した京風。

取峠にあった「松並木」が名物だった。

名物が松並木だったというのも少しおかしな話だが、芦田と言えば松並木で知られ、わざわざ見学に訪れる人もいたほどだった。

笠取峠の松並木

宿場を出ると先は再び急な上り坂で、上り切ると「芦田宿入口」碑があって国道に突き当たってしまうが、ここで国道を横切り、「新しい常夜灯」の置かれている正面を左折すると見事な「赤松並木」が飛び込んでくる。

これが江戸時代から有名だった「笠取峠の松並木」で、現在ここは国の「天然記念物」にも指定されている。

慶長七年（一六〇二）、幕府から拝領した「赤松」七五三本を植えたのがここの始まりで、残った松並木は東海道御油の松並木と並ぶ見事なものだ。

当時の松並木は笠取峠までの一五丁（一六〇〇メートル）ほどに植えられていたが、今も両側約一キロにわたって残り、地元の人々らに愛されている。

下はすでに鋪装された石畳風に整備されているが、途中には「道祖神」や「歌碑」などもたくさん置かれているから、松並木の中を歩くと心も和んでくるだろう。

なお、松並木が国道を横切る手前には四阿風の休憩小屋が設けられ、奥には駐車場もあって松並木見学に訪れる人も多いが、本当の松並木を体験するにはやはり下（上）から歩いてこないと難しいだろう。

また、休憩小屋近くには昔「峠の茶屋」付近にあったという「金明水」も保存されている。

水源は違うようだが、ここの水も飲めるというからここで喉を潤すのもいいだろう。

なお、松並木が国道を横切る手前には「従是東小諸領」と彫られた「領界石」や「道祖神」も見られるが、領界石は復元されたもので、当時ここから先が小諸領だった。

国道を横切ると珍しい「木製案内図」があり、ここから先もしばらく松並木が残っているが、やがて松並木は国道に合流し、出口にも「笠取の松並木」碑が置かれている。

当時の松並木は峠手前まで見られたというが、ここには峠まで「一・三キロ」と表示された標識が置かれているから参考になるだろ

松並木は天然記念物に指定されている。

峠の茶屋「小松屋」にあった金明水は現在でも旅人の喉を潤してくれる。

笠取峠の一里塚跡。元の形そのままには残されていないが、こんもりとした塚の形が一里塚の名残のようだ。

う。

　峠まではあとひとふんばりだが、この付近は昔から厳しい上り坂で知られ、旅人はとても難儀していたという。

　現在の国道には「登坂車線」があって、この付近を走るトラックはあえぎながら上って行くから、これを見れば当時の笠取峠が難所の一つに数えられていたのもなんとなくわかってもらえるだろう。

笠取峠の一里塚

　なお、厳しい登坂車線が終わり、勾配が緩やかになると右手に「笠取峠の一里塚」と呼ばれていた四七番目の一里塚跡が見えてくる。

　すでに片方しか残っていないが、ここにはわずかな塚跡のようなものも見られる。

　旧道がこの付近を通っていたことがわかるが、一里塚跡から峠の頂上にかけては少し前まで旧道部分も残っていたという。

　しかし、度重なる国道改修によって失われ、今はわずかに峠の頂上左手上に「旧中山道」碑が残っているだけだという。

　国道には「長門町」と「立科町」境界を示す国道標識があるだけだが、昔はちょうど左手上に中山道が通っていたのだ。

　ちなみに、「広重」が残したのもこの「笠取峠」だと言われている。

　しかし、この絵に見られるのは「松並木」ではなく、不思議な事に「杉並木」なのだ。

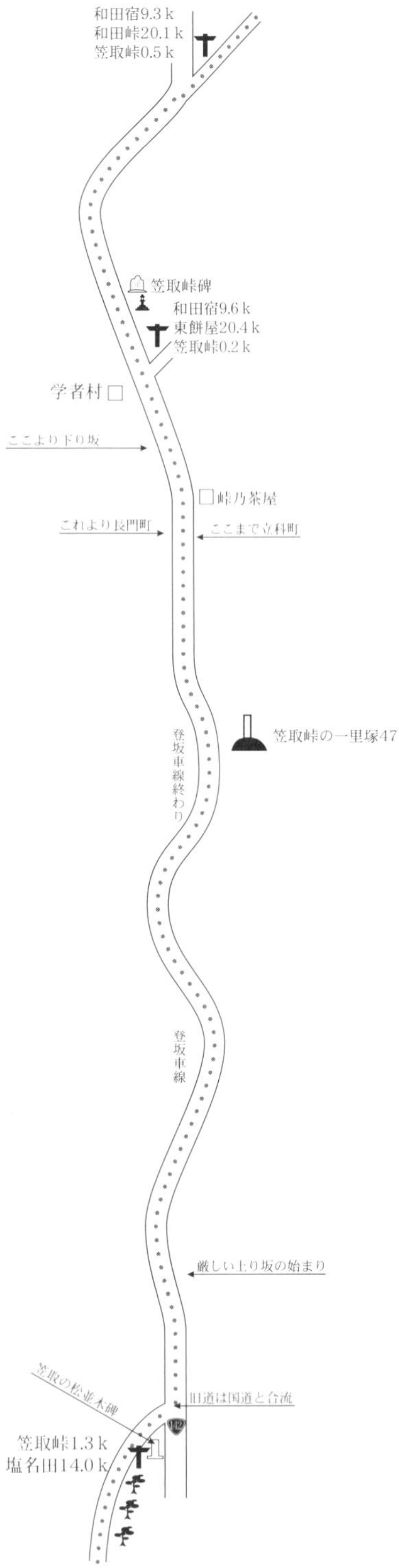

笠取峠石碑と常夜灯。

望月と題した絵には満月に赤松並木が描かれていたから、ここと間違えた可能性もあるだろう。

現在の峠右手には「峠乃茶屋」という店が営業しているが、これもすでに古い昔の茶屋ではなく、新しく国道に作られたものだ。

当時この峠には「金明水」と呼ばれたおいしい湧き水があり、近くには名物茶屋があって人気になっていた。

しかし、交通機関が発達して歩く人が減り、元の峠の茶屋は廃業してしまったのだ。

峠に出るとあとは下るだけだが、先の旧中山道もすでに国道改修によってほとんど通行不能だという。右手に別荘地入口があり、ここには「中部北陸自然歩道標識」が置かれているが、ここも旧道ではないという。

また、少し下ると「笠取峠碑」や「常夜灯」が置かれていて、さらに峠から五〇〇メートルほど下った所にも標識が置かれているが、ここからは国道を離れ、右手に残った旧国道部分に入って行くのが賢明だろう。

もちろん「旧中山道」はこの道でもなく、旧国道を何度も横切って直線的に下っていたという。

古い旧中山道部分も所々に残っているが、ほとんど通行不能だというから、ここは旧国道を中山道と思って歩きたい。

旧国道自体もつづら折りの下り坂だが、途中何ケ所かに「中部北陸自然歩道標識」が置かれているから、これらを参考にされるといいだろう。

松尾神社

笠取峠から二・七キロほど下ると右手に見えてくるのは「松尾神社」で、ここは昔から「五十鈴川」のほとりにあって「お酒」の神様として信仰を集めていた。お酒の神様というのも珍しいが、江戸時代は全国各地から訪れる人が多く、かなり賑わっていたという。

ところで、松尾神社入口から旧中山道の道筋が残っていて、ここから下り坂を下りて行くとやがて長久保《ながくぼ》宿《じゅく》が見えてくる。

笠取峠立場図版木
この絵は天保年間の版木という。この絵の右側に詳細が書かれている。

笠取峠碑

28

長久保宿《ながくぼじゅく》

次は和田宿
2里
（7.8キロ）

宿場の規模

松尾神社入口から急な下り坂を下りて行くと「長久保宿」だが、ここは天保一四年の記録によると宿場規模も本陣一、脇本陣一、旅籠屋四三軒と大きく、かなり賑わっていた。

当時の長久保は隣の和田とともに天領で幕府直轄の要地でもあった。

また、宿中央付近には「上田道」も通っていたから、「善光寺参り」に行く人々の「追分」としても賑わっていた。

江戸幕府ができた当初は特別の用事でもなければ一般町民が旅に出ることはまずなかったが、世の中が安定して経済が発展すると物見遊山で旅立つ人も増え、弥次さん喜多さんのように伊勢参りや善光寺詣でに行く人々も多くなったと言われている。

これは高度経済成長に伴って海外旅行が一般化したのに似ているだろう。

筆者がまだ小さかった頃は海外旅行などまだ夢のまた夢だったが、経済発展とともに海外に出かける人も増え、当たり前のようにな

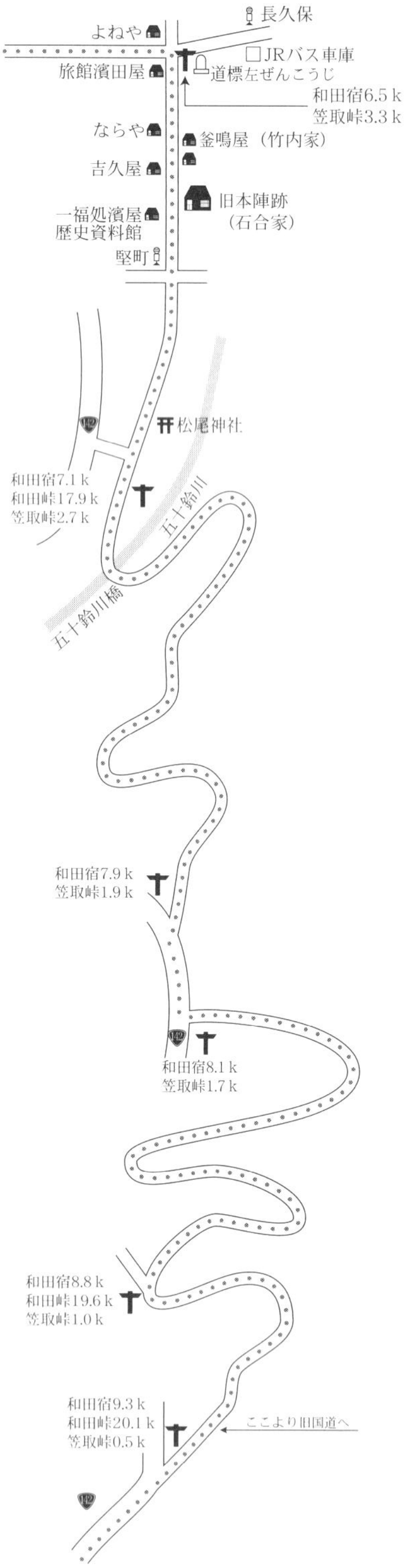

本陣の立派な門構えが残る「石合家」。

った。

　当時の旅行もこれと同じで、江戸時代も中頃になると旅行目的で旅立つ人も増え、庶民も気軽に旅に出るようになるのだ。

　特に善光寺は極楽浄土を願う人々の間で人気が高く、ここはそんな善光寺詣でに向かう追分でもあり、宿場も大きくなったという。

本陣跡

　当時の宿場はちょうど「L字形」に曲がっていて、松尾神社から緩い坂を降りて行くと「竪町」で、善光寺道追分で左に曲ると「横町」だった。

　竪町に入ると今も古い家が所々に見られるが、右手にひときわ立派な門構えを残す家が当時「本陣」を勤めていた「石合家」で、この家は「中山道最古」の本陣と言われていた。

　できたのは「寛永年間」（一六二四～一六四四）と言われ、古い本陣で有名だったが、残念ながら明治に入って建物は失われてしまったという。

　今ではわずかに門を残すのみだが、石合家には「古文書」などが保存されていて「町の文化財」になっているという。


　なお、石合家向かい側には白壁の「吉久屋」という屋号を持つ古い家が見られるが、石合家の二軒先が「釜鳴屋《かまなりや》」と呼ばれた「竹内家」で、当時この家は「酒造業」を営み、ここで売られていた「白菊」という酒は街道でもかなり評判だった。

　酒の評判を聞いてわざわざ遠くから買い求めにくる人も多かったが、明治に入って交通機関が発達すると街道を通る人が減り、伝統を誇っていた店もついに廃業してしまったという。

　うまい酒と聞けば一杯やりたくなる人もいるだろうが、ここの酒もすでに幻で、その味はすでにわからないという。

　なお、ちょうどこの向かい側には「卯建」が見事な「ならや」の屋号を持つ古い家も残っている。

　ここは保存状態も良好で、江戸時代のままと言ってもいいだろう。

　宿場の道筋はちょうど「ならや」先で「四辻」になっているが、ここで左に直角に折れれば「横町」だった。

　曲り角には今も古い建物で旅館を営んでい

濱田屋旅館
濱田屋の向かいにも「よねや」という旅館がある。

ならや
こちらも「ならや」の看板がある。

釜鳴屋
寛永より昭和初期まで酒造業を営んでいた。笠取峠立場版木もこちらのお宅のものだ。

吉久屋
２階の屋根の庇に「吉久屋」の看板がある。

る「濱田屋」があるが、昔も旅籠屋だったという。

　長久保付近は明治に入って交通機関が整備されると寂れ、陸の孤島のように取り残されてしまったが、今も営業しているのは立派だと言えるだろう。

道標「中山道　左ぜんこうじ」

　なお、濱田屋前に見られるのが当時の「道標」で、道標には「中山道　左ぜんこうじ」とあり、ここから右手に歩くと「上田城下」だった。

　当時は「上田道」とも呼ばれ、上田城下につながっていたが、上田とはあの「六文銭」の家紋で有名な「真田家」が支配していた城下町だった。

　ここから現在の信越本線大屋駅前付近に出ていたが、そこから上田城下を通って善光寺に向かっていったのだ。

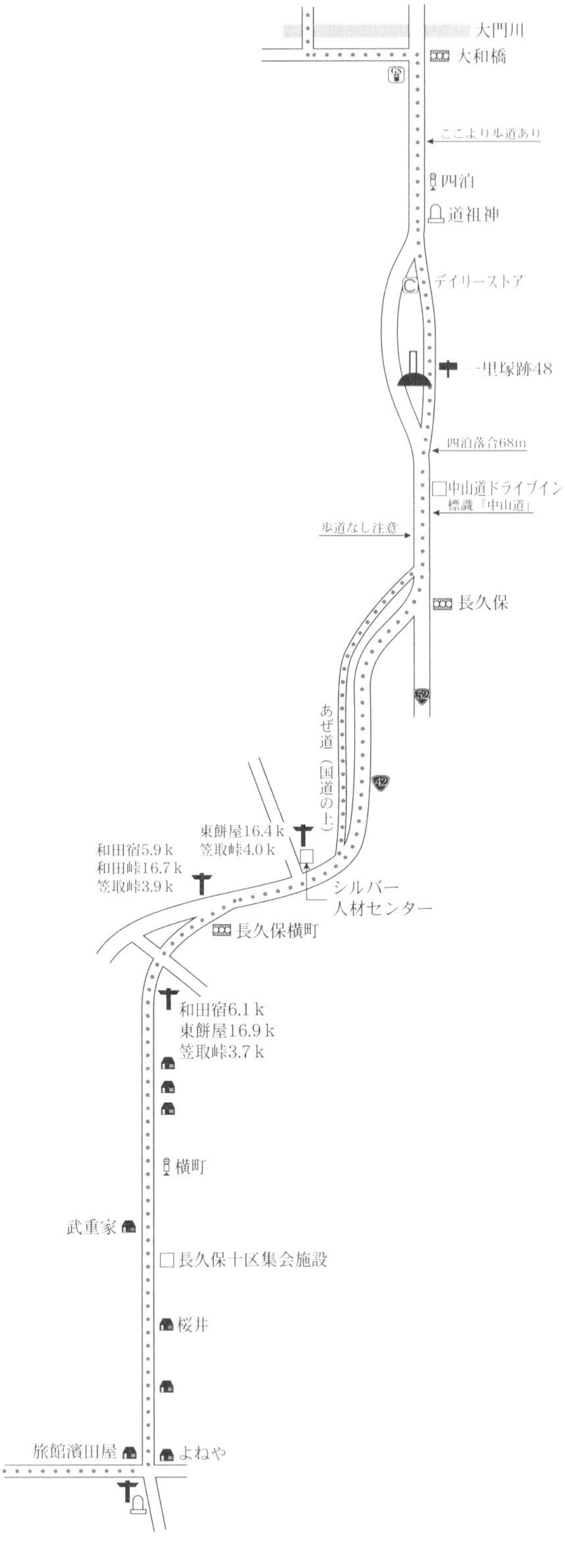

一福処濱屋
ここは歴史資料館。明治の初めに旅籠屋として造られたが、利用しなかったと説明書きにある。

古い濱田屋旅館を見て左折すると「横町」だが、現在の横町にはすでに宿場の面影はほとんど残っておらず、わずかに古い家が数件見られる程度だ。

ここは明治に入って歩く人が減り、交通機関が発達すると取り残され、このように寂れてしまったのだという。

当時の長久保には酒以外にこれと言った産業もなく、旅客が減ると旅籠屋も廃業せざるを得なかったのだ。

今ではわずかにバス便が一日数本あるだけで、他の交通機関はないから、この付近を歩かれる方はそんな交通事情も考慮してしっかりしたスケジュールを立てた方がいいだろう。

なお、横町は四五〇メートルほどで国道四二号線に合流（長久保横町信号）するが、宿場の範囲もだいたい国道に合流する辺りまでで、ここを出ると宿はずれだったという。

長久保宿の名物

ちなみに、名物は先ほど説明したように「釜鳴屋」の「白菊」と呼ばれる酒で、入口の「松尾神社」が「酒造りの神様」だったことでもわかるが、ここで作られた酒は街道でもかなりの評判を集めていた。

しかし、明治に入ると街道を通る人が減り、なんとか昭和初期までは持ちこたえていたが、三〇〇年の伝統を誇っていた酒造りもついに途絶えてしまったのだ。

宿場を離れると「中部北陸自然歩道」標識が置かれていて、さらに一〇〇メートル先にも標識が見られるが、これはこの先の国道に歩道がなく危険なために、標識では裏道を歩くよう指示している。

しかし、旧中山道の道筋としては今の国道を歩くのが本当だという。

国道には「一里塚跡」も残っているから、ここは少々危険でも標識を無視して国道を歩くことにした。

四泊の一里塚

左手には一部あぜ道のような農道があるから、ここを歩いて国道四二号線と国道五二号線が合流している地点に出るのがいいだろう。

合流地点は「長久保信号」で、右手にドライブイン「中山道」が営業しているが、ちょ

一里塚跡の説明板。
昭和35年の道路改修工事で取り払われてしまったらしい。ここは江戸から48番目になる。

中山道長久保宿とかかれた道標。
左ぜんこうじとある。

うどこの先に「四泊落合」と書かれた小さな標識があって近くに一里塚跡の説明板がある。

ここは日本橋から数えると四八番目で、「四泊の一里塚」と呼ばれていた。

しかし、江戸時代後期には塚も失われ、再建されなかったという。

実はこの奥には「依田川」が流れているが、江戸時代はもっと中山道近くを流れていて、街道の一里塚は川の氾濫で流されてしまったのだ。

説明板脇にはわずかな旧道部分も残っているが、一里塚跡はここが旧道だった貴重な証拠と言えるだろう。


なお、残った旧道部分はわずかしかなく、ヤマザキデイリーストアの所で再び国道に合流する。

国道に戻ると右手に「道祖神」が見られ、バス停「四泊」先からようやく歩道（国道右側）が出現する。

しばらく歩くと「大和橋」交差点に出るが、昔はここで左折、すぐ先の「落合橋」を渡っていた。

ちなみに、左折する道は「大門道」とも呼ばれ、元々は「武田信玄」が信州攻略のために開いた道だった。

信玄が機動力を発揮できたのもこのような道路開発をこまめに行っていたからで、道路

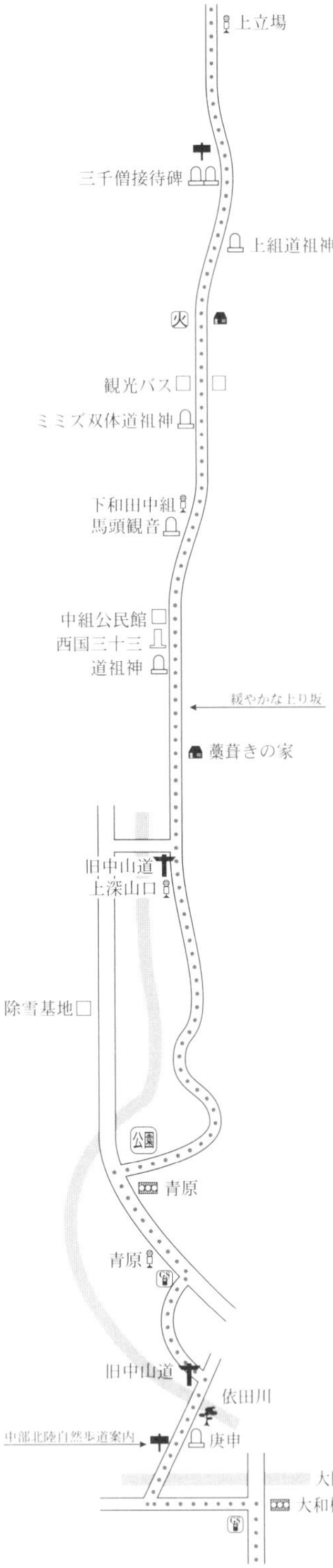

青原橋を渡った所に、モニュメントが出来ていた。四阿もあり、水道もあり、旅人にはうれしい設備だ。

の重要性にいち早く気づいていた証拠とも言えるだろう。

　この辺りは手前を流れる「大門川」と先に流れている「依田川」が合流している場所でもあり、江戸時代の中山道は両方の川を渡っていたが、依田川は千曲川支流の一つでさらに先で千曲川と合流しているのだ。

　現在も大門川を渡ってすぐ先の依田川を渡ることになるが、ちょうど手前に形の良い松があり、近くには「庚申塔」や「百万遍供養塔」も残っている。

　ちなみに、「中山道六十九次続き絵」で広重が残したのもこの付近から依田川を描写したと言われている。

　あまり特徴のある絵ではないが、ここはそんな場所でもあることを覚えておかれるといいだろう。


　依田川を渡ると「旧中山道」を示す「青い標識」が置かれているが、このような標識はこれから歩く旧道の所々に見られようになり、とても役立つだろう。

　ここは標識に従って川沿いを少し歩き、ガソリンスタンド横から国道に合流する。

　国道にはバス停「青原」があり、越えると大きな「青原信号」に出てしまうが、ここは新国道に架かる「青原橋」を渡らず、右手に見える旧国道へ入って行く。(依田川を挟んで左手が現在の国道で、旧道は依田川を左手に見ながら歩く)
　ちなみに、新国道左手奥には発電所の水路も見えるが、この近くには大きな「除雪基地」も作られていて、これを見ればこの付近冬期にはかなりの積雪があることもわかってくる。
　依田川を左手にしてしばらく歩くと藁葺き屋根の変わったバス停「上深山口《みやまぐち》」が見えてくる。
　実はこの変わったバス停は和田村が走らせている村営バス停留所で、ここから「和田村」へ入るわけだ。

下和田村立場

　なお、バス停のある辺りは昔の「深山口村」で、その先が立場で賑わっていた「下和田村」だ。

　旧道は緩い上り坂になっているのがわかる

かわいらしいネコ福の石碑。

藁葺き屋根の待合所。民話に登場するような風情があってかわいらしいバス停だ。

川沿いの旧道には古い石碑があちこちに見られる。

が、和田宿まではずっとこのような緩い坂を上って行く。

下和田村に入ると古い民家が何軒か残っていて、「道祖神」や「馬頭観音」も目に付くが、面白いのは最近になって作られた「ミミズ双体道祖神」だろう。これらは募集によって村で選ばれた物だという。

三千僧接待碑

緩い上り坂になっている下和田集落をしばらく歩くと、やがて左手に「三千僧接待碑」と呼ばれている変わった石碑群が見えてくる。

これは元々この先にある「信定寺別院慈眼寺」境内にあった物で、今の場所に移されたのは寛政七年（一七九五）頃だという。

このような石碑はとても珍しく、残っているものは少ないが、ここに見られる石碑は諸国を遍歴している僧侶への「接待碑」だった。

簡単に説明すると、うちの寺ではお坊さんに無料接待をしているからどうぞ立ち寄ってくださいな、という掲示板がこの石碑だった。

名も知らぬ僧侶のためにわざわざ接待を続けていたわけで、よほどの信仰心がなければできなかった偉業と言えるだろう。

この碑は最初一千人だったものが一千人は成就したため、その後三千に改められているという。眼のいい人は碑を良く見ると一千が三千に直されているのもわかるだろう。

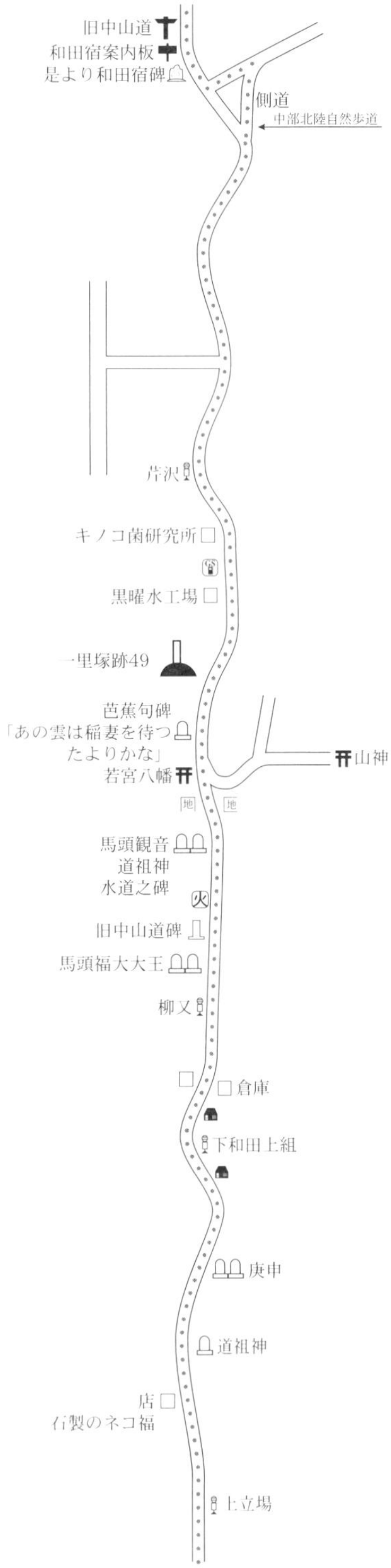

三千僧接待碑

当時の修行僧の中には今の僧と違って乞食同然のような人もいたが、そんな哀れな僧侶などに施しをしていた。

全財産を擲《なげう》って接待していたと言われているが、江戸時代にはこのような奇特な人もいたわけで、このような人こそ本当の神様なのではないだろうか。

三千僧接待碑を過ぎると「上立場」に変わっているが、この付近にはわずかに商店も見られ、左手には「ネコ福」という面白い石碑の置かれている店もある。

上立場も道祖神や庚申塔が多く残り、色々な場所に見られるから、時間があったらこれらも調べてみると面白いだろう。

若宮八幡

しばらく歩くとバス停「柳又」の先にも「馬頭観音」や「中山道碑」が見られるが、その先で上りが一段落すると左手に鬱蒼と茂った木立の中に「若宮八幡」が見えてくる。

若宮八幡は木立に囲まれていて古そうに見えるが、実はそんなにも古いものではなく、江戸時代初めの「享保年間」に建てられたものだという。

ケヤキ、杉、松の木などに囲まれていてそのように見えるのだが、ここには鎌倉時代からこの辺りを支配してきた「大井信定父子」の墓が置かれている。

大井氏は「武田信玄」によって滅ぼされ、ここに首級が葬られたという。現在見られる碑は江戸時代に入ってからのもので、その死を哀れむ人々によって元禄六年に建立されたという。

芭蕉句碑

なお、ここにはちょっと変わった「ほうそうの神様」や「いぼの神様」というのも祀られているが、右手奥にはひっそりと「芭蕉句碑」も建立されている。

芭蕉句碑は古ぼけていてちょっと読みにくいが、八〇センチぐらいの石碑で、ここには「あの雲は稲妻を待つたよりかな」と彫られている。

この句は貞享年代に詠まれたもので、何故ここにあるのかはよくわからないが、おそらく和田にも芭蕉を慕っていた俳人グループがあったからだろう。

若宮八幡神社
本殿は享保6年建立の一間社流造り。

境内にある和田城主「大井信定父子」の墓。

若宮八幡神社の芭蕉句碑。

芭蕉が空を見上げていると遠くに今にも降り出しそうな真っ黒な雲があり、その雲はしだいに近付いてくるのだ。

あれを見るとやがて雷鳴が轟き、稲妻も閃くことだろう、との意味で、この句も見たままの自然現象を詠んだ秀作として知られている。

ちなみに、稲妻の「季語」だが、筆者は夏かと思っていたが、意外にも秋だというから面白い。

ところで、道路を挟んだ向かい側右手奥に小さな神社が見られるが、ここは「山神」だという。また、ここには「地下歩道」があって、中部北陸自然歩道標識は地下道を渡るように指示しているが、これは新国道が完成するまでこの付近の交通量が多くて危険だったからだという。

下和田の一里塚跡

若宮八幡を出ると左手に見えてくるのは一里塚跡で、これは平成七年三月に建立されている。

碑には「江戸より四十九里」と刻まれているが、当時この付近には「下和田の一里塚」と呼ばれていた一里塚があった。

一里塚跡を出てしばらく歩くとバス停「芹沢」先でやや急な上り坂に変わっているが、ここから左手下を見ると現在の国道が走っていて、旧道部分が現在の国道より一段上にあったこともわかってくる。

また、左手に見えてくるのは「是より和田宿」と彫られた大きな自然石で、ここには「中山道碑」青い「中山道標識」「宿場案内図」なども置かれているように、現在の和田はこの付近から始まっている。

しかし、江戸時代に栄えた宿場はここよりさらに先にあった。

和田宿碑を越えると右手に「小学校」と「中学校」が並んでいるが、その先に見られるのは「和田埜神社」入口で、神社はずっと奥にあるという。

八幡神社

また、神社先には古い「長井家」も残っていて、道路が大きく右に曲がると角に「八幡神社」が見えてくる。

下和田一里塚跡
ここは江戸より49里と書かれている。

和田宿入口を示す巨大な石碑
遠くからでもよく見える。

旧道にはたくさんの石塔群がある。

ここの本殿はかなり古く、確かな事はわからないが「室町時代」頃と推定されているという。

地元の人の話では江戸時代以前はここが宿の入口で、「宿の鬼門除け」に建立されたのではないかと考えられているという。

本堂などはすでに修理され、昔のままではないが、ここには樹齢五〇〇年という「大ケヤキ」も残っている。

八幡神社を出るとバス停「和田新田」があって「追手川橋」が見えてくるが、江戸時代はこの橋を渡ると賑やかな宿場だったという。

なお、橋の手前を入った所には「菩薩寺」と呼ばれる寺があるが、ここは古くは秘密山菩薩寺と呼ばれていた真言宗の寺で、寺の縁起によると平安朝時代の創建だという。

青原橋のたもとに設置された休憩場所。自然に囲まれての休憩はほんとに心を癒してくれる。

29

和田宿《わだじゅく》

次は下諏訪宿
5里18丁
（21.45キロ）

宿場の規模

ここは中山道一の難所で知られた「和田峠」を控え、上り下りの旅人らでとても賑わったが、和田峠が難所と呼ばれたのは標高が中山道最大の一六〇〇メートルもあり、しかも道幅は肩幅ほどしかなかったからだ。

特に冬期の和田峠は厳しい事で知られ、頂上付近では積雪が三メートルほどになることも珍しくなく、どこが道だかわからなくなることもあったという。

また、隣の「下諏訪宿」とは中山道最大の「五里十八丁」（約二一・四五キロ）も離れていたが、これも賑わった理由の一つで、これだけ離れているとよほど足に自信がないと峠を越えることは難しく、どうしてもここに泊まらざるを得なかったのだ。

このような条件が重なって宿場は繁盛したが、ここは特に「飯盛り女」が多くいるわけでもなく、これと言って派手な宿場ではなかったという。

天保一四年の記録によると宿場規模は本陣一、脇本陣一、旅籠屋二八軒だったが、幕末頃の旅籠屋数はなんと「七二軒」にも増えていたという。

これは中山道の交通量が江戸末期にかけて飛躍的に増えた証拠とも言えるが、なんと言ってもここが栄えた一番の理由は中山道最大の難所を控え、しかも宿間が長かったことに尽きるだろう。

宿泊客が増えると現金収入も多くなり、江戸末期の宿場は活気に満ちあふれていたが、そんな宿場にも突然不幸は訪れるのだ。

それは明治維新（一八六八）を迎えるわずか七年前の「文久元年」（一八六一）三月一〇日の出来事だった。

「中町」辺りから出火した火は瞬く間に宿内に広がり、宿場は一面焼け野原と化してしまったという。

しかも、運悪くその年は「皇女和宮」が京都から「徳川一四代家茂」に「御降嫁」の予

復元された和田宿本陣跡。
皇女和宮の宿泊地として使用された。

本陣の斜め向かいにある「石合家」。

定で、一一月六日和田宿本陣（長井十左衛門）御宿泊も決まっていた。

そこで宿場では急遽御宿泊地返上を申し立てるが、他宿との関係もあってか変更は許されず、結局突貫工事で復興させることになった。

変更が許されなかった理由だが、これもやはり難所の和田峠を控え、宿間が中山道一の長さで他に変更する適当な宿場がなかったことだった。

復興にあたってはもちろん幕府から助成金も出たが、宿でも一致団結し、突貫工事のわりには立派な宿場ができあがったという。

そして、皇女和宮一行も無事和田宿本陣に御宿泊なされ、宿の面子もなんとか保たれたと言われている。

この時の記録ではなんと和田宿には三万人余りが泊まったと記されていて、どのようにしてそれだけの人数が泊まれたか疑問も残るが、これを見ると皇女和宮の行列規模がいかに前代未聞のスケールだったのかもわかってくるだろう。

このようにして皇女和宮も無事御宿泊なされ、復興なった和田宿だったが、ここが栄華を極めたのはそれからわずか数年のことで、七年後に「明治維新」を迎えるとせっかく一新された宿場も参勤交代がなくなり、しだいに寂れてしまうのだ。

唯一の収入源だった宿場運営が行き詰まればこれといった産業を持っていない宿場の末路は哀れとしかいいようがなく、離散したり、縮小廃業し、繁栄もあっという間の夢の跡に変わり果ててしまったという。

前置きが長くなったが、このような歴史を持つのが和田宿で、江戸時代は難所を控えて泊まり客が多く、宿場は活気に満ちていたことを覚えておかれるといいだろう。

なお、当時の宿入口に関しては諸説があり、江戸時代以前は「八幡神社」付近から始まっていたと言われている。

しかし、江戸幕府が開かれてからの宿場は「追手川」を渡ってからだと思ってよく、追手川橋を渡ると賑やかな商店が連なっていたという。

旅籠屋「河内屋」

追手川を渡って宿場に入るとすぐ右手に古

大黒屋旅籠跡

脇本陣「みどり川」家
和田宿の旧道の家々には屋号が付けられているので参考にされると良い。

い家が残っているが、ここは「河内屋」と呼ばれていた元「旅籠屋」で、和田宿にあった旅籠屋の中でもかなり大きな家だという。

江戸時代後期の様子をそのままに残している貴重な建物で、現在は和田村が管理していて有料で見学できるようになっている。

中に上がって磨きあげられた廊下や床に直接触れれば、気分はまるで今到着したばかりの旅人といったところだろう。

ここは大火後に復興した家の一つだが、これだけの家が残っているのも珍しく、ぜひ見学しておきたい場所と言えるだろう。

黒曜石資料館

なお、この河内屋さん手前の路地を入ると「黒曜石資料館」が作られているが、ここは和田峠付近から出土した旧石器時代の黒曜石を集めた資料館だ。

和田峠周辺からは「旧石器時代」の黒曜石がたくさん出土するが、特に「男女倉《おめくら》」地域からは大量の「遺跡」が発見されていて、ここ和田村ではそんな貴重な資料をここに集め

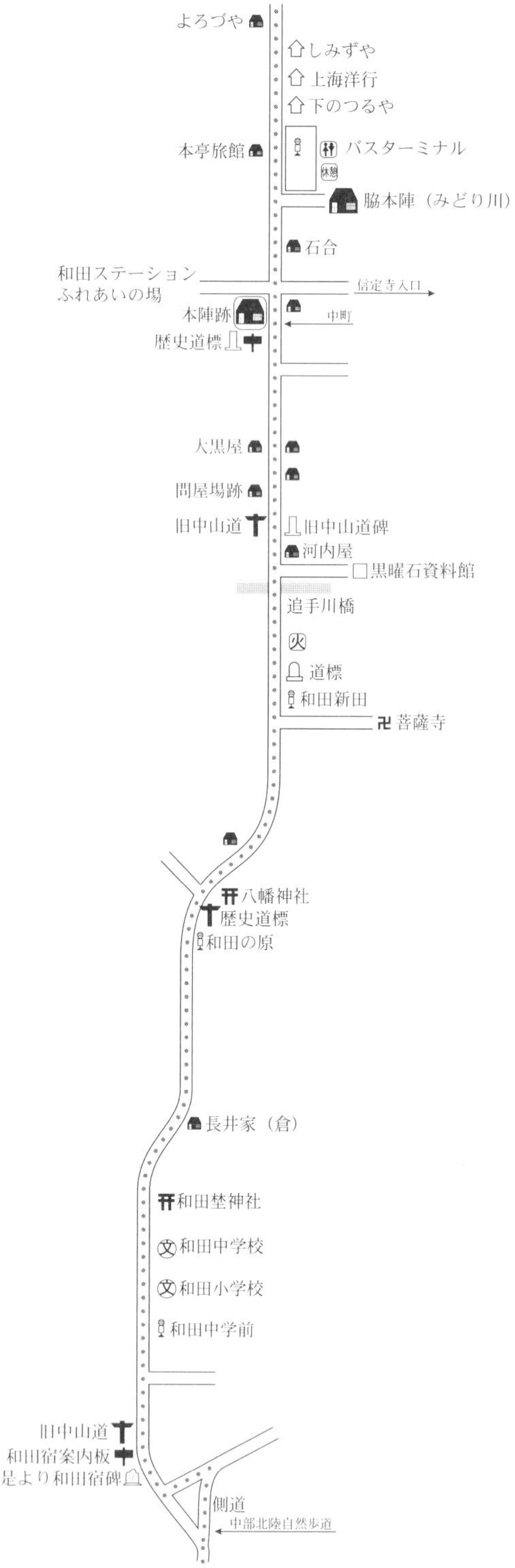

旅籠「かわちや」
現在は歴史の道資料館として活躍している。
この家の奥に「黒曜石資料館」がある。

29
和田宿

て展示している。

　ちなみに、資料館と隣の河内屋、それからこの先にある本陣跡は共通券で入れるようになっている。

本陣跡

　元の宿場に戻ると河内屋さん向かいに「問屋場跡」が見られるが、その先、交差点左手に見えてくるのが「長井氏」の居住棟として使われていた「本陣跡」だ。

　ここは一時「和田村役場」（昭和五九年まで）として使われていた事もあったが、貴重な建物を保存しようと昭和六一年に解体修理復元され、本陣跡として一般公開されている。

　復元された本陣跡に上がって気づくのはピカピカに磨きあげられた廊下で、そこを歩くとそれだけで気が引き締まってくることだろう。

　これも我々日本人が古くから木に親しんできた証拠で、おそらくDNAが体内に組み込まれているからそのように感じられるのだろう。

　今では東海道を含めて本陣の建物が残っている所はほとんどないから、ここもぜひ見学しておきたい場所だ。

　ちなみに、当時の本陣は大名が泊まる「座敷棟」と本陣の所有者が寝泊まりしていた生活棟のいわゆる「居室棟」に分かれていたが、現存しているのは居室棟の方で、残念ながら皇女和宮が御宿泊したという「上段の間」などがあった座敷棟は失われてしまったという。

　座敷棟は今の居室棟右隣にあったが、明治九年、長野県依田村の龍願寺に売られ、現在本堂になっているという。

　本陣跡を出ると交差点右手に新しく作られた「バスターミナル」が見られるが、ちょうどこの右手奥には「脇本陣」だった「みどり川家」も残っている。

　また、バスターミナル向かいには古い建物で営業している「本亭旅館」があるが、ここも昔は旅籠屋だった。

　江戸時代の雰囲気がどことなく漂ってくる古風な旅館で、ここは今でも予約すれば宿泊可能だという。

　なお、最近になってバスターミナルから先の家では「昔の屋号」が掲げられようになっ

本陣向かいにある家。
この家は中を見る事ができる。

昔は旅籠屋だった本亭旅館。

たから、屋号を見ればどのような店があったかがよくわかるだろう。

　江戸時代の和田宿が一番賑わっていたのもちょうどこの屋号が並んでいる地域で、多くの人々が行き交っていたという。

　途中には「高札場跡」もあり、屋号を出している家はちょうどバス停「鍛冶足」付近まで見られるが、和田宿の範囲もだいたいこの屋号が途切れる鍛冶足付近までで、宿を出ると店はほとんどなかったという。

　現在の和田宿には交通機関が村営バスしかなく、よほどの用事でもない限り立ち寄る人もいないが、江戸時代末期には難所の和田峠を控えて賑わっていたことを覚えておかれるといいだろう。

和田ステーション

　最後になったが、和田宿を出ると次の下諏訪宿までは五里十八丁もあるから、ここで休憩場所を紹介しておこう。

　本陣のあった交差点を左手に出ると国道が走っているが、ここから少し戻った所に「和田ステーション」と「ふれあいの湯」が作られている。

　和田ステーションとは「道の駅」のことで、ここではお土産品を初めとして名産品や特産物が売られ、軽い食事もできるようになっている。お土産品の中には黒曜石、名水、野菜などもあるから、見てくるだけでも楽しいだろう。

　江戸時代、和田にはこれといった名物はなかったが、今は山から産出する「黒曜石」や

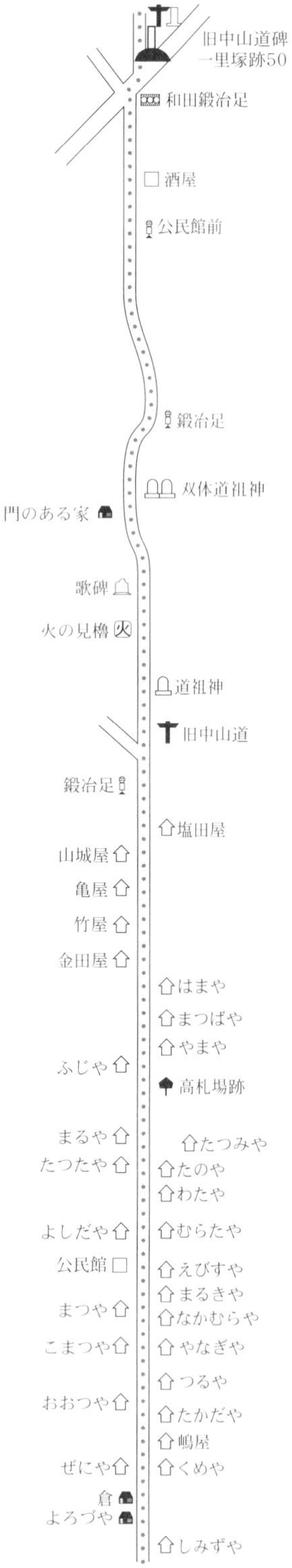

旧道風景

「名水」が名物になっている。ここの水は癖がなくてとてもうまいから、峠越えをする人は買っておくと役立つだろう。

和田の一里塚

鍛冶足に戻り、宿場を離れると旧道はバス停「公民館前」先で国道一四二号線「和田鍛治足交差点」に出てしまうが、ちょうど交差点には「一里塚跡」が残っている。

「和田の一里塚」と呼ばれていた日本橋から数えるとちょうど「五〇番目」の一里塚がここにあったという。

一里塚跡には立派な「中山道碑」なども置かれていて、中山道の道筋を示す青い矢印標識も設置されている。

昔はここから再び国道左手の「大出」集落に入っていたが、一部は護岸工事などで失われている。

しかし、今でもここを歩くと「依田川」が轟音をたてながら勇ましく流れているのが見えてくる。

また、「バス停大出」近くには「道標」も残っているから昔の旅人もこの道標を見ながら歩いていたことがわかってくるだろう。

なお、しばらく歩くと現在の国道一四二号線に合流する。

国道に出ると「発電所」の水路が見られ、緩い上り坂になっているのがわかってくるが、

鍛冶足にある和田の一里塚と道標。
和田の一里塚は江戸から50里目。

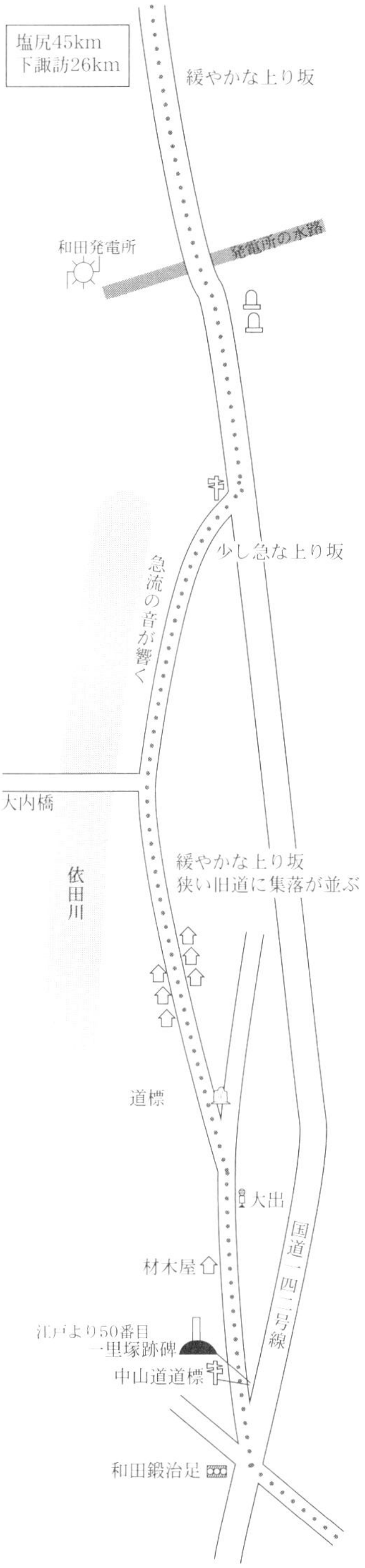

この先の国道には歩道がなく、大型トラックなどが近付いてくるとちょっと怖い道路だ。

　ここは無理せず、また目立つ服装で歩かれるのがいいだろう。

牛宿

　車に注意しながら歩くと国道沿いには「ドライブイン」が何カ所か見られるようになるが、ドライブイン「杉の屋」のある付近は当時「牛宿」と呼ばれ立場で賑わっていたという。

　現在のバス停名は「中宿」で、バス停付近には「中山道碑」や「双体道祖神」も置かれているが、当時ここには二軒の茶屋があり、一軒は「塩つけ宿」と呼ばれる牛が泊まれる大きな宿だったと言われている。

　当時の牛は荷物を運ぶ重要な運搬の役目を負っていて、主に信州方面からは「木曽の木材」や「おろく櫛」（注1）などが運ばれ、帰りには「塩」やその他の物資が運ばれていたという。

　牛に積まれた荷物は難所の和田峠や碓氷峠を越えて倉賀野宿まで運ばれたが、そこで舟に乗せかえられ、荒川を下って江戸に送られたのだ。

　当時海のない信州では「塩」はとても貴重品だったから塩を運ぶ牛は大事に扱われ、ここには専門の宿が設けられていたのだ。

注1　おろく櫛については中巻36「薮原宿」を参照。

大出付近に入ると依田川がすぐ横を流れている。

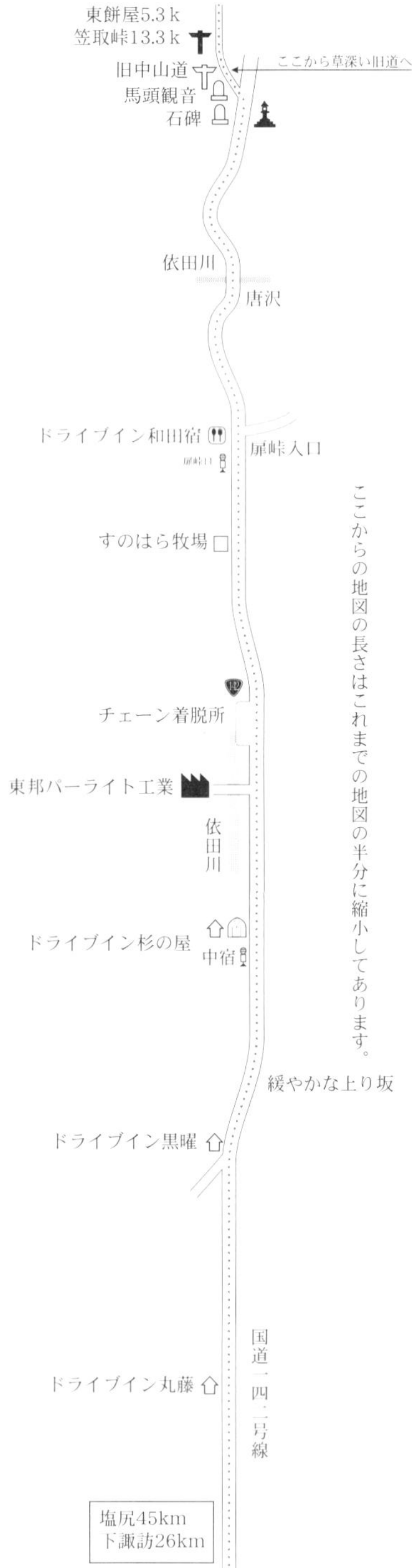

大切な荷物を背負った牛もここではゆっくりくつろぎ、英気を養っていたのだろう。

なお、牛宿があったという中宿を出ると再び左手に「依田川」が近付いてくるが、国道には「チェーン着脱所」があり、川向こうには「黒曜石」を加工している「東邦パーライト工業」の工場が見える。

また、ちょうど「ドライブイン和田宿」がある辺りには「扉峠」入口と書かれた標識も見られるが、和田峠の方はそのまま国道を歩いて行くから間違えないようにしたい。

唐沢一里塚

国道はゆっくり蛇行を繰り返しながらなだらかに上っているが、しばらく歩くと「唐沢橋」を渡った左手に「旧道入口」が見えてくる。

入口には「馬頭観音」がひっそりと残り、近くには新しく中部北陸自然歩道標識も設置されている。

入口は雑草に覆われいかにも旧道らしい姿だが、ここを歩く時は靴とズボンはしっかりした防水性の物にしておくといいだろう。

実は筆者が初めてここを歩いた時、下草は朝露をたっぷり含んでいて、靴の中までずぶ

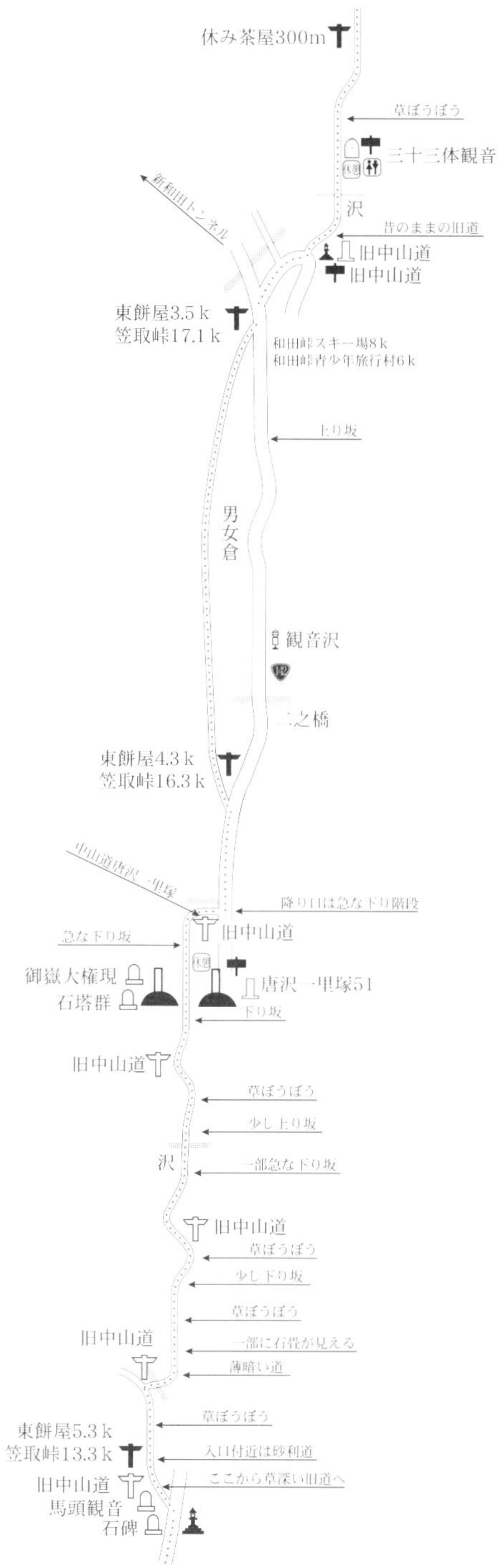

この部分の地図は通常の地図の半分に縮小してあります。

中宿の双体道祖神。

濡れになってしまったのだ。

草に覆われた旧道に入るとすぐ先で左へ曲がっているが、曲がると右手に古ぼけた標識があるからここは標識に従って右手へ入って行く。

すぐに小さな沢があり、沢を渡ると薄暗くて心細い道だが、そのまま歩くとやがて開けた場所に「一里塚跡」が見えてくる。

今でも塚跡がはっきり残っているが、これは「唐沢の一里塚」と呼ばれ日本橋から数えて「五一番目」の物だった。

すでに塚上の木は残っていないが、左右に塚が残っているのはとても珍しいという。

近くには「御嶽大権現」と刻まれた石碑や「案内図」「中山道碑」なども見られ、ベンチも置かれている。

一里塚跡を出ると急な下り坂を下って再び国道に合流してしまうが、国道にも立派な「唐沢一里塚跡」標識が設置されている。

これは国道を走る車にもわかるように設置されたものだが、ここに車を止め、わざわざ一里塚跡見学に訪れるようなドライバーは稀だという。

なお、ここから再び国道を歩くが、少し歩くと左手に標識が置かれていて、標識はこの先も国道を歩くように指示しているが、本来の旧道はこの標識のある付近から左手に入っていたという。

そして新和田トンネルと旧国道が分岐している手前付近に出ていたが、旧道はすでに失われ、今ではほとんど「通行不能」だという(入口には林道と表示されているが、林道は旧道ではないから間違えないようにしたい)。

標識に従って国道を八〇〇メートルほど歩くと「二之橋」を渡った先にバス停「観音沢」が見えてくるが、この左手奥は「男女倉」と呼ばれ黒曜石がたくさん出土する古代の集落があるという。

なお、バス停観音沢からしばらく歩くと「新和田トンネル」と旧国道とが分岐している地点に出るが、本来の旧道もこの手前付近から出てきたと言われ、現在旧道入口(出口)には標識が置かれている。

和田峠入口

また、ここから旧国道正面を見ると「中山道碑」が置かれているが、ここが旧道入口で、

唐沢の一里塚。
両側の塚が残っている。他と比べて大きく見えるのは、気のせいだろうか。ここは江戸から51里目。

男女倉の旧道入口。
ここからまた草深い道が続く。ここから東餅屋までは3.5キロ。

いよいよ難所で知られた「和田峠」を目指すことになる。

和田峠が難所と呼ばれたのは標高が中山道最大の一六〇〇メートルもあり、しかも道幅は肩幅ほどしかなかったからだが、ここからは旧中山道が昔のままに残っている。

いかにも旧道らしく狭い道で、左手には川が流れているのか川音もすさまじく聞こえてくるが、思っていたより歩きやすい道と言えるだろう。

三十三体観音

そんな山道を歩くと右手に見えてくるのは「三十三体観音」（注2）で、これらは厳しい峠を行き来していた人馬などの霊を慰めるため建立されたものだという。

筆者が数えたところ、実際には三三体あるわけではなくて二七体ほどだったが、ここの説明によると昭和四八年に調査が行われ、その時には二九体が確認出来たという。

おそらく長い年月の間に風化が進み、崩れてしまったものもあるのだろう。

ちなみに、ここには「四阿風の避難小屋」も設けられている。

三十三体観音を出ると再び草がぼうぼうに伸びきった道を上って行く。

季節によっては草が朝露をたっぷり含んで

注2　三十三体観音については『誰でも歩ける東海道五十三次』大井宿も参照されたい。

この部分の地図は通常の地図の半分に縮小してあります。

三十三体観音
後ろの方にある家は避難小屋。説明文を読みとってメモする筆者。

いるから、ここも靴は防水性のあるものがお薦めだ。

接待茶屋跡

なお、途中小さな沢のような所が何ケ所か見られ、のどかな旧道は歩いていても楽しいが、しばらくすると「接待茶屋八〇〇メートル」と書かれた標識が見えてくる。

ここから標識に従い、八〇〇メートルほど歩くと一度旧国道に出るが、ちょうど向かいに「接待茶屋跡」が残っている。

接待茶屋とは「中村有隣」という人物によって作られた施設で、無料で人馬が休憩できる場所だった。

中村有隣（与兵衛）は江戸日本橋で綿糸問屋を営んでいたと言われ、中山道和田峠と碓氷峠がことのほか厳しいのを見て当時の金で千両を幕府に寄付したという。

幕府ではその金を運用し、利息一〇〇両の半分、五〇両ずつを碓氷峠と和田峠に分け与えて接待茶屋を運営していた。

ここは人ばかりか峠を越えてくる牛や馬にも粥や煮麦を施していたから「施行所」とも呼ばれ、誰からも感謝されていたという。

ちなみに、このような施設跡は「東海道」の「箱根」にも残っているが、建物が残っているのはここしかなく貴重だという。

建物内部には煮炊きに使用していた竈《かまど》なども置かれていて、建物脇には「湧き水」が汲める場所もあり、湧き水を汲みにきている人も見かけられるようだ。おそらく当時もこの湧き水を使って煮炊きに利用していたのだろう。

江戸時代の旅行者は所々に立場や茶屋が設けられていたから今と違って便利だったが、当然これらは無料ではなかった。

お茶一杯でもお金が必要で、茶屋ばかり利用していると路銀の少ない旅人は旅を続けられなくなってしまうこともあった。

そこでこうした旅人の難儀を救おうと、有隣という人物がお金を寄付し、無料で休憩できる休息所が難所の和田峠と碓氷峠に設けられたのだ。

特に冬場の和田峠は厳しい事で知られていたから、ここで助かった旅人も多かったという。

江戸時代に一民間人が寄付したというのは

接待茶屋
茶屋の中に入ると昔の匂いがするようだ。建物の脇の湧き水を汲みに訪れる人が次から次へと現れる。

接待茶屋を出たあとの旧道は、石畳が草に埋もれて見え隠れする道だ。

賞賛もので、このような個人の寄付によって無料の接待茶屋が設けられていたというのは諸外国にも見られないという。

　江戸時代は身分制度がはっきりし、金持ちと貧乏人の差も激しかったが、このような奇特な人がいたと言うのは同じ日本人として誇りにしていいだろう。

　なお、接待茶屋跡で旧中山道はいったん国道に出てしまうが、少し歩くと再び左手に旧道が残っていて、ここからは緩やかな上り坂だ。

　途中から道幅もかなり広くなるが、左手に川が見えてくると小さな橋を渡ってその先は今までよりも勾配がきつくなるから注意が必要だ。

　急坂を上る途中に見られるのは「避難小屋」で、ここは「雷」や「天候」が急変した時な

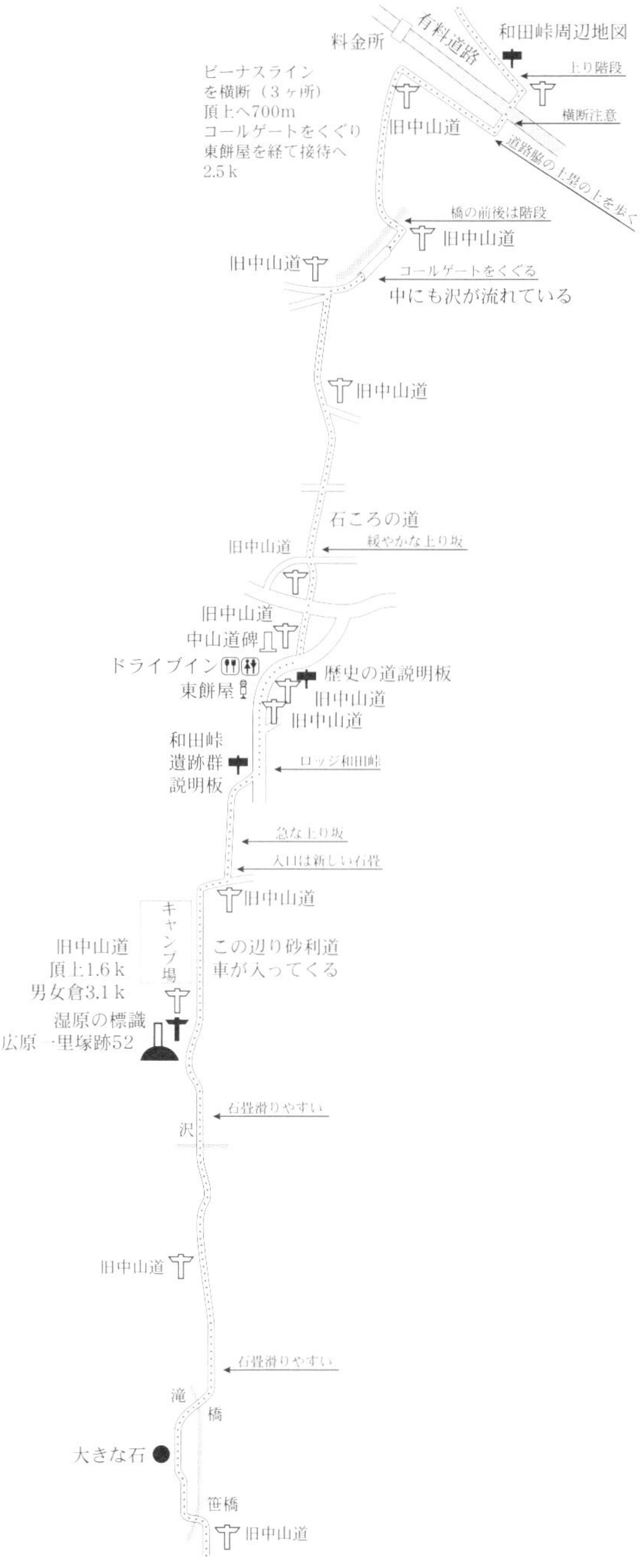

この部分の地図は通常の地図の半分に縮小してあります。

時には、この橋のように、簡易の木橋がのせてあるような小川を渡る道もある。

どに逃げられるようになっているという。

避難小屋を過ぎると旧道は「石がごろごろ」している上り坂に変わってくるから、ここからは滑らないように注意が必要だ。

途中小さな「笹橋」を渡るが、その先も苔むした石がごろごろしている上り坂で、左手には一抱えもありそうな大きな石もころがっている。

広原の一里塚跡

左手に小さな滝が流れ落ちているのが見えると橋を渡って再び滑りやすい場所に変わってしまうが、そんな苔むした道が途切れると「中山道碑」があり、しばらくすると「広原の一里塚跡」が見えてくる。

ここは日本橋から数えて「五二番目」のものだったが、すでに塚跡は残っていない。

一里塚跡を越えると旧道の道幅は広くなり、下は砂利道に変わってしまうが、ちょうどこの先は「キャンプ場」になっている。

夏場は多くの若者らで賑わうが、ここが旧中山道だということを知っている人は何人もいないだろう。

東餅屋

なお、キャンプ場を左手にして歩くと再び国道に合流するが、ここから少し歩けば和田峠手前にあって賑わっていた「東餅屋」立場

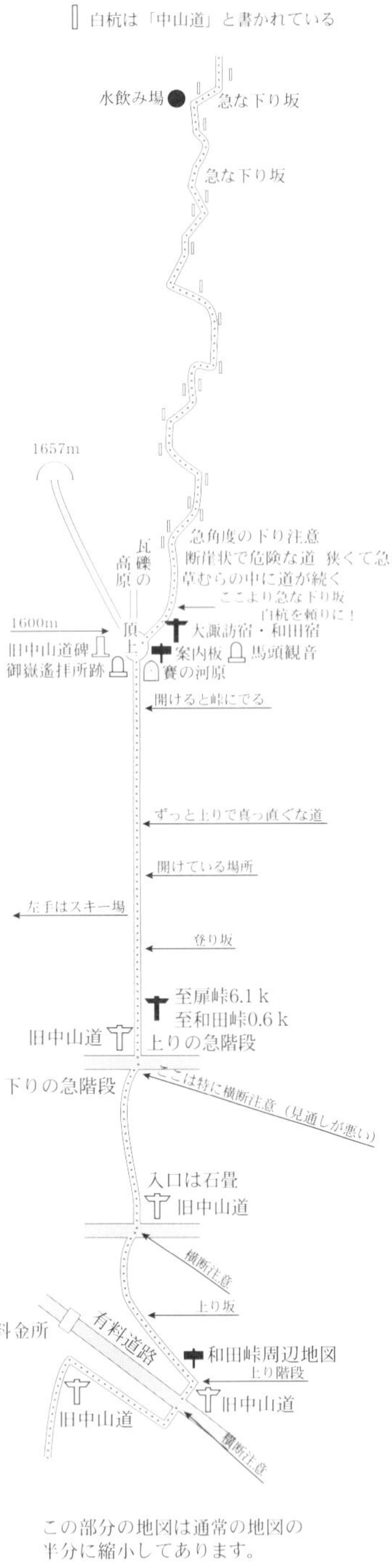

この部分の地図は通常の地図の半分に縮小してあります。

広原の一里塚。
この一里塚は江戸から52里目。

が見えてくる。

　当時の東餅屋は名物「力餅」で、ここでは多くの旅人が力餅を食べながら休んでいったという。

　江戸時代には五軒の茶屋があって繁盛していたが、交通機関が発達して歩く人が減り、すべて廃業してしまったという。

　しかし、最近になって立場跡にはドライブインが復活していて、ここでは名物だった力餅も売られている。

　現在ドライブインで売られているのは「碓氷峠」で食べたようなものとは違い、中に餡が入っている「饅頭」のような餅だ。

　昔からこのような餅だったのかはわからないが、食べるとなんとなく力が湧いてくるから不思議なものだ。

　腹が減っては難所の和田峠越えは難しかったから、江戸時代は峠を挟んで東と西に大きな立場が設けられていたのだ。

　和田宿からここまで上ってくると、力餅でも食べないと峠を越えるのが難しかったというのも理解できるだろう。


　ところで、現在のドライブインにはちょうどバス停が見られるが、ここを走っているバスはわずか数便だけだ。

　ほとんどないに等しいからここを歩く時にはスケジュールはしっかり立てておきたい。

東餅屋の力餅。
疲れた体には甘いものをとろう。

白杭には「中山道」と書かれている。
この地図は通常サイズの半分の地図です

なお、東餅屋跡から旧道和田峠の頂上まではあと一・五キロほどだ。

ドライブイン右手には大きな「中山道歴史道」標識も置かれているが、この先が国道や「ビーナスライン」などが集まる現在の「峠」だ。

しかし、元々の旧道は今の国道を横切って右手に入っていたという。

標識に従って右手に入ると奥に「コールゲート」（トンネルの中を沢が流れている）があり、これを抜けると「有料道路」にぶつかってしまうが、実はここから有料道路を三度横切るのが昔の道筋だという（一部変更されている）。

人間が歩いて有料道路を横切るというのも凄まじいが、このような場所が全部で三ヶ所あるからくれぐれも注意が必要だ。

車を運転する人はまさか有料道路を人が横断するとは考えてもいないから、ここは慎重に歩かれた方がいいだろう。

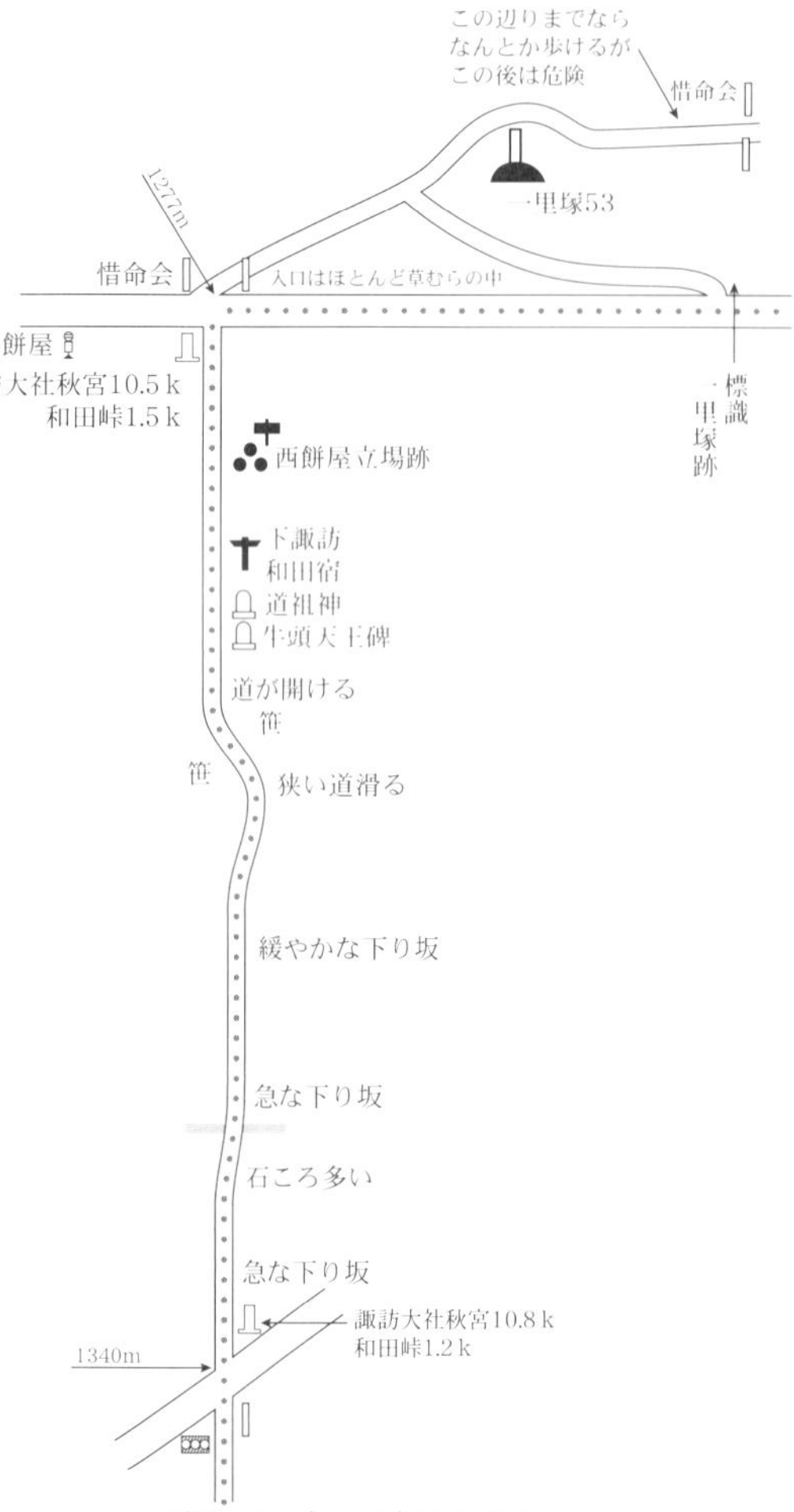

この地図から通常サイズの地図です

コールゲート
旧道はこの中を通り抜ける。左側に沢が流れている道だ。

東餅屋のドライブイン近辺風景。

和田峠頂上

危険な有料道路を三カ所無事に通り抜けると旧道和田峠頂上まではあと直線で六〇〇メートルほどだ。

ちょうど左手は「和田スキー場」で、この付近冬場には積雪が三メートル近くになるという。

これを見れば冬場の旧道は道がどこだかわからず、歩く事さえ困難だったというのもわかってくるだろう。

そんなスキー場を左手に見ながら急坂を上り切れば旧道「和田峠」頂上に到着だ。

現在峠にはわずかばかりの平坦部が見られ、近くには「案内標識」、「賽の河原」、「御嶽遥拝所跡」碑、「馬頭観音」などが置かれている。

天気が良いと遠くに御嶽山も望めたから、ここで遥拝する人も多かったのだ。

また、左手は「瓦礫の山」で、いかにも厳しい峠だったことを物語っているが、おそらくここの姿は昔からほとんど変わっていないのだろう。

なお、和田峠で思い出すのは、「広重」が残した「雪の和田峠」ではないだろうか。

広重は雪の積もっている厳しい場面を残しているが、実際に広重が雪の和田峠を歩いたかどうかはわからないという。

しかし、冬の和田峠が難所だということは広重も知っていたから、わざとこのような情景を残したのではないだろうか。

当時の人にはかなりインパクトがあったはずで、この絵を見て冬場の和田峠を避けた人もいたのではないだろうか。

下り坂

峠に出るとあとは「下諏訪」に向かって下るだけだが、下諏訪方面に下る「西坂」は特に険しいことで知られ、当時の峠の様子は大田南畝も『壬戌紀行』に残している。

それによると峠付近はどこが道やらわからないほど荒れていたという。

今も道幅は極端に狭く、危険な部分が多いから、ここは無理せずゆっくりと下って行きたい。

なお、最近、下諏訪町教育委員会が「白杭」をたくさん打ってくれたからこれを目印にされるといいだろう。

崖状の道は昔も今もほとんど変わっていないが、そんな急傾斜の下り坂を下りると途中

水呑場跡

頂上から下りていく途中にこの水呑場跡がある。

頂上付近の風景。

古峠説明板や、賽の河原などがある。

水呑場跡があってようやく急坂も一段落する。

ここには貴重な水場が設けられていて、ここで一息入れた人も多かったという。

なお、やや平坦部に変わると左手に「石小屋跡」碑が見えてくるが、当時ここは急坂が続く難所で雪が三メートルも積もるような冬期は特に危険だった。

そこで風雪を防ぐためここには避難小屋が設けられていたのだ。

石小屋跡を出た先も再び白杭のある狭い道で、急な場所が何カ所もあるからここも気を抜けないだろう。

また、途中の道は笹竹に覆われているような部分も見られるが、左手に「機材置き場」が見えると一度開けた場所に出る。

しかし、先も再び石がごろごろしている狭い道で、しばらく歩くと中山道は旧国道を横切っている。

入口に標識があって、これには「諏訪大社秋宮」まで一一・一キロとあるから、ここでようやく和田宿と下諏訪宿の中間に達したと思っていいだろう。

ちなみに和田宿～下諏訪宿間は五里十八丁

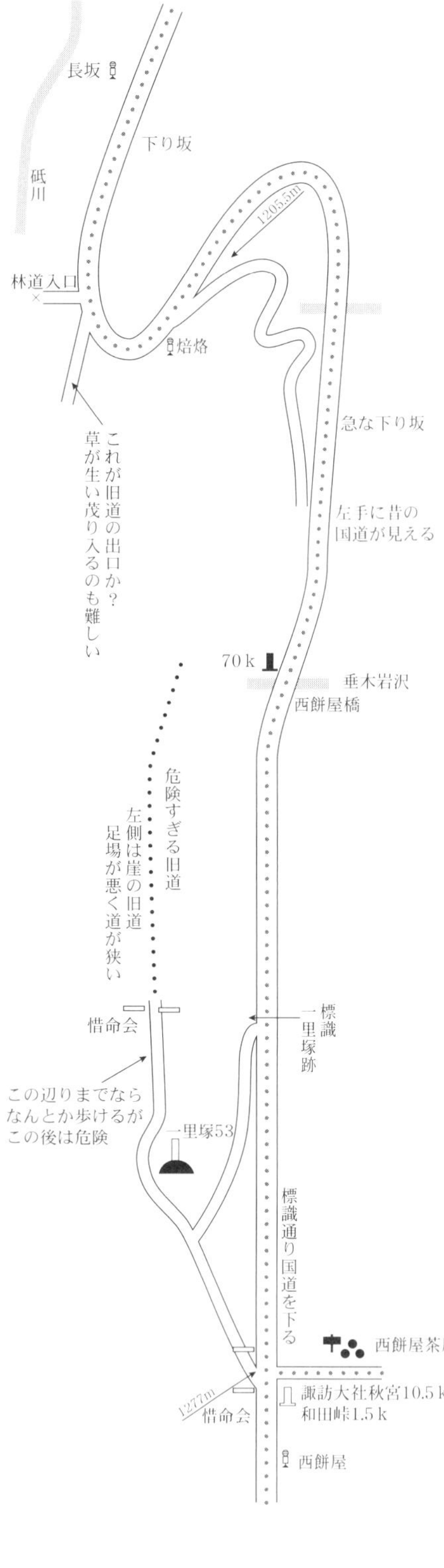

石小屋跡
昔は人馬の待避所として使われたとあるが、現在の道から考えると想像もつかない旧道の待避所だ。

（およそ二一・四五キロ）だった。

国道を横切った先も狭く、ここも石がゴロゴロしていて歩きにくい場所だ。

途中から笹竹に覆われていて足を取られそうだが、そんな道を下ると再び国道を横切っている。

西餅屋立場跡

心細い道は相変わらずだが、小さな橋を渡るとやや広い緩やかな下り坂に変わっていて、やがて「西餅屋立場跡」が見えてくる。

西餅屋も東餅屋同様、江戸時代は人気立場で知られ、ここには四軒の茶屋があって繁盛していたという。

当時の立場名物は「氷餅」で、『壬戌紀行』には大田南畝がここで氷餅を一袋買ったことが記されている。

ちなみに、氷餅とは糯米《もち》を蒸かした物をついて乾燥させ、製粉してから水を加えて練って伸《の》した物で、これを小さく切っておき、厳寒期に凍らせてもう一度乾燥させた保存のきく餅だった。これはいわば「高野豆腐」の餅版と考えてもらうといいだろう。

氷餅に熱湯をかければ即席餅に変身したわけで、一年中食べられる便利な保存食だった。

このようにここも江戸時代は難所を控えた人気立場だったが、明治に入って交通機関が整備されると歩く人が減り、寂れてしまったという。

すでに廃虚のように変わり果て、わずかに

合流付近にある石碑。

西餅屋跡碑と説明板。ここには立場があったという。茶屋本陣の4軒があったそうだ。

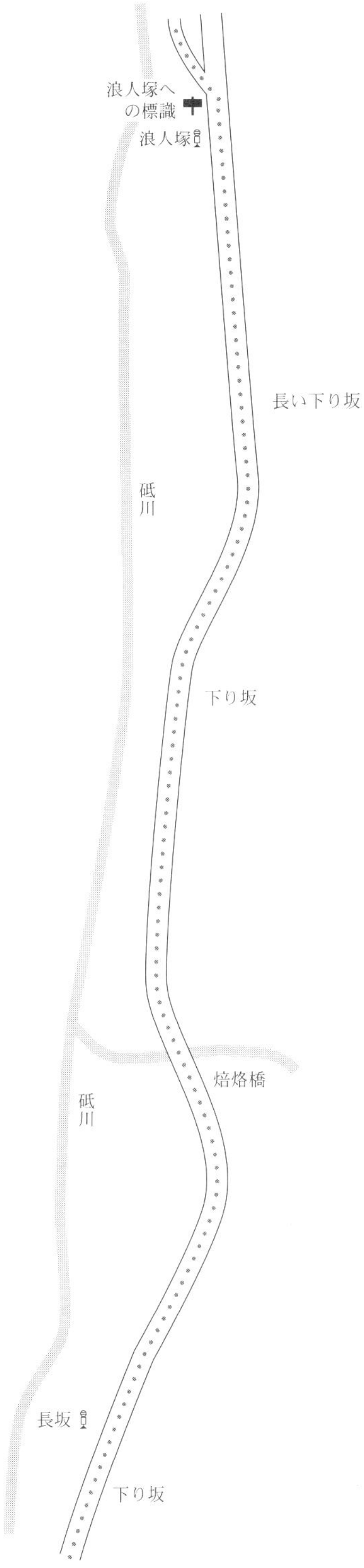

崩れた石垣跡しか残っていないが、ここも夢の跡として記憶に残しておきたい場所の一つだろう。

なお、西餅屋立場跡を出ると広い国道に出てしまうが、本来の旧道はちょうどここで国道を横切り、国道左手を歩いていたという。

ところが、この先は地震などの影響で崩壊してしまい、すでに「通行不能」だという。

しかし、わずかに残った旧道部分には一里塚跡が建立されているから見てこられるといいだろう。

西餅屋の一里塚

旧道入口には地元下諏訪の人が立てたと思われる「惜命会」の「茶杭」が置かれていて、ここから薮のような旧道へ入ると「西餅屋の一里塚」と呼ばれていた、日本橋から数えて五三番目の一里塚跡が見えてくる。

一里塚跡には思っていたよりかなり大きく立派な石碑が置かれているが、これはここが旧道だったという証拠でもあるのだ。

なお、一里塚跡の先にも「惜命会の茶杭」が置かれているが、その先は崖くずれで崩壊していてほとんど通行不能だ。

筆者も一度トライしてみたが、残っている旧道部分はわずか一〇センチほどで崖下はかなり深く危険だった。

途中で引き返したが、ここはよほどの重装

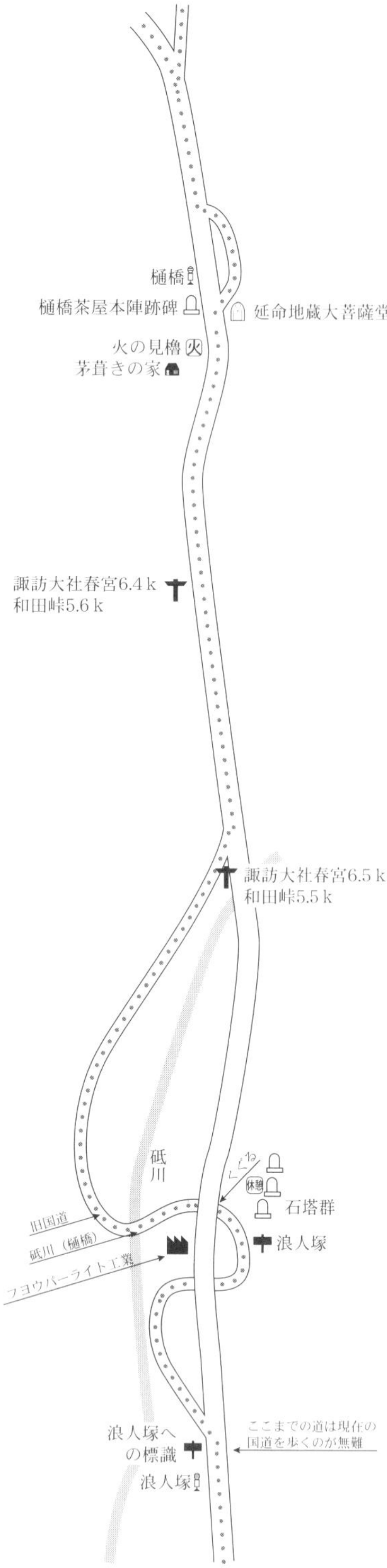

一里塚跡

江戸から53里目。とんでもない道から入らなくても、反対側に道がある。

惜命会と書かれた木の標柱が旧道の目印だが……とんでもない道が続いている。

備でもなければ無理だろう。

しかたがないのでここは現在の国道に戻り、下って行くことになる。

左手眼下はかなり深い谷になっているのもわかるから、無理して旧道にこだわる必要もないだろう。

なお、国道を下って行く途中、左手に道路のようなものが見られるが、これは今の国道が作られる前の国道跡だ。

国道をしばらく下ると「焙烙《ほうらく》」という場所に出るが、旧中山道も西餅屋からちょうどこの焙烙付近で現在の国道に合流していたという。

また、この先も昔は現在の国道左手を流れる川沿いを歩いていたが、その道もすでに川によって削られ、ほとんど残っていないという。

浪人塚

バス停「長坂」を越え、「焙烙橋」を渡ってしばらくは単調な道だが、「西餅屋」から三・五キロほど下るとバス停「浪人塚」に出る。

当時はここから左手に入り、川を渡って樋橋集落に出ていたが、今は左手側道に入ると正面に「芙蓉パーライト工業」があり、国道下をくぐっていったん右手に出ることになる。

ここには「浪人塚」碑が置かれているが、浪人塚とは「水戸藩」の人々のことで、幕末の動乱で水戸藩は分裂し、その時「天狗党」と呼ばれて脱藩した人々がこう呼ばれたのだ。

江戸幕府が倒れてしまったから浪人などと呼ばれているが、勝てば官軍の諺があるように、負けたからこのように呼ばれているのだという。

少し可哀想な気もするが、時は黒船が来航し、尊王攘夷を訴えていた急先鋒の人々だった。

ここでは一四、五名の死者が出たと言われているが、詳しい当時の背景などは島崎藤村の『夜明け前』をご一読願えればわかってもらえるだろう。

黒曜石

ちなみに、左手の工場で加工されているパーライトとは「黒曜石」のことで、現在では「天然ガラス」をこのように呼んでいる。

和田峠付近は石器時代から黒曜石の産地として有名で、日本各地の遺跡からもここの黒

浪人塚の付近には石碑がたくさん建立されている。

樋橋の地蔵堂。

曜石が発掘されているという。

古代に交易が行われていた証拠と言われ、考古学上ではかなり重要視されているという。

なお、今は石器時代（注3）のようには使用せず、高熱で処理して建築材料などに使われている。

フヨウパーライト工業は「黒曜石」を加工している工場だから、運がよければ落ちている黒曜石も拾えるが、この黒曜石、ガラス質で尖っているからくれぐれも怪我をしないようにしたい。

樋橋立場

本来の旧道は浪人塚などには立ち寄っていなかったが、今は工場裏から旧国道だった部分を歩くことになる。工場裏にある樋橋を渡ると昔の国道標識なども残っている。

そんな道路を歩くと再び今の国道に合流するが、その先が立場で賑わっていた「樋橋」だ。

ここは立場の中でもかなり大きく、「間の宿」のような役割もしていたという。

和田宿と下諏訪宿とは五里一八丁も離れていたからどうしても途中に大きな立場が必要だった。

そこで樋橋には大名や公家などが休む立派な「茶屋本陣」が置かれていた。

当時ここを休憩場所に指定していた大名らも多く、「皇女和宮」もここで小休止したという。

なお、国道右手に見えるのは「延命地蔵大菩薩堂」や「墓」などで、昔はここから右手に少し入り、「尺曲手《かねんて》」（注4）のように曲がっていたという。

そして先に見える「石屋」手前を右に入り、川沿いに下っていたが、残念ながらこの先の旧道はすでにバリケードで塞がれて「通行不能」だ。

当時は「砥川」沿いを歩いていたが、ここは無理せず左手の国道を歩くのが賢明だろう。

一里塚跡

国道を八〇〇メートルほど歩くと「深沢橋」があり、右手に「清掃工場」が見えてくる。

また、この先には「六峰温泉」と呼ばれる誰でも入れる温泉があって入口はドライブインになっているが、実はここから下の旧道に

注3　石器時代の黒曜石は動物の皮を剥ぐ道具として使われたり、矢じりの先などに使われていた。

注4　「尺曲手」とは、大名行列などがかち合わないように、わざと曲げられていた道のことで、江戸時代の宿場にはこのような道がたくさん見られる。

樋橋の茶屋本陣跡碑。

54番目の一里塚跡。
六峰温泉の下に降りた付近にある。

降りられるような階段が設けられているのだ。

清掃工場に向かって戻る細い道は「町道」で、ここを少し清掃工場方面に戻ると立派な「一里塚碑」が見えてくる。

ここの一里塚は日本橋から数えて五四番目の物で、当時何と呼ばれていたのかわからないが、ここでは「樋橋の一里塚」と呼んでおきたい。

なお、一里塚跡から元の場所に戻るわけだが、この先の砥川沿いにはわずかに残った旧道らしい道も残っていて、左手頭上のかなり高い所を国道が走っているのもわかってくる。

しかし、途中の道路は失われてしまった部分も多く、ここはそんなにも気にすることはないだろう。

旧道が国道に合流していたのはちょうど「バス停町屋敷」付近だが、最近この先には新トンネルも作られたから、昔の旧道は益々分かりにくくなってしまうだろう。

諏訪大社の神事「木落とし」

国道に戻ってバス停「萩倉口」を過ぎると左手に「木落とし」の標識が見えてくるが、ここでは有名な木落としの神事が行われる。

木落としとは「諏訪大社の神事」のことで、七年に一度行われる神事の時には対岸の川岸まで見物客でいっぱいになるという。

テレビやニュースでも紹介されるから見た事のある人も多いだろうが、巨大な材木を上から滑り落とす雄大な神事で知られ、怪我人も続出するという。

神事と言ってもかなり荒っぽい行事だが、元々古代に木を山から切り出す行事が神事になったと言われている。

縄文時代頃からこのようにして日本人は木を運んでいたわけで、神事は古代から続く生き証人なのだ。

芭蕉句碑

ところで、木落としを過ぎると左手に入る小径に句碑が見られるが、これは「芭蕉句碑」で、句碑は「芭蕉二〇〇回忌」の明治二六年一〇月一二日、地元の有志によって建立されている（芭蕉は元禄七年一〇月一二日、大坂で亡くなった）。

句碑には「ゆき散や穂屋のすすきの刈残し」とあるが、この句は「猿蓑」に収められているもので、「信濃路を過ぐるに」の前置きがあ

残念ながらこの先旧道は通行止めになっていた。

芭蕉句碑
この下諏訪には旧道だけでなく、所々に句碑や歌碑がある。

ることでも知られている。

しかし、実際に芭蕉が冬の信濃路を歩いたかどうかは疑問だと言われ、句の意味はだいたい次のように解釈されている。

句にある「穂屋」とは七月二七日の信州諏訪大明神の「御射《みさ》山祭」で使われる薄の穂で作った御仮屋のことだという。

また、「御射山」とは八ケ岳と赤石山脈との山間にある場所で、芭蕉はそんなことを聞いて想像で詠まれたと言われている。

解釈も色々とされているが、素直に考えれば御射山祭が終わった後には穂屋を作るための薄を刈り取った刈り残しがあり、その様子はまるで雪がちらついているように見えたと考えていいだろう。

あるいは、刈り残しの薄の穂に雪がちらついていて、とても趣があるといった意味にも解釈できるが、ちょっと難解すぎて筆者のような俳句の素人にはあまり理解できない句だろう。しかし、雰囲気的なものは伝わってくるのではないだろうか。


なお、この先は「落合橋」を渡って左手に残る旧道部分を歩いて行くが、ちょうど出口にも標識が置かれていて、これには諏訪大社春宮まで二・四キロとあり、もう少しの辛抱だとわかってくる。

また、近くのバス停「注連《しめ》掛《かけ》」付近にも

注連掛の御柱と説明板。

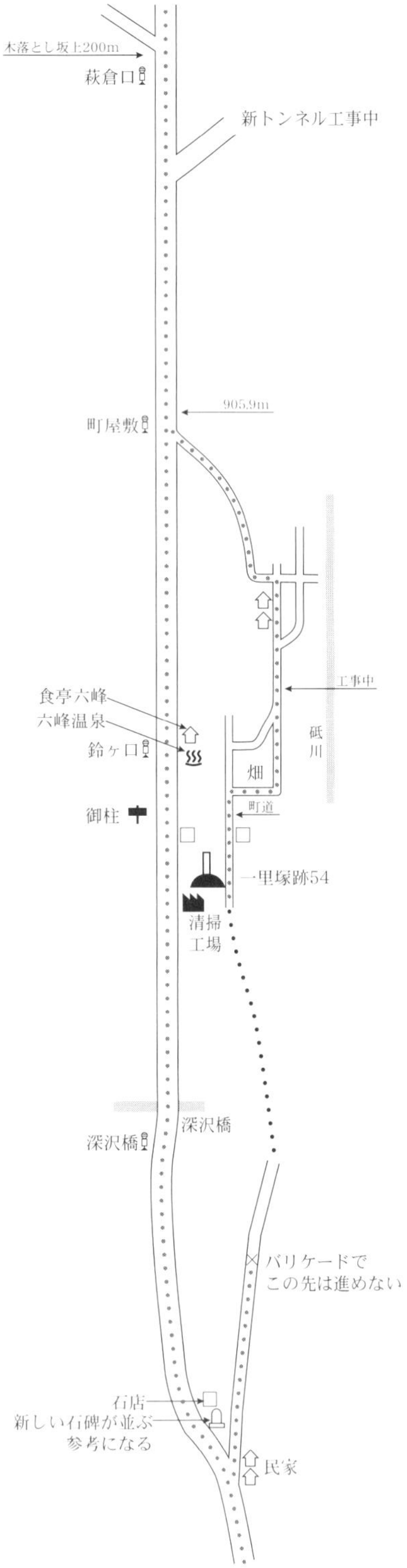

「御柱《おんばしら》」の説明板が置かれているが、下社、上社で四本ずつ、合計八本の御柱が落とされるという。

諏訪大社春宮

ここまでは歩道のない危険な国道を下ってきたが、ここからようやく右手に歩道が出現する。

バス停「山の神」を通り過ぎ、しばらく歩くと右手に旧道入口があり、右下に「諏訪大社春宮」が姿を現してくる。

諏訪大社には「春宮」と「秋宮」があり、春宮の方は「下社」とも呼ばれているが、「上社」と呼ばれる秋宮は下諏訪宿場を歩いていった左手諏訪市中洲にある。

現在の春宮は秋宮に比べてひっそりとしたたたずまいだが、木立の中の姿はいかにも幻想的と言えるだろう。

諏訪大社は古来より武士らの守護神として絶大の信仰を集めていた。また、江戸時代になっても人気があり、多くの参拝者が訪れていたという。

万治の石仏

なお、旧中山道はこの春宮を右手に見ながら左手に曲がっているが、春宮奥には「万治

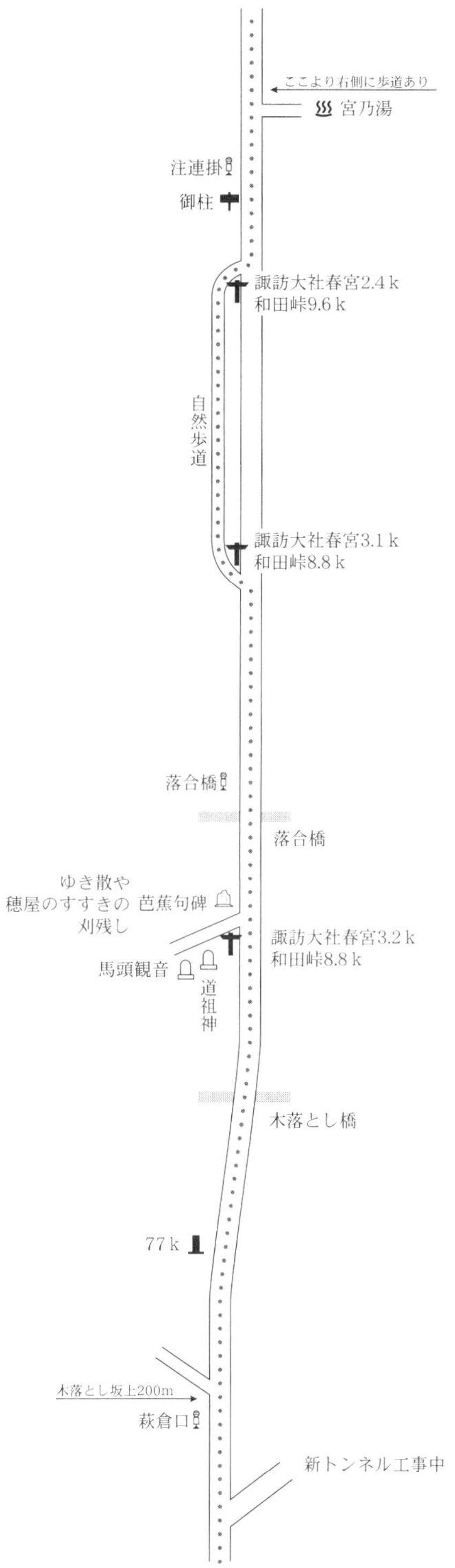

諏訪大社春宮
秋宮に対して、観光客も少なく、静かなひとときを過ごす事ができる。

の石仏」と呼ばれる面白い石仏があって人気になっている。

ここの石仏は普通の石仏と違い、大きな自然石の上に「首」がちょこんとのっているのだ。

どっしりとした石は台座の役目もしていて、地震などでも落ちたことは一度もないという。

最近ユニークな石仏として人気があり、わざわざここを訪れる人も多いという。

さて、春宮を出て中山道に戻るとしよう。

少し歩くと左手に「慈雲寺」という寺が見えてくるが、ここの入口には「龍の口」と呼ばれる湧き水が流れ落ちている見事な龍があることが知られている。

龍の口は「寛政」頃に作られた物と言われ、昔からここを通る人の間でも評判だったという。

また、ここの階段を上って境内に出ると昔和田峠にあったという「和田義盛」の「力石」と呼ばれる石が置かれていて、この石には刀で刺したような穴がいくつもある。

これらは古くから和田義盛が刀で開けたものと伝わってきたが、そんなに簡単に刀で石に穴が開くとも思えないから、これは後に作られたものではないだろうか?

なお、慈雲寺を出て少し歩くと右手民家前に小さな石碑が見られるが、これは「一里塚跡」で、「下諏訪の一里塚」と呼ばれていた五五番目の一里塚がここにあったという。

また、この一里塚跡から三〇〇メートルほど歩くと下諏訪宿入口で、当時の入口には番所が置かれていたという。

一里塚跡碑

万治の石仏。

宿場里程一覧表

No.	宿場名	里程	キロ
1	日本橋より板橋へ	２里半	9.75
2	板橋より蕨へ	２里１０丁	8.88
3	蕨より浦和へ	１里１４丁	5.41
4	浦和より大宮へ	１里１０丁	4.98
5	大宮より上尾へ	２里	7.8
6	上尾より桶川へ	３４丁	3.67
7	桶川より鴻巣へ	１里３０丁	7.14
8	鴻巣より熊谷へ	４里６丁４０間	16.32
9	熊谷より深谷へ	２里半７丁	10.5
10	深谷より本庄へ	２里半９丁	10.71
11	本庄より新町へ	２里	7.8
12	新町より倉賀野へ	１里半	5.85
13	倉賀野より高崎へ	１里１９丁	5.95
14	高崎より板鼻へ	１里３０丁	7.14
15	板鼻より安中へ	３０丁	3.24
16	安中より松井田へ	２里１６丁	9.53
17	松井田より坂本へ	２里１５丁７間	9.43
18	坂本より軽井沢へ	２里半１６丁２７間	11.96
19	軽井沢より沓掛へ	１里５丁	4.44
20	沓掛より追分へ	１里３丁	4.22
21	追分より小田井へ	１里１０丁	4.98
22	小田井より岩村田へ	１里７丁	4.66
23	岩村田より塩名田へ	１里１１丁	5.08
24	塩名田より八幡へ	２７丁	2.91
25	八幡より望月へ	３２丁	3.45
26	望月より芦田へ	１里８丁	4.76
27	芦田より長久保へ	１里１６丁	5.62
28	長久保より和田へ	２里	7.8
29	和田より下諏訪へ	５里１８丁	21.45
30	下諏訪より塩尻へ	２里３２丁	11.25
31	塩尻より洗馬へ	１里３０丁	7.14
32	洗馬より本山へ	３０丁	3.24
33	本山より贄川へ	２里	7.8
34	贄川より奈良井へ	１里３１丁	7.24
35	奈良井より薮原へ	１里１３丁	5.3
36	薮原より宮ノ越へ	１里３３丁	7.46
37	宮ノ越より福島へ	１里２８丁３０間	7.46
38	福島より上松へ	２里１４丁４０間	10.03
39	上松より須原へ	３里９丁	12.67
40	須原より野尻へ	１里３０丁２３間	7.54
41	野尻より三留野へ	２里半	9.75
42	三留野より妻籠へ	１里半	5.85
43	妻籠より馬籠へ	２里	7.8
44	馬籠より落合へ	１里５丁２１間	4.84
45	落合より中津川へ	１里	3.9
46	中津川より大井へ	２里半	9.75
47	大井より大湫へ	３里半	13.64
48	大湫より細久手へ	１里半	5.84
49	細久手より御嵩へ	３里	11.7
50	御嵩より伏見へ	１里	3.9
51	伏見より太田へ	２里	7.8
52	太田より鵜沼へ	２里	7.8
53	鵜沼より加納へ	４里１０丁	16.68
54	加納より河渡へ	１里半	5.84
55	河渡より美江寺へ	１里７丁	4.65
56	美江寺より赤坂へ	２里８丁	8.66
57	赤坂より垂井へ	１里１２丁	5.19
58	垂井より関ヶ原へ	１里１４丁	5.41
59	関ヶ原より今須へ	１里	3.9
60	今須より柏原へ	１里	3.9
61	柏原より醒ヶ井へ	１里半	5.84
62	醒ヶ井より番場へ	１里	3.9
63	番場より鳥居本へ	１里１丁	4
64	鳥居本より高宮へ	１里半	5.84
65	高宮より愛知川へ	２里	7.8
66	愛知川より武佐へ	２里半	9.74
67	武佐より守山へ	３里半	13.64
68	守山より草津へ	１里半	5.84
69	草津より大津へ	３里２４丁	14.4
70	大津より京へ	３里	11.79

『西行物語』　全訳注　桑原博史　講談社学術文庫
『太陽コレクション地図　中山道・奥州道』　平凡社
『太陽コレクション地図　江戸東海道』　平凡社
『東海道中膝栗毛（上下）』　十返舎一九作　麻生磯次校注　岩波文庫
『東海道名所記』　浅井了意　東洋文庫
『日本の街道もの知り事典』　監修児玉幸多　主婦と生活社
『日本の古地図６　東海道』　講談社
『日本の古典15』　東海道中膝栗毛　世界文化社
『日本の名城・古城事典』　南條範夫／奈良本辰也　TBSブリタニカ
『芭蕉おくのほそ道』　萩原恭男校注　岩波文庫
『芭蕉俳句集』　中村俊定校注　岩波文庫
『歴史と旅　戦国動乱の戦い』　秋田書店

資料
『オープンロード箱根八里』　三島青年会議所
『高宮にまつわるはなし』高宮町公民館・高宮学区文化協会
『楢川村奈良井　伝統的建造物群保存地区保存対策調査報告書』長野県木曽郡楢川村・楢川村教育委員会
『わが町・下諏訪（文芸・文化編）』下諏訪町教育委員会
『わが町・下諏訪（歴史編）』下諏訪町教育委員会
『岡崎・史跡と文化財めぐり』　岡崎市教育委員会他　岡崎市
『管見桶狭間合戦今川義元の最期について』　桶狭間古戦場高徳院
『石部宿歴史地図』　中村地図研究所
『歩いて見よう草津宿』　草津市教育委員会
『瑞浪市の中山道ガイドブック』岐阜県瑞浪市大湫町

参考文献・資料

参考文献

『江戸川柳の謎解き』室山源三郎　現代教養文庫
『江戸ものしりなんでも百科』別冊歴史読本特別増刊　新人物往来社
『近江東海道』淡海文化を育てる会
『近江中山道（淡海文化を育てる会編）』サンライズ出版
『五街道細見』岸井良衛　青蛙房
『今昔中山道独案内』今井金吾　日本交通公社
『参府旅行中の日記（シーボルト）』齋藤信訳　思文閣出版
『信濃紀行集（1・2・3）』十返舎一九　郷土出版社
『誰でも歩ける東海道五十三次』日殿言成　文芸社
『地図で訪ねる歴史の舞台』帝国書院
『中山道名物今昔』サンライズ出版／編
『中山道を歩く（上下）』横山正治／安斎達雄
『中山道を歩く』歩く旅シリーズ　山と渓谷社
『膝栗毛其の他（上）』日本名著全集刊行曾
『広重・英泉の木曾街道六拾九次旅景色』人文社
『ぶらり中山道』松山達彦　ナカニシヤ
『名所江戸百景』広重画　集英社
『伊勢物語（上下）』全訳注　阿部俊子　講談社学術文庫
『古事記（上中下）』　全訳注　次田真幸　講談社学術文庫
『江戸の旅』今野信雄著　岩波文庫
『今昔東海道独案内』　今井金吾　JTB日本交通公社出版事業局
『宗長日記』　島津忠夫校注　岩波文庫
『十六夜日記・夜の鶴』　全訳注　森本元子　講談社学術文庫
『新修五街道細見』　岸井良衛　青蛙房
『新全国歴史散歩シリーズ　岐阜県の歴史散歩』　山川出版社
『新全国歴史散歩シリーズ　群馬県の歴史散歩』　山川出版社
『新全国歴史散歩シリーズ　埼玉県の歴史散歩』　山川出版社
『新全国歴史散歩シリーズ　滋賀県の歴史散歩（上下）』　山川出版社
『新全国歴史散歩シリーズ　長野県の歴史散歩』　山川出版社
『新全国歴史散歩シリーズ　東京都の歴史散歩（上中下）』　山川出版社
『新訂江戸名所図会２』　市古夏生／鈴木健一　筑摩書房

著者プロフィール

日殿 言成（ひとの いいなり）

日殿言成はペンネーム。
昭和26年東京は麻布（現在は六本木）の生まれ。
大学卒業後、某ファミリーレストランの店長などを務める。
その後、腎臓病で入院。平成２年から人工透析を始める。
平成17年５月永眠。
著書に『誰でも歩ける東海道五十三次』（文芸社）がある。

誰でも歩ける中山道六十九次　上巻　日本橋～和田宿編

2006年８月15日　初版第１刷発行
2010年６月20日　初版第３刷発行

著　者　日殿 言成
発行者　瓜谷 綱延
発行所　株式会社文芸社
〒160-0022　東京都新宿区新宿１－10－１
電話　03-5369-3060（編集）
03-5369-2299（販売）

印刷所　図書印刷株式会社

ISBN4-286-01565-3